KB080833

역주
목민심서 5

정약용

다산연구회 역주
임형택 교열

5

刑典六條
제9부 형전 6조

工典六條
제10부 공전 6조

1

일러두기

1. 이 책 『역주 목민심서』(전7권)는 1934~38년 신조선사에서 간행한 『여유당전서與猶堂全書』(전 67책冊, 1970년에 경인문화사에서 6책으로 영인본 간행) 중 제5집 정법집政法集의 『목민심서 牧民心書』를 저본으로 한 『역주 목민심서』(전6권, 창작과비평사 1978~1985)의 전면개정판이 다. 전7권 중 국문 번역문은 제1~6권에, 한문 원문은 제7권에 실었다.

2. 원문에 충실한 번역을 원칙으로 하되 독자의 이해를 돕기 위하여 경우에 따라 의역을 하였다.

3. 원저의 지은이 주註는 본문에서 【 】안에 넣었다. 다만 옮긴이의 보충이 필요한 항목은 각주 에서 원주의 내용을 밝히고 추가 설명을 하였다.

4. 인명, 지명, 제도, 중요한 역사적 사실과 용어 등에 대하여 옮긴이의 각주를 붙였다.

5. 『목민심서』의 서술 체제는 강목체綱目體로 되어 있는데 이 책에서는 활자의 색과 크기를 달리 하고 행간을 띄어 강綱과 목目을 구분하였다.

6. 부(예: 제1부 부임 6조), 조(예: 제1조 전정) 등은 원문에는 없지만 이해를 돕기 위하여 붙였다.

7. 원저의 목目 부분에 ○ 기호로 구분지어 서술해놓기도 했는데, 번역문에서 그 부분을 그대로 따랐다. 다만 독자의 편의를 위해 문단을 나누기도 하였다.

8. 원저의 목目 부분에는 소제목이 없지만 독자의 편의를 위해 소제목을 넣기도 하였다.

9. 이 책에 나오는 기호는 다음과 같이 사용하였다.

　　『 』서명을 나타낸다. 서명과 편명을 함께 밝힐 때는 중점으로 구분했다. 예: 『후한서·순리전』

　　「 」편명을 나타낸다. 예: 「순리전」 「호전」

　　〔 〕병기한 한자와 음이 다른 경우, 번역문에 원문을 병기할 때 사용하였다.

　　案 鏞案 臣謹案 정약용 자신의 견해임을 밝힌 표현이다. 鏞案은 존경하는 분의 말씀에 대해, 臣謹案은 임금의 말씀에 대해, 案은 그밖의 일반적인 문제에 대한 견해이다.

제 9 부 형전 6조

刑典六條

제 2 조 형사 사건의 판결

斷獄

【경전에서 논한 형벌의 의미와 고금의 인명 人命에 관계되는 옥사의 글들을 두루 수집하여 『흠흠신서 欽欽新書』*를 만들었다. 그러므로 이에 대해서는 다시 논하지 않는다.】

● 『흠흠신서 欽欽新書』: 다산의 저술로서 형옥 刑獄에 관한 중요한 문제들을 경사요의 經史要義·비상준초 批詳雋抄·의율차례 擬律差例·상형추의 祥刑追議·전발무사 剪跋蕪詞 등의 여러 편으로 나누고 각기 실례를 들어 설명한 책. 『경세유표』 『목민심서』와 함께 다산 경세학의 3부작으로 불린다.

옥사獄事를 판결하는 요체는 밝게 살피고 신중히
생각하는 데 있다. 사람의 생사가 나 한 사람의 살핌에
달려 있거늘 어찌 밝게 살피지 않아서 되겠으며,
사람의 생사가 나 한 사람의 생각에 달려 있거늘 어찌
신중하게 처리하지 않아서 되겠는가?

『주역周易』에 "밝게 살피고 신중히 생각해서 형벌을 행하되 죄수를 옥
에 붙들어두지 않는다"라고 했다. 옥에 갇힌 죄수를 판결하는 일의 요체
는 밝게 살피고 신중하게 생각하는 데 있을 뿐이다. 밝게 살피기만 하
고 신중히 생각하지 않으면 착오가 생겨 뜻하지 않게 억울하게 되는 수
가 많을 것이요, 신중히 생각하기만 하고 밝게 살피지 못하면 일이 지체
되어 곤란해지기 마련이다. 능히 밝게 살피고 신중히 생각해야만 옥사에
능하다는 말을 들을 것이다.

　정선鄭瑄은 이렇게 말했다. "옥사를 다루는 관인이 혹은 총명으로 날리
기도 하고, 혹은 급한 성격으로 서둘기도 하고, 혹은 바쁘게 굴다가 착오
를 범하기도 한다. 이런 까닭에 종종 사람을 억울하게 만드는 것이다. 옛
날 혜안공惠安公 팽소彭韶[1]는 관인으로서 처사가 옛사람에 부끄러움이 없

었는데 다만 효자 한 사람을 잘못 죽인 일 때문에 끝내 명성을 떨치지 못하였다. 실로 옥사를 판결하는 것은 어려운 문제이다.”

성길盛吉[2]은 정위廷尉로 있을 때, 옥사를 판결하는 데 억울하게 하거나 오래 끄는 일이 없었다. 매년 겨울 죄수를 판결하게 될 때, 그의 처는 촛불을 들고 성길은 주필朱筆을 쥐고서 부부가 마주보며 눈물을 흘렸다. 처는 그에게 “당신이 온 세상을 위해 법을 공정하게 집행해야 하지만 사람에게 죄를 함부로 주어서 우리 자손들에게 재앙이 끼치게 해서는 안 될 것입니다”라고 당부했다.

송나라 구양관歐陽觀[3]은 늘 밤까지 원서爰書[4]를 검토하면서 자주 그 서류를 덮고 탄식하였다. 그의 처가 까닭을 물으니 “이것은 사옥死獄인데 내가 살려줄 길을 찾아도 보이지 않는구려”라고 대답했다.

전원균田元均이 성도成都를 맡아 다스릴 때, 나약하여 억울함을 펴지 못하는 사람이 있으면 필히 자세하게 그 실상을 들여다보았다. 그 지방 사람들이 전원균을 가리켜 ‘하늘을 비추는 촛불’이라고 칭송하였다.

제갈공명諸葛孔明은 글을 써서 이렇게 말했다. “옥사를 판결하고 형벌을 줄 적에는 공평하지 않을까를 깊이 우려해야 한다. 그대는 옥사를 다룰 때, 그 사람의 들어오고 물러가는 동작을 유심히 살피며, 말하는 소리나 눈 돌리는 것도 듣고 눈여겨보아야 할 것이다. 얼굴에 두려운 빛이 있

---

1 팽소彭韶, 1430~1495: 중국 명나라 관인. 자는 봉의鳳儀, 시호는 혜안惠安이다. 형부상서를 지냈으며 문집으로 『팽혜안집彭惠安集』이 있다.
2 성길盛吉: 중국 후한 때의 인물. 자는 군달君達이다.
3 구양관歐陽觀, 952~1010: 중국 송나라 관인. 자는 중빈仲賓이다. 도주道州와 진주秦州 등의 판관을 지냈다. 구양수의 아버지.
4 원서爰書: 중요한 재판에 관한 서류. 중죄인의 판결서.

고 말소리가 애달프며 들어오는 걸음은 빠르고 나가는 걸음은 더디며 뒤돌아보고 한숨을 짓는 것 등은 원망하고 괴로워하는 태도이니 응당 그런 사람은 불쌍히 여겨야 한다. 반면에 고개를 숙이고 훔쳐보거나 곁눈질을 하고 뒷걸음질을 치거나 숨을 헐떡이고 몰래 엿듣는 것 같거나 말을 더듬거리고 속으로 셈을 하는 것 같고 말이 조리를 잃거나 들어올 땐 더디고 나갈 땐 빠르거나 감히 돌아보지 못하는 태도는 죄를 지은 자가 빠져나가려 하는 것이다."[5]

호태초胡太初는 "속담에 도적을 잡을 때는 반드시 장물까지 잡아야 하고 간통한 자를 잡을 때는 쌍으로 잡아야 한다고 했는데, 이는 비록 속담에 속하지만 사리에 지당한 말이다. 무릇 죄인이 진술을 할 때에는 반드시 일일마다 모두 사실에 부합되어야 바야흐로 믿고 의거할 수 있는 것이다." ○ 호태초는 또 말하였다. "옥사를 다스릴 때에는 세 가지 경계해야 할 점이 있다. 첫째는 내가 취醉하는 일이요, 둘째는 그가 취하는 일이요, 셋째는 그가 허약한 것이다. 내가 취하면 뒷날 후회할 일이 생기며, 그가 취하면 두려워할 줄 모르고, 그가 허약하면 더욱 무슨 일이 일어날지 모른다."

정선은 말했다. "관인은 환하게 꼬치꼬치 따짐으로써 명성을 얻고자 하여 털을 헤집고 흉터를 들춰내듯 법령을 엄밀히 적용하고 교묘하게 옭아넣어서 필시 판결을 뒤집지 못하도록 하려 든다. 이에 대해 오직 제 몸을 닦고 깨끗이 하려고 힘쓰는 선비란 자들은 또한 피고인의 무고함을 분명히 알면서도 구설수를 멀리하여 스스로 피하는 수가 많다. 이는 가

---

5 『편의십육책便宜十六策・찰의察疑』의 내용을 축약한 것이다.

난한 백성들의 생명에 관계되는 일을 외면함으로써 자기 자신만 깨끗한 이름을 보전하려는 처사이다." ○ "부유한 백성이 탐욕스런 관인을 만나게 되면 뇌물을 바쳐 요행히 면할 수가 있고, 청렴한 관인을 만나면 혐의를 꺼려하는 바람에 억울하게 죄에 걸리는 수도 있다. 무릇 옥사를 다루는 자는 백성의 빈부를 의식하지 말고 한결같이 공정하게 처리해야 할 것이다." ○ 또 말했다. "시골 백성이 일단 관청의 문에 다다르면, 이졸吏卒들이 소리치고 매질하는 소리가 귀에 울리면 벌써 정신이 나가고 기가 죽으니 형틀에 묶일까 두려워 얼른 빠져나가고 싶은 마음에 망령되이 거짓으로 자복하는 수가 있으며, 옥리獄吏가 속히 일을 끝내려 들어서 마구 고문을 가하여 강제로 자복을 받아내는 수도 있고, 관장이 자기 견해를 믿고 망령되이 억측을 하고 옥리들이 관장의 뜻을 따르기만 하여 그렇다고 하지 않을 수 없는 경우도 있다. 아! 한 사람이 죄를 받게 되면 온 집안이 울부짖고 하나의 죄목이 성립하면 처자식이 팔려가게 된다. 옥사의 원서 몇 글자를 어찌 가볍고 허술하게 넘겨서 되겠는가. 관장이 만약 아래 백성의 사정을 알려고 한다면 관아의 문을 크게 열어놓고 백성들이 제 발로 들어와서 호소하게 하여 다 말하지 못하는 상황이 없도록 해야 할 것이다. 혹 잘 드러나지 않고 가려져 있어 밝히기 어려운 건이 있으면 반드시 길 가는 사람에게라도 묻고 읍내 사람들과도 논의해보며 자나깨나 생각을 거듭하면 귀신도 와서 알려줄 것이다."

큰 옥사가 만연하면 억울하게 된 자가 열에 아홉이나 되니 자기 힘이 미치는 바는 가만히 구해주고 빼내어줄 것이다. 덕을 심고 복을 맞이하는 일로

이보다 더 큰 것이 없다.

모용농蔡容農[6]은 "윗사람은 위험한 곳으로 사람을 내몰지 않는다"【모용 농의 말은 여기서 끝났다】라고 하였다. 남이 위급한 때를 당했을 때 이를 조종 하는 권한이 나에게 있으면 내가 1분分을 관대하게 처리하는 경우 그 사 람은 곧 1분의 혜택을 받게 된다.

자하산인紫霞山人은 이렇게 말했다. "지극히 원통한 일을 당하여 하늘 에 호소해도 답이 없고, 땅에 호소해도 답이 없고, 부모에게 호소해도 역 시 답이 없는데, 홀연히 한 관인이 있어 옥안獄案을 조사하여 그 내막을 밝혀서 죄 없는 양민으로 만들어준 연후에 형관刑官의 높음을 알게 될 것 이다."

원안袁安이 초군태수楚郡太守로 있을 때의 일이다. 초왕楚王 유영劉英[7]이 반역을 모의한 일로, 군郡에 명이 내려와 유영의 죄를 조사해 밝히도록 했다. 그 일에 연좌된 자가 수천 명이나 되었는데 조사를 서두르는 바람 에 죽을죄로 잘못 자복한 사람이 아주 많았다. 원안이 부임하자마자 관 아에 들르기도 전에 먼저 옥사를 심의해서 명백한 증거가 없는 사람들을 가려내어 하나하나 위에 보고하고 내보내려 하였다. 부승府丞과 아전들 이 모두 머리를 조아리며 반대했다. 이에 원안은 "만약 잘못이 생기면 태 수인 내가 응당 감당할 것이요 너희들에게는 죄가 미치지 않게 하겠다"

---

6 모용농蔡容農, ?~398: 중국 5호16국시대 왕족. 후연後燕의 개국 황제인 모용수蔡容垂의 넷 째 아들로, 385년에 고구려를 침공하여 요동遼東과 현도玄菟 2군을 탈환한 적이 있다
7 유영劉英: 중국 후한 광무제光武帝의 여섯째 아들. 초왕楚王으로 봉을 받았는데 역모를 꾀 했다는 이유로 한나라 명제明帝에 의해 폐위당했고 후에 자살했다.

라고 하였다. 황제도 느끼고 깨달아 즉시 윤허하여 풀려난 사람이 400여 가家에 이르렀다.

우정국于定國 부자는 자기 고을의 옥리가 되어 억울한 옥사를 누차 처리하였는데【동해효부東海孝婦[8]도 우공于公이 처리한 일이다】, 법에 걸린 자들도 우공이 판결한 바에 대해서는 원한을 품지 않았다. 처음 우정국의 부친 우공이 그 대문이 무너져서 부로들이 바야흐로 함께 고치려고 하자, 우공이 그들에게 "대문을 조금 높여서 사마駟馬가 끄는 높은 덮개의 수레가 출입할 수 있도록 하라. 내가 옥사를 다스림에 있어서 음덕을 많이 쌓았고 일찍이 억울하게 한 일이 없었으니 자손이 필시 흥성하게 될 것이다"라고 하였다. ○ 후한 우후虞詡의 조부 우경虞經은 군의 옥리가 되었는데, 매양 형틀을 올릴 때마다 눈물을 흘리면서 따라갔다. 일찍이 말하기를 "옛날에 우공은 그 대문을 높이라 했고 그 아들이 승상에 이르렀는데 나의 자손은 반드시 9경九卿이 못 되겠는가"라고 하였다. 그러고는 그 손자 우후의 자를 승경升卿이라 했다. 案 옛사람은 덕을 심어서 복을 받는 데 있어 그 취함이 으레 이와 같았다.

장열張說[9]이 옹주장사雍州長史로 있을 때의 일이다. 경룡景龍 연간 (707~710)에 초왕譙王 이중복李重福[10]이 모반했다가 처형을 당했다. 유수留

---

8 동해효부東海孝婦: 중국 한나라 때 효부로 유명한 인물. 본명은 주청周靑. 일찍이 남편을 잃고 아들도 두지 못했는데 시어머니에게 불효한다고 잘못 알려져서 옥에 갇히게 되었다. 우정국은 동해(지금의 중국 산동성山東省 임기시臨沂市에 속한 지명) 사람으로 그녀의 결백을 밝혀냈다. 이 사적이 『열녀전烈女傳』과 『한서漢書·우정국전于定國傳』에 실려 있다.
9 장열張說, 667~731: 중국 당나라 관인. 자는 도제道濟 혹은 열지說之이다. 현량방정과로 뽑혀 태자교서太子校書가 되었고 여러 관직을 두루 역임하고 중서령에 이르렀다. 연국공燕國公에 봉해졌다.
10 이중복李重福, 680~710: 중국 당나라 중종의 둘째 아들. 초왕譙王의 봉을 받았는데 모반을 했다가 실패했다.

守가 그 부류의 잔당이라는 자들을 잡아놓고 오래도록 판결하지 못하였다. 황제가 장열로 하여금 이 옥사를 처리하도록 했는데, 그 실상을 남김없이 파악하여 원통하게 과도한 형벌을 받은 자가 있으면 모두 석방했다. 황제가 그를 보고 "경은 옥사를 다룸에 있어서 선량한 자에게 억울하게 벌을 주지 않고 죄인을 빠뜨린 일이 없었다. 경의 충성스럽고 정직함이 아니면 이와 같이 할 수 있었겠느냐?"라고 칭찬하였다.

전충정錢忠定[11]이 안주安州의 사리참군司理參軍[12]으로 있을 때의 일이다. 아전 중에서 도적질했다고 거짓 자복하여 사형을 받을 자가 있어서 현縣에서 옥안을 갖추어 군郡에 올렸는데, 전충정이 그 억울한 진상을 밝혀냈다. 수장守將이 "현의 잘못을 적발하면 상을 받을 것이다"라고 하니, 그는 "옥사를 다스리는 데 있어서는 실정을 파악하는 것이 저의 직책인데 남을 죄에 빠뜨려서 공로를 논하게 됨은 제가 뜻하는 바가 아니오"라고 대답하였다. 듣는 이들이 탄복하였다. ○ 피일휴皮日休[13]는 『녹문은서鹿門隱書』에서 말했다. "옛날에는 옥사를 판결함에 있어서 그 죄인의 진상을 파악하고 슬퍼하였는데 오늘날에는 옥사를 판결할 때 죄인의 진상을 파악하면 기뻐한다. 슬퍼한 것은 교화가 행해지지 못함을 슬퍼한 것이요, 기뻐한 것은 필시 상이 내릴 것으로 알고 기뻐하는 것이다." 案 중국의 법에는 옥사를 판결함에 있어서 실정을 파악한 경우 반드시 논공행상이

---

11 전충정錢忠定: 중국 송나라 의흥宜興 사람인 전즉錢即, 자는 중도中道, 충정忠定은 그의 시호이다. 진사로 뽑혀 치적을 올리고 용도각학사龍圖閣學士로 치사致仕하였다.
12 사리참군司理參軍: 사리참군사司理參軍事의 약칭(4권 38면 주 64 참조).
13 피일휴皮日休, 838?~883?: 중국 당나라 때 시인. 자는 습미襲美이다. 녹문산鹿門山에 은거하면서 살았는데 뒷날 황소의 난에 관여했다 하여 죽임을 당했다. 본문의 『녹문은서鹿門隱書』는 그가 녹문산에 은거할 때 쓴 저술인 듯하다.

있다. 이는 관인들을 권면하는 조처이지만 폐단이 이와 같다.

진진陳戩[14]이 회주懷州의 사리司理[15]로 있을 때 법을 집행하는 것이 공평하고 미더웠다. 회주 관내의 현에서 도적을 잡아 주옥州獄에 올려 보내면 그가 억울함을 밝혔다. 현위縣尉가 그 인척의 권력을 믿고 사사로이 그에게 청탁을 했다. 그는 정색을 하고 "무고한 자를 죽여서 상을 바라는 것이 마음에 편안한 것인가"라고 말하고는 드디어 석방해주었다. 사람들이 더욱 그가 어진 사람인 줄을 알았다.

명나라 주신周新이 처음 어사가 되었을 때 탄핵을 잘하고 할 말을 과감히 하니 귀척貴戚[16]들이 그를 두려워하여 냉면한철冷面寒鐵[17]이라고 불렀다. 절강성浙江省을 안찰함에 미쳐서 어느 백성이 오래 억울하게 옥에 갇혀 있다가 그가 온다는 말을 듣고 기뻐하며 "냉면한철공이 오시니 나는 걱정 없다"라고 하였다. 주신이 와서 드디어 그의 억울함을 밝혀 석방이 되었다.

그 수괴는 처형할 것이지만 연루된 사람들은 관대히
처리해야 억울한 자가 없을 것이다.

적인걸狄仁傑이 예주자사豫州刺史로 있을 때의 일이다. 월왕越王[18]이 패

---

14 진진陳戩, 1084~1146 : 중국 남송시대 인물. 자는 중휴仲休이다. 1109년에 진사가 되어 처음 부임한 곳이 회주였다. 회주를 비롯하여 처주處州, 명주明州 등의 지방을 다스리면서 선정을 베풀었다.

15 사리司理 : 옥사나 형벌을 관장하는 관리. 사리참군과 같다.

16 귀척貴戚 : 왕의 근친 또는 외척

17 냉면한철冷面寒鐵 : 냉정한 얼굴이 차가운 쇠 같다는 말. 권세에 굴하지 않고 철석같이 냉철한 사람이란 뜻.

하여 그 잔당 2000명이 모두 죽임을 당하게 되었다. 적인걸은 이들 모두를 형틀에서 풀어준 다음 은밀히 상소하되 "신이 아뢰고자 하는바가 역도들을 위해 변명을 하는 것 같으나 아뢰지 않으면 폐하의 백성을 아끼고 사랑하는 뜻에 누가 될 것 같아 표문을 지었다가 찢어버리기를 여러 차례 하며 스스로 결단을 내리지 못하였습니다. 그러나 이들 모두 본디 악한 사람들이 아니요 어긋나서 여기에 이르렀습니다"라고 하였다. 이에 조칙이 내려와 모두들 변방의 수자리로 귀양이 보내졌다. 죄수들이 영주 寧州[19]로 나가자 부로들이 그들을 맞아 위로하며 "적狄 사또가 우리를 살렸다"라고 하면서 송덕비 아래서 서로 붙들고 통곡하며 3일간 장수를 기원한 후에 떠나갔다.

당나라의 최인사崔仁師[20]가 청주靑州에서 옥사를 다스릴 때의 일이다. 체포된 사람들로 옥이 가득 차 있었는데, 그가 부임하여 모두 형틀에서 풀어주어 음식을 제공하고 목욕을 시킨 뒤에 다만 괴수 10여 명만 죄를 주었다. 그리고 "옥사를 다스림에 있어서는 마땅히 사랑하고 관대하게 하는 것을 기본으로 삼아야지, 어찌 스스로 문책을 면하기 위해 억울한 줄 알면서도 그네들을 석방시키지 않을 것인가. 만약 잘못 풀어준 경우가 있다 하더라도 내 한 몸으로써 열 사람의 죽음과 바꾸는 것 역시 원하는 바다"라고 말하였다. 마침 칙사가 와서 괴수들을 재차 심문했는데 모

18 월왕越王 : 중국 당나라 태종의 여덟째 아들 이정李貞. 측천무후에 반대하여 군사를 일으켰으나 실패하여 자결해 죽었다.
19 영주寧州 : 어딘지 분명치 않은데 예주豫州의 인근 지역으로 추정된다. 지금의 중국 강서성江西省 수수현修水縣의 옛 이름이 영주이다.
20 최인사崔仁師 : 중국 당나라 태종 때의 인물. 중서사인中書舍人, 검교형부시랑檢校刑部侍郎을 거쳐 중서시랑中書侍郎에 이르렀다.

두들 아뢰기를 "최공이 공평하고 관대해서 억울함이 없으니 청컨대 속히 죽도록 해달라"라고 하며, 한 사람도 다른 말이 없었다 한다.

석고石皐[21]가 정주定州를 다스릴 때의 일이다. 당현唐縣[22]의 흉악한 자들이 반란을 일으킬 것을 모의하여 명단에 그 고을 백성의 이름을 써놓은 것이 무려 수천 명이었다. 그들 악당 중의 한 사람이 그 명단을 가지고 와서 고발하였다. 석고가 조사를 담당했는데 그때가 겨울이었다. 석고는 명단을 안고 마루로 올라가다가 잘못 넘어지는 체하며 명단을 화로 속에 떨어트렸다. 그 문서가 다 타버려서 다시는 그들의 이름을 알아낼 도리가 없었다. 그래서 수괴만 죄를 주고 나머지는 모조리 석방하였다.

장기張其[23]가 강음군江陰軍을 다스릴 때의 일이다. 아전이 돈 300관貫을 훔친 일이 있었는데 이미 20년 전의 일이었다. 장기가 이 부정을 적발해서 수십 명을 잡아들였다. 전운사轉運使 조곽趙郭이 "이는 응당 상전賞典을 받을 만한 일이요. 바라건대 아전들을 귀양 보내시오. 내가 조정에 보고하겠소"라고 말했다. 장기는 안타까운 표정으로 "남을 죽여서 상을 구하는 것이 옳겠소?"라고 말하고, 아전들을 모두 불러들여 타이르고 갚을 돈을 대출해주었다. 그 아전들의 친속 중에서 이 말을 들은 자들이 다투어 돈을 내서 상환하여 10일 만에 충족되었다. 이에 이미 죽은 두 사람을 내세워 수괴로 삼고 나머지는 모두 불문에 부쳤다.

---

21 석고石皐: 중국 금나라 관인. 청렴결백하고 마음이 너그러워 장자長者의 풍이 있었고 군리郡吏로 출발해 정주태수定州太守가 되었다.
22 당현唐縣: 지금의 중국 하북성河北省의 당산시唐山市 지역. 당현은 당시 정주의 관하에 있었다.
23 장기張其: 중국 송나라 때 인물. 자는 공장公長이다. 천성天聖 연간(1023~1032)에 강음군을 다스렸다.

운주鄆州의 백성 중에서 요사스런 말을 퍼뜨린 자가 있었는데 그 일당이 무려 100여 명이나 되었다. 이들을 체포한 사람이 보상을 바라고는 역모를 꾀했다고 무고하였다. 간의諫議 이응언李應言[24]이 내려가서 사실을 조사하여 주모자 몇 명만을 처단하고 나머지는 모두 살려주었다.

이영휘李永輝가 삼등三登[25]현령으로 있을 때의 일이다. 성천成川에 옥사가 있어서 연루되어 체포된 자들이 10여 명이었다. 성천부사 허질許秩[26]은 세력을 믿고 옥사를 오로지 자기 마음대로 처리하고 가혹하게 다루어서 수괴인지 종범인지 따지지 않고 모두 혹독한 형벌을 가하였다. 감사 역시 오직 그가 보고하는 바에 따랐으나, 이영휘는 홀로 다투어 말하기를 "이 옥사는 지나치게 확대된 데다가 형벌이 너무 과중하여 법도에 어긋납니다"라고 하였다. 허질이 대뜸 "이 지방의 민심이 심히 흉악하니 사소한 억울함까지 족히 돌볼 필요가 있소? 또한 이미 이 사건에 연루되었으니 죽음이 있을 뿐 살아나갈 도리는 없는 것이오. 옥사를 끄는 것은 폐단이 있으니 속히 죽이는 것만 못합니다"라고 주장하였다. 그는 "이 무슨 말씀이오. 옥사를 다스리는 자는 꼭 죽게 된 사람 가운데서도 살릴 수 있는 길을 찾아야 하거늘, 이 일에 연루되었으니 살아나갈 도리가 없다고 하여 일체 사형을 내린다면 죽이는 자는 혹시 통쾌할지 모르지만 죽는 자는 어찌 억울하지 않겠소"라고 말하였다. 드디어 형벌을 가볍게 하고 가장 억울한 자 몇 사람은 풀어주었다.

---

24 이응언李應言: 중국 송나라 때 인물. 천성 연간에 개봉부판관開封府判官, 시어사侍御史 등을 지냈다.
25 삼등三登: 평안남도 강동군의 속한 고을 이름. 성천과 인접해 있다.
26 허질許秩: 조선 숙종 때 활동한 인물. 영의정 허적許積의 아우. 음직으로 진출하여 나주 목사에 이르렀다.

의옥疑獄은 밝히기가 어려우니, 평번平反[27]에 힘쓰는 것은 천하에서 가장 선한 일이요 덕의 바탕이다.

준불의雋不疑[28]가 경조윤京兆尹으로 있을 때 아전과 백성들이 그의 위엄과 신의를 우러러보았다. 매양 관내를 순행하면서 죄수의 이름을 기록해 가지고 돌아왔는데, 그의 모친이 평번한 건이 얼마나 되는가를 물었다. 그가 평번이 있다고 하면 모친은 기뻐 웃었고, 없다고 하면 노하여 밥을 먹지 않았다. 그 덕분에 전불의의 관인 생활은 엄하되 잔혹하지 않았다.

당나라 전휘錢徽가 강주자사江州刺史로 좌천되었을 때의 일이다. 앞서 그 지역에 도적이 공물선을 약탈하는 사건이 일어나 포리捕吏들이 강변의 불량한 소년 200여 명을 잡아들여 옥에 가두었다. 전휘는 이들의 억울함을 살펴서 모두 풀어주었다. 며칠이 지나지 않아 서주舒州[29]에서 진범이 잡혔다【도적으로 무고를 당한 자들의 억울함을 풀어주는 것은 '도적의 피해를 제거함'(제9부 제6조)에도 나온다】.

문정공文正公 범중엄范仲淹이 광덕군廣德軍의 사리司理로 있을 때의 일이다. 그는 날마다 옥안을 들고 가서 태수와 시비를 다투었다. 태수가 크게 노기를 띠고 대하였음에도 그는 굽히지 않았으며, 돌아와서는 반드시

---

27 평번平反: 형사 사건을 다시 조사하여 죄를 바르게 판정하는 것. 혹은 죄를 가벼운 쪽으로 처리함. '평반'으로 읽지 않고 '평번'으로 읽는다.
28 준불의雋不疑: 중국 서한의 무제 때 인물. 자는 만청曼倩이다. 학문과 예절로 이름나 청주자사青州刺史로 발탁되고 경조윤京兆尹을 지냈다.
29 서주舒州: 서주란 지명은 산동성과 안휘성安徽省 두 곳이 있는데 강주는 지금의 중국 강서성 구강시九江市 지역이다. 이로 미루어 여기서의 서주는 안휘성 쪽으로 생각된다.

주고받았던 말을 병풍에 기록했다. 임지를 떠날 무렵에는 병풍에 글자를 쓸 여백이 없었다. 그는 가난하여 가진 것이라곤 말 한 마리뿐이었는데, 이 말을 팔고 걸어서 돌아갔다.

한억韓億이 박주亳州를 맡았을 때의 일이다. 그의 둘째아들이 서경西京의 판관으로서 휴가를 얻어 부친을 뵈러 왔는데, 그는 기뻐서 술상을 차리고 막료들을 부른 다음 다른 여러 아들들도 한쪽으로 앉도록 하였다. 그가 둘째아들에게 "서경에서 의옥疑獄으로 황제께 아뢴 건이 있다는데 상세한 내용이 어떤 것이냐"라고 물었다. 판관은 생각해보더니 알지 못한다고 아뢰었다. 드디어 그는 매를 찾아들고 크게 꾸짖어 "네가 한 부府의 두 번째 지위에 있으면서 일이 크고 작고를 막론하고 응당 모두 마음을 써야 하겠거늘 큰 옥사를 아직 모르고 있다니 작은 일이야 묻지 않아도 알겠다"라고 하고는 매질하려고 하자 여러 손님들이 애써 말려서 그만두었다.

오리吳履가 남강승南康丞으로 있을 때의 일이다. 지현知縣 주이중周以中이 들판을 돌아보러 나갔다가 관내의 백성들에게 욕설을 들었다. 욕을 한 자를 잡으려고 했으나 붙잡지 못하자 노하여 그 이웃의 백성들을 모조리 잡아들였다. 오리가 감옥을 검열하다가 이들이 갇힌 까닭을 물어보고는 그 자리에서 바로 석방한 다음 지현에게 보고하였다. 지현은 더욱 노하여 "부관이 지현인 나를 깔본다"라고 하자, 오리는 "사또를 범한 자는 한 사람뿐입니다. 이웃 사람들이 무슨 죄가 있습니까? 구속된 사람들이 많은데 그만두지 않고 잡아들이다가는 장차 변고가 일어날 우려가 있으니 어찌하겠습니까?"라고 말했다. 주이중도 마음이 풀어졌다.

임적林積[30]이 순주판관循州判官으로 있을 때의 일이다. 일찍이 큰 옥사를 복심覆審할 때 평번이 많아 상관의 뜻에 거슬렸다. 상관은 당초에 임적을 상부에 추천하려고 했다가 이 일로 해서 그만두었다. 임적은 웃으면서 "한 번 천섬薦剡[31]을 잃은 대신 50여 명을 살렸으니 내가 다시 무슨 유감이 있겠는가"라고 말하였다.

위인수韋仁壽[32]는 성품이 너그럽고 후덕하였다. 촉군蜀郡의 사법司法[33]으로 있을 때 그가 판결한 죄수는 처형을 당하는 자리에 서서도 서쪽을 향해 위인수를 위해 예불을 드린 후에 죽었다고 한다.

최석영崔碩英【정승 최규서崔奎瑞[34]의 부친이다】이 문화현령文化縣令으로 있을 때의 일이다. 안악安岳 고을의 백성으로 군수에게 원한을 품고 총포를 쏜 자가 있었다. 병마사兵馬使[35]는 그 고을 백성 중에서 일찍이 군수에게 죄를 받은 자 10여 명을 잡아 가두어 옥안을 이미 완성하였다. 최석영이 추관推官으로 참여했는데 한 번 심문한 후에 모두 석방하였다. 병마사는 심히 부끄럽게 여겼고, 군수에게 이간질하는 사람도 있었다. 그러나 최석영은 끝내 흔들리지 않았다.

---

30 임적林積, 1021~1091 : 중국 송나라 때 인물. 자는 공제公濟이다. 진사로 벼슬길에 나갔는데 성격이 근면하고 엄정하여 치적이 많았다. 하남전운사河南轉運使를 지냈다.

31 천섬薦剡 : 추천에 의해 벼슬이 오르는 것을 가리키는 말.

32 위인수韋仁壽 : 중국 수나라 말에서 당나라 초의 관인. 검교남녕주도독檢校南寧州都督을 지냈다.

33 사법司法 : 중국 한대 이후 군郡의 형법을 맡은 관원. 수대 이후로 사법은 태수의 속관이 되었다.

34 최규서崔奎瑞, 1650~1735 : 자는 문숙文叔, 호는 간재艮齋, 본관은 해주海州이다. 숙종 때 별시문과에 병과로 급제하여 요직에 두루 올랐고 경종 때 영의정을 지냈다. 저서로『간재집艮齋集』이 있다.

35 병마사兵馬使 : 지방의 각 도에 있는 병마절도사를 지칭함. 황해도에는 1명을 두었다.

오래 갇혀 있어 풀릴 기약이 없이 세월만 끌고 있는
옥사는 그 부채를 탕감해주고 석방하는 것 또한
천하의 시원한 일이다.

당나라 당운상唐雲翔[36]이 산남선무사山南宣撫使로 있을 때의 일이다. 내
경창독內卿倉督[37] 등완鄧琬이 호부의 조운미漕運米 7000곡斛을 축내었다.
관리가 이를 변상하라고 몹시 독촉하면서 그 아비와 자식에서 손자에 이
르기까지 옥에 가두어 무릇 28년이 되었는데, 그 동안 9명이 옥에서 죽
었다. 이에 당운상이 임금께 아뢰어 풀려나게 되었다. 황제의 조칙에서
염철사鹽鐵使[38]와 탁지사度支使[39] 및 천하의 염원鹽院[40]을 호되게 꾸짖고
지금부터는 포흠을 변상하느라 3년 이상 구속된 자들은 모두 죄를 용서
해주도록 하였다.

백거이白居易는 호부의 문향옥閺鄕獄[41]에 구금된 자가 세 차례나 특사령
이 내렸음에도 사면을 받지 못한 것을 "아비는 죽고 자식은 갇혀 있으며,

---

36 당운상唐雲翔, ?~839 : 중국 당나라 때 인물 당부唐扶. 운상雲翔은 그의 자이다. 831년에
    산남선무사가 되었고, 후에 중서사인, 복건단련관찰사福建團練觀察使 를 역임했다.
37 내경창독內卿倉督 : 지방의 조창을 감독하고 지키는 일을 하는 벼슬인 듯한데 자세한 것
    은 미상.
38 염철사鹽鐵使 : 중국에서는 한대 이래 소금과 철의 전매제도를 시행하였는데 한대에는
    염철관鹽鐵官 을 두었고 당나라 중기 이래로는 염철사를 두어 그 세를 징수하였으며, 송
    대에까지 이르렀다.
39 탁지사度支使 : 중국 당나라 중기에 군사 비용의 증가 때문에 재상으로 하여금 호부의 일
    을 총관케 하고 이를 탁지사라 칭하였다.
40 염원鹽院 : 소금의 생산·유통을 관리하는 기관인 듯하다.
41 문향옥閺鄕獄 : 문향은 지금의 중국 하남성河南省 영보시靈寶市 에 속한 지명. 향鄕은 행
    정 단위로 우리나라의 면에 해당한다. 여기서 문향옥은 문향 지역에 있는 감옥을 가리키
    는 것으로 보임.

남편은 갇혀 있고 처는 개가를 하였으니, 포흠진 것은 변상할 기약이 없고 간혀 있는 상태도 풀릴 날이 없습니다. 이런 경우 일체 사면해주옵소서"라고 아뢰었다. 무릇 10여 차례 위에 아뢰어 허락을 받았다.

> 명백한 판단으로 즉석에서 판결하여 막히고 걸리는
> 것이 없으면 음산한 날씨에 벼락 치듯 맑은 바람으로
> 씻어버린 듯할 것이다.

『남사南史』에 나오는 일이다. 왕담王憺이 도독형주자사都督荊州刺史로 있었다. 그는 젊은 나이부터 중임을 맡아왔으므로 그 지방의 인심과 물정을 깨우치고 이끌어서 송사하는 자들이 모두 선 자리에서 판결문을 기다렸는데, 잠깐 사이에 판결을 내리니 관청에는 지체되는 사무가 없고 감옥에는 체류된 죄수가 없었다.

수나라 신공의辛公義가 병주자사并州刺史가 되었다. 그는 수레에서 내리자마자 먼저 감옥으로 가서 노천에 앉아 옥사를 조사하여 10여 일간에 판결을 모두 끝내버리고 정청에 돌아와 새로운 송사를 다루어서 선 자리에서 모두 판결해주었다. 모름지기 감금해야 할 사람이 있으면 그도 청사廳舍에서 잤다. 어떤 자가 "공사公事에는 규정이 있는데 무엇 때문에 고생을 자처하는가"라고 하니, 그가 "덕이 없어 백성들에게 송사가 없도록 해주지도 못하면서 어찌 사람을 잡아 옥에 가두어두고 집에서 편안히 잘 수 있단 말인가"라고 하였다. 죄인들이 이 말을 듣고 모두 감동하여 자복하였다. 후에 송사를 제기하는 자가 있으면 향중鄕中에서 문득 깨우쳐 "이 조그마한 일로 어찌 차마 사또를 괴롭히는가"라고 하니 송사하는 자

들이 서로 양보하여 송사를 그만두었다【『북사北史』에 있다】.

장구령張九齡이 형옥刑獄을 담당하는 관직에 있을 때 살피지 않음이 없었다. 공사公事가 있을 때마다 서리들이 먼저 그에게 문의하였는데 그는 면전에서 옳고 그름을 가리고 입으로 불러 그 옥안을 만들었는데도 죄의 경중을 막론하고 모두 그 죄에 합당하였다. 그때 사람들이 그것을 가리켜 '장공張公 구안口案'[42]이라 하였다.

당나라 이정李程이 남전위藍田尉로 있을 때의 일이다. 10년 동안 체류된 옥사가 있었는데 그가 단 한마디 말로 판결하니 경조윤이 그의 치적이 가장 뛰어나다고 보고하여 감찰어사로 영전되었다.

주렴계周濂溪가 분녕옥分寧獄 주부主簿로 있을 때의 일이다.[43] 옥사 중에서 오래도록 판결이 나지 않은 것이 있었는데 그가 부임해서 한 번 신문하여 곧 판결해내니 고을 백성들이 "노련한 관리도 이와 같지는 못할 것이다"라고 말하였다. 상사가 그를 천거하여 남창南昌으로 영전하게 되었는데, 남창 사람들이 모두 "이분은 능히 분녕의 옥사를 판결한 분이니 우리들이 호소할 데를 얻었다"라고 하였다.

고려의 최자崔滋[44]가 상주사록尙州司錄으로 있을 때의 일이다. 상주는 한 도의 계수관界首官[45]이어서 옥송獄訟이 아주 번잡하였는데, 그가 도착

---

42 구안口案: 즉석에서 입으로 결단하는 공문.

43 주돈이周敦頤는 강정康定 원년(1040)에 분녕현分寧縣의 주부主簿가 되었는데, 그의 나이 24세 때였다.

44 최자崔滋, 1188~1260: 고려 후기의 문신. 자는 수덕樹德, 호는 동산수東山叟, 본관은 해주이다. 충청·전라 안찰사, 상서우복야 등을 역임하고 동중서문하평장사에 이르렀다. 저서에 『최문충공가집崔文忠公家集』『보한집補閑集』등이 있다.

45 계수관界首官: 각 도의 중심이 되는 고을. 도마다 2~3개씩 있었으며, 각 도의 명칭 자체가 소재 계수관명을 따서 지어졌다. 고려시대의 계수관은 그 예하에 주현을 포함하는 여러 고을을 거느리고 있었으나, 조선왕조로 와서는 그러한 예속관계가 없어지고 모든 고

하는 날에 판결하기를 귀신과 같이 하니 아전과 백성들이 사랑하기도 하고 두려워하기도 하여 인륜을 어지럽히거나 기강을 범하는 자가 없었다. 얼마 되지 않아 감옥이 텅텅 비고 온 경내가 교화되어 크게 화평하게 되니 임기가 차기도 전에 보문각대제寶文閣待制[46]로 발탁되었다.

착각하여 그릇 판결한 잘못을 깨달은 경우 그 과오를 얼버무리지 않아야 군자의 행실이다.

계본季本[47]이 건녕부추관建寧府推官으로 있을 때의 일이다. 일을 맡으면 민첩하게 판결하여 관정官庭에 송사를 남겨두지 않더니, 일찍이 큰 옥사를 판결하여 사건이 이미 사형에 해당되어 원서爰書가 다 갖추어졌으나 뒤에 그 잘못을 깨닫고 크게 후회하였다. 그가 발탁되어 다른 곳으로 떠남에 미쳐서 이 일을 모두 기록하여 상급 관청에 품달하고 후에 판결할 사람으로 하여금 이에 의거해서 그 옥사를 해결하도록 하였다. 그가 스스로 과실을 시인하는 용기가 이와 같았다. [案] 다른 일은 잘못을 그대로 두면 자기 한 사람의 허물이 될 뿐이지만, 옥사는 잘못을 그대로 두면 남의 생명을 해칠 수 있다. 필시 하늘의 재앙이 있을 터이니, 이런 일은 마땅히 특별히 살펴야 할 것이다.

을은 관찰사의 직접 지휘 감독을 받도록 편제되었다.

46 보문각대제寶文閣待制: 보문각은 고려 예종 때부터 공민왕 때까지 두었던 경연經筵과 장서藏書를 맡은 문한文翰 기관. 대제는 보문각의 정5품 관직.

47 계본季本, 1485~1563: 중국 명나라 인물. 자는 명덕明德, 호는 팽산彭山이다. 왕양명王陽明의 문인으로 유교 경전의 연구에 주력하여 『역학사동易學四同』 『시설해이詩說解頤』 등의 저술을 남겼다.

주렴계가 남안군南安軍의 사리참군으로 있을 때의 일이다. 감옥에 있는 어느 죄수가 형률상으로는 죽여서는 안 되는 죄임에도 전운사 왕규王逵가 혹리酷吏[48]여서 아주 혹독하게 다루려고 했다. 주렴계가 그와 변론했으나 듣지 않으므로 수판手板[49]을 놓고 돌아가서 고신告身[50]을 가지고 떠나면서 말했다. "이렇게 해서까지 벼슬을 할 것이 무엇인가. 사람을 죽여서 남에게 아첨하는 일을 나는 할 수 없다." 왕규가 깨달아 죄수는 죽지 않게 되었다. 그리고 주렴계를 어질게 여겨서 천거하였다.

송나라 범여규范如圭[51]가 무안군절도추관武安軍節度推官으로 처음 부임했을 때의 일이다. 절도사가 사람을 처형하려는데, 범여규가 그 판단이 잘못되었음을 밝히자, 절도사는 이미 결재했기 때문에 변경할 수 없다고 하였다. 범여규가 정색을 하고 "절도사께서는 어찌 '바꿀 역易' 한 글자만을 중히 여기고, 여러 사람의 생명은 가볍게 여깁니까?"라고 말했다. 이에 절도사는 깜짝 놀라 그의 말을 따랐다. 이로부터 부중府中의 크고 작은 일을 모두 그에게 자문하였다.

이성항李性恒이 정평定平[52]부사府使로 있을 때의 일이다. 어느 사형수가 그의 종제를 큰 이익으로써 유혹하며 "네가 만약 몸으로 나를 대신한다면 기껏 귀양살이를 하는 데 그칠 것이다"라고 하니 종제가 그의 말을 따

---

48 혹리酷吏: 가혹할 정도로 법조문만을 따져 일을 처리하는 관리. 『사기史記·혹리열전酷吏列傳』이 있다.
49 수판手板: 혹은 수판手版이라고도 하는데, 품계를 띤 관인이 관대冠帶를 갖출 때 손에 잡는 판. 원래 홀笏이라 하였는데, 중국 남북조시대의 진·송 이후 수판手板이라 칭하였다.
50 고신告身: 임금이 내려준 임명장. 직첩職牒 혹은 교지敎旨라고도 한다.
51 범여규范如圭: 미상. 혹 범여규(范如圭, 1102~1160)의 착오인 듯도 하다. 범여규는 중국 송나라 관인. 자는 백달伯達이다. 진회秦檜가 주장한 금나라와의 강화책에 반대하였고, 토지의 개간, 조법의 실시 등을 통한 송의 중흥책을 주장하였다.
52 정평定平: 지금의 함경남도 정평군에 속한 고을 이름.

랐다. 이성항이 그 사형수의 종제를 잡아 감영으로 보내서 결국 처형을 당하기에 이르렀다. 얼마 후에 이성항은 이 일을 어렴풋이 듣고 실상을 파악하게 되자 즉시 자핵自劾[53]하였고, 그와 감사는 모두 파직을 당했다. 案 자기 마음을 스스로 속이지 않고 이와 같이 하는 것도 어려운 일이다.

법에서 용서될 수 없는 경우는 마땅히 의義로써 결단해야 할 것이다. 악을 보고도 미워할 줄을 모르는 것은 이 또한 아녀자의 인仁인 것이다.

주자朱子는 요자회廖子晦에 대한 답서에서 말했다. "옥사는 인명에 관계되는 것이니 더욱 마음을 다해야 한다. 근세의 속된 풍습은 음덕을 베푼다는 논의에 미혹되어 다들 죄 있는 자를 풀어 내보내주는 것으로 능사를 삼고 선량한 자들이 고할 데가 없는 것을 생각지 않는데, 이는 가장 나쁜 일이라 경계하지 않을 수 없다. 그러나 불쌍히 여기고 기뻐하지 않는 마음이 없어서는 안 될 것이다."

혹리로 참혹하고 각박하게 해서 오로지 법조문만을 따지고 자신의 위엄과 밝음을 드러내고자 하는 자는 대부분 뒤끝이 좋지 않았다.

한나라 질도郅都가 제남濟南을 다스릴 때의 일이다. 간瞷씨 일족을 멸

---

53 자핵自劾: 관인이 공무 처리에 있어서 본인이 지은 죄과를 스스로 진술함. 일반적으로 상소의 형식으로 국왕에게 진술하는데, 이를 자핵소自劾疏 혹은 자인소自引疏라 한다.

망시키니 10여 고을의 사람들이 대부大府[54]처럼 그를 두려워하여 그를 창응蒼鷹[55]이라 불렀다.

엄연년嚴延年[56]이 하남태수河南太守로 있을 때 도백屠伯[57]이란 칭호를 얻었다. 그 모친이 동해東海에서 와서 마침 그가 죄인 다루는 것을 보고는 관아에 들어가려 하지 않았다. 그리고 그를 꾸짖어 "운 좋게 군수가 되더니, 백성을 어질게 대한다는 말은 들리지 않고 사람을 많이 죽인다고 하니 이 어찌 백성의 부모 된 뜻이겠느냐"라고 꾸짖었다.

한나라 영성甯成이 군수가 되었는데 공손홍公孫弘[58]이 "영성으로 하여금 군을 다스리게 하는 것은 이리에게 양을 맡기는 것과 같다. 그에게 군을 다스리게 할 수 없다" 하고 관내도위關內都尉[59]로 임명하였다. 사람들이 "차라리 젖 먹이는 호랑이를 만날지언정 영성의 노여움을 사지 마라"라고 하였다.

왕온서王溫舒[60]가 하내태수河內太守로 옮겼을 때의 일이다. 군중의 호강

---

54 대부大府: 원래 큰 관공서를 뜻하는 말인데 여기서는 승상부丞相府를 가리키는 듯하다.
55 창응蒼鷹: 서슬이 푸른 매. 매의 성질이 사납다는 데서 인정사정 돌보지 않는 엄혹한 관리를 빗댄 말.
56 엄연년嚴延年, ?~B.C. 58: 중국 한나라 때 인물. 자는 차경次卿이다. 정사에 밝았으나 악을 미워함이 지나쳐서 죄인을 엄히 다스리는 것으로 유명했다. 하남태수로 있을 때 원망과 비방을 많이 받아서 처형을 당했다. 동해 지역 사람들이 그의 모친을 어질게 여겨서 '만석엄구萬石嚴嫗'라고 칭송했다. 아들 다섯 형제가 모두 높은 벼슬을 했기 때문에 '만석'이라 한 것이다.
57 도백屠伯: 백정의 우두머리라는 뜻.
58 공손홍公孫弘, B.C. 200~B.C. 121: 중국 한나라 관인. 자는 계季이다. 현량과로 추천되어 승상을 지내고 평진후平津侯에 봉해졌다.
59 관내도위關內都尉: 관내는 중국 함곡관函谷關 안쪽의 땅. 한나라의 수도인 장안이 관내에 있었다. 관내도위는 관내의 속관으로 군사와 군마를 다스리는 직책.
60 왕온서王溫舒, ?~B.C. 104: 중국 한나라 양릉陽陵 사람. 광평도위廣平都尉로 있다가 하내태수로 옮겼다. 뒤에 뇌물을 받고 남을 고발했다가 투옥되어 옥에서 자살했다.

豪强하고 간활한 자들을 잡아들였는데 연루된 집이 1000여 호나 되었다. 중앙에 보고하기를, 죄가 큰 자는 그 일족까지 죽이고 죄가 작은 자는 사형을 시키며 집집마다 모조리 재산을 빼앗아 포흠을 보상하도록 청했다. 논보論報가 이르자 피가 10여 리나 흐르고 12월이 다하도록 관내에는 자식 찾는 어미의 소리가 들리지 않고 밤에는 사람의 통행이 끊어져서 들에는 개 짖는 소리도 들리지 않았다. 봄이 되자 왕온서는 발을 구르며 "아! 겨울철이 한 달만 더 길었더라도 나의 일은 충분히 될 수 있었을 것이다"라고 탄식하였다. 그가 워낙 살벌하여 위엄 보이기를 좋아하고 사람을 사랑하지 않음이 이와 같았다.

양장梁㲀[61]이 진양태수晉陽太守로 있을 때 엄하고 혹독하여 은혜를 베풀 줄 몰랐다. 백성들이 그를 '장호㲀虎'라고 불렀다.

한나라 진성陳成[62]이 남군태수南郡太守로 있을 때의 일이다. 죽이고 공격하는 것으로 위엄을 세웠는데, 호족의 대성大姓으로 법을 범하는 자들을 잡아들여 사공司空[63]에게 명을 내려서 절구통과 절굿공이를 만들게 했다. 혹 그것이 규격에 맞지 않으면 가중해서 죄를 주어 새로 만들기를 독촉하니, 죄수들이 고통을 이기지 못해 스스로 목을 찔러 죽는 자가 해마다 수천 수백에 이르렀다.

후한의 주우周紆[64]가 발해태수渤海太守로 있으면서 혹독하고 포악한 일

---

61 양장梁㲀, 495~542: 중국 남조 양나라 관인인 장궐㲀厥. 자는 헌경獻卿이다. 벼슬은 원외산기상시員外散騎常侍에 이르렀다.
62 진성陳成: 중국 한나라 관인 진함陳咸인 듯하다. 진함은 패군沛郡 사람으로 자는 자강子康이다. 벼슬은 남양태수南陽太守에 이르렀다. 『한서·진함전陳咸傳』에는 이 내용이 진함이 남양태수가 되었을 때의 사적으로 기록되어 있다.
63 사공司空: 여기에서는 토목공사나 궁궐의 건축 및 보수를 관장하는 직책.
64 주우周紆: 중국 후한의 관인. 자는 문통文通이다. 발해태수渤海太守·장작대장將作大匠을

을 마음대로 행하였다. 특사의 명이 내려오면 그때마다 먼저 형벌을 가한 후에 사면을 선포하더니, 후일에 어떤 죄목에 걸려서 그 부자父子가 모두 죽임을 당했다.

송나라 한진韓繽[65]이 진주秦州를 맡았을 때의 일이다. 진주 사람들이 "젖 먹이는 호랑이를 만날지언정 옥여는 만나지 마라"라고 하였으니 그의 포악하고 혹독함이 이와 같았다. 한진이 어느 날 손님을 접대하고 밤에 돌아오는데, 지사指使[66] 부경傅勍이 술이 잔뜩 취해 한진의 사택에 잘못 따라 들어가 시첩侍妾과 마주쳤다. 한진은 노하여 군교를 시켜 철과장鐵裹杖[67]으로 부경을 쳐서 죽여버렸다. 부경의 처가 피 묻은 옷을 가지고 등문고登聞鼓를 울려 호소하여, 한진은 벼슬이 떨어지고 말았다.

『남사』에 있다. 만량萬亮[68]이 영강령永康令으로 있을 때 엄하고 각박했다. 사람들이 그를 미워하여 복숭아나무로 만량의 형상을 깎아 만들어 그것을 땔감 삼아 물을 끓였다.

제나라 강개江介[69]가 오령呉令으로 있을 때 다스림이 몹시 각박하였다. 백성이 죽은 사람의 해골에 밀謐【강개의 아버지 이름이다】의 머리라고 방을 써 붙여 놓았다. 이에 강개는 벼슬을 버리고 돌아갔다.

당나라 굴돌개屈突蓋[70]가 장안령長安令으로 있을 때의 일이다. 위세를

지냈다.

65 한진韓繽, 1019~1097 : 중국 송나라 때 인물. 자는 옥여玉汝이다. 성질이 엄격하여 장돈章惇 등의 간상奸狀을 폭로하였으며 중서시랑·태자태보를 지냈다.

66 지사指使 : 태수의 막하에 있는 군사 지휘관.

67 철과장鐵裹杖 : 겉을 철로 싼 몽둥이.

68 만량萬亮 : 미상.

69 강개江介 : 중국 남제南齊의 관인. 건무建武 연간에 오령呉令을 지냈다.

70 굴돌개屈突蓋 : 중국 당나라의 관인. 굴돌통屈突通의 아우로 장안령長安令을 지냈다.

부리고 각박해서 사람들이 "차라리 서 말의 약쑥을 먹을지언정 굴돌개는 보지 않겠다"라고 하였다.

당나라 이광원 李匡遠[71]은 성질이 포악하여 하루라도 형벌로 사람을 죽이지 않으면 마음이 애달파서 즐겁지 않았다. 일찍이 매질하는 소리를 들으면 "이는 육고취 肉鼓吹[72]의 일종이로군"이라고 하였다. 그는 죽음에 당해서 "내가 평생에 승려와 도사 수십 명을 죽였는데 이 때문에 82세를 살았다"라고 말하였다. 장사를 지내게 되자 도둑이 그의 묘를 파서 사지를 잘랐다. 잔혹한 형벌에 대한 보복이었다.

사대부들이 법률 책을 읽지 않고 사부 詞賦에만 능하며 형명 刑名에는 어두우니 이 역시 오늘날의 병폐이다.

『유산필담 酉山筆談』에서 말하였다. "형명학은 세상에서 비루하다고 하지만 고요 皐陶[73]가 덕을 심은 것도 형명학에서 말미암았으며, 「강고 康誥」와 「여형 呂刑」[74]에서는 법을 거듭 밝혔다. 또한 공문 孔門에서 사람을 가르칠 때도 형명학이 한 과목으로 갖추어져 있었기 때문에 공자는 자로 子路가 능히 말 한마디로써 옥사를 판결하는 것을 자주 칭찬했다. 공자가 조

---

71 이광원 李匡遠: 중국 당나라의 관인. 염철판관 鹽鐵判官을 지냈다.
72 육고취 肉鼓吹: 고취 鼓吹는 타악 打樂·취악 吹樂을 말하는데 육고취란 사람의 육체를 두드려 그 소리를 음악처럼 즐긴다는 뜻.
73 고요 皐陶: 중국 상고시대 전설상의 인물. 순舜의 신하로서 사법의 장을 지냈다.
74 「강고 康誥」와 「여형 呂刑」: 『서경 書經·주서 周書』의 편명. 강고는 주나라 성왕 成王을 대리하여 섭정한 주공 周公이 지은 글로, 옛 상 商나라 땅을 관할하게 된 강숙 康叔에게 통치 강령을 일러준 것이고, 여형은 주나라 목왕 穆王 때 여후 呂侯를 사구 司寇로 임명하면서 형정의 임무를 설명한 내용이다.

정에 설 때에 본래 소사구小司寇로부터 대사구大司寇[75]에 이르렀으니 이는 형명을 관장한 것이요, 당시에 좨주祭酒나 사업司業[76]으로써 공자를 대접 했다는 말은 듣지 못했다. 오늘날의 군자가 배우고 익히는 것이란 대개 항우項羽와 패공沛公을 소재로 하는 시詩를 극치라 여기며, 한가로이 거처할 적엔 마조馬弔·강패江牌 놀이를 절세의 기예인 양 여긴다. 『대명률 大明律』 한 부部, 『속대전續大典』 및 『세원록洗寃錄』[77] 몇 권을 일찍이 보지 도 못하고 6품에 오르기 바쁘게 군현의 수령 자리를 구한다.[78] 갑자기 큰 옥사를 만나게 되면, 드디어 생사의 권한을 잡고서도 옥사를 심의할 때 에는 서리의 입만 쳐다보며, 판결의 번복이 총애하는 기생의 손에 달려 서 남을 억울하게 한 일이 이미 쌓이고 복록福祿이 꺾이니 심히 슬픈 일 이다. 오늘날 청나라에서는 법을 세워 교관학정敎官學政의 과科와 경의책 문經義策問의 과 외에 형률 한 과를 따로 두어서 모두 시험을 보이는데, 우 리나라는 이 영향을 받지 못하여 인명을 지푸라기처럼 보고 국법을 울타 리 밑에 버리면서 스스로 명사名士의 청풍淸風이라고 자랑한다. 아! 그릇

---

75 소사구小司寇·대사구大司寇: 소사구는 중국 고대의 하급 사법관. 『주례周禮』에 "오형五 刑으로써 만민의 옥송獄訟을 듣고 판단하여 형刑을 내린다"라고 하였다. 대사구는 최고 사법관. 『주례』에 "대사구의 직장은 건방建邦의 3전典을 맡아 왕형王刑을 보좌하는 것이 다"라고 하였다.

76 좨주祭酒·사업司業: 좨주(이 경우 좨주로 읽는다)는 성균관의 정3품 당상직으로 혹은 1· 2품도 겸직할 수 있는 것이고, 사업은 성균관의 정4품직이다. 이들은 모두 인조반정 후에 집권당이 자신들의 장기 집권을 위해 재야의 산림山林을 동원하여 앉힌 특수 신설 관직 인데, 좨주·사업으로 천거된 자들은 유현儒賢이라는 청명淸名을 가지고 집권당의 정략 에 이용되고는 했다.

77 『세원록洗寃錄』: 중국 송대에 송자宋慈가 편찬한 법의학서. 『세원집록洗寃集錄』이라고도 부른다. 이 책과 『평원록平寃錄』을 참고하여 원나라의 왕여王與가 『무원록無寃錄』을 저술 했는데, 이 『무원록』은 조선왕조의 기본 법의학서로 수용되고 증보되기도 하였다.

78 조선왕조에서는 6품 이상이라야 수령이 될 수 있었다. 수령의 최하위인 현감의 품계가 종6품이었다.

된 일이다."

구양수歐陽脩가 장운수張芸叟에게 말했다. "내가 일찍이 이릉夷陵[79]을 다스려 보았는데 그곳은 사람 살 만한 곳이 아니었다. 당시 나는 장년이라 학문에 뜻이 식지 않아 한사漢史를 구하여 한번 보려고 하였으나 관청이건 사가私家건 있는 곳이 없었다. 시간을 보낼 길이 없어서 서가에서 해묵은 공안公案을 꺼내어 반복해서 읽어보았더니, 왜곡과 착오가 헤아릴 수 없이 많았다. 없는 것을 있다 하고 굽은 것을 바르다 하며, 정도를 어겨서 사정을 봐주는가 하면 천륜을 무시하고 의리를 해치는 등 없는 것이 없었다. 이릉은 먼 변두리의 조그마한 땅임에도 이렇거늘, 온 천하가 어떠할지 실로 알 만했다. 그해에 하늘을 우러러 마음속으로 '장차 일을 담당하게 되면 감히 소홀하지 않겠노라'라고 다짐했다."

충정공忠定公 장영張詠은 매양 옥사를 판단할 때 정상은 가벼우나 법으로 무겁게 처벌한 경우와 정상은 무거우나 법으로 가볍게 처벌한 경우가 있으면 반드시 판결문을 만들어 읽어 보여서 풍속을 두터이 하고 효의孝義를 독실하게 하는 것으로 근본을 삼았다. 촉 땅 사람들이 그의 판결문을 판각板刻하여 책 이름을 『계민집戒民集』이라 하였다.

인명에 관한 옥사는 그 다스리는 방법이 옛날에는
소홀했으나 오늘날에는 치밀하니 전문專門의 학으로
마땅히 힘써야 할 것이다.

---

79 이릉夷陵: 지금의 중국 호북성湖北省 의창시宜昌市에 속한 지명. 삼협三峽의 마지막 지역으로 궁벽한 고장이었음.

고려 명종 15년(1185)의 일이다. 남원군의 어떤 사람이 그 고을 아전과 사이가 나빠 아전의 집으로 가서 아전을 기둥에 묶어놓고 집에다 불을 질러 태워 죽였다. 군신들이 논의하여 서로 싸우다가 죽인 죄(鬪殺)로 판결하기를 "그 죄상에 비추어 얼굴에 먹물을 뜨고[경면黥面⁸⁰을 가리킨다], 상민의 호구에 충당하는 것이 마땅하다"라고 하였다. 또한 능성綾城 사람이 어린아이를 업은 여인을 채찍으로 때리자 여인이 겁이 나서 물에 몸을 던져 죽은 일이 있었다. 여러 신료들이 서로 싸우다가 죽인 죄로 논하되 판결을 "모자를 일시에 죽게 한 것은 불쌍히 여길 일이니 겁나게 하여 죽인 죄(劫殺)"로 하였다. 案 그 당시에는 인명의 옥사를 다스리는 법률이 이와 같이 소홀했으나, 오늘날에는 장정章程이 환해서 법조문의 적용에 어그러지는 일이 있을 수 없다.

연평군延平君 이귀李貴의 상소에 나와 있는 말이다. "옛날에 석사石奢가 초나라 소왕昭王의 승상으로 있을 때, 그의 부친이 살인죄를 저질렀다. 석사는 자기 부친을 풀어주고 스스로 묶어서 죽음에 임했다. 소왕이 그의 죄를 사면하고 일을 계속 보도록 했으나, 석사는 '법을 어기고 죄인을 놓아주는 것은 충성이 아닙니다'라고 말하고 스스로 목매달아 죽었다. 이리李離가 진나라 문공文公의 대리(大理, 법관)로 있을 때 사실을 오판하여 사람을 잘못 죽였다. 이에 스스로 결박하고 죽여주기를 청했다. 문공은 '관직에는 귀천이 있고 하급 관리에게 과오가 있으니 그대의 죄가 아니오'라고 했다. 이리는 '신이 벼슬살이하면서 봉록을 하급 관리와 나눈 적이 없거늘 이제 사람을 잘못 죽여놓고 하급 관리에게 죄를 전가하

---

80 경면黥面: 얼굴이나 팔뚝의 살을 따고 홈을 내어 먹물로 죄명을 찍어넣던 벌. 자자刺字, 묵형墨刑이라고도 한다.

는 일은 일찍이 들어본 바 없습니다'라고 대답하고 칼에 엎어져 죽었다."

案 이 상소는 대개 살인에 대한 법이 지극히 엄중하다는 것을 강조한 뜻이다.

정명도程明道가 진성현령晉城縣令으로 있을 때의 일이다. 향민의 집회에 규약을 만들어 선인과 악인을 드러내 구별하여 권면하는 바가 있고 부끄러워할 줄도 알도록 하였다. 그 고을에 주민이 몇 만 호나 되는데 3년 동안에 강도나 살인 사건이 없었다. 임기가 만료되어 후임자가 곧 당도할 즈음인데, 아전이 밤에 문을 두드리며 살인 사건이 일어났다고 보고했다. 명도 선생이 "우리 고을에 어떻게 이런 일이 있어날 수 있을까? 정말 그런 일이 있다면 필시 아무 마을 아무개의 짓일 것이다"라고 하여 알아보니 과연 그러하였다. 집안사람들이 놀랍고 신기해서 그 까닭을 물으니 "내가 일찍이 이 사람이 불량배로 뉘우치지 않을 사람인 줄 짐작하고 있었다"라고 하였다.

박환朴煥이 금구현령金溝縣令으로 있을 때의 일이다. 그 고을에 어느 백성의 처가 전 남편의 아기를 데리고 살았는데 바야흐로 8세였다. 그 백성이 취하여 누워 있는데 아이가 도끼를 가지고 옆에서 장난을 치다가 도끼를 잘못 떨어뜨려 아비의 다리를 상하게 만들었다. 그 백성은 아이가 의붓아비인 까닭에 마음속으로 미워해서 고의로 다리를 찍었다고 의심한 나머지 드디어 관에 고소하였다. 이 옥사가 감영에 올라가자 감사는 아이에게 형을 가하려고 하였다. 박환이 이 일은 잘못하여 상하게 한 것이요 고의로 상하게 한 것이 아니라고 누차 주장하자 감사가 그를 책망하였다. 그는 "옛사람은 수판을 내려놓고 돌아갈지언정 죄 없는 사람을 죽이는 일은 결코 하지 않았다. 나라고 어찌 그렇게 하지 않으랴!" 하고 더욱 힘껏 다투어서 아이가 마침내 형벌을 면하게 되었다.

> 살인옥사가 일어나면 아전과 군교들이 마구 설쳐대서
> 민가를 부수고 세간을 약탈하여 한 촌락이 드디어
> 망하게 되니 먼저 우려해야 할 일은 이것이다.
> 부임 초에 의당 다짐을 받아두어야 한다.

무릇 살인옥사에 있어서는 정범正犯으로서 응당 죽어야 할 자는 사형에 처해야 마땅하다. 그러나 간련干連·간증看證[81]·인보隣保 등은 본래 죄를 범한 것이 없는데 일단 어떤 명목으로 기록에 들어가게 되면 필시 재검再檢을 받게 되고 혹 운이 나쁜 경우에는 3, 4차 내지 5, 6차 검사를 받게 되어 형틀에 매이고 감옥에 갇히는데, 잘못하다가는 수개월이 걸리기도 한다. 혹 수년 후에 다시 조사할 일이 생겨서 또 잡혀 들어가기도 한다. 초사招辭[82]에서 사실대로 말하면 이웃과 원수를 맺어 스스로를 보존할 수가 없게 되고, 안면에 구애되어 숨기는 것이 있으면 관장이 죄를 얽어 억울하게 곤장질을 당한다. 감옥에 들어가게 되면 문지방을 넘어가고 형틀에서 풀릴 때마다 돈을 내야 하며, 갇혀 있을 동안 술값·밥값·담뱃값·연료값 등의 비용이 들어 100명 중에 한 명도 온전하지 못해 집안이 망하고 재산을 탕진하게 된다. 그 때문에 백성들이 살인옥사를 두려워하는 것이 난리를 만나는 것과 다름없다. 어디서 살인이 났다는 소문이 나

---

81 간련干連·간증看證: 간련은 다른 사람의 범죄에 연루된 관련자. 간증은 범죄에 관련되어 나타난 증거 혹은 증인.
82 초사招辭: 범죄의 심리 과정에서 법관의 심문에 따라 피의자가 입으로 진술하는 말.

면 고기떼가 놀라고 짐승들이 도망치듯 마을이 순식간에 풍비박산이 되고 만다. 이에 사나운 군교들은 호랑이처럼 으르렁거리며 고약한 아전들은 고래고래 고함을 지르면서 늙은이와 어린아이, 과부들을 잡아들이고 솥을 빼간다, 돼지와 소를 끌어간다, 곡식 항아리를 뒤진다, 베틀에서 베를 잘라간다 하여 방문이 쓰러지고 부엌이 황량하게 되니, 곡성이 하늘을 찌르고 마을이 처량한 꼴이 되고 만다. 이런 뒤에야 관장이 도착하는데, 일산日傘을 받치고 말방울을 울리며, 수행원들이 구름떼처럼 밀려오고 도리깨채, 붉은 곤장, 큰칼, 긴 포승이 앞뒤로 서로 잇따라 거리를 메우고 골목에 넘치며, 말들은 히힝 하고 저희들끼리 발길질을 하며, 급한 졸개들이 놀란 듯 뛰어 땀을 흘리고 숨을 헐떡이니, 그 형세가 마치 하늘을 가릴 만큼 큰 그물이 하늘에서 땅으로 내려와 덮는 것 같다. 죄가 있건 없건 모두 다 재앙에 걸려들어, 이 백성들을 남김없이 삼혼三魂을 잃게 만들고 칠백七魄[83]을 빠져들게 하는데 이는 아전과 군교들이 짜고 하는 짓이다. 수령은 마땅히 이것을 알아서 부임한 수십일 이내에 다음과 같이 방을 붙여 백성들을 타일러 다짐할 것이다.

○ 행 현령行縣令이 방문榜文을 지어 알리노라. 매양 살인옥사가 일어났다 하면 그 촌락은 망하고야 만다. 이유는 첫째 간증·인보는 없을 수 없고, 본인이 달아나면 뒤쫓아 잡는데 이때 아전과 군교들이 나쁜 짓을 자행하기 때문이요, 둘째 검관檢官 일행의 수행자가 적지 않은데 밑에 딸린 사람들이 농간을 하여 촌락의 부담이 배나 들기 때문이요, 셋째 간증·인

---

83 삼혼三魂·칠백七魄: 삼혼은 사람에게 갖추어져 있다는 태광台光·상령爽靈·유정幽精의 3가지 정혼精魂. 칠백은 시구屍狗·복시伏矢·작음雀陰·탄적吞賊·비독非毒·제예除穢·취폐臭肺의 7가지 탁혼濁魂. 사람의 혼백을 통틀어 삼혼칠백이라고 일컫는다.

보는 무조건 구금되는데 열흘이고 한 달을 지나는 사이에 옥바라지하는 비용을 감당하기 어렵기 때문이다. 지금부터는 검험관檢驗官의 행차에 있어서는 마땅히 수행자를 줄일 것이고, 또 무릇 정범 외에 이런저런 관련된 여러 사람들은 저가邸家[84]에 구류해둘 것이다. 사건에 관계없는 자는 공초(供招, 진술서)를 받고 곧 석방하여 오래 머물러두게 하지 않을 것이다. 모름지기 이 뜻을 알아두기 바란다. 불행히 살인의 변고가 있게 되면 오직 정범만 결박하여 지키고 간증·인보는 각각 공론으로서 정하여 그를 기다리게 하여 뒤쫓아 잡는 데 따르는 피해를 받는 폐단이 없게 할 것이다. 우연한 과실치사로서 마땅히 그 목숨으로 보상할 필요가 없는 경우에는 이웃의 부로들이 양쪽 집에 깨우치고 타일러 그들로 하여금 조해調解[85]하도록 할 것이다. 이는『주례周禮·조인調人[86]』에 담긴 뜻이다. 조해가 이미 이루어져서 갖추어 관에 보고하면 곧 증빙서류를 발급할 것이니, 혹시 조해한 사실을 숨겨두었다가 후환이 생기지 않게 하는 것이 또한 타당하지 않겠는가. 매양 보매 사적으로 화해하고 숨겨두게 되면 으레 아전과 군교에게 적발을 당하는데 그렇게 되면 뇌물을 토색하고 공갈함이 한정이 없어 비록 한 구멍을 막아도 다른 구멍이 터져서 필경에는 수령에게 보고된다. 그러나 검사檢查가 거듭되어도 옥사의 실정은 알기가 어려워 달이 가고 해가 가는 사이에 백성의 부담은 배로 늘고 관청은 어지러워진다. 이에 우선 다짐하노니 모름지기 각각 분명히 알아둘 것이다.

---

84 저가邸家: 여기서는 면주인의 집을 가리킴.
85 조해調解: 분쟁을 해소함. 합의나 화해와 유사한 말.
86 조인調人: 지관사도地官司徒 휘하의 한 직임.『주례』에 "조인은 만민의 원한을 맡아 이를 서로 조화시키는 일을 관장한다"라고 나와 있다.

「청계행검설淸溪行檢說」[87]에서 다음과 같이 기록했다. "청계의 백성 고
득재高得才가 벼를 타작하는 몽둥이로 아무개를 때려 죽였는데 최초로
올라온 그 마을의 보고에는 범인이 이미 포박되었다고 했다. 나는 곧 중
군집사中軍執事[88]에게 오리정五里亭에 가서 지키고 사람들의 왕래를 금지
시키도록 명했다. 말을 급히 대령시켜 오리정에 나가보니 행렬의 앞뒤
가 5리에 뻗어 있는데 깃발이나 도리깨채, 형구 등에다, 말 탄 자와 도보
로 이동하는 자들이 늘어섰다. 내가 이들을 모두 물리치도록 명하고 다
만 형리 1명, 오작作作[89] 1명, 집적執籺[90] 1명, 지인知印 1명, 유삼油衫[91] 1명
에 한 필 말과 더불어 5명을 함께 가도록 했다. 형리가 나아와 '장교가 따
라가지 않으면 삼절린三切鄰[92]을 잡아들일 수 없습니다'라고 하기에 나는
'내가 마땅히 불러서 오게 할 것이다'라고 일렀다. 또 형리는 '시노侍奴【즉
이른바 급창及唱이다】가 따라가지 않으면 명령을 내릴 수 없습니다'라고 하
기에 나는 '오작이 이를 겸하게 할 것이다'라고 하였다. 또 형리는 『무원
록無寃錄』에 규정된 시장식屍帳式[93]의 지물紙物과 법물法物[94]을 가지고 갈

---

87 「청계행검설淸溪行檢說」: 청계에서 검시를 행한 기록이라는 뜻. 1797년에 곡산부谷山府
  청계방淸溪坊에 살던 고득재가 이웃사람 이덕룡李德龍을 구타하여 살해한 사건이 있었
  는데, 곡산부사였던 다산이 초검관으로 검시 기록을 남겼다.
88 중군집사中軍執事: 중군이란 일반적 용어로는 중앙의 오군영 및 각 도의 관찰사 휘하에
  속해 있던 군사 지휘관. 그러나 여기서는 수령 휘하의 군사 지휘자를 가리킨다. 집사는
  당해 분야의 실무자.
89 오작作作: 수령의 검시에 배행陪行하여 시체를 수습하는 일을 하는 사람.
90 집적執籺: 말의 고삐를 잡고 다니는 사람. 마부가 이에 해당함.
91 유삼油衫: 눈과 비를 막기 위해 옷 위에 입는 유의油衣. 여기서는 그것을 맡은 자를 가리
  킴.
92 삼절린三切鄰: 가장 가까이 사는 앞·뒤·옆의 세 이웃. 송사·옥사의 증인이 된다.
93 시장식屍帳式: 시장은 시체의 검안 증명서. 시장식은 그 검안 증명서의 작성 양식.
94 지물紙物·법물法物: 여기서는 검시에 소요되는 종이·노끈·자[尺] 따위.

수 없습니다'라고 하기에 나는 '유삼이 이를 겸할 것이다'라고 하였다. 또 형리가 '요와 이불 등 침구를 갖추지 않고, 쟁반과 대야 등 주방기구를 가지고 갈 수 없는데, 이를 어찌하겠습니까?'라고 하기에 나는 '따뜻한 방을 빌려서 임시 숙소로 하고 촌가에서 밥을 지어 요기하면 그만이다'라고 하였다. 또 형리는 '형구를 가지고 가지 않는 것은 관례가 아닙니다. 범인을 무엇으로 칼을 씌우겠습니까?'라고 하기에 나는 '검장檢場에서 형벌을 쓰지 않는 것이 관례이니, 범인은 포박을 해두면 된다'라고 하였다. 드디어 출발하여 시체가 있는 곳에 당도하니 그 마을이 온통 비어 있고, 오직 한 늙은이가 범인을 지키느라 나무 밑에 앉아 있었다. 나도 말에서 내려 다른 나무 밑에 앉아서 그 늙은이를 불러 '나의 행차가 매우 간소하니 침해하는 일이 없을 것이다. 숨은 사람들을 모두 다 불러 돌아오게 하라'라고 타일렀다. 조금 뒤에 그 마을의 남녀노소가 모두 자기 집으로 돌아왔다. 부로들을 불러 마을에서 공론으로 삼절린을 정하게 하고 또 공론으로 간증할 여러 사람을 정하도록 하였다. 또 부로들을 불러 이 마을이나 이웃 마을에 일찍이 향임이나 군교, 면임面任·이임里任으로서 관청에 출입해본 사람이 있는지를 물어서 그중 민첩하고 영리한 자를 택해 참여해서 일을 돕게 하였다. 이들에게 모두 임시로 직명을 주니 보좌진이 모두 갖추어지고 위의도 부족한 것이 없었다. 한 사람을 주방 책임자로 삼아 일행의 식사를 공급하게 하고 돌아가는 즉시 제 값으로 쳐주었다. 이미 초검初檢을 행하고 잇따라 검장에서 공초를 받아 문서 작성을 끝냈다. 피살자의 부모와 범인의 친속을 불러 '이 옥사의 실정은 이러이러하고 내가 감영에 보고하는 내용은 당연히 이러이러할 것이니, 너희들은 아전과 군교들에게 속지 마라. 감히 돈 한 푼이라도 고을에 실어다 바치는 일이 있으면 엄히 징계하여 용서하지 않을 터이다. 삼절린과 관련자 이하 마땅히 조사받을 사람들은 모두 이 마을에서 보호·감금하여 복검覆檢을 기다리도록 하라'라고 하였다. 그리고 그날은 단출하게 관부에 돌아왔다. 형리로 하여금 중도에 복검관을 맞이하여 이 일을 갖추어 보고하도록 하자, 복검관 또한 비방과 칭찬이 서로 현격히 다를까 우려하여 역시 수행자들을 줄이고 엄히 다짐하여 백성들에게 해를 끼치지 않도록 했다."

○ 내가 민간에 오래 있어서 알고 있는데 무릇 살인옥사에 고발하는 것은 열에 두셋뿐이고, 일고여덟은 모두 숨기고 그만둔다. 실로 한번 검험檢驗을 겪으면 마침내 폐촌이 되니, 한 해가 못 가서 쇠락하여 사람들이 다 떠나고 텅 빈다. 그런 탓에 고주(苦主, 피살자의 친속)가 아무리 슬프고 원통해도 마을의 부로들과 유력한 자들이 가로막고 못하게 말리는데 어찌할 것인가. 이에 그들은 범인을 마을에서 쫓아내고 고주에게 비용을 주어 서둘러 시체를 매장하고 그의 입을 봉하게 만든다. 혹 세력 있는 아전과 군교들이 이것을 알아채서 위협하면, 곧 마을에서 돈 200~300냥을 모아서 그네들에게 뇌물을 바쳐서 끝내 고발하지 않게 한다. 소위 부로와 유력자들의 해독이 큼을 이에 알 수 있다. 수령 된 자가 깊이 유의해야 할 일이다.

정범과 간범干犯[95]은 가두지 않을 수 없는데 가두는 것은 도망가는 것을 우려하기 때문이다. 도망할 우려가 없으면 무엇 때문에 가둘 것인가. 간련은 반드시 가둘 필요가 없으며, 간증도 반드시 가둘 필요가 없으며,

---

95 간범干犯: 법을 어기거나 거역한 범인 혹은 범죄에 다소간 관련이 있는 자.

삼절린도 반드시 가둘 필요가 없으며, 향갑鄕甲과 이정里正도 반드시 가둘 필요가 없으며, 피살자 가족의 대표로서 사적으로 화해한 자도 반드시 가둘 필요가 없으며, 범인의 친속으로서 살인에 깊이 관여하지 않은 자도 반드시 가둘 필요가 없다. 초검이 이미 끝나면 모두 의관을 갖추고 뒤따라오게 하는데, 공초를 받는 사이에는 저가에 머무르게 하고 공초가 끝나면 곧 석방하여 자기 마을로 돌아가 복검을 기다리게 한다. ○ 복검관이 고을에 도착했을 때 미리 아전과 군교에게 초검 때의 규모를 알려주도록 하면 복검관은 비방과 칭찬이 서로 현격히 다를까 염려하여 필히 그 또한 수행자를 단속할 것이다. 또 아전과 군교를 시켜 복검하는 아전과 군교에게도 가만히 "이제 많은 사람이 명령을 받들어 촌에 나가는데 당신들이 혹시 백성들을 침해할까 하여 사람을 시켜 염찰케 하고 있으니 당신들은 조심해서 일체 문제를 일으키지 말라"라고 일러준다. 이러면 복검 때에도 또한 민폐가 없을 것이다.

　○ 복검관이 돌아가면, 관련자 이하 여러 사람들은 다 석방해서 각기 농사일로 돌아가게 한다. 감영에 보고하는 글에는 관례대로 '잉수仍囚'[96]라 쓰더라도 응당 석방을 할 것이다. 이는 의리에 저촉됨이 없는 일이므로 형식에 구애받을 필요가 없다.

옥사는 체통이 극히 중대한 일이다. 그러므로
검장에서 공초를 받을 적에는 본래 형장을 가하는
법이 없는데, 오늘의 관장은 법례에 통달하지 못해서

---

96 잉수仍囚: 그대로 구속해두고 있다는 뜻.

형장을 마구 쓰고 있으니 큰 잘못이다.

근래에 군현의 실정을 보면 수령이 행정에 익숙하지 못한 데다가 아전 또한 지식이 없어 검장에서 공초를 받을 때 엄히 매질이며 곤장질을 하는가 하면 주장朱杖[97]으로 갈빗대를 내려친다. 고통이 극도에 달하는데 누가 능히 이를 참아낼 것인가. 없는 것을 가리켜 있다 하고, 허위를 얽어서 사실로 만들어 드디어 억울한 옥사를 이룬다. 이것이 이른바 단련성옥鍛鍊成獄[98]이다. 국가의 법전에도 명백히 위배될 뿐만이 아니라 필시 귀신의 화를 입을 터이니 결코 이렇게 해서는 안 될 일이다.

○ 친척과 이웃으로서 간련에 들어간 자는 안면에 구애되어 차마 바르게 고하지 못하고 불분명하게 말하는데, 이는 인지상정일뿐 아니라 마을의 후한 풍속이다. 겉으로는 엄히 신문한다고 하더라도 마땅히 가상히 여기고 아껴주는 마음이 있어야 할 것이다. 이런 사람이라면 어찌 마구 곤장질을 하여 그들로 하여금 고통과 핍박을 느껴 끝내 신의를 저버리는 사람을 만들 것인가. 숨겨진 죄를 적발하는 것은 눈앞의 조그마한 통쾌한 일일 뿐이요 풍속을 돈후하게 하는 것은 길이 남을 큰 정사이다. 참으로 식견이 있는 사람이라면 어찌 이 점을 염두에 두지 않겠는가. 매양 검관들이 이들 양민의 죄를 논하는 것을 보면, 대뜸 호령하기를 "오직 말을 얼버무리기만 하고 끝내 사실대로 고하지 않으니 그 정황이 극히 가증스럽다"라고 한다. 이것은 비록 문서 작성에 쓰는 관례적인 말이라고는 하나 역시 잘못된 말이다. ○ 무릇 이러한 일을 만나면 순리로 캐물어서 이

---

97 주장朱杖: 형벌의 도구로 붉은 칠을 한 몽둥이.
98 단련성옥鍛鍊成獄: 두들겨서 옥사를 만든다는 뜻.

치에 어긋나는 말을 잡아 반복해서 따지고들면 말이 막히고 사리에 맞지 않아 사실을 토로하지 않을 수 없을 것이다. 어찌 실정을 파악하지 못할까 근심하겠는가. 검시 보고에서도 사리를 논함에 마땅히 "아무개는 범인과 이웃에 살아 서로 간에 사이가 좋아 생사가 달린 마당에서 차마 명백히 말하지 못하는 모양이지만 이 또한 사람의 상정이다. 굳이 심하게 죄줄 것은 못 된다"라고 해야 할 것이다.

『무원록증주無冤錄增注』[99]에서 말했다. "신문訊問할 때 고문하거나 위협해서는 안 된다는 것이 국가의 규정된 법령으로 지극히 엄격하게 되어 있는데, 근래에 고문과 위협을 함부로 행하는 경우가 많으니 법의 본뜻에 매우 어긋나는 일이다. 요컨대 모름지기 순리로 생각하고 궁리해서 그 실정과 허위를 파악할 것이요, 절대로 곤장질 등 형신刑訊[100] 및 장당杖撞[101] 등의 고문을 행하지 말 것이다." ○ 법조문이 이러하니 마땅히 엄격히 지켜야 할 것이다.

『남사』에 있다. "부기傅岐[102]가 시신령始新令으로 임명되었을 때의 일이다. 그 현의 사람이 싸우다가 구타를 당하고는 군郡에 달려가 고소를 했다. 군에서는 그 상대편을 잡아 갖은 방법으로 고문하였으나 끝내 잘못을 인정하지 않았다. 이에 군에서 이 옥사를 현으로 이송하였는데 부기

---

99 『무원록증주無冤錄增注』:『무원록』은 법의학서로 중국 원나라의 왕여王與가 저술한 것이다. 이 책이 우리나라에서도 받아들여져서 이용되었는데, 영조 때 구택규其宅奎가 수정증보한 『증수무원록增修無冤錄』(구본)을 바탕으로 구윤명其允明 등이 다시 보완한 『증수무원록』(신본)이 정조 16년(1792)에 간행된 바 있다. 여기서 『무원록증주』는 이 신본을 가리키는 것으로 추정된다.
100 형신刑訊: 태笞·장杖 등의 형벌을 가하면서 신문함.
101 장당杖撞: 죄인의 신문에서 장杖으로 찌르면서 고문함.
102 부기傅岐, ?~549: 중국 남북조시대 양나라 관인. 자는 경평景平이다. 태복太僕, 사농경司農卿을 지냈다.

가 칼을 벗기게 하고 부드러운 말로 물으니 곧 자복하였다."○ 이로 미루어 보면 위압적으로 신문한다고 해서 반드시 자복을 받을 수 있는 것도 아니요, 부드러운 말로 신문한다고 해서 반드시 자복을 받지 못하는 것도 아니다.

무고誣告하여 옥사를 일으키는 것을 도뢰圖賴라고 한다. 이런 일은 엄히 다스려 용서하지 말고 법에 비추어 반좌율反坐律을 적용할 것이다.

스스로 물에 빠져 죽은 것을 빠뜨려 죽였다 하고, 스스로 목매 죽은 것을 강제로 목 졸라 죽였다 하고, 스스로 찌른 것을 남이 찔렀다 하고, 스스로 독약을 마신 것을 맞아 죽었다 하고, 스스로 병이 든 것을 구타를 당해 속이 상했다 하는 등 이런 일들이 많다. 이런 일들은 법서法書[103]를 보면 그 형태와 증상이 각기 달라 판별하기 어렵지 않다. 그러나 판별이 끝나 옥사가 일단락이 되면 수령은 그만 해이해져서 악을 징계할 생각은 하지 않고 대강 곤장 몇 대를 치고서 석방해버린다. 백성들이 어찌 두려워하겠는가? 무릇 무고한 자는 법률상 모두 반좌율에 해당하는 것이다. 사형에 해당될 죄로 다른 사람을 무고하는 경우는 그 무고한 사람의 죄가 응당 사형이다. 비록 그렇게는 못하더라도 유배조차 면해주니 소홀하지 않은가? 이는 악을 미워하는 마음이 절실하지 못하기 때문이다. 마땅히 상급 관청에 알려 반드시 죄를 물어 용서하지 말아야 한다.

---

103 법서法書: 법의학에 관한 서적. 예를 들어 『무원록』 등이다.

『대명률』에 규정되어 있다.[104] "무릇 무고한 자는 각각 무고한 바의 죄에 2등 혹은 3등을 더하여 사형에까지 이르게 된다. 무고당한 사람이 이미 처형된 경우에는 반좌율로써 사형에 처하고, 미결인 경우에는 장杖 100대, 유流 3000리에 역역役[105] 3년을 추가한다." ○ 해당 율문律文은 장 100대, 유 3000리인데 정상이 무거운 경우는 그대로 떠나보내고 정상이 가벼운 경우에는 속전贖錢을 받아도 좋다.

『대명률』에 규정되어 있다. "무릇 조부모·부모가 손자나 아들을 고살(故殺, 고의 살해)했다거나 가장家長[106]이 노비를 고살하고는 남이 죽였다고 도뢰한 자는 장 70대, 도徒 1년 반에 처한다. ○ 자손이 이미 죽은 조부모나 부모의 시신을 가지고, 또는 노비나 고공雇工이 가장의 시신을 가지고 남이 죽였다고 도뢰한 자는 장 100대, 도 3년에 처한다. ○ 관에 고발한 자는 그 고발한 바의 경중에 따라 모두 일반 사람을 무고한 율律에 의하여 죄를 논한다."【이에 관한 율례律例가 심히 복잡하여 여기에 다 적지 못한다. 옥사를 담당하는 자는 마땅히 살펴봐야 할 것이다】 案 도뢰는 혹 백뢰白賴라고도 한다. 우리말로는 '용악用惡'이라고도 하고 '억지臆持'라고도 하는데, 백뢰는 우리나라 말로 '생억지生臆持'라고 한다. ○ 고발하겠다느니 않겠다느니 하면서 사사로이 공갈하여 뇌물을 토색하는 것을 이른바 도뢰라고 한다. 이에 대한 처벌 규정은 가벼운 편이다. 관에 고발하여 곧바로 옥사가 이루어지는 것은 반좌율이 적용된다. 이를 담당하는 자는 마땅히 양쪽을 세밀히 살펴서 오직 법을 준수해야 할 것이다.

---

104 이하의 내용은 『대명률·형률刑律·소송訴訟·무고誣告』의 조문에서 발췌 인용한 것이다.
105 역역役: 이 경우는 형벌로서의 노역勞役.
106 가장家長: 이 경우는 노비나 고공雇工의 주인, 즉 상전上典을 가리킨다.

검정檢庭에서 공초를 받으면서 하루를 넘겼는데도
전부 한 날짜로 기록하고 있으니, 이는 응당 고쳐야 할
법이다.

검정에서 공초를 받는 일은 혹은 5~6일이 걸려야 바야흐로 끝나게 되
는데, 검안檢案의 관례는 모두 같은 날에 다시 추문했다고 기록한다. 첫
공초에서 사실대로 말했다가 다음 공초에서는 거짓으로 번복하고, 첫 공
초에서 실정을 숨겼다가 다음 공초에서 사실대로 말하기도 한다. 취조
일자의 많고 적음과 취조 시간의 길고 짧음으로 그 사실을 족히 추정할
수 있다. 그런데 진실과 허위를 구별 짓는 것을 모두 같은 날짜로 써놓으
니 대단히 잘못된 관례이다. 이 관례는 나라의 법전이나 조정의 명령에
있는 것이 아니요 이속들의 잘못된 인습에 불과하다. 수령은 마땅히 감
사와 의논하여 이런 잘못된 관례를 고쳐서 2일이라든지 3일이라는 것을
실제에 따라 기록해두면 아마도 고험考驗할 때에 도움이 될 것이다. ○ 또
한 검안은 마땅히 책자로 정리하되 용지는 사란絲欄[107]으로 찍어내 해서
楷書로 단정하게 써서 2부를 작성한다. 1부는 감영에 보내고 다른 1부는
본 현에 비치할 것이다. 이 일은 모름지기 감사가 그 격식을 여러 고을에
반포해야만 두루 통용할 수 있다. 책의 길이와 너비는 모두 치수를 정해
한 칼에 재단하여 조금의 차이도 없게 한다. 여러 고을의 검안을 합하여
한 부로 만들면 또한 좋지 않겠는가. 요즈음 방식을 보면 검안은 모두 얇

---

107 사란絲欄: 괘지掛紙를 만들기 위해 종이에 줄을 침.

은 종이 두루마리를 사용하고 있다. 몇 개월이 지나지 않아 종이가 마모되어 읽기 어려우며 본 현에 비치한 것 또한 초본草本에 불과하다. 모두 다 엉성하고 거친 병폐가 있다. ○ 대개 보장報狀은 하나는 상세하고 또 하나는 간략한데 간략한 것을 서목書目이라 한다. 검안은 마땅히 두 건을 다 갖추어 간교한 짓을 방지해야 할 것이다. 내가 장기長鬐에 귀양 가 있을 적에 보니, 아전이 검안 보고서를 칼로 도려내고 농간을 하여 영문의 제사題辭가 동문서답 식으로 되어 있었는데도 수령이 이런 사실을 깨닫지 못하였다【이미 앞에 나와 있다】. 어찌 경계하지 않을 수 있겠는가.

크고 작은 옥사의 판결은 모두 시한이 정해져 있다.
세월을 끌어 죄인을 늙어죽도록 내버려두는 것은
법이 아니다.

본조本朝의 역사에, 문종 원년의 교서에는 이렇게 나와 있다.[108] "형벌 제도를 설치한 것은 실로 부득이한 일이다. 감옥에 갇혀 있으면 억울한 일이 일어나기 쉽기 때문에 역대에 정치를 잘하고자 하는 임금이라면 송사와 옥사가 지체될까 경계하지 않는 분이 없었다. 당나라는 삼한법三限法을 세워서 큰 옥사의 기한은 대리시大理寺 35일과 형부刑部 30일로 합쳐서 65일이었다. 이후 송나라 태종에 이르러 또 법을 마련하여 감독을 엄격히 했는데 모두 옥사가 지체되어 억울한 일이 일어나지 않도록 하기 위함이었다. 우리 선대의 임금들도 모두 밝은 덕으로 형벌을 신중히 다

---

108 원문에는 "문종 원년"으로 되어 있으나 이 기록은 『문종실록·1년 3월 임인壬寅』에 나온다. 신숙주의 『보한재집保閒齋集·문종행장』에도 보인다.

루는 것을 급선무로 삼았다. 부왕에 이르러는 생명을 아끼는 덕이 천성에서 나와 형벌을 관대히 하라는 교서를 분명하고 간곡하게 누차 내린 바 있었다. 옛 법전을 참작하고 근거하여 역시 삼한법을 제정하였던바[109] 육전六典[110]에 실려 있다. 대개 사형에 해당하는 죄를 범하고 사증辭證[111]이 30일 정程의 거리에 있는 경우는 대사大事이며, 도형徒刑과 유형流刑에 해당하는 죄를 범하고 사증이 20일 정의 거리에 있는 경우는 중사中事이며, 태형과 장형에 해당하는 죄를 범하고 사증이 10일 정의 거리에 있는 경우는 소사小事이다. 대사는 90일을 기한으로 하며, 중사는 60일을 기한으로 하며, 소사는 30일을 기한으로 한다. 옥사가 크건 작건 사증이 경내에 있고 증거가 뚜렷하면 그 기한은 10일을 넘기지 말고 옥사를 풀기 쉬운 경우는 3일을 넘기지 않는다. 증거를 밝히기가 어렵고 사증이 복잡하게 얽혀 부득이 기한을 넘기는 경우는 사유를 갖추어 보고한다. 무릇 형벌제도는 심리를 거듭하는 것을 귀하게 여겨 본디 속결을 요구할 수는 없다고 하더라도 참으로 마음과 힘을 다하면 옥송 처리의 세 가지 기한으로도 충분할 것이다. 근래 와서 감사들이 선왕의 이 지극한 뜻을 우러러 체득하지 못하고 아직도 타성에 젖어 혹은 밝게 살피지 못하고 혹은 판결하는 데 능력이 부족하여 애초에 애매하거나 의심이 가지 않는 옥사를 가지고 긴요하지도 않은 절목으로 왕복해서 추문하고 복심하느라 판

---

109 세종 29년(1447) 정월 신미일辛未日(8일)의 형조에 내린 교지에 따라 삼한법이 논의되었다.

110 육전六典: 세종 때에는 태종 때 편찬된 『속육전續六典』 이후 계속 제정되는 법례를 모아 『육전등록六典騰錄』이라는 법전을 편찬하였다. 여기서의 육전은 이를 지칭하는 것으로 생각된다.

111 사증辭證: 소송 당사자가 제출한 증거.

결을 신속히 내려 죄수를 내보내지 못하고 있다. 그래서 무지한 백성들을 한 번 잡아들이면 계절이 바뀌도록 붙잡아두니, 굶주리고 추위에 떨고 병들어 죽음에 이르는 일이 허다하다. 감옥에 갇힌 고통은 하루가 1년 같고 한 사람이 옥에 갇혀 있으면 온 가족이 생업을 폐하게 되니 화기를 해치고 재앙을 부르는 일이 이보다 더 심한 것이 없다. 무릇 너희 법을 집행하는 자들은 추문하여 죄를 논할 일이 있더라도 지체되는 일이 없도록 할 것이다."

『경국대전經國大典』에는 이렇게 규정되어 있다.[112] "무릇 옥사를 판결함에 있어 대사【사형죄】는 기한이 30일, 중사【도형과 유배의 죄】는 20일, 소사【태형과 장형의 죄】는 10일을 기한으로 한다. 사증이 다른 지방에 있는데 사안이 필히 참고하고 추궁해야 할 경우는 그곳의 멀고 가까움에 따라 가고 오는 날짜를 제하고서 역시 그 기한 내에 판결을 마쳐야 한다." 案 법이 본래 이렇기 때문에 죽을죄에 해당하는 사람은 한 달에 세 번 동추同推[113]를 한다. 옥사를 판결하는 일이 시급하기 때문에 10일에 한 번씩 추문했던 것이다. 오늘날에는 인명을 무작정 구속해두어서 예사로 10년을 넘긴다. 한 달에 세 번 추문한다는 것은 사리로 보아 어렵지만 3년에 한 번 추문하는 것도 드문 일이 되었다. 형식적인 조문【한낱 문서가 오고 갈 뿐이다】으로 나라의 쌀만 헛되이 축내고 있다【동추관同推官의 행차에 저치미를 회감한다】. 이를 생각하면 본래의 법을 복구하는 문제를 의논하지 않을 수 없다.

---

112 『경국대전·형전刑典·결옥일한決獄日限』.
113 동추同推: 중죄인에 대하여 추관이 회동하여 추문하는 제도.

보고保辜[114]의 기한은 범죄에 따라 같지 않은데 이를 분명히 알지 못해서 죄를 논단함에 공평치 못한 일이 있다.

『대명률』에는 이렇게 규정되어 있다.[115] "손발이나 기타 물건으로 남을 때려 상해를 입힌 경우 보고의 기한을 20일로 하고【그 상처가 가벼움】 칼이나 뜨거운 물, 불로 남에게 상처를 입힌 경우 그 기한을 30일로 한다. ○ 사지나 몸을 다치게 했거나 뼈를 부러뜨렸거나 낙태하게 만든 한 자는 손발이건 어떤 물건이건 상관없이 모두 그 기한이 50일이다." ○ 명례名例[116]에서는 "하루는 백각百刻이다"【오늘날의 시헌서時憲書[117]에서는 하루를 96각으로 계산한다】 하고 그 주註에서 "보고의 기한은 주야를 통틀어 하루로 잡기 때문에 꼭 백각이 된다. 가령 초하루 진시(辰時, 오전 7~9시)에 사람을 구타하여 상해를 입혔다고 하면 응당 보고의 기한이 20일이 되는데 21일 묘시(卯時, 오전 5~7시)까지는 아직 기한 내가 되며, 진시가 되어서야 기한 밖이 된다"라고 하였다. 案 요즈음에는 30일을 소고小辜의 기한으로 하며,

---

114 보고保辜: 상해를 당한 피해자의 생사가 판명될 때까지 가해자에게 치료하게 하면서 일정 기간 처벌을 보류하는 것. 그 기간 동안 피해자가 죽으면 범인을 중벌에 처했다.

115 『대명률·형률·투구鬪毆·보고한기保辜限期』.

116 명례名例: 명名이란 오형에 해당하는 죄명, 예例란 오형을 적용하는 법례를 뜻함. 명례는 형률에 설정된 죄명과 각각에 대한 형벌과의 상호 관계를 규정한 총칙 부분으로 일반적으로 형률서의 맨 처음에 규정되어 있다.

117 시헌서時憲書: 시헌력법서時憲曆法書. 조선 초기에는 명의 대통력大統曆을 사용하다가 세종 때부터 다시 향력鄉曆을 제작 사용해왔다. 조선 후기로 와서는 서양인 선교사들에 의해 제작된 태음력에다 태양력의 원리를 가미한 시헌력이 청나라에서 쓰이자 이를 도입, 연구, 개발해서 효종 5년(1654)부터 시헌력을 채용하게 되었다. 이후 1896년 1월 태양력을 채용할 때까지 이를 준용하였다.

50일을 대고大辜[118]의 기한으로 해서 마치 일체의 구타 상해가 그 기한이 모두 같고 오직 대소의 구별만 있는 것처럼 하는데 이는 잘못이다. 또 보保란 휴양한다는 의미이니 범인으로 하여금 상해를 입은 자를 치료하게 하는 것을 보고양인保辜養人이라 한다. 그러므로 범인이 스스로 책임지고 치료해주는 것이므로 잘못 해석해서는 안 된다【이 뜻은『대명률』의 주[119]에 보인다】.

『청률집주淸律輯註』[120]에는 이렇게 규정하였다. "쇠붙이와 칼은 혼동해서는 안 된다. 비록 쇠붙이로 만든 기구를 가지고 사람을 상하게 했다고 하더라도 칼을 쓰지 않았으면 모두 기타의 물건으로 사람을 구타하여 상해를 입힌 예에 의해 그 기한을 20일로 정한다." 案 손발이나 기타의 물건으로 입은 상처가 만약 중상이 아니라면 응당 깊은 독이 없을 것이기 때문에 그 기한이 짧고, 칼이나 뜨거운 물 혹은 불에 의하여 받은 상처는 바로 죽지는 않았다고 하더라도 혹 독이 깊이 들 수 있기 때문에 그 기한이 긴 것이다. 그러나 칼날에 벤 것이 아니라면 쇠독이 들어가지 않으므로 쇠붙이와 칼은 같지 않다.

『청률집주』에 나와 있다. "장불莊佛이라는 사람을 어떤 사람이 호미로 그의 어금니를 때려 빠지게 하여 그 후 35일이 지나 죽었다. 조사해보니 어금니가 부러진 것이요 또 상처는 손·발·허리·목에는 미치지 않아서

---

118 소고小辜·대고大辜: 작은 보고의 기한과 큰 보고의 기한이란 뜻.
119 『대명률·형률·투구·보고한기』.
120 『청률집주淸律輯註』: 미상. 혹『대청률집해부례 大淸律集解附例』의 다른 이름인 듯하다. 이 법전은 중국 청나라 순치 3년(1646)에 명률을 참작하여 자료를 분류하여 엮은 것인데 그 뒤로 잘못된 곳을 바로잡고 내용을 더하여 옹정 3년(1725)에 총 30권 458조로 완성된 형법전이다.

지체肢體를 부러뜨린 것과는 같지 않았고 그 기한은 응당 기타의 물건으로 상처를 입힌 예로써 논해야 하므로 정식 기한 20일 외에는 단지 남에게 상해를 입힌 죄를 줄 수밖에 없기 때문에 남의 이를 2개 이상 부러뜨린 죄로 처벌하는 규정을 적용하여 도 2년에 처하였다." 案 지肢란 사지四肢요 체體란 몸뚱아리이다. 지체가 부러지지 않으면 50일을 그 기한으로 삼지는 않는다. 그러나 상처가 무겁고 병이 깊이 들어서, 다른 빌미가 없이 끝내 본래의 상처 때문에 죽음에 이른 경우는 비록 100일이 지나고 나서라도 역시 생명을 보상할 죄를 적용해야 할 것이다. 『청률집주』에 나와 있다【이 조항은 『흠흠신서·율례律例』에 있다】.

살인하여 암매장한 경우에는 마땅히 굴검掘檢[121] 해야 한다. 『대전大典』의 주[122]는 본래 잘못된 기록이므로 이에 구애될 것이 없다.

숙종의 하교, 영조의 하교와 정조의 하교에서는 모두 굴검을 허락하였다. 『대전통편大典通編』의 증주增註에 "무릇 굴검해야 하는 경우를 당해서는 임의로 굴검해서는 안 되며, 반드시 먼저 상급 관청에 보고한 후에 거행하라"라고 하였는데, 이는 대개 편집상의 오류일 것이다. 상세한 것은 다른 책에서 언급했으므로 여기서는 생략한다【『흠흠신서』의 끝 편을 보라】.

---

121 굴검 掘檢: 매장된 시신을 다시 파내어 검시함.
122 『대전大典』의 주註: 여기서는 『대전통편大典通編·형전刑典·검험檢驗』을 가리킨다. 검험조 자체가 『속대전續大典』에 와서 비로소 설정되었는데, 『대전통편』에서는 이 검험조에다 다시 주의 형식으로 '살인익매殺人匿埋' 항목을 추가 신설하였다.

愼刑

수령이 형벌을 시행함에 있어서는 의당 세 등급으로
나누되, 민사民事는 상형上刑을 시행하고, 공사公事는
중형中刑을 시행하며, 관사官事는 하형下刑을 시행할
것이다. 사사私事에 대해서는 형벌을 쓰지 않는 것이
좋다.

  민사란 무엇인가? 전정田政·부역賦役·군정軍政·곡부穀簿·송옥訟獄 등
일체의 일반 백성의 일에 관리와 향갑들이 뒤바꾸고 속여서 간교한 짓을
부리거나 침탈하여 백성에게 해를 끼치는 것이 민사이다. 공사란 무엇인
가? 조운漕運·납세·물선物膳[1]하는 공물·경사京司와 상사上司에 바치는 물
건과 공문 기한 등 일체 봉공奉公[2]의 업무에 관리와 향갑들이 포흠을 져
서 결손이 많아지고, 일이 지연되어 기일을 어기는 것이 공사이다. 관사
란 무엇가? 제사·빈객賓客·전수典守[3]·책응策應[4]·조알朝謁[5]의 예절·공봉供
奉[6]의 직무 등 일체 고을의 업무로서 관부를 유지하는 일에 아관衙官과

---

1 물선物膳: 진상을 포함하여 토산품을 바치는 것.
2 공봉供奉: 중앙정부 및 상급 기관에 부세와 문서 등을 바치는 일. 자세한 내용은 1권 제
   3부 '봉공 6조' 참조.

이속들이 조심하지 않고 부지런하지 않아 법령을 어기는 것이 관사이다.

　○ 상형은 어떤 것인가? 수령의 의도가 형벌을 너그럽게 하여 법을 지키도록 함에 있다면 태笞 30대를 치고 살펴서 피가 보이면 상형이고, 태 20대를 힘껏 치고 신칙하는 것이 중형이고, 태 10대에 부드러운 말로 법이 있음을 보이는 것이 하형이다. 법령을 이같이 집행하면 충분하다. 만약 수령의 의도가 형벌을 엄하게 하여 위엄을 세우는 데 있다면, 태 50대에 피를 보거나 군무용軍務用 소곤小棍[7] 7도度를 시행하는 것이 상형이며, 태 30대를 힘껏 치거나, 범법용犯法用의 신장訊杖[8] 10도를 시행하는 것이 중형이요, 태 20대, 혹은 태장笞杖 15대가 하형이다. 법령을 이같이 집행하면 충분하다. 이보다 더 심하게 쓰면 남형濫刑이 되니, 이에 대해서는 내가 모르는 바이다.

　○ 대개 백성을 괴롭히는 일은 대부분 고의적인 범죄와 관련되어 있다. 하물며 수령이란 직분이 이리를 몰아내고 양을 잘 기르는 데에 있음에랴! 이것이 곧 민사에서 상형을 쓰는 까닭이다. 봉공의 일을 행하다보면 공죄公罪에 걸릴 수 있다. 하지만 기한이 정해져 있어서 어기거나 넘겨버리지 못할 것이요, 나라를 높이고 윗사람을 섬김에 감히 태만하거나 소홀하지 못할 것이다. 이것이 곧 공사에는 중형中形을 쓰는 까닭이

---

3 전수典守: 일체의 법과 관례 등을 지키는 것.
4 책응策應: 책략을 내어 대응하는 것.
5 조알朝謁: 관속들이 수령을 뵙는 일.
6 공봉供奉: 수령에게 음식 등속을 바치는 것.
7 소곤小棍: 곤棍은 형벌 도구로 버드나무로 넓적하고 길게 만들어 죄인의 볼기를 치는 데 사용한다. 형벌을 가하는 경중에 따라 중곤重棍·대곤大棍·중곤中棍·소곤小棍·치도곤治盜棍이 있다.
8 신장訊杖: 죄인을 신문할 때 쓰는 매의 일종. 장형은 태형보다 무거운 벌이다.

다. 관부가 설치되어 있으면 각종 법도를 응당 정해서 행해야 하는 것이요, 수령 한 몸으로 말하더라도 그 자체로 존중을 받아야 마땅하다. 수령을 위한 관속들의 성실하고 민첩한 거동 및 음식 지공支供은 마땅히 감독하고 신칙해야 할 일이다. 다만 이는 이해가 수령 한 몸에서 그치는 것이다. 이것이 관사에는 하형을 시행하는 까닭이다. 매양 범인 한 명을 대할 적마다 수령은 먼저 이것이 민사인가 관사인가를 생각하여 만약 민사에 속하면 아무리 범행이 가볍더라도 벌은 마땅히 무거운 쪽을 따라 시행하고, 만약 관사에 속하면 아무리 범행이 무겁더라도 벌은 마땅히 가벼운 쪽을 따라 집행해야 한다. 이처럼 판단 기준을 엄정하게 마음속에 정해 둔다면 거의 공평하게 되고 위엄이 설 것이다.

사사란 무엇인가? 부모를 모시는 자는 마땅히 부모님께 공경을 다해야 하지만 관에 있어서는 그 일이 사사이다. 부인이 내아內衙에 있는 것도 사사요, 자식이 책방에 있는 것도 사사요, 가묘에서 제사를 받드는 것도 사사요, 친구를 접대하는 것도 사사요, 관아 주방의 쌀이나 동헌의 땔감 같은 일용의 물자를 소비하는 것도 사사요, 놋그릇과 궤짝의 제조, 삼베·명주·모시·무명베를 사들이는 것도 사사이다. 이 모든 사사에는 아무리 잘못이 있더라도 한 대의 매와 반 대의 회초리도 관노에게 써서는 안 된다. 이것이 이른바 "사사에 대해서는 형벌을 쓰지 않는다"라고 함이다. 예컨대 자기 부친에게 병환이 있어서 의리醫吏에게 약을 달이도록 하고서는, 그 약 속에 인삼 녹용 같은 귀한 약재가 들어 있는데 의리가 피곤해서 졸다가 다 태워버렸다고 하자. 이런 때에 수령은 마땅히 부드러운 말로 "네가 오랫동안 피로했던 모양이구나. 이렇게 된 것도 이상하지 않다"라고 타이르며, 허물을 탓하지 않고 다시 새 약첩을 달이도록 한다.

그러면 의리는 감격하여 기뻐할 것이다. 만약에 엄히 곤장을 치고 약값을 물리면, 의리는 관문을 나서기가 바쁘게 그의 아버지를 저주하며 얼른 죽기를 소망한다. 도리어 불효가 되지 않는가. 또 가령 제수祭需를 봉해서 보내는 경우[9]에 육포가 너무 볼품없거나 어포가 아주 작으면 수령은 마땅히 돈을 더 주어서 제수 물품을 사야 할 것이다. 이때도 매질을 하고 몽둥이질을 해서 억지로 큰 것으로 사오게 하면 그 아전은 관문을 나서면서 그의 조상을 욕하여 온갖 추악한 말을 뱉어낼 것이다. 도리어 불효가 되지 않겠는가. 부인과 자식의 경우에도 모두 이와 같이 할 것이다. 밥에 벌레가 들어 있어도 매질해서는 안 되며, 국에 티끌이나 불티가 들어 있어도 꾸짖어서는 안 될 것이다. 사들인 물품이 좋지 않은데 값이 비싸더라도 다투어서는 안 되며, 사들인 것은 얼마 안 되는데 지출이 많다 해서 삭감해서는 안 된다. 큰 죄는 부드럽게 타일러 경계하되, 작은 죄는 입을 다물고 용서할 것이다. 오직 백성을 괴롭힌 죄에 대해서는 곧바로 화를 내고 징치하면 거기에서 위엄이 서게 될 것이다. 그래서 사사에는 형벌을 쓰지 말아야 된다고 한 것이니 사사에 형벌을 쓰지 않으면 제반 일이 절반 이상은 이루어진 것이다[『속대전』에 "아무리 왕명을 받들고 온 사신이라도 사사에 형벌을 써서 살인한 자는 사형에 처한다."[10] 라고 나와 있다].

집장사령執杖使令을 바로 현장에서 성내 꾸짖어서는 안 된다. 평소에 약속하기를 엄히 하고 일이 지난 후에

---

9 이는 수령이 선조의 제사를 맞아 종가나 본가에 제수를 마련해 보내는 경우를 말하는 것이다.

10 『속대전·형전·남형濫刑』.

징치하기를 필히 약속대로 하면 얼굴 표정을 바꾸지
않아도 형장의 정도가 뜻대로 될 것이다.

　수령 중에 가혹한 형벌 쓰기를 좋아하는 자는 죄수에게 장형을 실시할
때마다 먼저 집장사령을 때리는데, 으레 주곤(朱棍, 붉은 칠을 한 곤장)으로
복사뼈를 쳐서 땅에 넘어지게 만든다. 곤장을 세게 치지 않으면 그 집장
사령을 때려, 갑 때문에 을의 복사뼈가 터지고 을 때문에 병의 복사뼈가
터져, 덩굴이 퍼지고 가지가 뻗듯 정에게도 무에게도 이르게 된다. 그 본
래의 사건은 도리어 옛일처럼 되어버리고 갑자기 평지에 큰 난리가 일어
나는 꼴이 된다. 심한 경우에는 뼈가 부러져 마침내 죽음에까지 이른다.
이름 없는 귀신들이 앞뒤로 이어져서 참으로 원통한 일이 되는 것이다.
죽은 자의 비통함은 고사하고 다스리는 체통이 어찌 이처럼 뒤집혀진단
말인가! 이 짓은 절대로 답습할 것이 못 된다.
　수령은 부임한 지 10일 이내에는 형벌을 시행해서는 안 된다[수편首篇[11]
에 나온다]. 열흘이나 한 달 가량 지나서 잘못에 걸려든 자가 많고, 새로 범
죄를 저지른 자가 많게 되면 부득불 형벌을 시행해야 할 것이다. ○ 형벌
을 시행하려 할 때 수령은 문졸門卒들을 불러 당하堂下에 세우고 "너희들
중 장형에 능한 자가 몇인가?" 하고 물어 각기 성명을 고하게 한다. 그래
서 10명을 따로 뽑아 집장사령을 삼고, 그들을 관정에 꿇어 엎드리게 하
여 다짐을 받는다. 약속하는 말은 이렇게 한다.
　"관장이 시행하는 형벌에는 상형·중형·하형이 있다. 상형은 중상을 입

11　1권 제1부 제6조 '업무를 시작함'에 보인다.

히려는 것이요, 중형은 큰 고통을 주고자 함이요, 하형은 법이 있음을 보여주고자 함이다. 한 사람을 장형할 적마다 형리가 장형을 알린다. 관장이 산算가지 셋을 내리면 소졸은 곤장 3개를 가져다가 계석戒石[12] 위에 올려놓으니 이러면 상형의 신호임을 알아야 한다. 관장이 산가지 둘을 내리면 소졸은 곤장 2개를 계석 위에 올려놓아야 하니 중형의 신호임을 알아야 한다. 관장이 산가지 하나를 내리면 하형의 신호임을 알아야 할 것이다. 너희들은 약속한 바에 따라, 상형은 온 힘을 다 써서 쳐야 하고, 중형은 칠분의 힘을 써서 치며, 하형은 가벼운 쪽으로 쳐서 법이 있음을 보이는 정도로 할 것이다."

○ 또 약속을 하되, "너희들이 산가지를 보고도 정한 대로 않고 응당 엄히 시행해야 함에도 엄히 하지 않으면, 이는 살리고 죽이는 권한이 너희들 손에 옮겨간 셈이다. 너희들을 반드시 죽여야 옳으나 그 자리에서는 필히 한마디도 말하지 않을 것이다. 그 죄수가 받은 장형이 가볍고 쉽게 시행되었으면 다시 하옥하여 다음 날 장형을 가하고 시간이 지난 뒤에 너희들이 저지른 죄과는 장형이나 곤형으로 다스릴 것이다"라고 한다.

○ 또 약속한다. "너희들이 이 일에 있어서 한결같이 사사로운 인정만 좇고 수령의 명령을 준수하지 않으면, 곧 너희들을 장형·곤형에 처할 뿐 아니라 벌역罰役[13]으로 경저京邸나 감영에 보내고 연말에 이르러서는 차임하지 않을 것이다. 그리고 모든 죄와 벌이 모두 너희 몸에 집중될 것이니 너희들은 두고 보아라."

---

12 계석戒石: 죄인에게 형벌을 가할 때 위엄을 보이기 위해 태笞·장杖 등의 형구를 가져다 올려놓는 돌.
13 벌역罰役: 법을 위반한 아전에게 경저京邸나 영저營邸에 보내어 역을 지게 하는 것.

○ 장형을 시행할 때 치는 것이 사납지 않더라도 수령은 묵묵히 한마디도 하지 않고 그 형장을 끝낸다. 끝난 후에 따로 자리를 열어, 오로지 이 사령들의 죄를 다스리기를 앞서의 약속과 같이 하고, 또 그 벌역과 벌정罰停[14]도 모두 앞의 약속대로 시행하면 그 장형은 반드시 준엄하게 될 것이다.

수령이 시행할 수 있는 형벌은 태 50대 이내에서 스스로 결단하는 정도이니, 이를 넘는 것은 모두 지나친 형벌이다.

호태초가 말했다. "현에서는 아주 무거운 형벌을 쓸 수 없다. 형벌이 작은 것은 신장訊杖이요, 큰 것은 결곤決棍이며, 가장 큰 것은 장 100대에 그칠 뿐이다. 장 100대의 형벌은 자주 시행해서는 안 되며, 신장·결곤 역시 10여 대에 그쳐야 한다. 대장大杖을 쓰려면 혹 7~5대 혹 10대에 그치되 모름지기 법대로 시행하여 내보낸다. 때릴 때마다 준엄하게 한 뒤에라야 백성들이 두려워 복종할 것이요, 때리는 수의 많음에 있는 것이 아니다. 장 100대는 아껴두어 최고형으로 삼을 것이다." 案 중국의 법은 장 100대를 현령 자신이 결단하기 때문에 호태초의 말이 이러했던 것이다.

옛날에는 오형五刑이 있었는데, 묵墨·의劓·비剕·궁宮·살殺이다.[15] 후세에는 태笞·장杖·도徒·유流·살殺을 오형이라 하였다. 태·장은 옛날에 이

---

14 벌정罰停: 법을 위반한 아전에게 벌로써 다음 해에 향리직에 임용하지 않는 것.
15 오형五刑에 ①묵墨은 이마에 먹물로 글자를 새기는 것, ②의劓는 코를 베는 것, ③비剕는 발뒤꿈치를 베는 것, ④궁宮은 생식기를 제거하는 것, ⑤살殺은 사형에 처하는 것이다.

른바 편복鞭扑[16]으로 관형官刑[17]과 교형教刑[18]에 사용하였다. 도·유는 옛 날에 이른바 유찬流竄[19]으로 이 경우 형[20]을 면제하는 것이며 그 자체를 형으로 보지 않았다. 이것들을 함께 오형이라 하니 그 뜻이 잘못된 것이 다. ○ 우리나라에서 현재 시행하고 있는 형은 대략 세 종류가 있다. 첫째 는 태형이요, 둘째는 장형이요. 셋째는 곤형棍刑이며, 대벽大辟[21]은 사형 이다. 태형에는 두 종류가 있는데, 작은 것을 태라 하고 큰 것을 태장笞杖 이라 이르지만, 실제는 모두 태형이다. 장형에는 세 종류가 있는데, 작은 것은 신장訊杖이라 하고【얇은 것은 법장法杖, 두꺼운 것은 반주장半朱杖이라 한다】, 중간 것은 성장省杖이라 하고【삼성三省[22]이 추국할 때 사용하는 것이다】, 큰 것 은 국장鞫杖이라 하는데【의금부에서 추국할 때 사용하는 것이다】 실제는 모두 신 장이다. 곤형에는 다섯 종류가 있으니, 대곤·중곤·소곤과 이 밖에 중곤重 棍·치도곤治盜棍의 두 종류가 있다【국초에는 가죽 채찍을 사용하였다고『경국대 전』에 나와 있는데 지금은 사용하지 않는다[23]】.

『대명률』에 규정하였다.[24] "태는 작은 가시나무로 만드는데, 밑부분 지 름이 2푼 7리요, 끝부분 지름이 1푼 7리이며【길이는 3척 5촌이다】, 태장은 큰

---

16 편복鞭扑: 관에서 관리에게, 학교에서 학생에게 벌주는 채찍과 회초리.『서경書經·순전 舜典』의 "편작관형鞭作官刑 복작교형扑作教刑"에 나오는 말.
17 관형官刑: 관에서 관리에게 벌주는 것.
18 교형教刑: 학교에서 학생에게 벌주는 것.
19 유찬流竄: 귀양을 보내 먼 지역으로 추방하는 것.
20 여기에서의 형刑은 신체에 가하는 묵·의·비·궁·살 등 좁은 의미의 형을 말한다.
21 대벽大辟: 처음에는 가장 무거운 형벌을 의미했으나 뒷날에는 사형을 가리키는 말이 되 었다.
22 삼성三省: 형조·한성부·사헌부를 합해서 부르는 말. 이 기관에서 법을 집행했음.
23 『경국대전·형전·추단推斷』.
24 『대명률·수편首篇·옥구도獄具圖』.

가시나무로 만드는데 밑부분 지름은 3푼 2리요, 끝부분 지름은 2푼 2리
이니【길이는 3척 5촌이다】, 나무의 마디와 눈을 모두 깎아내고 관청에서 내린
교판較板[25]을 사용하여 법대로 대조 확인하고 끝부분으로 볼기를 때린
다.”【案】『대명률』에는 가시나무를 사용하게 되어 있으나 현재 군현에서
사용하는 것은 대부분 잠목梣木이다. 잠목이란 심목樳木, 석단石檀, 번규樊
槻, 분계盆桂, 고수苦樹, 고력苦櫪 등 여러 가지로 일컬어지는데, 껍질은 진
피秦皮라고 하여 물에 담그면 푸른 색깔을 낸다【우리말로는 ‘물푸레나무’라 한
다】. 물푸레나무가 없으면 다른 나무로 대용하는데 감사와 어사들이 수시
로 대조 확인하지만 크고 작은 것만 조사하고, 그것이 가시나무인지 물
푸레나무인지는 묻지 않는다. ○ 소태小笞·대태大笞는 다 같이 태인데 굳
이 태·장으로 부를 필요는 없지 않은가 한다.

『대명률』에 규정하였다.[26] “신장은 가시나무로 만드는데 밑부분 지름
이 4푼 5리요, 끝부분 지름이 3푼 5리이며【길이는 3척 5촌이다】, 중죄를 범한
자는 문건을 만들어 법에 따라 고문하되 볼기와 넓적다리를 번갈아 친
다.” ○『경국대전』에 규정하였다.[27] “신장은 밑부분 지름이 7푼에 길이가
2척이고, 너비 8푼에 두께가 2푼이며【영조척營造尺에 의함】, 무릎 아래를 치
되 옆구리와 갈빗대는 다치지 않아야 한다.” ○『속대전』에 규정하였다.[28]
“대개 추국에 사용하는 신장은 너비가 9푼이고 두께가 3푼이며, 삼성三
省에서 사용하는 것은 너비가 8푼이고 두께가 3푼이다.”【案】중국의 신장

---

25 교판較板: 여기서는 표준 형구를 말한다.
26 『대명률·수편·옥구도』.
27 『경국대전·형전·추단』.
28 『속대전·형전·추단』.

은 밑과 끝이 모두 둥글어서 태장의 큰 것에 불과하고, 또 볼기와 넓적다리를 번갈아 치도록 하였다. 그러나 우리나라의 신장은 밑은 둥글지만 끝이 넓적하고 그 두께도 차이가 나며, 또 무릎뼈를 때리니, 중국의 법과 비교해보면 갑절이나 더 엄중한 셈이다.

숙종 때【22년이다】의 일이다. 대신들이 "형조의 신장이 너무 헐하여 자복을 받기가 어렵습니다"라고 말하였다. 숙종은 "의금부와 형조의 장은 정해진 제도가 있으며, 법장을 버드나무로 만들게 한 것은 대개 의미가 있는 것이다. 어찌 자복받기가 힘들다 해서 갑자기 변경하여 엄하게 하는 것이 옳겠는가"라고 말씀하였다. 案 국초에는 신장이 일정한 수가 없었는데, 세종 3년에 이르러 박은朴訔[29]이 판의금부사가 되어 신장은 1차에 30대로 법식을 삼자고 청하였다.

오늘의 군자君子[30]들은 큰 곤장을 쓰기를 좋아한다.
태 2대나 장 3대쯤으로는 통쾌한 맛을 느끼기에
부족하기 때문이다.

『대전통편大典通編』에서 규정하였다.[31] "곤장은 버드나무로 만들되 길이·너비·두께를 한결같이 흠휼전칙欽恤典則[32]에 따르도록 한다. ○ 중곤重棍은

---

29 박은朴訔, 1370~1422 : 자는 앙지仰止, 호는 조은釣隱, 본관은 반남潘南이다. 제1, 2차 왕자의 난에서 이방원李芳遠을 도와 공을 세웠고 벼슬은 우의정에 이르렀다.

30 군자君子 : 이 말의 원래 권력자 계급을 지칭했는데, 권력자는 덕을 갖추어야 한다는 취지에서 덕이 있는 사람을 군자라고 불렀다. 여기서는 일차적으로 벼슬아치를 가리키고 있으나 뒤까지 읽어보면 군자의 자격을 갖춘 사람도 형벌을 무겁게 쓰기를 좋아한다는 뜻이 내포된 것 같다.

31 『대전통편·형전·추단』.

대장大將[33]·관찰사·절도사가 사용한다【사형 죄인이 아니면 사용하지 못한다】. 대곤大棍은 토포사討捕使 이상이 사용한다【대곤·중곤·소곤을 겸용할 수 있다】. 중곤은 겸영장兼營將[34]·우후虞候·중군中軍·변방의 수령이 사용한다【중곤·소곤을 겸용할 수 있다】. 소곤은 첨사僉使·만호萬戶·별장別將·권관權管[35]이 사용한다." ○『대전통편』에서 또 규정하였다.[36] "치도곤은 포도청·유수·감사·통제사·병사·수사·토포사·겸토포사·변방의 수령·변장邊將[37]이 사용하는데, 도둑을 다스리는 일과 변정邊政[38]·송정松政[39]에 관계된 일 외에는 사용하지 못한다." ○ 또 규정하였다.[40] "군무에 관계된 일 외에는 곤장을 사용할 수 없다."【영조 20년에 하교가 있었다】 案 내지內地[41]의 수령은 비록 목사나 부사라도 본래 곤장을 사용하라는 조문이 없다.

『속대전』에서 규정하였다.[42] "일찍이 조관朝官을 역임한 사람은 비록 관찰사나 절도사라 하더라도 곤장을 사용하지 못한다【군무의 경우, 장계를

---

32 흠휼전칙欽恤典則: 조선 정조 2년(1778)에 제정한 죄인의 심리를 신중히 하라는 요지의 준칙. 형구의 규격은『대명률』에 따르도록 규정하였다.
33 대장大將: 조선 후기에 설립된 무관직. 훈련도감·금위영·어영청·호위청·포도청 등의 최고직이다. 호위청만 정1품관이었고 나머지는 종2품관이 맡는 자리였으나 관행적으로는 재상급의 권신이 겸임하는 경우가 많았다.
34 겸영장兼營將: 영장은 지방의 방어 임무를 맡는 무관직인데 수령이 겸임하는 영장을 겸영장이라 일컬음.
35 권관權管: 진鎭 소속 무관의 하나로 종9품이다.
36 『대전통편·병전兵典·용형用刑』.
37 변장邊將: 첨사·만호·권관의 총칭.
38 변정邊政: 국경 수비에 관한 제반 정무.
39 송정松政: 소나무가 선박제조용 목재로 중요하기 때문에 국가적으로 보호림을 정해 육성하였는데 이를 송정이라고 일컬었다.
40 『대전통편·병전·용형』.
41 내지內地: 여기서는 해안이나 변경이 아닌 지역을 지칭하는 말임.
42 『속대전·형전·남형』.

올려 보고한 후에 결곤決棍한다]. 군무 외에 곤장을 사용하는 자는 남형률濫刑律로 논죄하고, 각 영營의 비장裨將으로서 곤장을 사용한 자는 중한 법률로 다스린다." 案 수령이 시행하는 형벌은 태 50대 이내에서 결단하는 정도이며, 신장訊杖·군곤軍棍은 수령들이 감히 사용할 수 없는 것이다. 근래에는 관습이 흐려져서 이 법례를 알지 못하고 태·장은 다 폐지되고 오직 곤만 사용한다. 남의 고통을 알지 못하는 일종의 무감각한 인간들은 매양 곤을 사용하는 것을 통쾌한 일로 여기고 있다. 슬프다. 사용하는 자는 통쾌하다 할지라도 맞는 자도 통쾌할 것인가. 아전과 군교들에게 곤을 사용하는 것도 벌써 불법인데 하물며 그 나머지 사람들에게 있어서야 말할 것이 있겠는가. 사람 치는 솜씨에 이미 이골이 나서 소노小奴·유동幼童·향승鄕丞·향갑鄕甲들을 모두 곤으로 다스리며, 심지어 한평생 태·장을 보지도 못한 촌사람이나 늙은이들에게까지 주곤을 일상적인 형벌 도구로 사용하고 있다. 이네들이 혼비백산하여 받는 상처가 얼마나 크겠는가. 한심하다. 남의 아픔과 고통을 나의 쾌락으로 삼다니 마음이 어질지 못함이 이 지경에까지 이르렀단 말인가. 신장의 법은 반드시 상급 관청에 보고한 뒤에 시행해야 하는데도 오늘날에는 아전과 향승은 고사하고 향교의 유생과 묘지 송사하는 양반들에게도 수령의 비위를 거슬렀다 하면 곤장 고문을 제멋대로 하니 나라에 법이 있다고 하겠는가. 백성에게 형벌이 있는 것은 나라의 법을 밝히려는 것인데, 내가 스스로 법을 허물어뜨리면서 무엇으로 법을 밝히겠는가. 법이 밝지 못하면 위엄 또한 서지 못할 것이요, 도리어 스스로 자기 덕을 상실하게 만들 뿐이다.

형벌은 백성을 바로잡는 데 있어 최후의 수단이다. 수령이 스스로 자신을 가다듬고 법을 제대로 지키면서 엄정히 임하면 백성은 저절로 죄를 범하지 않게 된다. 이렇게 된다면 형벌은 폐기해도 좋을 것이다.

나라를 다스리는 일은 가정을 다스리는 일과 마찬가지이다. 하물며 한 고을을 다스리는 것이야 말해서 무엇하랴! 집안 다스리기를 사례로 들어보자. 어떤 집의 어른이 날마다 소리 지르고 화내면서 아이들과 노비들을 때리고, 돈 한 푼 훔친 것도 용서하지 않고, 국 한 그릇 엎지른 실수도 용서하는 법이 없이, 심하면 철퇴로 어깨를 치고 다듬잇방망이로 넓적다리를 후려친다. 아무리 그래도 아이들의 눈속임은 더 심해지고, 노비들의 훔쳐내는 버릇도 더 방자해진다. 온 집안이 모여서 어른을 헐뜯고 오직 들킬까봐 두려워하며, 위아래가 다 합심하여 눈가림하고 어른을 속이려고만 든다. 슬프게도 이 집 어른은 외톨이가 되고, 집안의 법도는 어그러져서 문란 속으로 빠져들어 마침내 법도 있는 집안의 모양을 이룰 가망이 없게 된다.

다른 한 집안의 예를 들어보자. 이 집 어른은 새벽에 일찍 일어나 세수하고 머리 빗고 의관을 정제한 다음 단정하고 엄숙하게 앉아 아침 문안을 받고, 할 일을 나누어 맡겨 각기 맡은 일을 하도록 한다. 따르지 않는 자가 있으면 순순히 타일러 스스로 깨닫게 하고, 부끄러운 일을 한 경우 숨겨두고 드러내지 않다가 조용한 틈에 그를 따로 불러서 차근차근 꾸짖고 경계한다. 어른이 먼저 부지런함으로 모범을 보이니 집안사람들이 부지런히 하지 않을 수 없고, 어른이 몸소 검소하고 꾸밈없이 하니 집안사람들이 검소하고 꾸밈없이 하지 않을 수 없고, 어른이 먼저 공손하고 청렴함을 실행하여 표준이 이미 바르니 모든 것이 순조롭게 되지 않을 수 없다. 자제들은 모두 행실이 깔끔하고 바르며 노복들은 모두 순박하고 선량하여, 속이는 것이 무엇이고 훔치는 것이 무엇인지 알지 못한다. 1년 내내 뜰에는 매질하는 소리가 없어, 그 집에 들어서면 화목한 분위기가 가득해 봄바람이 스며드는 것 같다. 거문고와 서책이 아름답게 정돈되어 있으며, 초목도 보기 좋고 가축도 살쪘으니 물어보지 않아도 법도 있는 군자의 집인 줄 알 수 있다는 말이 여기에 맞다고 하겠다. 이러한 일로 살피건대, 성색聲色으로 백성을 교화하는 것은 말단의 방법이며,[43] 형벌로써 사람을 바르게 하는 것도 말단의 방법이다. 수령 자신이 바르면 백성이 바르게 되고, 수령 자신이 바르지 않으면 아무리 형벌을 가하더라도 바르게 되지는 않을 것이다. 천지가 생긴 이래로 이 이치는 언제고 그러했던 것이다. 어찌 잡설로써 어지럽힐 것인가.

어떤 사람이 이렇게 묻는다. "간사한 아전과 교활한 군교들은 양심이 이미 사라지고 악습이 이미 고질화되어 인의仁義를 가지고 감화시킬 수 없고 오직 형벌로 제압할 수밖에 없거늘, 그대는 기껏 회초리를 가지고 다스리겠다고 하니 어찌 그리 오활迂闊한가. 세상의 인심이 점차 타락하여 순박한 기풍은 이미 멀어졌다. 한·위는 삼대만 같지 못하고, 당·송은 한·위만 같지 못하다. 그러므로 근세에 잘 다스림으로 이름난 사람들의

---

43 여기서 '성색聲色'은 말소리와 얼굴 표정. 외형적으로 큰소리를 지르고 무서운 표정을 지어서 사람을 교화시키려는 방식은 말단지엽의 수단에 불과하다는 의미이다. 이 구절은 『중용中庸』마지막 장의 "성색지어화민말야聲色之於化民末也"에서 따온 것이다.

다스리는 방식을 보건대 반드시 엄한 형벌에 사나운 곤장을 사용하며 큰 칼을 씌우고 꽁꽁 묶으니 설렁줄 요령 소리 한번 울림에 온 고을이 두려워 떤다. 반대로 잘 다스리지 못한 것으로 소문난 자의 다스리는 방식을 보건대 반드시 가벼운 채찍에 작은 회초리로 때리고 부드럽게 책망하고 너그럽게 명령하니, 기강은 이미 퇴폐해지고 맥이 다 풀어진다. 그래서 각기 결과가 이와 같다. 그대는 '자기를 바로잡은 후에 남을 바로잡는다' 라는 오활한 말로써, 이 교화시키기도 어렵고 제압하기도 어려운 사나운 풍속을 다스리고자 하다니, 그야말로 간척干戚의 춤으로 평성平城의 포위를 풀고자 하는 격이다.⁴⁴ 어찌 오활하지 않은가." 이에 나는 이렇게 대답한다.

"이것은 속류들의 의론이다. 잘 다스리고 잘못 다스리는 것은 그 사람에게 있는 것이지 형벌에 있는 것이 아니다. 저 잘 다스림으로 이름난 자가 만약 거기다가 형벌을 완화하면 치적은 더욱 높아지고 명예는 더욱 온전하게 될 것이다. 결코 형벌을 엄중히 해서 잘 다스리게 된 것이 아니기 때문이다. 잘못 다스린 것으로 유명한 자의 경우 만약 거기에다 형벌을 엄하게 했다면 그의 치적은 더욱 나빠져서 그를 비방하는 말이 더욱 높았을 것이다. 이 또한 형벌을 가볍게 써서 다스림을 그르친 것은 아니기 때문이다. 대개 청렴한 자는 허다히 형벌을 준엄하게 쓰고 탐욕스러운 자는 허다히 형벌을 느슨하게 쓴다. 그렇기에 '청렴한 자는 이름을 좋아하는 인정에 가깝지 않다'라고 하며, 또 '사람의 어진 것은 쓰고 그 탐욕한 것은 버린다'라고 하였다[「예운禮運」⁴⁵에 보인다]. 대개 옳은 것을 옳

---

44 서로 사정이 달라 전혀 효과가 없다는 의미. 자세한 내용은 4권 25면 주 28 참조.
45 「예운禮運」: 『예기禮記』의 편명.

게 여기고 그른 것을 그르게 여기며 선한 것을 선하게 여기고 악한 것을 미워하는 마음이 그처럼 진지하고 절실하다면, 그가 쓰는 형벌은 사납지 않을 수 없다. 반면에 옳은 것을 옳게 여기고 그른 것을 그르게 여기며 선한 것을 선하게 여기고 악한 것을 미워하는 마음이 본디 흐릿하고 어두우면, 그가 쓰는 형벌은 저절로 느슨해질 것이다. 저 진지하고 절실한 자에게는 그 지혜에 분별이 있을 것이요, 이 흐리고 어두운 자에게는 그 지혜에 절도가 없을 것이니, 잘 다스리고 잘못 다스리는 것이 여기에서 서로 거리가 멀어지는 것은 당연하다. 그런데 인간이란 성현의 경지에 이르지 못한 이상 으레 한쪽으로 치우치는 병폐가 있기 마련이다. 사람의 단점은 매양 장점에서 일어나며, 장점 역시 단점에 있는 것이다. 저 이른바 준엄한 형벌은 으레 엄하고 급하게 하는 까닭에 착오가 많아지게 된다. 혹 죄가 가벼운데 벌이 무겁고, 혹 죄가 의심스러운데 판결을 자신 있게 내리고, 한때의 분한 마음으로 잘못 혹형을 시행하게 되며, 한쪽에 치우친 견해로 중죄를 결단하기도 한다. 그리하여 많고 적은 원통함과 억울함을 면치 못하게 되는 것이다. 이것이 장점이 단점에서 일어나는 까닭이다. 이른바 형벌을 완화한다는 것 역시 형벌을 부드럽고 느슨하게 하는 고로 때로는 해롭지 않을 수 있고, 본래 무거운 장형을 가하지 않았기에 큰 원통함이 있을 수 없다. 그리고 본래 명쾌한 판결이 없었으니 홀로 슬퍼할 일 또한 없다. 백성들은 수령을 두려워하지 않고, 아전들은 범의 위세를 빙자할 것이 없으며, 옥사는 늘 의안疑案 속에 들어 있어서 백성들은 개미 같은 목숨을 잠시나마 연장할 수 있다. 그래서 속담에 '악판惡板과 농판弄板【우리말에 형벌을 준엄하게 하는 수령을 '악판'이라 하고, 형벌을 느슨하게 주는 수령을 '농판'이라 한다】은 이해가 반반이다'라는 말이 있다. 이는 까닭이 있다. 수령의 시비 가리는 것이 밝으면, 전정·부역·첨정·환곡이 저절로 명백하게 될 것이라, 이전들은 감히 속이지 못할 것이요, 백성들은 감히 깔보지 못할 것이다. 여기에다 형벌을 덜어주고 작은 허물을 용서하면 혁혁한 명예는 한층 더 높아질 것이다. 수령의 식견이 어두우면, 전정·부역·첨정·환곡이 자연히 문란하게 될 것이라, 아전들의 농간질이 심하게 되고 백성들의 비방이 끓어오르게 된다. 그런 데다가 함부로 장형을 가하고 포학의 불길을 돋우면 원망 소리가 높아 온 고을에 사무치게 될 것이다. 따라서 잘 다스리는 것과 잘못 다스리는 것은 사람에게 달린 것이지 형벌에 달린 것이 아니다. 홍주洪州 아전들의 습관은 본래 간활하기로 이름이 났는데, 유의柳誼가 목사가 되어서는 회초리조차 사용하지 않았으되 백성들은 아전들이 설쳐대는 것을 보지 못하였다. 강진康津의 영속營屬[46]들이 온통 방자한 것으로 알려졌는데, 박기풍朴基豐[47]이 병사로 와서는 태笞도 쓰지 않았는데 군중이 숙연해졌다【오직 한 군교가 잡혀서 볼기를 때렸는데, 동류들이 그를 꾸짖었다. 지금까지 그자는 이 일을 큰 수치로 여긴다】. 이로써 보면 '이 백성은 삼대三代의 백성이며, 삼대 시절의 바른 도리를 행하던 그 사람들이다.'[48] " 나는 또 말한다. "몽건幪巾·화의畫衣·조영澡纓·애필艾韠[49]로서도 가히 포악함을 금하고 간사함을 제거할 수 있는데, 어찌 회

---

46 영속營屬: 감영과 군영 등의 관청에 소속된 아전과 노비들. 이 경우에는 강진 지역 내에 있었던 전라 병영을 말한다.

47 박기풍朴基豐: 순조 때 무관으로 활동한 인물. 자는 여유汝有이다. 홍경래의 난(1811) 때 양서순무중군兩西巡撫中軍 겸 선봉장이 되었고, 이듬해에는 병사兵使를 겸직하여 정주성을 공격하는 임무를 수행했다.

48 『논어論語·위령공衛靈公』에 나오는 말.

49 몽건幪巾·화의畫衣·조영澡纓·애필艾韠: 모두 가벼운 처벌로 쓰던 방식. 몽건은 이마에 씌우는 두건, 화의는 옷에 그림을 그려 넣어 징계하는 뜻을 나타낸 것, 조영은 코를 베는 형벌 대신 머리에 쓰게 하는 것, 애필은 궁형宮刑 대신 입게 하는 일종의 의복이다.

초리나 나벽裸璧[50]이 오늘날에 시행되지 못할 것이라고 말하는가. 군자의 다스림은 마땅히 제1등으로서 스스로 기약할 것이니, 구구한 속류들의 말을 어찌 족히 취할 것인가."

정선은 말했다. "가시에 손이 찔리고 가시덩굴에 발이 다쳐도 온몸이 아픈 법인데 형장이야 고통은 이보다 백배나 더하다. 수령이 자기의 감정으로 벌을 시행해서 되겠는가? 호랑이와 표범이 앞에 막아섰고 뒤에 깊은 함정이 있으면 부르짖으며 구원을 청할 터이다. 옥사의 험악한 고통은 이와 얼마나 다르겠는가? 무고한 백성이 형벌을 받도록 해서 되겠는가." ○ 정선은 또 말했다. "무릇 조금이라도 자신이 노여운 감정이 있는 줄 느껴지거든 결코 형벌을 시행해서는 안 된다. 형벌을 잠깐 정지하고 심기가 가라앉기를 기다려서 처음부터 다시 문초하는 것이 옳다. 다른 사람의 완악함을 다스리기에 앞서 응당 자신의 분을 가라앉혀야 할 것이다. 일찍이 사람들을 보니 누구에게 노여운 감정이 있는 것으로 해서 드디어 엄한 형벌을 가해 자기의 분을 풀려고 한다. 아아, 저희 부모로부터 물려받은 몸을 해쳐서 나의 일시적인 분을 풀려고 하다니. 그러고서도 나의 자손의 잘되기를 바란다면 될 법한 일인가?"

소백온邵伯溫[51]은 가훈家訓에서 말했다. "무릇 관직에 오른 사람은 거느리고 있는 아전에게 죄가 있더라도 필히 입안立案을 한 후에[52] 처결해

---

50 나벽裸璧: 머리에서 모자를 벗기는 것. 모자는 남자의 권위를 상징하는 것으로 맨머리를 드러내는 것만으로 수치스럽게 된다.

51 소백온邵伯溫, 1055~1134: 중국 송나라 사람. 자는 자문子文이다. 대명부조교大名府助敎·제점성도로형옥提點成都路刑獄 등을 역임했다. 저서로 『하남집河南集』『역학변혹易學辨惑』 등이 있다.

52 입안立案은 사실에 따라 문서를 작성하는 것, 그리고 청원에 따라 소유권을 인정해주는 문서를 뜻하는 말이다. 여기서는 '다짐' 받은 사실을 문서로 작성하는 것임.

야 한다. 혹 사사로운 노여움에서 나온 것이라 하더라도 입안이 갖추어질 때쯤 되면 노여움이 어느덧 풀려서 창졸간에 사람을 상해하는 데에는 이르지 않을 것이다.”〔案〕입안하는 내용은 다짐〔侤音〕을 받는 것이다. 입안하는 동안은 잠깐에 지나지 않지만 그동안 노여운 감정이 가라앉을 수도 있다. 이 일의 계기가 위험을 안고 있지 않은가.

장무구張無垢[53]는 말했다. “마음에 통쾌한 일을 누가 행하기 좋아하지 않으랴. 그래도 때때로 일이 지나고 나면 후회가 남게 되며, 다른 사람에게 있어서는 심히 불쾌한 것이 남게 된다. 군자가 은인자중하면서 자세히 검토하고 감히 경솔히 하지 않는 것은 피차에 다 합당하게 하기 위해서이다.”〔소요부邵堯夫[54]는 시에서 “입에 상쾌한 물건이 많으면 모름지기 병을 일으키고, 마음에 통쾌한 일이 지나치면 도리어 재앙이 된다”라고 하였다〕

○ 장무구는 또 말하였다. “관직을 맡아 일에 임해서는 조급증을 대단히 경계해야 한다. 조급하면 자기 자신도 처신할 겨를이 없거늘 어느 겨를에 일을 맡아 다스릴 것인가. 더욱이 교활한 아전과 간사한 백성들이 기회를 엿보아 이익을 훔치려 하니 다만 남을 해할 뿐 아니라 자기에게도 심히 해로울 것이다.”

호태초는 말하였다. “탁무卓茂가 밀주령密州令이 되어서 그 고장 백성들에게 ‘나는 예로써 너희들을 가르칠 터이니 너희들은 반드시 원망과 증오가 없어야 한다. 형률로써 너희들을 다스리면 너희들이 어디에 손발을 쓸 수 있겠는가’라고 타일렀다. 아, 이것이야말로 어진 사람의 말씀이다. 무릇 수령 된 자는 마땅히 이 말씀을 한 부씩 베껴서 좌우명으로 삼아야

---

53 장무구張無垢: 무구無垢는 장구성張九成의 호. 장구성은 1권 129면 주 23 참조.
54 소요부邵堯夫: 요부堯夫는 소옹邵雍의 자. 소옹은 1권 359면 주 74 참조.

할 것이다."

옛날의 어진 수령은 반드시 형벌을 너그럽게 하였다.
그 사실이 역사서에 실려 꽃다운 자취가 향기롭다.

유관劉寬이 세 고을의 수령을 역임했는데 온화하고 인자하여 용서하는
일이 많았다. 그는 일찍이 "형벌로써 다스리면 백성들이 법에 걸리지 않
으려고만 하지 부끄러운 마음을 갖지 않는다"라고 하면서 아전이나 백성
들이 잘못을 저지르면 다만 회초리로 벌을 주어 욕을 보일 뿐이었다.

최백겸崔伯謙[55]이 북지北地[56] 태수가 되어 가죽 채찍을 고쳐 사용하였는
데, 차마 피가 나게 할 수가 없어서 부끄러움을 느끼게 할 뿐이었다. ○
위나라의 창자倉慈[57]가 돈황태수燉煌太守로 있을 때의 일이다. 전부터 속
현에 옥송이 많이 쌓여서 처결하지 못하자 옥송이 태수의 아문으로 몰려
들었다. 창자는 친히 가서 살피고 검사하여 경중을 가린 다음, 특별히 죽
일 죄가 아니면 채찍만 쳐서 내보냈다. 1년에 형을 받은 자가 10명에도
미치지 못했다.

『남사』에 실려 있다. 최경진崔景眞[58]이 평창현령平昌縣令으로 있을 때, 늘

---

55 최백겸崔伯謙: 중국 북제 사람. 자는 사손士遜이다. 제북태수齊北太守 등을 거쳐 은청광
록대부銀靑光祿大夫에 올랐다.
56 북지北地: 최백겸이 제북태수로 있었는데 여기서 북지는 제북을 가리키는 것으로 추정
된다.
57 창자倉慈: 중국 삼국시대 위나라 사람. 자는 효인孝仁이다. 돈황태수를 지냈다. 돈황은
지금의 중국 감숙성甘肅省에 속해 있다.
58 최경진崔景眞: 중국 남제 사람으로 평창태수를 역임하였다. 원문에는 "최경공崔景貢"으
로 되어 있으나, 『남사』에 의하면 최경진崔景眞이다.

부들 채찍 하나만 걸어두고서 그것도 사용하지 않았다.

한나라 사람 주읍朱邑[59]이 동향색부桐鄉嗇夫[60]로 있을 때, 청렴 공평하고 가혹하지 않았으며 백성을 사랑하고 이롭게 하는 것으로써 자기 행실을 삼았다. 일찍이 남을 때리고 욕보인 일이 없었다【내가 보건대, 한대에는 태형을 시행하지 않아도 아전이 두려워하고 백성이 따르는 사례가 많았다】.

이봉李封[61]이 연릉령延陵令으로 있을 때의 일이다. 백성들이 죄를 지으면 형장을 가하지 않고, 다만 벽두건碧頭巾을 벗게 함으로써 크게 부끄럽게 하니 감히 범법하는 자가 없었다. 案 이는 몽건·애필의 남은 뜻이다.

서유공徐有功[62]이 정사를 담당함에 장벌杖罰을 차마 시행하지 못했다. 백성들이 자기들끼리 약속하기를 "서 참군參軍에게 장형을 범하는 자에 대해서는 필히 우리 모두 함께 나서서 그를 배척하자"라고 하였다. 당나라 무후武后[63] 때에 그는 바른 도리와 공평한 태도를 견지하여 많은 사람들을 온전하게 하였다.

송나라 두연杜衍이 정사를 보는 것이 신중 주밀하였고 위엄과 형벌로써 아전을 독책하지 않았다. 아전과 백성들은 그의 맑고 정숙함에 오히려 두려워하였다. 案 장영·포증包拯이 하나의 유형이며, 두연·구양수가 또 하나의 유형이다.[64]

---

59 주읍朱邑, ?~B.C. 61 : 중국 한나라 사람. 자는 중경仲卿이다. 동향색부桐鄉嗇夫를 거쳐 북해태수北海太守를 역임하였다.
60 동향색부桐鄉嗇夫 : 동향桐鄉은 중국 안휘성에 있는 지명. 색부嗇夫는 향에서 소송과 부세를 맡았던 관리.
61 이봉李封 : 중국 후한 사람. 벼슬이 상서령尚書令에 이르렀다.
62 서유공徐有功, 640~702 : 중국 당나라 사람 서홍민徐弘敏. 유공有功은 그의 자이다. 포주사법참군蒲州司法參軍·사형시司刑寺를 역임하였다.
63 무후武后 : 중국 당나라 고종의 황후 측천무후則天武后(재위 690~705)를 가리킨다.
64 장영·포증과 두연·구양수는 다 같이 중국의 역사상에 명관으로 이름을 얻은 인물이다.

전흥田興[65]이 원주목사原州牧使로 있을 때의 일이다. 그는 성품이 남을 긍휼히 여기고 용서하는 일이 많아 형벌을 가할 때마다 그 사람을 위해 자리를 마련하고 태형 한 대도 함부로 행하지 않았다. 案 이는 두완杜緩[66]의 일과 비슷한 것이다【두완이 현령이 되어 겨울철에 옥사를 처리할 때면 언제고 명을 내려 술과 고기를 치우고 들지 않으니 관속들이 모두 그 은혜에 감복하였다】.

조극선趙克善이 수령으로 있을 때의 일이다. 죄인에게 매질할 때마다 서글픈 표정으로 "때리는 자가 이렇게 마음이 괴로운데 맞는 자야 고통이 어떻겠는가? 저들이 고통스럽지 않을 이치가 없거늘 그래도 죄를 범하다니 안타깝구나"라고 하였다.

한때의 분한 마음으로 형장을 함부로 시행하는 것은 큰 죄다. 열조列朝에서 남긴 훈계가 역사의 기록에 빛나고 있다.

세종 12년에 하교하신 말이다. "오장의 부위가 모두 등〔背〕에 가까이 달려 있는데, 관리들이 고문할 때에 흔히 등을 쳐서 인명을 잘못 상해한다. 지금부터는 등에 매질하는 법을 없애니, 어기는 자가 있으면 죄를 물을 것이다."

정사를 함에 있어 전자는 엄숙하면서 밝았고 후자는 어질면서 관후하였다. 그래서 관인의 다른 두 유형이라 한 것이다.

65 전흥田興, 1376~1457 : 조선 초기 사람. 시호는 경호敬胡, 남양南陽 전씨田氏의 중시조. 이방원(태종)을 도와 정도전鄭道傳·박포朴苞 등을 죽이고 정사좌명원종공신定社佐命原從功臣에 책록되었다.

66 두완杜緩, ?~B.C. 33 : 중국 한나라 사람. 상곡도위上谷都尉·안문태수雁門太守 등을 역임하였다.

숙종 18년에 팔도 감사에게 유시諭示한 말이다. "임금은 우레 벽력 같은 위엄을 지니고, 살리고 죽이는 권한을 쥐고 있다. 하지만 무릇 사람을 벌하고 죽임에 당해서는 함부로 사사로운 감정을 따르지 않고, 살리고 죽이는 것을 하나같이 공론에 부치고 있다. 이제 사람을 죽이거나 관인官印을 위조하는 행위는 반드시 목을 베야 할 중죄요 용서할 수 없는 죄악이다. 그럼에도 공경 대신들을 모아 재삼 자세히 따지고 법조문을 인용하여 결정함에 있어 아무리 살리려고 해도 죽일 수밖에 없고, 정상과 죄상 모두 용서할 수 없으며, 여러 대부들이 모두 '죽여야 한다'라고 한 연후에 그를 죽이는 것은 인명을 지극히 중하게 여기는 때문이 아니겠는가. 그런데 크고 작은 주현의 수령들이 임금의 긍휼히 여기는 이 뜻은 생각지 않고, 형벌을 결정함에 법대로 시행하지 않는 사례가 허다하다. 혹은 티끌같이 조그만 혐의로, 혹은 일시적인 노여움에서 촉발되어 큰 곤장을 가지고 마음대로 사람을 때려죽이기도 한다. 사람의 목숨을 지푸라기처럼 가벼이 여기는 것이다. 며칠 전에 세초歲抄[67]를 보니 여러 도의 수령 중에 이런 일을 범하여 견책을 당한 자가 한둘이 아니었다. 이런 자들은 하나라도 이끌어 다시 등용시키지 않음으로써 각자 반성하고 조심할 줄 알도록 해야 할 것이다."

영조 46년의 하교에서 한 말이다. "주장朱杖으로 허리 부위를 치는 것은 압슬壓膝[68]과 낙형烙刑[69]에 비할 바는 아니라 해도 아주 못지않게 혹독하다. 압슬과 낙형은 기구를 설치한 뒤에 시행하는데 형장은 명이 떨어

---

67 세초歲抄: 매 6월과 12월에 이조와 병조에서 올리는 관인들의 고과를 초록한 것.
68 압슬壓膝: 죄인을 신문할 때에 꿇어앉히고 널빤지로 무릎 위를 누르는 것.
69 낙형烙刑: 죄인에게 불에 달군 쇠붙이로 단근질하는 형벌.

지자마자 여러 개 주장으로 한꺼번에 내려치니, 죽게 되면 난살亂殺과 무엇이 다르겠는가. 이후에는 그런 형벌을 시행하지 말라."

『상산록象山錄』에 나와 있다. "형벌이란 요순 같은 성왕도 폐하지 못해 묵·의·비·궁의 형이 시행되었거늘, 태·추·장·곤의 형쯤이야 어찌 시행하지 못할 것인가. 단지 어진 사람이 형벌을 시행함에 있어서는 불쌍히 여기고 측은히 여겨, 법에 규정된 바는 내 마음대로 용서하지 못하고 법에 허용되지 않은 일은 내가 감히 행하지 못하지만, 먼저 가르쳐야 할 것이다. 가르쳐도 따르지 않을 때 비로소 형벌을 시행하는 것이 옛 법도이다. 지금 발끈 성을 내 책상을 치고 창문을 밀치며 사사로운 분노로 사람의 고귀한 생명을 해치면, 국법에 비추어보아도 맞지 않고 공리公理에 따라 헤아려보아도 지나친즉 그 어찌 잘못이라고 하지 않겠는가. 또한 형벌은 스스로 정도가 있거늘, 정해진 규정 밖에 혹 태 셋을 묶어 사용하거나, 혹 거꾸로 곤장의 큰 머리 부분을 사용하거나, 혹 뒤로 묶어서 돌바닥 위에 꿇어앉히거나, 혹 나무에 거꾸로 매달아두거나, 혹 잡아끌어 목을 빼거나, 혹 단근질하여 살을 지져대기도 한다. 주리周牢[70] 트는 벌은 나라에서 금하는 일인데 가벼이 자백을 받아내는 데 사용하기도 하고, 방망이로 때리는 것도 조종祖宗으로부터 경계한 바인데 걸핏하면 행검行檢[71]에 시행하고 있다. 이런 일 또한 그만두게 못할 것인가. 질도郅都·의종義縱[72]·함선咸宣[73] 같은 신하는 중형 쓰길 좋아하다가 마침내 그들 자신이 극형

---

70 주리周牢: 죄인을 신문할 때, 두 발목을 한데 묶고 다리 사이에 주릿대를 끼워서 엇비슷하게 트는 형벌.
71 행검行檢: 검문 검색하는 것.
72 의종義縱, ?~B.C. 117: 중국 한나라 사람. 장릉長陵·장안長安의 영令을 거쳐 정양定襄·남양南陽의 태수를 역임하였다.

을 당했고 자손들도 번창하지 못했다. 원망과 저주가 그들 온 몸에 달라붙고 인과응보가 눈앞에서 일어난 것이다. 명색이 목민관으로 있는 자가 어찌 굳이 그런 짓을 행할 것이랴!"

부녀자에게는 큰 죄가 아니면 형벌을 주지 않는 것이 마땅하다. 심문에 장형을 쓸 수 있겠으나 매로 볼기를 치는 것은 추행에 속한다.

부녀자에 대해서는 살인죄를 범했다 하더라도 임신 여부를 살핀 후에 매를 치는 법이니, 다른 죄는 말할 필요가 없다. 부녀자의 볼기를 칠 때에 고쟁이를 벗기고 월경대를 제거하고 물을 부어 옷이 피부에 달라붙게 만드는데 이 역시 법정에 있어서 보기에 좋지 않다. 요즘 관장들은 볼기를 드러내게 하는가 하면 곤장을 쓰는 등 갖가지 해괴하고 놀라운 일이 벌어져서 차마 듣지 못할 정도이다. 어느 고을의 관장이 볼기를 드러내도록 명하자, 그 부인은 옷을 여미고 일어나 관장을 향해 꾸짖으며 그 어미와 할미를 들먹이면서 추악한 욕설을 퍼부었다. 관장은 난처해져서 여자를 미치광이라고 둘러대며 관정에서 쫓아냈다. 윗사람이 할 도리를 잃으면 아랫사람이 업신여겨 무례한 말을 한다. 이를 장차 어찌할 것인가? 수령은 삼가 예법을 지켜 후회되는 일이 없게 해야 할 것이다.

○ 양인의 처에 대해서는 의당 그 남편을 대신 다스려야 하며, 관비의

---

73 함선咸宣, ?~B.C. 102 : 중국 한나라 사람. 원문에는 "감선減宣"으로 되어 있으나 『한서·혹리전酷吏傳』에는 함선咸宣으로 되어 있다. 하동수河東守·어사중승御史中丞을 역임하면서 많은 사람을 살해하였다.

경우 큰 죄는 의당 장을 사용하되 작은 죄는 회초리를 쓸 것이다[종아리를 때린다]. 이속의 처는 관정으로 잡아들이는 것은 마땅치 않으며, 만약 잡아 가두려면 곧장 옥에 들어가도록 하고 따로 믿을 만한 사람을 보내 조사하게 한다[비록 관정에서 압송한다 할지라도 그 여자가 옥에 들어갔는지 들어가지 않았는지 여부는 알 수 없다].

『대명률』에 나와 있다.[74] "무릇 부인의 범죄는 간음죄나 살인죄로 구금하는 경우를 제외한 나머지 잡범에 해당하는 죄는 그 남편에게 책임 지워 단속하며, 남편이 없는 자는 친족들에게 책임을 지운다." ○ 만약 여자가 임신한 경우에는 산후 100일을 기다려 고문을 한다. 해산하기 전에 고문을 하다가 낙태, 치사케 한 경우 장 100대에 도 3년을 처한다.

늙은이와 어린이를 고문하지 못하는 것은 법조문에 실려 있다.

『대명률』에 "나이 70세 이상과 15세 이하 및 병으로 폐인이 된 자는 고문의 대상이 되지 않는다. 이를 어기는 자는 태 50대에 처한다"[75]라고 나와 있다.

유수劉銖[76]는 법을 시행하는 것이 가혹했다. 백성 중에 법을 범한 자가 있으면 나이가 몇 살인가를 물어서 몇 살이라고 대답하면 그 숫자

---

74 『대명률·형률·단옥斷獄』.
75 『대명률·형률·단옥』.
76 유수劉銖: 중국 오대 때 사람. 영흥군永興軍 절도사를 역임했다. 법 시행이 너무 엄하여 주周나라 태조의 가속을 죽였다가 뒷날 태조에게 효시를 당했다.

에 따라서 곤장을 쳤는데 이를 수년장隨年杖이라고 하였다. 그리고 매번 한 사람에게 곤장을 칠 때마다 반드시 곤장 두 개로 한꺼번에 내리쳤는데 이를 일러 합환장合歡杖이라고 하였다【『오대사五代史』에 보인다】. 案 이는 30~40세 이하인 자에 한해서만 수년장을 썼고 나이가 많은 자에게는 아무리 유수라도 그렇게 하지 못했을 것이다.

세종 12년 하교에 나와 있다. "감옥에 갇힌 괴로움과 채찍의 아픔은 사람들 누구나 고통스럽게 여기는 일이다. 그중에도 더욱 불쌍하고 가여운 것이 있다. 지금부터는 15세 이하와 70세 이상인 경우 살인강도를 제외하고는 구속을 허락하지 않으며, 80세 이상과 10세 이하의 사람에 대해서는 아무리 죽을죄를 범했다 해도 구속해서 고문하지 않고 대신 여러 사람들을 불러 증언하도록 할 것이다."

악형은 도적을 다스리려는 것이니 평민에게 경솔하게 시행해서는 안 된다.

악형에는 두 가지가 있으니 첫째는 난장亂杖[77]【발가락을 뽑아버리는 것이다】이요, 둘째는 주리【두 나무를 양쪽 정강이 사이에 얽어 끼우고 트는 것이다】이다. 역서譯書[78]에는 주리를 협곤夾棍[79]【협기夾起라고도 한다】이라 하였다. 난장은 이

---

77 난장亂杖: 일반적으로 장형을 행할 때 여럿이 마구 때리는 것을 의미하는 말인데, 원주에서 발가락을 뽑는다고 한 것은 그 뜻을 알 수 없다.
78 역서譯書: 한어 번역 서류를 가리키는 것으로 추정됨. 『박통사언해朴通事諺解』『역어유해譯語類解』등 여러 종류가 있었다.
79 협곤夾棍: 중국에서 옛날에 죄인을 신문하거나 벌을 가할 때 쓰는 형구. 나무줄기를 좁게 세워 만든 형구로서 여러 가지 종류가 있는데 발목을 비틀거나 손가락 집어넣어 누르거나 하는 등이다.

미 폐지되어 도적을 다스리는 데에도 사용하지 않으나[영조 46년에 이를 폐지하였다], 주리는 아직도 남아 있어서 수령이 화가 나면 이속이나 관노들에게도 때로 사용하는 수가 있다. 위로 국법을 어기고 아래로 덕을 잃음이 이보다 심한 것이 없다[하민下民이 한 번 이 벌을 받으면 종신토록 자기 부모의 제사를 지내지 못한다고 한다].

영조가 유시한 말이다. "옛날에 장신將臣 이완李浣은 갈까마귀가 계란을 낚아채가는 것을 보고서도 시험 삼아 종에게 주리를 틀어서 자백을 받아냈다. 그는 항상 이 일을 들어 사람들을 경계시켰다. 이후로 강도 절도가 아니고는 난장과 주리를 사용하는 것은 엄금하였다."

恤囚

감옥은 이승의 지옥이다. 죄수로 갇힌 사람의 고통을
어진 사람들이라면 의당 살펴야 한다.

옥중에서 겪는 온갖 고통은 이루 다 말할 수 없지만, 그중에서 큰 고
통을 들면 다섯 가지이다. 첫째는 형틀의 고통이요, 둘째는 토색질당하
는 고통이요, 셋째는 질병의 고통이요, 넷째는 춥고 배고픈 고통이요, 다
섯째는 오래 갇혀 있는 고통이다. 이 다섯 가지 고통이 줄기가 되어 천만
가지 고통이 생겨난다. 사형수는 장차 죽을 텐데도 먼저 이 고통을 당해
야 하니 그 정상이 불쌍하며, 가벼운 죄수는 지은 죄가 무겁지 않은데도
똑같이 이 고통을 당해야 하고, 억울한 죄수는 모함에 잘못 걸려 이 고통
을 당해야 한다. 세 경우 모두 비참한 일이다. 백성의 수령 된 사람으로
서 어찌 살피지 않겠는가.

칼〔枷〕을 목에 씌우는 형벌은 후세에 생긴 것이요
선왕의 법이 아니다.

『주례·추관사구秋官司寇』에 나와 있다. "장수掌囚는 도적을 지키는 일

을 맡는다. 무릇 갇힌 자는 상죄上罪인 경우 곡梏·공拲을 하고 질桎을 하며, 중죄中罪인 경우 질桎·곡梏을 하며, 하죄下罪인 경우 곡梏만 한다. 왕과 동족에게는 공拲을, 작위가 있는 자에게는 질桎을 한다." ○ 허신許愼[1]의 『설문說文』[2]에서는 "곡梏은 손에 채우는 형구인데 이는 하늘에 고하기 위한 것이요, 질桎은 발에 채우는 형구인데 땅에 알리기 위한 것이다"라고 하였다. ○ 정중鄭衆[3]은 "공拲은 두 손을 한 나무에 함께 묶는 것이다"【곡은 두 손을 각각 한 나무에 묶는 것이다】라고 하였다. ○ 정현鄭玄은 "손에 채우는 것을 '곡', 발에 채우는 것을 '질'이라 한다"라고 하였다【가소賈疏[4]와 구문장丘文莊[5]은 공·곡·질을 삼목三木이라고 칭했다】.

▣鏞案 『주역』에서 "형구를 신겨 발꿈치를 안 보이게 한다"[6]라고 하였으니 이는 발에 씌우는 형구요, "형틀을 어깨에 메어 귀를 안 보이게 한다〔何校滅耳〕"[7]라고 하였으니 이것은 손에 쓰는 형구이다【'하何'는 어깨에 멘다는

---

1 허신許愼, 30~124: 중국 후한 사람. 자는 숙중叔重 또는 숙중叔仲이다. 태위남각좨주太尉南閣祭酒를 지냈다. 『설문해자說文解字』 14편을 지었다.
2 『설문說文』: 『설문해자』의 약칭. 『설문해자』는 허신이 편찬한 것으로, 당시의 문자를 형상에 따라 분류하여 자형·의의·음성을 해설한 책이다.
3 정중鄭衆, ?~83: 중국 후한 사람. 자는 중사仲師이다. 급사중給事中, 대사농을 역임했다. 경학에 밝아 『춘추난기조례春秋難記條例』를 썼고 역易과 시詩에도 널리 통했다.
4 가소賈疏: 가공언賈公彦의 주소注疏로서 『주례의소周禮義疏』 『의례의소儀禮義疏』 등이 있다.
5 구문장丘文莊: 중국 명나라 구준丘濬. 문장文莊은 그의 시호이다. 1권 94면 주 15 참조.
6 『주역·서합噬嗑·초구初九』에 나오는 말. 원문은 "구교멸지屨校滅趾"이다. 교校는 나무로 만든 형구인데, 가벼운 죄를 범한 자에 대해서 발에 나무로 만든 형구를 가하여 약간의 상처를 준다는 의미로 풀이하였다.
7 『주역·서합·상구上九』에 나오는 말이다. 원문의 "하교멸이何校滅耳"에서 하何는 지게 한다는 뜻이며, 멸이滅耳는 들리지 않게 한다는 뜻으로, 대개 범한 죄가 중한 자에 대해서는 귀가 들리지 않게 한다는 의미로 해석해왔다. 원주의 이 구절에 대한 다산의 해석은 통상적인 풀이와 약간의 차이가 있는 것 같다.

뜻인데, 후세 사람들은 '멸이滅耳'라는 말 때문에 목에 씌우는 형구로 생각했으나 잘못이

다〕. 또 『주역』에 "질과 곡을 벗긴다"[8]라고 한 것은 몽蒙괘가 임臨괘와 관

觀괘로부터 왔으며, 임괘의 진震은 발이요 관괘의 간艮은 손으로서 본래

질과 곡의 형상을 가졌으나 변하여 몽괘가 되었은즉 손과 발 모두가 깨

끗이 풀린 것이다. 그렇다면 곡은 손에 채운 형구요 질은 발에 채운 형구

이니, 사농司農의 설은 잘못된 것이다〔『예기禮記·월령月令』에 "중춘에 감옥을 살

펴서 질과 곡을 벗긴다"라고 하였다. ○『맹자孟子』에는 "질과 곡을 차고 죽는 것은 제 명에

죽는 것이 아니다"[9]라고 하였다. ○『이아爾雅』에는 "추杻는 곡梏이라 하고 계械는 질桎

이라 한다"라고 하였다. ○『사기史記·제세가齊世家』에는 "관중管仲이 당부堂阜에 이르러

질과 곡을 벗었다"라고 하였다. ○『신서新書』[10]에는 "문왕이 유리羑里에서 질과 곡을 찼

다"라고 하였다〕. ○ 종합해보면 가枷란 글자는 구경九經에는 보이지 않으니,

가는 후세에 나온 형벌임이 분명하다.

『한서漢書·사마천전司馬遷傳』에는 "위기魏其[11]는 대장으로 붉은 옷을 입

고 삼목三木이 채워졌다"라고 나와 있다〔그 주에서 "삼목이란 목과 손발에 쓰는

것을 말한다"라고 하였다〕. ○『후한서後漢書·범방전范滂傳』에는 "범방范滂[12] 등

---

8 『주역』의 몽蒙괘에 나오는 말. 원문은 "용탈질곡用說桎梏"인데 탈說은 벗어난다는 탈脫
의 뜻으로 풀이했다.

9 『맹자·진심 상盡心上』에 나오는 말. 원문은 "질곡사자, 비정명야桎梏死者, 非正命也"인데 죄
를 지어 죽는 것은 명에 따라 바르게 죽는 것이 아니라는 뜻.

10 『신서新書』: 중국 한나라 학자 가의賈誼가 편찬한 책. 역사적 사건을 들어 한나라의 폐단
을 지적한 정치철학서이다.

11 위기魏其: 위기는 중국 산동성에 있는 지명으로, 한대에 주지周止와 두영竇嬰이 위기후
魏其侯로 봉해졌는데, 여기서는 두영을 가리킨다. 두영(?~B.C. 131)은 한나라 사람으로 자
는 왕손王孫이며 오초吳楚의 반란 때 공을 세워 위기후에 봉해지고, 무제 때 승상이 되었
다. 뒤에 관부灌夫가 죄를 얻었을 때 그를 구해주려다가 효경후孝景后의 노여움을 샀고
기시형棄市刑에 처해졌다.

12 범방范滂, 137~169: 중국 후한 사람. 자는 맹박孟博이다. 강직하여 절개를 지킨 것으

을 모두 삼목을 채워 성기가 섬돌 아래로 드러났다"라고 나와 있다. ○ 마융馬融[13]은 「광성송廣成頌」[14]에서 "천구天狗를 칼 씌우고 분양墳羊을 묶었도다"라고 읊었다. ○『북사·송유도전宋游道傳』에는 "송유도가 수감되자 옥리가 칼을 벗기려 하니, 송유도는 듣지 않고 '이것은 나라의 명에 의해 쓴 것이니 함부로 벗길 수 없다'라고 하였다"라고 나와 있다『북사·유구국전流求國傳』에는 "옥에는 칼이나 수갑[鎖]이 없고 오직 포승줄을 사용한다"라고 나와 있다〕. ○『송사宋史·전석전田錫傳』에는 "살피건대 옥관령獄官令에 칼과 수갑[枷杻]은 장단점이 있고 겸쇄鉗鎖는 경중이 달라 그 길이와 무게가 모두 형서刑書에 실려 있는데, 쇠로 칼[枷]을 만들었다는 것은 듣지 못했다"라고 나와 있다. 案『주례·장수』에서 "사형에 처할 자는 명곡明梏을 더한다"라고 하였다〔정현은 "명곡이란 그 성명과 죄목을 곡에 써서 씌우는 것이다"라고 하였다〕. 이른바 명곡이란 목에 씌우는 형구로서, 질·곡 외에 명곡을 더했기 때문에 가枷라고 하였던 것이다. 가枷는 '더한다[加]'는 뜻이다. 옛날에는 오직 사형에 처할 죄수에게 이 형구를 더했던 것인데, 후세로 와서는 뭇 죄인에게 다 씌웠다. 그래서 전한·후한 때부터 이미 삼목이라는 문자가 있었던 것이다. 『주역』에 "결박하는 데에는 휘전徽纏을 쓴다"[15]라고 나와

로 유명한 인물이다. 그 당시 세상이 어지럽고 환관들이 국정을 농락하였는데 붙잡힐 위험에 처하자 현령 곽읍郭揖이 같이 도망가기를 청했으나 듣지 않고 의연히 죽음에 나아갔다.

13 마융馬融, 79~166: 중국 후한 시기 경학으로 이름 높은 학자. 자는 계장季長이다. 무도武都와 남군南郡의 태수를 지냈다. 저서에 『춘추삼전이동설春秋三傳異同說』과 함께 『효경』『논어』등 유가 경전에 주석을 붙인 업적이 있다.

14 「광성송廣成頌」: 마융의 작품. 농한기에 사냥하는 장면을 그려서 환제桓帝에게 올린 글로 에둘러 간언하는 뜻을 담았다. 천구天狗와 분양墳羊은 전설상의 동물이다.

15 『주역』의 감坎괘에 나오는 구절로 원문은 "계용휘전係用徽纏"이다. '휘전'에 대해 육덕명陸德明은 "세 줄을 휘, 두 줄을 전이라 하는데 다 끈을 이름이다"라고 풀이하였다. "徽纏

96 제9부 · 형전刑典 6조

있는데, 묶는 끈을 이른 것이다. 이미 끈으로 목을 얽었는데 또 무슨 가枷가 필요할 것인가. 가는 후세에 나온 형구이다.

『대명률』에 규정되어 있다.[16] "칼은 마른 나무로 만드는데 사형수에게는 무게 25근, 도형·유형 죄수에게는 무게 20근, 장형 죄수에게는 무게 15근으로 한다. ○ 축杻은 마른 나무로 만드는데, 남자로 죽을죄를 범한 자에게 사용하고 여자는 비록 죽을죄를 범했다 해도 사용하지 않는다. ○ 철삭鐵索은 가벼운 죄를 범한 자에게 사용한다. ○ 요鐐는 쇠고리를 연결한 것인데 무게가 3근이며, 도형을 범한 자는 이것을 허리에 끼고 일을 하게 한다." ○ 『속대전』에 규정되어 있다.[17] "국문을 받는 자를 제외하고는 좌축左杻을 채운다."【영조 기유년】案 축杻이란 손에 채우는 형구로, 본래는 수桍로 썼던 것이다.

○ 칼이란 오직 옥졸을 위하여 만들어진 물건이다. 그것을 쓰면 내려다볼 수도, 쳐다볼 수도 없으며, 호흡이 통하지 않아 한 시각이나 반 시각도 견뎌낼 사람이 없다. 사람을 죽이려면 죽일 것이지 칼을 씌우는 것은 옳지 못하다. 성인은 지혜가 많으니 필시 이런 것을 만들지 않았을 터다. 칼을 쓰게 되면 죄수는 죽음이 눈앞에 급박해지고 옥졸은 마음대로 조종할 수 있게 된다. 귀중한 자신의 목숨이 저의 권한에 맡겨지니 무슨 보물인들 아까울 것이며, 무슨 요구인들 거절할 것이랴! 칼과 축이란 돈을 녹여내는 큰 화로이다. 위에서 내려오는 명은 이행되지 않고, 아래쪽의 재물은 허다히 없어지기 마련인데 어찌 괴롭게도 이런 처사를 하고 있단

(휘전)"이 『목민심서』 원문에는 "徽墨(휘묵)"으로 나와 있는데 이는 오자이다.
16 『대명률·수편·옥구도』.
17 이 규정은 『속대전』에는 보이지 않고 『대전통편·형전·추단』에 보인다.

말인가. ○ 강도는 칼을 씌워야 하고 역적은 칼을 씌워야 하며, 사형수로 금방 들어온 자도 칼을 씌워야 한다. 칼을 씌우지 않으면 도망하게 되니, 이것이 칼을 씌우는 까닭이다. 아전과 군교에게도 칼을 씌우고 관노에게도 칼을 씌워야 한다. 이들은 일단 옥문에 들어가면 뇌물을 쓰지 않고도 칼을 벗지만, 우선 뇌물을 썼다는 명목으로 욕보여야 하는 것이다. 그 외에는 지위의 귀천이나 죄의 경중을 물을 것도 없이 모두 칼을 씌워서는 안 된다. 왜냐하면 위로부터의 명령은 시행되지 않고 아랫사람의 재물만 한갓 축나니 이것은 의미가 없는 정사이기 때문이다. 혹은 얇은 종이에다 도장을 찍어 칼을 봉하거나, 혹은 편철 匾鐵에 못을 박아 공고히 하는데, 방법이 치밀해져서 갈수록 쓰는 뇌물은 더욱더 무거워가니, 백성의 재산을 파탄시키려면 이런 짓을 계속할 것이요, 관장인 나의 명령이 실행되게 하려면 그런 일을 그만두어야 할 것이다. 천하에 벗겨지지 않을 칼이 없으니, 무릇 칼이 벗겨지지 않는다고 생각한다면 벌써 어리석은 수령이다. 칼을 쓴 죄인이 며칠이 지나도 죽지 않으면 칼이 벗겨진 줄 알아야 할 것이다.

장화사張和思[18]는 죄수를 처리하는 데 있어서 잘하고 잘못하고나 귀하고 천하고를 묻지도 않고 반드시 칼과 수갑을 채워 고통이 극에 달하게 만드니, 죄수들은 그를 보면 간담이 찢어지고 혼백이 나갈 지경이었다. 그래서 그를 생나찰生羅刹[19]이라고 불렀다. 그의 처가 전후 4남매를 잉태하였는데 해산할 때마다 몹시 괴로워 죽여달라고 빌었고, 태어난 아이들도 쇠사슬 같은 군살이 달라붙어 있고 손과 발이 수갑을 찬듯 묶이고 얽

---

18 장화사張和思: 미상.
19 생나찰生羅刹: 살아 있는 나찰. 나찰은 불교에서 사람을 잡아먹는다는 악귀.

힌 채로 땅에 떨어졌다. 장화사 또한 뒷날 현령이 되었다가 법에 걸려 곤장을 맞고 죽었다.

> 옥중에서 토색질 당하는 것은 해명할 수조차 없는 원통한 일[20]이다. 이런 원통함을 살펴야 현명한 수령이다.

당나라 때 내준신來俊臣이 『나직경羅織經』[21]을 편찬하였고, 색원례索元禮[22] 등이 다투어 가혹한 법을 써서 큰칼을 만들어 정백맥定百脈·돌지후突地吼·사저수死猪愁 등의 이름이 생겨났다. 오늘날 감옥에서 토색질과 함께 혹독하고 포악한 형벌을 써서 인간 세상에 듣지 못한 것이 많다. 학무鶴舞·원괘猿掛·자란榨卵·추뇌椎腦 등 여러 가지 은어가 있어 이루 다 밝힐 수가 없다. 옥졸이 자신을 '신장神將'이라 일컫고 장기수는 마왕魔王이라 자칭하며 아귀가 서로 물어뜯으면서 연기를 내뿜고 불길을 토하듯 이승의 사람으로는 능히 헤아릴 수 없는 짓을 자행한다. 옥사쟁이로 말하면 내졸內卒·외졸外卒이 있고, 장기수 중에는 영좌領座·공원公員·장무掌務 등의 호칭이 있다. 언제나 죄수가 새로 들어올 적마다 옥안에서 다섯 가지 포악한 형벌을 섞어 사용한다. 문에 들어서면 유문례踰門禮, 감방에 들

---

20 원문은 "복분지원覆盆之寃"이다. '복분'은 동이를 엎어 놓은 상태여서 햇빛이 들지도 못하고 보이지도 않는다는 뜻으로, 지극히 원통함을 가리킨다. 그 억울한 사정을 해명할 방도가 없는 것을 비유한 말.

21 『나직경羅織經』: 중국 당나라 무후 때 내준신來俊臣이 주남산朱南山과 함께 쓴 책으로 밀고密告하는 방법과 죄인을 처벌하는 방법을 담았다.

22 색원례索元禮, ?~691 : 중국 당나라 무후 때 서역 지역에 들어와 무인으로 벼슬한 인물. 백성에게 가혹한 정사를 행한 것으로 이름을 남김.

어서면 지면례知面禮, 칼을 벗으면 환골례幻骨禮, 여러 날이 지나면 면신례 免新禮 등이 있다. 밥이 들어오면 밥을 빼앗고 옷이 들어오면 옷을 빼앗으 며, 깔개에는 깔개 값, 등유와 땔감에도 추렴이 있어 갖가지 괴롭고 혹독 한 짓을 이루 다 기록할 수가 없다. 관장이 금해도 비웃기만 하고 금해지 지 않으며, 아래에서 당하는 죄수가 고발을 하면 더 심하게 학대를 받으 니 고발하기를 생각할 수조차 없다. 캄캄한 암흑 가운데 하나의 세계가 열려 있어서 살필 수가 없다. 이러한 폐단을 금하고자 하면 오직 한 가지 방법이 있으니, 그것은 사람을 가두지 않는 것뿐이다.

『대명률』에 규정되어 있다.[23] "옥졸이 죄수를 능욕하고 학대하는 자에 게는 싸우다가 상처를 입힌 죄를 적용한다." ○『속대전』에는 "감옥의 죄 수에게 칼에 달아매는 형벌을 금한다"[24]라고 나와 있다.

해주海州의 죄수 이종봉李從奉이 살인하여 옥에 갇혔는데, 박해득朴海得 이라는 자도 어떤 사건으로 옥에 들어갔다. 옥졸 최악재崔惡才가 이종봉 을 시켜 박해득을 잡아 담장 아래 세운 후 그가 쓰고 있는 칼의 끝을 두 발등에 세워 새끼줄로 칼판과 다리를 한데 묶었다. 이에 박해득의 몸은 머리에서 발까지 꼿꼿해져서 지탱하기 어렵게 되었다. 앞으로 구부리지 도 못하고 뒤로 펴지도 못하여 마치 썩은 나무가 저절로 넘어지듯 공중 에서 넘어지며 마침내 담벼락에 부딪혀 목뼈가 부러져 죽음에 이르렀다. 최악재가 박해득에게 토색하려던 돈은 50냥이었다. 선대왕(정조를 가리킴) 께서 이 옥사를 판결하고 나서 다음과 같이 하교하였다. "연전에 나는 송 나라에서 죄수를 긍휼히 여겨 취했던 고사에 따라 죄수들의 칼과 수갑을

---

23 『대명률·형률·단옥』.
24 본문에는 『속대전』이라 하였으나 『대전통편·형전·추단』에 보인다.

풀어주고 옷과 약을 헤아려 공급하도록 하였다. 그리고 옥졸들이 죄수를 학대하는 행위를 엄히 단속하여 법령으로 게시했다. 그토록 간곡히 했음에도 신칙하는 영을 내린 지 얼마 지나지 않아 벌써 해이해져서 옥졸과 죄수가 한통속이 되어 악행을 하며 사람을 죽이기까지 했다. 나라에 법과 기강이 있거늘 어찌 감히 그럴 수 있느냐? 설령 영졸營卒은 고을의 졸개와 다르다고 하지만 영속營屬이 악을 행하는 것을 본관이 방관해서 막을 방법을 생각하지 않아서야 되겠는가? 사건이 재작년 10월에 있었으니 지금 감사는 논죄의 대상이 아니지만, 해당 지방 수령은 우선 파면시키고 당일 감시하던 형리刑吏·감고監考 등은 감사가 엄히 처벌하고 귀양을 보내도록 하라. 해주에서 이 같은 일이 일어났으니 서울과 각 지방의 감옥에 갇힌 죄수들이 토색 때문에 곤욕 당하는 것은 묻지 않아도 알 수 있다. 다만 살상殺傷이 없어 밝히지 못할 뿐이다. 이를 예사로 보고 지나치면 뒷날의 폐단은 이루 다 말할 수 없을 것이다. 이후로 혹 다시 전의 악습을 그대로 범하는 자가 있으면 감옥의 이졸과 함께 같은 법률로 다스리고, 해당 장옥掌獄 관원은 중벌에 처할 것이다. 당상관 및 감사도 마땅히 별도로 문책하려고 한다. 우선 형조부터 특별히 단속하고 이 판결의 뜻을 팔도와 양도兩都[25]에 알려서 거듭 신칙하는 뜻을 보여주며, 서울에는 포도청, 지방에는 병영·수영과 진영에 모두 알려 구중궁궐이 깊고 멀다고 생각하지 않도록 하라. 나에게는 암행어사가 있어서 안찰할 수 있으니, 혹시라도 방심하고 소홀한 일이 없도록 모름지기 엄히 단속하라." ○ 수령들은 마땅히 이 뜻을 알아, 무릇 시골 백성이 죄를 범하면 일

---

25 양도兩都: 여기서는 개성과 강화를 일컫는다. 이 두 곳은 유수부로서 개성은 송도, 강화는 심도沁都라고 일컬었다.

체 가두지 말고, 혹 부득이하여 가두게 되더라도 특별히 형리와 옥졸을 단속하여 침학하는 일이 없게 하며, 따로 조그만 허물을 잡아서 시동侍童을 임시로 옥에 가두어두고 형리와 옥졸이 하는 짓을 살피게 할 수 있다.

송나라 장흡張洽이 영신현永新縣을 맡아 다스릴 때의 일이다. 하루는 쉬고 있는데 옥중에서 매질하는 소리가 들려왔다. 이는 옥리가 따로 뇌물을 받고 틈을 타서 죄수를 신문하여 거짓 자복시키려는 일이었다. 장흡은 크게 노하여 재빨리 옥리를 잡아 옥에 처넣고 바로 이튿날 군으로 넘겨 묵형을 받도록 조처하였다.

질병의 고통은 자기 집에서 편히 지낼 때에도 견디기 어렵거늘, 옥중에서는 더 말할 필요도 없다.

호태초는 이렇게 말했다. "형옥은 중대한 일이요 감옥은 흉악한 곳이다. 혹시 잘못된 일이 있다 하여 아전들에게 무엇을 물을 것인가? 허물은 다 수령에게 귀속되는 것이다. 비록 드러나는 벌은 면한다 해도 아무래도 음덕陰德에 손상이 있을 터다. 어찌 조심하지 않으리오! 질병은 반드시 보살펴야 하고 굶주림과 추위는 반드시 알아보아야 하며, 담벼락도 반드시 안전하게 하고 출입도 반드시 단속해야 할 것이다." ○ 호태초는 또 말했다. "실제로 병이 있어도 아전이 보고하지 않는 일이 있고, 병이 없는데도 거짓으로 보고하는 일도 있다. 대개 아전은 죄수를 개돼지같이 보아 아예 마음속에 두지를 않는다. 처음에 조금 아플 때에는 들여다보지도 않다가 병이 위독하게 되어서야 바야흐로 수령에게 알리며, 심지어는 죽은 뒤에 가서 보고한다. 만약 죄수에게 재물이 있으면 아전은 꾀병을 앓도록 해놓고 교묘하게 말을 붙여서 차차로 석방되도록 도모한다. 수령이 점검할 때는 몸소 자세히 살펴야 하고, 의원을 불러 치료를 받게 할 경우에도 날마다 병세의 차도를 보고토록 하되 병세가 심한 자는 친속親屬의 책임하에 보석하여 데려가도록 할 것이다. 만약에 병이 위독하게 된 후에야 수령에게 처음 보고했으면 아전을 추궁하여 필히 처벌할 것이다." 案 다른 질병은 우선 제쳐두고 장독杖毒은 치료할 방법을 유의해야 한다. 이속들은 이미 농간에 익숙하니 부민이라면 자연히 돌봐주는 자가 있겠으나, 저 가난하고 힘없는 백성에게야 누가 술 한 잔인들 줄 것인가. 수령은 응당 이 점을 생각해서 일체 중상을 입는 일이 생기지 않게 할 일이요, 이미 중상을 입었으면 직접 관심을 두어 의원에게 치료를 받도록 조처해야 할 것이다.

『대명률』에 규정되어 있다.[26] "옥에 갇힌 죄수가 병이 들어 응당 칼과 수갑을 벗겨야 함에도 벗기지 않았거나, 보석하여 밖으로 내보내야 함에도 그렇게 하지 않았을 경우에는 옥관과 옥졸을 태 50대에 처한다." ○ 『속대전』에 규정되어 있다.[27] "옥이란 곳은 죄지은 자를 징계하는 곳이지 사람을 죽이는 곳은 아니다. 그럼에도 간혹 혹독한 추위와 혹심한 더위, 동상과 굶주림과 질병으로 죽어나는 경우가 허다하다. 안과 밖의 관리들에게 명하여 옥을 청소하게 하고 질병을 치료케 하며, 가족의 보호와 부양을 받을 수 없는 자에게는 관에서 옷과 양식을 지급하도록 하라. 만약 태만하여 이를 행하지 않는 자가 있으면 엄히 다스릴 것이다."【영조 을묘년(1735)의 하교이다】 臣謹案 내가 『동국문헌비고東國文獻備考』를 살펴보니 이

---

26 『대명률·형률·단옥』.
27 『속대전·형전·휼수恤囚』.

규정은 세종의 하교였다.

정선은 말했다. "따뜻한 마음으로 만물의 위험과 고통을 구해주고, 냉철한 눈으로 염량세태를 관찰하도록 할 것이다."

호태초는 말했다. "파리하고 늙은 사람은 반드시 그 질병의 유무를 보살펴야 하고, 부녀자는 반드시 임신 여부를 살펴야 한다." ○ 호태초는 또 말했다. "봄여름에 날씨가 무더워지면 창문을 열고 오물을 치워 음침하고 더러움으로 인해 전염병이 발생하는 일이 없도록 해야 하며, 차차 추워지게 되면 곧 창문을 바르고 솜과 숯을 지급하여 따뜻하고 기분에 맞게 해주어서 질병을 면하도록 해야 할 일이다."

진미공陳眉公[28]은 말했다. "찌는 뙤약볕에도 탁 트인 마루에 널찍한 연못, 오동나무와 대숲이 한들거려서 그늘진 곳으로 가끔 평상을 옮기고 대자리를 이리저리 바꾸며 한가롭게 지낼 때 옥중에 있는 사람을 머리에 떠올렸다. 그네들은 여유를 가지고 몸을 씻는 즐거움이란 있을 수 없이, 단지 더러운 속에서 전염병이며 이질 등의 고통이 더해지기 마련이다. 돌이켜 생각하면 지금 자신의 처지는 천상의 신선과 같다. 인인군자仁人君子라면 적합한 막하幕下의 사람을 파견하여 감옥을 청소하고 칼이나 수갑 따위를 씻어서 우리 성군의 살리기 좋아하는 어진 마음을 펴기에 힘쓰고, 눈앞의 불구덩이를 청량한 세계로 바꾸기에 힘써야 마땅하다. 이런 일은 오직 그 일을 맡아보는 사람의 생각과 혀와 붓이 움직이면 삽시간에 이루어질 수 있다."

---

28 진미공陳眉公, 1558~1639 : 중국 명나라 학자인 진계유陳繼儒. 자는 중순仲醇, 호는 미공眉公, 혹은 미공麋公이다. 저서에 『진미공전집陳眉公全集』이 있다.

감옥은 이웃 없는 집이고 죄수는 걸어 다니지 못하는 사람이니, 한번 추위와 굶주림을 당하면 죽음이 있을 따름이다.

『예기·월령』에 나와 있다. "초가을에 감옥을 정비하여 질·곡을 갖추고, 중동仲冬에는 감옥을 축성하여 천지의 위축되는 기운에 대비하며, 중하仲夏에는 중죄수는 완화해서 식사를 더 지급한다."[29]

호태초는 말했다. "옥에 갇힌 죄수에게는 의당 적합한 양의 양식을 주게 되어 있는데 고을의 재정이 부족하다는 이유로 아전에게 책임을 지우는 일이 있다. 관에서 지급하는 것도 오히려 줄이려 하는데 하물며 아전으로 하여금 공급하게 하는 것이 가능할 것인가?" ○ 호태초는 또 말했다. "1인당 하루에 쌀 2되, 소금·채소 값 10문文을 주되 아침은 사시(巳時, 오전 9시~11시), 저녁은 신시(申時, 오후 3시~5시)에 주는 것을 규칙으로 정한다【옥중에 또한 주방 시설이 있었던 것 같다】. 옥자獄子가 소리 내서 아뢰면 수령이 몸소 점검을 한 다음에 들이게 한다. 죄수의 집에서 음식을 들여오는 것이 있으면 마땅히 바로 전해주되 독약이나 칼이며 동철銅鐵 기명器皿 및 문자 따위가 끼어 있는지를 점검해야 한다."【죄수가 자결할까 염려하고 바깥의 소식을 전하는 것을 방지하기 위이다】

손일겸孫一謙[30]이 남도사옥南都司獄[31]으로 있을 때의 일이다. 전례에 중

---

29 『예기·월령』에서 원문 그대로 인용한 것이 아니고 옥에 관한 내용만을 발췌, 재구再構한 것이다.

30 손일겸孫一謙: 미상.

31 남도사옥南都司獄: 남도는 지명으로 중국 하남성 남양현南陽縣과 호북성 강릉현江陵縣의 치소와, 남송대의 임안(臨安, 지금의 절강성浙江省 항주시) 및 명대 남경南京 등을 모두

한 죄수에게는 매일 쌀 1되를 주고 있었는데, 대부분 옥졸에게 빼앗겨서 밥이 제대로 공급되지 못하였다. 또 밥을 나눠줄 때 힘이 세고 약함에 따라 공평하게 돌아가지 못해 얻어먹지 못하는 자도 있었다. 죄수가 처음 옥에 들어오면 옥졸은 아주 더러운 곳에 밀어 넣고 돈을 토색질하여, 주지 않으면 마른자리로 옮길 수 없었으며, 음식도 통하지 못하게 했다. 이 때문에 관청이 시장바닥 같았다. 손일겸은 이런 폐단들을 일체 엄금하고 손수 저울을 만들어 쌀을 달아 밥을 짓게 하되, 매일 묘시(卯時, 오전 5~7시)와 사시巳時에 저울을 가지고 명부에 맞춰 차례로 나누어주니 식사가 매우 고르게 되었다. 그는 죄수의 옷이 해진 것을 보면 그때마다 빨아서 기워주었고, 경한 죄수로서 몹시 굶주리는 자는 중죄수 밥의 반을 나누어 주었다. 그로 인하여 죄수들은 죽지 않게 되었고 옥졸들은 감히 횡령하지 못했다.

『대명률』에는 다음과 같이 규정되어 있다.[32] "무릇 옥에 갇힌 죄수에게 응당 옷과 양식을 지급하기를 청구해야 하는바 그렇게 하지 않을 경우 옥관·옥졸은 태 50대에 처한다." ○"옥졸이 죄수에게 지급할 의복과 양식을 줄여 착복한 경우에는 장물로 보아 감수자도율監守自盜律[33]을 적용한다." 案 이 조문들을 살피건대, 중국에서는 본래 죄수에게 의복과 양식을

'남도'라고 불렀다. 여기서는 어느 곳인지 분명치 않다. 사옥司獄은 한대에 옥을 맡은 관리였으며, 명·청대에는 안찰사의 보조관으로서 옥을 장악하였다.

32 『대명률·형률·단옥』.

33 감수자도율監守自盜律: 감수監守는 감시하고 지키는 자를 가리킨다. 즉 관리 등이 자기의 주관하에 있는 것을 훔치는 행위를 '감수자도'라고 한다. 『대명률·형률·감수자도창고전량監守自盜倉庫錢糧』에 의하면, 이러한 죄를 범한 자에게는 수범과 종범을 가리지 않고 모두 각자의 장물을 합산한 수량으로써 각자의 형량을 정하여 처벌한다고 규정되어 있다.

지급하였고 능히 자급할 수 있는 경우에는 관에서 지급하지 않았던 것 같다.

효종 2년에 하교하기를 "이 추운 계절을 맞이하여 얼어붙는 옥중에 갇혀 밥도 배부르게 먹지 못하니 내가 이를 측은하게 여긴다. 해당 관서는 옷을 지어주고 땔감도 함께 주도록 하라"라고 하였고, 또 각 도에 효유하여 "널리 모든 죄수에게 지급하여 얼어 죽는 것을 면하게 하라"라고 하였다.

『수산필화囚山筆話』[34]에 말했다. "옥에 갇힌 죄수에게 옷과 양식을 항상 대어줄 수는 없으니, 사지가 멀쩡한 자는 마땅히 신을 삼고 자리를 짜도록 해야 한다. 솜씨가 서투른 자는 짚신과 멍석을 만들게 하고, 익숙한 자는 미투리와 부들자리를 만들게 하여 형리로 하여금 관리하고 팔도록 하되, 만약 외상 거래의 대금을 받지 못한 것이 있으면 곧 추심하여 받아주게 한다. 혹은 노름꾼을 잡아 거둔 벌금으로 물건값의 본전을 지급하여 재료를 갖추도록 한다. 또 담배와 술을 금하여 잡비가 소용없게 한다면 오래된 죄수도 그 옷과 먹을 것을 걱정하지 않을 것이다. 만약 그 집이 가난하지 않다면 반드시 이렇게 하지 않아도 될 것이다." ○ 수령이 이임離任하는 날 옥에 갇힌 죄수들이 그의 은택을 생각하여 옥중에서 목 놓아 우는 소리가 들려야 가히 어진 수령이라 할 것이다. ○ 옛날에 옥에 갇힌 죄수가 있었는데, 수령이 그를 빨리 죽게 하려고 먹을 것을 끊어서

---

34 『수산필화囚山筆話』: 저자 미상의 책. 수산囚山은 성대본成大本에 근거해서 유산酉山의 오기로 보았으나 이렇게 추정하기 어려운 것 같다. '수산'이란 말은 중국 당나라 유종원이 지은 「수산부囚山賦」에서 유래하여 한가롭게 지낸다는 반어적인 의미로 쓰이기도 했다. 이 뒤에도 『수산필화』란 서명으로 인용된 곳이 있는 것으로 미루어 일단 이 서명의 책이 있는 것으로 보았다. 저자에 대해서는 고찰해야 할 문제이다.

3일 동안 먹지를 못해 거의 죽게 되었다. 꿈에 그 죄수의 아비가 나타나 국수를 먹으라고 주며 '너를 살려줄 분이 곧 나타날 것이다'라고 하였다. 꿈을 깨고 나니 배가 불렀고 과연 한 추관推官[35]이 와서 그의 원통함을 풀어주었다고 한다.

> 옥에 갇힌 죄수가 출옥하기를 기다리는 것은 긴 밤에 날이 새기를 기다리는 것과 같다. 다섯 가지 고통 중에서도 유체留滯가 가장 괴로운 것이다.

『주역』에 "형의 시행을 신중하게 하고 옥사를 지체해서는 안 된다"[여旅괘의 상象에 나온다]라고 하였으니, 옥사를 지체하는 것은 성인이 혐오하는 바이다. 그 사정이 지극히 원통한 중죄수가 옥에 있으면, 일월삼추一月三推[36]의 보고서에서 자신의 의견을 모두 개진하여 결방決放[37]을 청원한다. 혹은 서면으로 힘써 요청하고 혹은 직접 만나 자세히 개진하되, 고통이 자기 몸에 있는 듯 잠시라도 참지 못할 것 같은 기색을 보인 뒤에라야 능히 상관의 마음을 감동시켜 참작해서 해결의 길을 얻게 될 것이다. ○ 무릇 가벼운 죄는 본디 가두지 말아야 한다. 혹시 우연히 갇힌 자가 있으면 반드시 갇힌 사람의 성명을 벽 위에 써 붙이고 날마다 살펴볼 것이며, 또 형리로 하여금 날마다 구금자들의 명단을 써서 매일 아침 바치게 하

---

35 추관推官: 신문을 담당한 관원. 이 경우 그 고을 관장 이외에 따로 추관으로 온 사람을 가리킨다.
36 일월삼추一月三推: 수령이 한 달에 3번씩 죄인을 추문하는 일.
37 결방決放: 무죄를 결정하여 방면하는 것.

고 수령은 맑은 마음으로 살펴 형편에 따라 석방을 시켜야 할 것이다. ○ 술에 취한 수령이 죄수를 한번 가둔 다음 잊어버리고 다시 묻지 않아서, 형리가 마음대로 가두고 내보내는 일을 나는 여러 번 보았다.

『예기·월령』에 나와 있다. "초여름에 가벼운 형벌을 단행하고 작은 죄를 판결하며 가벼운 죄로 걸린 자를 내보낸다. 늦가을에는 옥사를 서둘러 처리해서 죄수를 붙잡아두지 말아야 한다." ○ 초여름은 모내기 할 때요, 늦가을은 수확할 때이다. 이 두 시기는 농사철 중 가장 바쁜 때이니, 살옥殺獄 사건이라도 정범 이외에는 가두어서는 안 될 것이다.

최전崔篆[38]은 왕망王莽 때에 건신대윤建新大尹[39]이 되었는데, 이르는 곳마다 감옥이 가득 차 있었다. 그는 눈물을 흘리며 "사람들을 함정에 빠뜨려놓았구나. 저들은 무슨 죄가 있기에 이 지경에 되었는가" 하고 드디어 심리하여 2000여 명을 석방했다. 아전들이 머리를 조아리며 한사코 반대하였으나, 그는 "주문공邾文公[40]이 어느 한 사람 때문에 자기 몸가짐을 바꾸지 아니하니 군자가 이르기를 그는 명命을 안다고 하였다. 만약 하나의 대윤을 죽여 2000명을 사면케 할 수 있다면 이는 내가 원하는 바다"라고 말하고 드디어 병을 핑계하고 자리에서 떠났다.

북제北齊 송세량宋世良[41]이 청화태수淸和太守로 있을 때의 일이다. 천보

---

38 최전崔篆, ?~26 : 중국 서한시대 왕망王莽이 왕위를 찬탈하였을 때에 건신대윤建新大尹을 역임했다. 후한 건무 초에 이르러 주에서 현량賢良으로 추대했는데 그는 왕망 때에 벼슬을 했다 하여 한나라에 참괴慙愧의 뜻을 표하고 나가지 않았다.

39 건신대윤建新大尹 : 건신建新은 지명인 듯함. 대윤大尹은 왕망 때에 군수를 일컫는다.

40 주문공邾文公 : 중국 춘추시대 노나라의 부용국附庸國인 주邾나라의 제후 문공. 이름은 조거제曹蘧蒢이다. 인용된 글귀는 『춘추좌전·문공文公 13년 5월 주자거제졸邾子蘧蒢卒』에 보인다.

41 송세량宋世良 : 중국 남북조시대 북제 사람. 자는 원우元友이다. 동군태수東郡太守를 지냈으며, 『자략字略』 『송씨별록宋氏別錄』 등의 저술을 남겼다.

天保⁴² 연간(550~559)에 대사면이 있었는데 군郡에는 한 사람의 죄수도 없었고 뭇 아전들은 조서만 받들 정도였다. 옥 안에는 복숭아나무가 절로 나고 쑥대가 가득 찼으며, 매일 아문은 비어 있고 한적하여 다시 송사하는 자가 없으니 이를 일러 신문神門이라 하였다.

주승朱勝⁴³이 오군吳郡⁴⁴을 맡았을 때의 일이다. 일찍이 "이서吏胥들이 탐욕스럽기 때문에 나는 제사題辭를 그들에게 맡기지 않고, 예졸隸卒들이 탐욕스럽기 때문에 내가 함부로 장형을 시행하지 않으며, 옥졸들이 탐욕스럽기 때문에 내가 가벼이 죄수를 가두지 않는다"라고 하였다.

이형李衡⁴⁵이 율양현溧陽縣을 맡았을 때의 일이다. 그는 오로지 성의로 백성을 교화시켰는데, 재임 기간 4년 동안 옥문에 일찍이 한 사람의 중죄수도 가둔 적이 없었다.

손각孫覺⁴⁶이 복주福州를 맡았을 때의 일이다. 백성 중에 관의 돈을 축낸 일로 옥에 갇힌 자가 많았다. 마침 어떤 부자가 돈 500만 전을 내어 불전佛殿을 수리하기를 청했다. 손각은 "너희들이 불전에 돈을 시주하는 뜻은 복 받기를 원하는 데 있다. 불전은 아직 퇴락한 편이 아니니 그 돈으로 옥에 갇힌 죄수들을 위해 관에 대신 배상하여, 수백 명 죄수들이 칼

---

42 천보天保: 중국 남북조시대 북제 문선제文宣帝의 연호. 원문에는 '천록天祿'으로 되어 있으나 『북제서北齊書』에 따라 수정하였다.

43 주승朱勝: 중국 명나라 때 사람. 자는 중고仲高이다. 영락 연간에 발탁되어 소주지사蘇州知事를 거쳐 강남우포정사江南右布政使에 이르렀다.

44 오군吳郡: 중국 강소성江蘇省 소주蘇州 지역.

45 이형李衡, 1100~1178: 중국 송나라 때 사람. 자는 언평彦平, 호는 낙암樂菴이다. 추밀원검상樞密院檢詳과 시어사侍御史를 지냈고 비각수찬祕閣修撰에 이르렀다.

46 손각孫覺, 1028~1090: 중국 송나라 때 사람. 자는 신로莘老이다. 여주, 복주, 양주 등 여러 지역에서 지주를 지냈고 용도각학사에 이르렀다. 저서로 『주의奏議』『춘추경해春秋經解』 등이 있다.

과 족쇄에 매인 고통에서 풀려나게 해주는 것이 어떻겠느냐? 그러면 부처님도 웃음을 머금고 자비를 내릴 터이니 복을 또한 많이 받지 않겠는가" 하니, 그 부자는 마침내 돈을 관에 갖다 바쳤다. 그래서 감옥이 텅 비게 되었다.

감옥의 담벼락이 허술하여 중죄수가 탈출하게 되면 상급 관청으로부터 이 허물로 문책을 받을 것이니 또한 수령이 걱정할 일이다.

호태초가 말했다. "지금 주현마다 감옥의 담은 퇴락하고 벽이 헐어서 견고하지 못한 곳이 많으니 응당 조속히 수리해야 한다. 그런데 여러 가지 모양의 간악한 작태는 더욱 철저히 막아야 할 것이다. 매양 옥리가 중죄수로부터 뇌물을 받고나서 저 편할 대로 방치하기도 한다. 또 낮에 물을 마신다는 핑계로 물을 떠다가 벽에 뿌려 흙벽을 적셔놓고 밤이 깊어지면 벽을 뚫고 담을 넘어 도주해서 종적을 감추는데, 옥졸들은 잠에 깊이 빠져 알아차리지 못하는 일도 있다. 이는 가장 중대한 문제이니, 수령은 마땅히 죄수의 경중을 살피고 헤아려 중죄수는 벽 가까운 방에 두지 말며, 담장 위에는 반드시 가시를 얹고, 벽 안에는 반드시 판자를 끼우며, 닷새마다 한 번씩 몸소 순찰을 돌며 살펴서, 견실하지 못한 곳이 있으면 즉시 보수해야 할 것이다."

숙종 25년에 하교하신 말이다. "각 도에 도적으로 갇힌 자들이 옥문을 쳐부순 사례가 한두 곳이 아니다. 형리와 형구 담당 옥졸이 내통하지 않았다면 어떻게 능히 칼과 수갑을 풀고 도망쳤겠는가. 거기에 관련된 형리나 옥졸들은 적발되는 대로 효시梟示를 해야만 비로소 법의 기강을 세울 수 있을 것이다. 이제부터는 명화적明火賊⁴⁷이 옥중에서 쳐부수고 도망친 일이 발생한 경우 해당 형리와 옥졸들은 토포사로 하여금 치도율治盜律에 의해 다스리게 하고 자복을 받은 후에는 아뢰고, 효시하라."

웅자복熊子復⁴⁸이 기양曁陽⁴⁹을 맡아 다스릴 때의 일이다. 낮에 불시에 옥으로 가서 직접 점검하고, 밤에는 방울 하나를 매달아 그 줄을 바로 자기의 침소에 연결시켜 놓았다. 밤중에 그 방울 줄을 당기면 옥졸이 응답해야 하는데 응답이 없으면 반드시 처벌하였다.

호태초는 이렇게 말했다. "법에는 1경更에 3번 점고하되 관장이 친히 정뢰定牢⁵⁰하도록 되어 있다. 지금은 정사를 보다가 겨를이 없으면 보좌관에게 맡기기도 하고, 술 마시는 데 지장이 있으면 전압典押⁵¹에게 맡겨두어서 옥중에서 도망치는 일이 발생하는지 모르니 장차 책임을 누구에게 물어야 할 것인가. 아전배들이 뇌물을 받아먹으면 아무리 중죄수라도 함께 풀어주어 편안히 잠자게 하며, 뇌물을 쓰지 않으면 산금散禁⁵²이라도 필시 포승줄로 묶어놓으니 수령은 직접 돌아보지 않을 수 없다." 案 수령의 직책이란 반드시 이렇게 해야 한다. 그러나 역적의 옥사나 큰 죄

---

47 명화적明火賊: 군도가 불을 밝히고 공공연히 약탈 행위를 한 데서 유래한 말로 화적 혹은 불한당이라고도 불렀다.

48 웅자복熊子復, 1132~1204: 중국 송나라 때 사람 웅극熊克. 자복子復은 그의 자이다. 태주자사台州刺史를 역임했다. 전고에 해박하여 『구조통략九朝通略』 『중흥소기中興小紀』 『제자정화諸子精華』 등을 저술하였다.

49 기양曁陽: 지금의 중국 절강성에 있는 지명.

50 정뢰定牢: 현령이 매일 밤 직접 감옥의 문을 닫는 것.

51 전압典押: 감옥의 관리를 맡은 아전의 직명.

52 산금散禁: 죄수에게 칼이나 족쇄 등 형구를 채우지 않고 옥에 감금해두는 것. 쇄금鎖禁의 반대.

수가 없는데 관장이 친히 옥중으로 들어가면 역시 위엄과 덕을 손상시키는 것이다. 또한 날마다 일과로 삼으면 너무 자잘하게 되고 가끔 우연히 둘러보는 식이 되면 효과가 없게 된다. 마땅히 10여 일에 한 번씩 향승이나 무교武校[53]를 보내 자세히 점검하도록 하면 또한 일에 허술함이 없게 될 것이다. ○ 만약 대도비적大盜飛賊으로 벽을 뚫고 담장을 넘는 신출귀몰한 재주가 있는 자인 경우는, 그 방비를 응당 배나 엄중히 해야 한다. 또한 감옥의 담장을 넘어가는 것은 외부의 도움이 있어야 가능한 일이다. 대체로 토포영討捕營의 교졸들은 군도와 한패거리이니 마땅히 수교首校를 불러서 다음과 같은 말로 경계해야 한다. "무슨 도둑놈이 도망치는 일이 있으면 그것은 필시 너희 동료 중에 밖에서 호응하여 된 것이다. 관에서 마땅히 끝까지 조사하여 처벌할 터이니 너희들은 그렇게 알라."

명절날에 당해서 죄수를 자기 집에 돌아가도록
허용해주면, 은혜와 믿음에 젖어서 도망하는 자가
없을 것이다.

한나라 우연虞延[54]이 낙양령洛陽令으로 있을 때 매번 설날·복날·납일臘日[55]이 되면 죄수들을 집으로 돌아가게 보내주니, 모두 그 은덕에 감격하여 기일에 맞추어 돌아왔다.

---

53 무교武校: 군교軍校와 같은 말.
54 우연虞延: 중국 후한 사람. 자는 자대子大. 광무제 때에 낙양령洛陽令을 거쳐 사도司徒가 되었다.
55 납일臘日: 동지 후 세 번째 되는 술일戌日. 조선에서는 동지 후 세 번째 미일未日로 하였다. 이날에 백신百神에게 제사를 지냈다.

진晉나라 조터曹攄[56]가 임치령臨淄令으로 있을 때 섣달 그믐날이 되면 중죄수들을 풀어주어 집에 다녀오게 하니 다들 감격하여 기한이 되자 돌아왔다.

진晉나라 범광范廣[57]이 당읍령堂邑令으로 있을 때의 일이다. 향승 유영劉榮이 무슨 일로 연좌되어 응당 죽음에 처하게 되었다. 군郡에서 형을 확정하여 현에 회부하였는데, 유영은 그 고을 사람이었다. 유영의 집에는 노모가 있었는데 명절이 되면 범광은 유영을 잠시 집에 돌아가도록 허용하였다. 유영 또한 기한에 맞춰 돌아왔다. 한번은 그 고을 관아에 들불이 번져서 타들어오자 유영은 수갑을 벗고 나가 불을 껐다. 그리하여 불을 끄고 나서는 스스로 다시 돌아와 수갑을 찼다.

양나라 부기傳岐가 시신령始新令으로 있을 때의 일이다(부염傳琰의 손자요, 부해傳翽의 아들이다[58]). 고을 사람 중에 서로 싸우다 죽인 사건이 있었는데, 법에 범인은 마땅히 사형을 받아야 했다. 마침 겨울철이 되었으므로 부기가 범인을 풀어 집에 돌려보내려 하자, 옥리가 한사코 반대하며 "옛날에는 이런 일이 있었으나 지금은 행할 수 없습니다"라고 말하였다. 부기는 "그가 만약 신의를 저버리면 이 현령이 마땅히 벌을 받겠노라" 하고 풀어주었다. 마침내 그 죄수는 기일에 어기지 않고 돌아왔다. 태수는 감탄하고 신기하게 여겼다. 후일 부기가 그곳을 떠나자 고을 사람들 노소할 것 없이 다들 고을 경계에 나와서 절하고 전송하며 소리 내어 울었다

---

56 조터曹攄, ?~308: 중국 진晉나라 사람. 자는 안원顔遠이다. 양성태수襄城太守를 역임했다.
57 범광范廣: 중국 명나라 때 사람. 벼슬은 도독동지都督同知에 이르렀다.
58 부기傳岐는 중국 남북조시대 양나라 사람(51면 주 102 참조). 그의 조부인 부염傳琰은 유능하다는 말을 들었고 특히 지방관으로 치적이 있었으며(1권 27면 주 7 참조), 부친인 부해傳翽 역시 표기자의참군驃騎諮議參軍을 지낸 바 있다.

【『남사』에 실려 있다】.

『남사』에 있다. 석천문席闡文[59]이 동양태수東陽太守가 되었는데 정사를
다스림에 유능하다고 이름이 났다. 동짓날에 옥중에 있는 죄수를 모두
풀어주었는데 다들 기일에 맞춰 돌아왔다. ○ 하윤何胤[60]이 건안태수建安太
守로 있을 때의 일이다. 정사에 은혜와 신의가 있어 사람들이 차마 속이
지 못했다. 매해 복날과 납일이 되면 죄수들을 집으로 돌아가게 했는데
모두 기일 내에 돌아왔다. ○ 왕지王志가 동양태수로 있을 때의 일이다.
옥에 중죄수 10여 명이 있었는데 동짓날에 다 집으로 돌려보냈다. 동지
를 지나 모두 돌아왔는데 오직 한 사람이 기일을 어겼다. 옥사獄司가 이
사실을 보고하자, 왕지는 "이 문제는 태수의 소관사이다"라고 하였다. 이
튿날 아침에 과연 그 죄수가 돌아왔는데 그 아내가 마침 임신을 했기 때
문이라고 말했다. 아전이나 백성들 모두 탄복하였다.

당나라 여원응呂元膺[61]이 기주자사蘄州刺史로 있을 때의 일이다. 일찍이
죄수를 점고하였는데, 한 죄수가 아뢰기를 "부모가 살아 계시고 내일이
정월 초하루인데도 찾아뵙지 못합니다"라고 하면서 눈물을 흘렸다. 여원
응은 측은하게 여겨 수갑을 풀어주고 돌려보내면서 기일 내에 돌아오도
록 타일렀다. 옥리가 "불가하다"라고 아뢰었다. 여원응은 "내가 성심으로
저 사람을 대하는데 저 사람들이 어찌 나를 저버리겠는가"라고 말했다.
죄수들은 모두 늦지 않고 돌아왔다. 이후로 도둑들은 감동하고 부끄러워

---

59 석천문席闡文: 중국 양나라 때 사람. 도관상서都官尚書·동양태수를 역임했고, 상서후에
    봉해졌다. 시호는 위威이다.
60 하윤何胤, 446~531: 중국 남북조시대 양나라 사람. 자는 자계子季이다. 건안태수, 중서령
    등을 지냈다. 저서에『백법론百法論』『십이문론十二門論』등이 있다.
61 여원응呂元膺, 749~820: 중국 당나라 때 사람. 자는 경부景夫이다. 태자빈객에 이르렀다.

모두 경계 밖으로 피해갔다.

송나라 조숙원曹叔遠[62]이 절서浙西[63]의 제점형옥提點刑獄[64]으로 있을 때의 일이다. 한식에 죄수를 풀어주어 집으로 돌아가 조상께 제사를 드리도록 하니, 죄수들이 감격한 나머지 기일에 돌아왔다.

왕가王伽[65]가 제주참군齊州參軍으로 있을 때의 일이다. 유형수流刑囚 이참李參 등 70여 명을 호송하여 서울로 올라가게 되었는데 가는 도중 형양滎陽에 이르러 "그대들 스스로 국법을 범하였으니 몸에 포승을 두르는 것이 마땅하나, 호송하는 군사 또한 피로하니 어찌 마음에 부끄럽지 않겠는가" 하고 모두 칼과 수갑을 벗겨주며 약속하기를 "아무 날까지 꼭 서울에 닿아야 하는데, 만약 달아나게 된다면 내가 그대들 때문에 필시 사형을 받게 될 것이다" 하고 드디어 풀어주고 보냈다. 유형수들이 감격하고 기뻐하여 기일에 맞추어 당도했다. 황제가 듣고 놀랍고 기이하게 여겼다.

> 오랫동안 감옥에 갇혀서 가정을 떠나 자녀를 두지
> 못해 마침내 손이 끊어지게 된 자는 그 정상과 소원을
> 받아들여 자비와 은혜를 베풀어줄 것이다.

---

62 조숙원曹叔遠, 1159~1234: 중국 송나라 때 사람. 자는 기원器遠, 시호는 문숙文肅이다. 예부상서禮部尚書·휘유각대제徽猷閣待制에 이르렀다. 저서로『주례지관강의周禮地官講義』등이 있다.
63 절서浙西: 절강浙江의 서쪽 지역을 가리키는데, 지금의 중국 절강성 항주 등지에서 강소성 소주 등지까지가 포함되었다.
64 제점형옥提點刑獄: 제점提點은 주관하고 점검한다는 말. 제점형옥은 여러 로路의 옥사를 맡은 관직이다.
65 왕가王伽: 중국 수나라 때 사람. 옹주령雍州令에 이르렀다.

후한의 오우吳祐가 교동상膠東相[66]으로 있을 때의 일이다. 안구安丘[67] 지방의 남자 관구장毌丘長이 그 어미와 함께 저자에 가는 도중에 취객을 만났는데, 그 취객이 어미를 모욕하므로 관구장이 그를 죽이고 자수하여 수갑을 차게 되었다. 오우가 관구장에게 "처자가 있느냐" 물으니, "처는 있으나 자식이 없습니다" 하고 아뢰었다. 안구에 문서를 보내 관구장의 처를 데려오게 하여 차꼬와 수갑을 풀어주고 옥중에서 동숙하게 하였다. 그래서 그의 처가 임신을 하게 되었다. 겨울이 되어 모든 죄수들에게 형을 집행하는데 관구장이 자기 손가락을 깨물어 아이에게 유언하기를, 오우의 은혜를 갚으라 하고 교수형絞首刑으로 죽었다.

후한의 포욱鮑昱[68]이 자양령泚陽令으로 있을 때의 일이다. 조견趙堅이란 사람이 살인하고 옥에 갇혀 죽게 되었다. 그 부모가 울면서 자손이 끊어지겠다고 호소하니, 그 처를 데려다 옥에 넣어 수갑을 풀어주고 머물러 자도록 했다. 드디어 그의 처가 임신하여 아들을 낳았다.

진임陳臨[69]이 창오蒼梧를 맡아 다스릴 때의 일이다. 백성 중에 유복자가 있었는데 그 아버지를 위해 원수를 갚고 잡혀서 옥에 갇혔다. 진임이 그가 자식이 없음을 애처롭게 여겨 그 처를 옥에 들어가게 해서 드디어 아들 하나를 낳았다.

조빈曹彬이 서주徐州를 맡아 다스릴 때의 일이다. 한 아전이 죄를 범하여 입안되고 해를 넘겨서야 장형을 실시하니 사람들이 모두 그 까닭을

---

66 교동상膠東相: 교동膠東은 지금의 중국 산동성 동부를 지칭하는 명칭이며, 상相은 그 지역의 행정관이다.
67 안구安丘: 중국 산동성에 있는 지명.
68 포욱鮑昱, 10~81: 중국 후한 때 인물. 자는 문천文泉이다. 벼슬은 태위太尉에 이르렀다.
69 진임陳臨: 중국 후한 때 인물. 자는 자연子然이다. 창오태수蒼梧太守를 지냈다.

헤아리지 못했다. 조빈이 "내가 들으니 이 사람은 새로 아내를 맞았다고 한다. 만약 진작 이 사람에게 장형을 시행했다면 시부모가 반드시 신부 때문에 나쁜 일이 생겼다 하고 아침저녁으로 나무라고 꾸짖어 능히 스스로 견디지 못하게 했을 것이다. 내가 짐짓 일을 늦추었던 것이요, 그러나 법은 역시 용서하지 않는 것이다"라고 하였다.

한위공韓魏公이 대명부大名府를 맡아 다스릴 때의 일이다. 한 아전이 휴가를 청하여 결혼하였는데, 사람들이 잇따라 그의 불법한 행위를 송사하므로 장차 법에 따라 단죄하게 되었다. 한위공은 그 공안公案을 봉해놓게 하고 반년이 지나 전의 공안을 가져다 시행하려 하였다. 두 부관이 "이 사람이 공안을 봉한 후로부터 행동이 자못 조심스러워졌으니 청컨대 전의 죄를 용서함이 어떻겠습니까"라고 하였다. 그러자 한위공은 "내가 그 공안을 봉해둔 뜻을 알겠는가. 이 사람이 결혼한 당시에 만약 곧바로 단죄해버렸다면 이 사람은 그 부모와 함께 반드시 아내 탓이라고 허물했을 것이니 그 때문에 공안을 봉해두었던 것이다"라고 하였다. 두 부관이 일어나 한위공에게 읍하며 "공의 너그러움이 여기까지 이르니 하늘이 공에게 후한 복을 내릴 뿐만 아니라 후손 또한 현달함이 무궁할 것입니다"라고 하였다.

노약자를 대신해서 가두는 것은 긍휼히 여기는 데 있거니와, 부녀자를 대신해서 가두는 것은 더욱 어렵고 조심스럽게 여길 일이다.

영조 37년에 하교하신 말이다. "늙은이를 늙은이로 대접하고 어른을 어른으로 대접하는 것은 혈구지도絜矩之道[70]이다. 무릇 범죄를 조사하고 다스릴 때, 자식을 아비 대신으로 하고 아우를 형 대신으로 하는 것은 오히려 괜찮다고 할 수 있다. 그렇지만 아비를 자식 대신에, 형을 아우 대신에, 심지어 어미가 대신하는 데까지 이르러서는 윤리에 어긋나고 풍교風敎에도 관계가 크다. 또한 잡직雜職[71]의 부류들에 대해서는 정실의 처를 가두고 차지次知[72]라 일컬으며, 추문하는 과정에서 침탈의 폐단이 이루 말할 수 없다. 지금 이후로는 아비를 자식 대신에 세운다거나 형을 아우 대신에 세운다거나, 정실 처를 추문하면서 '차지'라고 하는 등 대신 가두는 명목들은 일체 엄금하도록 한다. 이를 어기는 자는 대소 관원을 물론하고 제서유위율制書有違律로써 다스리며, 그 예속들은 발견되는 대로 장류杖流한다."

『수산필화』에서 이렇게 말했다. "양민을 악인과 한곳에 같이 가둘 수 없고, 부인을 남자와 한곳에 같이 가둘 수 없다. 마땅히 옥중에 따로 조촐한 방을 만들어두고 사용해야 한다."

왕극경王克敬[73]이 일찍이 양절(兩浙, 절동·절서)의 감운사監運使[74]로 있을 때

---

70 혈구지도絜矩之道: 자기의 마음을 미루어 다른 사람의 마음을 짐작하는 도덕상의 도리. 『대학大學』에 보인다.

71 잡직雜職: 조선 때 일반 사무를 맡지 않고 잡무에만 종사하던 관직으로 최고 정6품이며 정직에 임명될 때에는 품계를 한 등급 낮추었다. 『경국대전』에 의하면, 문관 계통의 잡직으로는 공조와 선공감의 공조 이하, 사옹원의 재부宰夫 이하, 상의원과 군기시의 공제工製 이하, 사복시의 안기安驥 이하, 장악원의 전악典樂 이하, 소격서의 상도尙道 이하, 장원서의 신화愼花 이하, 액정서의 사알司謁·사약司鑰 이하, 도화서의 선화善畵 이하이며, 무관 계통에는 파진군破陣軍의 근사勤事 이하, 대졸隊卒·팽배彭排의 대장隊長 이하, 금군禁軍의 정正 이하, 각 영營의 기총旗摠 이하, 기보병騎步兵의 여사旅師 이하가 있었다.

72 차지次知: 무슨 직무를 담당한 사람을 칭하는 말인데 여기서는 이 말이 오용되고 있다는 의미로 생각된다.

의 일이다. 온주温州에서 소금에 관한 법을 어긴 어떤 부인을 체포해왔다. 왕극경이 크게 노하여 "어찌 부인을 붙잡아 천백 리 먼 길을 걷게 해서 이졸들과 섞여 지내도록 한단 말이냐? 풍속을 어지럽힘이 심하다. 지금부터는 잡아오지 말라"라고 하였다. 그리고 위에 건의하여 법령으로 표시했다.

> 유배 온 사람은 집을 떠나 멀리 귀양살이 하고 있으니 그 정상이 안타깝고 측은하다. 집과 곡식을 주어 편히 정착하게 하는 것이 수령의 임무이다.

　죄가 사형에 이르지 않았기 때문에 유배를 당한 것이다. 그러니 능멸하고 핍박하는 것은 어진 사람의 정사가 아니다. 유배에는 대략 네 등급이 있다. 첫째는 공경대부를 안치安置하는 형태의 귀양이요, 둘째는 죄인의 친족을 연좌시켜 보내는 귀양이요, 셋째는 탐관오리를 법에 따라 도류徒流시키는 것이요, 넷째는 천류賤流와 잡범을 추방하는 것이다.[75] 정국이 한번 변하여 대세가 기울면 비록 의정부의 정승이라도 능멸과 모욕을 받게 되는데, 대부와 선비 이하의 사람들이야 더 말할 것도 없다. 그래도 뒤바뀔 가망이 있는 처지에 대해서는 수령이 은밀히 먹을 것을 보내고 아전들이 몰래 충성을 바치겠지만, 근본이 외롭고 변변찮아 앞길이 보이

73　왕극경王克敬, 1274~1334 : 중국 원나라 때 사람. 자는 숙능叔能, 시호는 문숙文肅이다. 벼슬은 감찰어사監察御史, 양절염운사兩浙鹽運使를 지내고 강절참정江浙參政 이르렀다.
74　감운사監運使 : 조운을 감독하는 직책.
75　이 경우 조정에서 왕명에 의해 귀양 보내는 것이 아니고, 감사나 어사 등이 일반 백성을 귀양 보내는 것을 말한다.

지 않는 자가 받는 모욕과 학대는 이루 말할 수 없다. 나의 시구에 "조금 궁하면 불쌍히 여기는 사람이 있지만 크게 궁하면 동정하는 사람도 없네"[76]라고 한 것은 이런 경우를 두고 읊은 것이다【만약 대대로 교분을 나누고 정의가 두터웠던 사이라면 그 능멸과 학대는 다른 사람에게서 받는 것보다 배나 더하지 않겠는가】.

○연좌법은 후세에 나온 것이다. 이것은 대개 삼족三族【3대의 친족을 삼족이라 한다. 위로는 아버지 형제에 미치니 이는 조족祖族이요, 옆으로는 형제와 그 소생에게 미치니 이는 부족父族이요, 아래로는 아들 및 손자에게 미치니 이는 기족(己族, 자기 친속)이다. 지금 사람들은 잘못 알아서 부족·모족母族·처족妻族을 삼족이라 하기 때문에, 드디어 오늘날 연좌되는 것이 곧 삼족을 멸하는 법이 된 것임을 알지 못하고 있다】을 멸하는 법에서 나온 것인데, 다만 죽이지 않을 뿐이다. 당쟁의 화가 생긴 이래 이른바 역적이라는 것이 사실인 경우도 있고 원통한 경우도 있다. 원통한 경우는 말할 것도 없지만 비록 사실이라 하더라도 그 아버지 형제나 아들들과 조카들이야 무슨 죄가 있단 말인가. 더구나 부녀자까지 비婢의 신분으로 만들면 유순한 성격 때문에 자결하지 못하는 것인데, 인인군자仁人君子로서는 이들을 측은하게 여겨야 마땅하다. 그럼에도 요즈음 풍속이 경박하여 무릇 연좌되어 온 자에게 능멸과 학대가 아주 심하다. 평소에 관계가 없는 데는 오히려 관대한 편이고 오히려 대대로 정의가 두터웠던 사이에 더욱 핍박을 심히 하여【혐의를 피하려 하기 때문이다】혹은 옥중에 가두고 혹은 문간에 구류해둔다. 부녀자로서 관비가 된 자는

---

76 『여유당전서與猶堂全書·시문집』의 「고시古詩」란 제목의 시 27수 중에서 제3수. 원문은 "소궁유인련小窮有人憐, 대궁무인휼大窮無人恤"이다. '인련人憐'이 문집에서는 '우련友憐'으로 되어 있다.

반드시 점고를 받게 하는데 이에 따라서 그 여자들의 얼굴이 예쁜지 어떤지 엿보려든다. 무례하고 박덕한 태도가 이보다 더할 수 있을 것인가.

○ 무릇 사족으로 유배지에 와 있는 자는 점고를 향승과 형리로 하여금 밖에 앉아서 살펴보게 하고, 수개월에 한 번씩 직접 살펴볼 것이다. 사족의 부인이 귀양 온 첫날은 얼굴을 가리고 관아에 들어오게 하되, 수령은 방문을 닫고 내다보지 않으며 대신 관비를 차출하여 호송케 해야 한다. 또 그 부인이 거주하는 마을에 엄중하게 당부하여, 남자들이 왕래하거나 엿보지 못하도록 단속하고 예로써 대우해야 할 것이다. 수령이 처음 점검한 후에는 다시 직접 살펴보지 말고, 매월 초와 보름마다 관비를 파견하여 보살피도록 하며, 명절에는 쌀과 고기를 보내도록 한다. 친척이 아니라도 사리로 보아 이렇게 하는 것이 옳다. ○ 곤궁할 때에 받은 감동은 골수에 새겨지기 마련이고, 곤궁할 때에 받은 원망 또한 골수에 새겨지게 된다. 덕을 품고 죽으면 반드시 저승에서 보답을 할 것이요, 원한을 품고 죽으면 반드시 저승에서 보복을 할 것이다. 천지가 변화하고 추위와 더위가 교대로 바뀌듯이, 부귀한 자라고 항상 안락을 누리는 것이 아니요, 곤궁하고 고통 받는 자라도 역시 하늘의 보살핌을 받을 수 있는 것이다. 군자는 이에 의당 조심조심해서 참된 마음을 다해야 할 것이다. 더구나 유배 온 자의 여러 인척과 친족들이 아직 서울에 있을 것이니, 수령이 덕을 베풀고 있다는 말이 들리게 되면 누군들 마음속으로 감동하지 않겠으며, 수령이 학대한다는 말이 들리면 누군들 속으로 욕하고 노하지 않겠는가. 자신도 모르는 가운데 명성이 올라가기도 하고 분노와 증오가 쌓일 수도 있으니 수령 자신의 이해와도 관련이 적지 않을 터이다. ○ 유배 온 부녀자가 어렵게 지킨 절개나 아름다운 행실로 표창해서 빛내야

마땅한 경우에도 그 가문이 이미 전복되어 아무도 칭송해줄 사람이 없으니 얼마나 슬픈 일인가. 귀양 올 당시 처자였던 여자가 백발이 이마를 덮었음에도 아직 머리를 땋아 늘인 모양으로, 60년을 문을 꼭 닫고 혼자 지내서 그 얼굴을 본 사람이 없다. 또 혹은 능멸하는 말이 성적 희롱[褻慢]에 가까워서 목을 매거나 독약을 먹고 자결하여 몸을 더럽히지 않는 여성이 앞뒤로 이어져 있다. 나는 홍사紅史[77] 한 부를 지어 그 숨겨진 빛을 밝히고자 했으나 아직 이루지 못했다. 수령은 의당 이런 사실을 알아서 항상 측은한 마음을 가지고 능멸하거나 학대하는 일이 없도록 주의해야 할 것이다.

  탐관오리로서 귀양 온 자에게는 오히려 거처와 접대가 후해서 먹을 것도 넉넉할 것이니 그다지 돌봐주지 않아도 된다. 천류잡범賤流雜犯들의 경우 쓰라리고 고통스러운 정황이 천태만상이라 사람으로서 감당하기 어렵다. 고을마다 그네들을 취급하는 관행도 달라서, 혹은 집집마다 날짜를 정해 돌아가며 먹을 수 있게 하기도 하고, 혹은 고을의 모든 백성에게서 고루 거두어 묵는 집에 배정하기도 한다. 요컨대 이런 방식은 주객이 함께 피곤하여 견딜 수가 없다. 내가 곡산에 있을 때, 기와집 한 채를 사서 10명【한 고을에 유배 오는 사람은 으레 10명을 넘지 않는다】을 함께 거처하게 하고, 화속전火粟錢을 따로 떼내서 매년 500냥이 들어가게 했다. 백성 중에서 주인을 정해 그 돈을 지급해서 곡식과 찬거리며, 자리와 그릇의 비용을 지출하였다. 이를 이름하여 겸제원兼濟院이라 했는데, 주객 간에 다 편하게 여김을 의미하는 명칭이다. 고을 사람들 또한 좋게 여겼다.

---

77 홍사紅史: 일편단심으로 절개를 지킨 여성들의 열전을 가리키는 말.

귀양 온 자에게 말미를 주는 것은 법에 있는 일은 아니다. 하지만 그 사람의 본래 죄가 무거운 것은 아니요, 집안이 확실하고 근거가 있는 자에게는 때로 말미를 주는 것 또한 선정善政이라 할 일이다. 만약에 간악한 아전으로서 귀양 온 자가 권력자의 청탁을 받아가지고 휴가를 얻으려 할 경우에는 결단코 허가해서는 안 된다.

禁暴

제 5 조 백성들 사이의 폭력을 금함

횡포와 난동을 금지하는 것은 백성을 편안케 하는
일이다. 유력자를 억누르고 벌열이나 세력가에
가까운 자들을 거리껴 하지 않는 태도 또한
수령으로서 지켜야 할 바이다.

유력자의 부류는 모두 일곱 종류가 있다. ①귀척貴戚, ②권문權門, ③금
군禁軍,[1] ④내신內臣,[2] ⑤토호土豪, ⑥간리奸吏, ⑦유협游俠[3]이 그것이다. 무
릇 이들에 대해서는 단속하기에 힘써 백성을 편안케 해야 한다. 『시경詩
經』에 "중산보仲山甫는 강해도 뱉지 않고 부드러워도 삼키지 않네"[4]라고
했으니 예로부터 전해온 올곧은 자세이다. 사람들이 유력자를 두려워하
지 않게 된 후에라야 홀아비나 과부 같은 힘없는 사람을 업신여기지 않

---

1 금군禁軍: 금군청 혹은 용호영 소속으로 궁중을 지키고 임금이 거동할 때 호위나 경비를
  맡은 무관. 현종 7년(1666)에 금군청을 설치하고 영조 31년(1755)에 이를 용호영으로 개
  칭했다.
2 내신內臣: 내시, 즉 환관을 가리킨다.
3 유협游俠: 폭력을 행사하거나 행패를 부리는 무리. 좋은 의미로 의협심이 있는 협객을 가
  리키기도 함.
4 『시경詩經·대아大雅·탕지십蕩之什·증민烝民』. 『시경』의 원문은 "維仲山甫, 柔亦不茹, 剛亦
  不吐."

을 것이다. 횡포를 금하는 것은 어진 정사이다.

윤옹귀尹翁歸는 동해태수東海太守로 있을 때 힘없는 자에게는 관대하게
하며, 유력자는 가차 없이 다루어 죄가 있으면 장휵관掌畜官[5]에게 보내어
여물을 썰게 했는데 일을 제대로 하지 못하면 즉시 매질을 가했다.

엄연년은 하남태수로 있을 때 다스리는 방식이 유력자를 꺾고 가난하
고 힘없는 자를 도와주는 데에 있었다. 약한 자는 법에 걸리더라도 법조
문을 융통성 있게 해석하여 풀어주는 반면에 유력자가 힘없는 백성을 침
탈하는 경우 엄히 법대로 잡아들였다. 案 마음가짐은 공정해야 하니 꼭
이렇게 할 것은 없다.

잠희岑熙[6]가 위군태수魏郡太守로서 정사를 본 지 2년이 되자 사람들이
칭송하여 노래했다. "우리에게 가시넝쿨이 있으면 사또님이 없애주고,
우리에게 모적蟊賊[7]이 있으면 사또님이 막아주네. 개가 짖어도 놀라지 않
고 배를 두드리며 즐긴다네."

동선董宣[8]이 낙양령으로 있을 때의 일이다. 호양공주湖陽公主의 하인이
사람을 죽이고 공주의 집에 숨어 있었다. 동선은 공주가 외출하기를 기
다렸다가 그자를 꾸짖어 수레에서 내리게 하여 바로 때려죽였다. 황제가
동선으로 하여금 공주에게 사과하도록 명했으나 동선은 따르지 않았다.
억지로 머리를 조아리게 했으나 동선은 끝내 숙이지 않았다. 황제는 "강
항령(强項令, 목이 굳센 수령)은 나가라"라고 하고 돈 30만 냥을 그에게 하사

---

5 장휵관掌畜官: 조류의 사육·번식 및 길들이는 일을 맡은 관리.
6 잠희岑熙: 중국 후한 때 사람. 시중·호분중랑장虎賁中郎將 등을 역임했다.
7 모적蟊賊: 농작물의 뿌리나 마디를 갉아먹는 해충.
8 동선董宣: 중국 후한 때 사람. 자는 소평少平이다. 북해군국상北海郡國相과 강하태수江夏太
守를 지내고 낙양령에 이르렀다.

했다. 이로 인해서 권세 있고 간활한 자들이 그를 두려워하여 와호(臥虎,
누워 있는 호랑이)라고 불렀다. ○ 사마준司馬雋[9]이 낙양령으로 있을 때 또한
귀척들이 조심하여 '와호'라고 불렀다.

주우가 낙양령이 되어 도임하자 먼저 큰 씨족의 손꼽히는 자가 누구
누구인지 물었다. 아전은 민간의 유력자들을 들어서 아뢰었다. 그는 성
난 소리로 꾸짖었다. "내 본디 귀족으로 마씨馬氏·두씨竇氏 등을 물은 것
인데 이런 야채 장수 따위를 내 어찌 상관할 것이냐?" 이에 낙양부의 아
전들은 사또의 뜻을 헤아려 다들 강직하고 과감하게 일을 처리하니 귀족
들은 몸을 움츠려 낙양의 풍기가 엄숙하고 맑게 되었다. ○ 구양윤歐陽尹[10]
이 경조윤으로 있을 때 법의 집행을 특별히 내세우지 않았으되 귀족이나
권신이 금령을 범하고 용서받기를 청해도 반드시 법에 의해 처리했으며,
아무리 조령詔令이 내려와도 따르지 않았다.

당나라 이조은李朝隱[11]은 정사가 매우 맑고 엄하여 귀족들이 모두 숨을
죽였다. 그 당시 태자의 장인인 조상趙商의 하인이 평민을 침해한 일이
있었다. 이조은이 곤장을 치는 벌을 가하자 황제가 칙서를 내려 그를 격
려하고 위로했다.

최교崔皎[12]가 장안령으로 있을 때 빈왕邠王의 수하에 있던 사람이 남의

---

9 사마준司馬雋: 중국 후한 때 인물. 자는 완이元異이다. 영천태수를 지냈다. 사마량司馬量
   의 아들이다.
10 구양윤歐陽尹: 구양수를 가리키는 듯하다. 『고금사문유취유집古今事文類聚遺集』에는 구
   양수의 사적으로 되어 있다.
11 이조은李朝隱, 665~734: 중국 당나라 때 사람. 자는 광국光國이다. 이부원외랑 등을 역
   임하고 대리승에 이르렀다. 원문에는 이조은李朝恩으로 나와 있으나 『신당서新唐書』 권
   129에 의거하여 이조은李朝隱으로 바로잡았다.
12 최교崔皎: 미상.

말을 훔친 죄를 범했다. 그럼에도 부府와 현에서는 감히 말을 하지 못했다. 최교가 명을 내려 빈왕의 집에 가서 그자를 붙잡아오게 하자 빈왕은 두려워서 그 하인을 목매달아 죽여서 길가의 나무에 달아두었다.

정숙공正肅公 오육吳育[13]이 양성襄城[14] 태수로 있을 때의 일이다. 전에 진도왕秦悼王[15]을 여주汝州[16]에 장사 지냈는데 그로부터 명절이 되면 자손들이 성묘를 끊이지 않고 찾아오고 종친과 환관들이 자주 왕래하여 주현의 두통거리가 되었다. 공이 항상 이들을 억제하매 그 지역을 지나는 사람들은 감히 매나 개를 풀어 백성의 전답에 해를 끼치지 못하고, 다른 고을 경내로 들어가서야 사냥을 하곤 했다. 종친이나 환관이 혹 밤에 성문을 두드려 수레를 끌고 갈 소를 요구하면 그는 응하지 않고 있다가 아침이 되어서야 "소는 구할 수 없습니다"라고 차분히 말했다.

마광조馬光祖[17]가 경조윤으로 있을 때 관정官庭에 계류된 송사가 없었다. 복왕福王의 관부에서 백성이 방랑옥전房廊屋錢[18]을 갚지 않는다고 소송을 걸었다. 이에 그는 판결하되 "날이 맑으면 달걀과 오리알이요, 비가 오면 동이가 차고 사발이 차기 마련이다. 복왕이 방랑옥전을 받으려면

---

13 오육吳育, 1004~1058: 중국 북송 때 인물. 자는 춘경春卿, 시호는 정숙正肅이다. 벼슬은 자정전태학사資政殿太學士에 이르렀고, 문집 50권을 남겼다. 여기에 있는 사적은 구양수가 지은 「오공묘비명吳公墓碑銘」에 보인다.

14 양성襄城: 중국 하남성 허창현許昌縣의 서남쪽에 있는 지명.

15 진도왕秦悼王, 947~984: 중국 북송 때 인물로, 송 태조 조광윤의 아우인 조정미趙廷美이다. 원래 이름은 광미匡美인데 태조와 태종의 이름을 피휘하면서 이름을 바꾸었다. 진왕秦王에 봉해졌고, 시호가 도悼이다. 개봉윤開封尹 겸 중서령中書令을 지냈는데, 태종 즉위 후 핍박을 받다 죽었다.

16 여주汝州: 중국 하남성에 있는 지명.

17 마광조馬光祖, 1201~1270: 중국 송나라 때 사람. 자는 화부華父, 시호는 장민莊敏이다. 호부상서를 역임하였다.

18 방랑옥전房廊屋錢: 가옥 또는 점포의 셋돈.

마광조의 임기가 찰 때까지 기다려야 할 것이다"라고 했다. ○ 이 말은 정사가 맑으면 건조하기가 알과 같고 정사가 흐리면 젖어들기가 낙숫물과 같다. 나의 재임 시에는 젖어들게 할 수 없다는 뜻이다.

정승 오윤겸吳允謙이 경성판관鏡城判官으로 있을 때의 일이다. 그때 왕자 임해군臨海君[19]이 불법한 일을 많이 저질러 백성들에게 피해를 주었다. 임해군의 궁노宮奴가 경성 땅에 내려와 어느 과부를 때려서 상해를 입히자 오 판관은 그 궁노를 붙잡아 곤장을 쳐 죽였다.

나성두羅星斗[20]가 봉산현감鳳山縣監으로 있을 때의 일이다. 그 고을 아전인 정행鄭行의 종이 배반하여 인평대군麟坪大君[21]에게 투탁投託하였다. 그리고 정행을 모함하여 변방으로 추방하는 벌을 받게 했는데 그 종은 현감이 이 사실을 파악하고 있음을 알고서 불안하고 두려워했다. 인평대군이 연경燕京에 사신으로 가게 되자 그 종이 인평대군을 맞아서 호소하여 사단을 일으키려고 했다. 나공이 이 정황을 듣고서 그 종의 어미를 잡아 가두었다. 인평대군이 크게 노하여 종자들을 모두 다 옥에 몰아넣고서 "나의 가는 길을 막는 자는 현감이다"라고 하였다. 이 때문에 나성두는 파직을 당했다. 이기조李基祚[22]가 들어가 임금을 뵙고 아뢰기를 "이 사

---

19 임해군臨海君, 1574~1609 : 선조의 아들로 광해군의 형이다. 임진왜란 당시 함경도로 피난을 갔다가 포로가 되었는데, 그때 백성들의 손에서 일본군에 넘겨졌다. 후일 광해군 때에 교동喬桐으로 유배되어 죽임을 당했다.

20 나성두羅星斗, 1614~1663 : 자는 우천于天, 호는 기주棋洲이다. 구포鷗浦 나만갑羅萬甲의 아들로 인조 때인 1646년에 진사가 되고 세마洗馬, 익찬翊贊 등 세자를 지도하는 벼슬을 하였다. 여기에 나오는 사적은 박세당朴世堂이 지은 「해주목사나공묘갈명海州牧使羅公墓碣銘」에 보인다.

21 인평대군麟坪大君, 1622~1658 : 인조의 셋째 아들이며 효종의 동생. 병자호란 때 심양瀋陽에 볼모로 잡혀갔다가 돌아왔다. 이후 대청 외교에 역할이 커서 사신으로 누차 다녀온 바 있다.

람은 나만갑羅萬甲[23]의 아들로서 아비의 풍도風度가 있습니다"라고 아뢰었다. 임금도 "이 사람은 나도 알고 있다"라고 했는데, 끝내 관직에서 물러났다.

권문세가에서 종을 풀어 횡포를 부려 백성에게 해가 되는 일은 금해야 한다.

수나라 영비榮毗[24]는 성격이 강직하고 국량이 있어서 양소楊素[25]가 천거하여 화주華州[26]자사가 되었다. 양소의 전장이 화음華陰에 많이 있었는데 그의 좌우 사람들이 방종하여 일을 일으키면 영비는 법으로 다스리고 너그럽게 봐주지 않았다. 조정에 모이는 자리에서 양소가 "내가 당신을 천거한 것이 마치 스스로 벌을 받는 꼴이 되었구려"라고 말했다. 이에 영비는 "제가 법을 마음으로 지키는 뜻은 공이 천거하신 데 누를 끼칠까 걱정해서입니다"라고 대답했다. 양소는 웃으며 "아까 말은 농담이었소"라고 했다.

당나라 위원충魏元忠[27]이 낙주장사洛州長史[28]가 되었는데 그때 장역張易

---

22 이기조李基祚, 1595~1653 : 자는 자선子善, 호는 호암浩菴, 본관은 한산韓山이다. 호조판서, 예조판서 등을 역임했다.

23 나만갑羅萬甲, 1592~1642 : 자는 몽뢰夢賚, 호는 구포鷗浦, 본관은 안정安定이다. 공조참의, 병조참지 등을 역임했다. 절의가 있고 강직하여 임금에 직언을 하다가 유배 간 일이 여러 차례 있었다. 저서에 『병자록丙子錄』 『구포집鷗浦集』이 있다.

24 영비榮毗, ?~604 : 중국 수나라 때 사람. 자는 자심子謹이다. 포주사마蒲州司馬·치서시어사治書侍御史 등을 역임했다.

25 양소楊素, 544~606 : 중국 수나라 때 사람. 자는 처도處道이다. 거기장군車騎將軍을 역임하고 사도司徒에 이르렀다.

26 화주華州 : 중국 섬서성陝西省에 속한 지명. 화음華陰은 화주의 관하 지역이었다.

의 집 노속이 횡포한 짓을 하므로 매를 쳐서 죽게 만들었다. 그리하여 세력가들이 모두 꺼리고 조심하였다.

송나라 욱산郁山[29]이 온주溫州를 다스릴 때의 일이다. 그때 장준張浚[30]이 임금의 총애를 입어 저택을 크게 지으면서 백성들의 집을 강제로 사들였다. 욱산이 장준에게 "공은 조정에서 이윤伊尹·부열傅說[31]·주공周公·소공召公[32]을 말하기 좋아하면서 집에서는 소하蕭何[33]·이항李沆[34] 되기를 좋아하지 않으시다니 웬일입니까?"라고 하였다. 어떤 사람이 욱산에게 "장 승상은 오늘내일 임금의 부름을 받을 것이요. 당신은 반평생을 수고한 나머지 겨우 한 고을을 얻었거늘 굳이 맞설 것이 있겠소. 당신만 집안을 위한 계책을 세우지 않는 것이요"라고 하자, 욱산은 웃으며 "인생은 진퇴와 영욕이 다 정해진 분수가 있는 것이요. 그대 말같이 된다면 나는 바로 갈건葛巾에 청려장을 짚고 호연히 돌아갈 것이요. 무슨 손해 볼 것이 있겠소. 당신은 이 욱자정郁子靜을 보시오. 어찌 백성을 몰아 뜬 영화를 낚아챌 사람이겠소"라고 하였다.

---

27 위원충魏元忠, ?~707 : 중국 당나라 초기의 인물. 원래 이름은 진재眞宰이다. 명재상으로 평가를 받았다.

28 낙주장사洛州長史 : 낙주로 일컬어진 지명이 여러 곳이 있는데 송나라 때 낙주는 중국 사천성四川省 지역에 있었다. 장사長史는 태수를 보좌하는 직책.

29 욱산郁山, 1481~1536 : 중국 명나라 때 사람. 자는 정자靜子이다. 정덕 16년(1521) 진사가 되어 천현지현泉縣知縣, 공부주사工部主事, 형부낭중刑部郎中을 역임했다. 만년에 온주부지부溫州府知府가 되었고 임지에서 죽었다.

30 장준張浚, 1094~1164 : 중국 북송에서 남송에 걸치는 시기의 인물. 세상에서 자암선생紫巖先生으로 일컬음을 받았다(1권 66면 주 12 참조).

31 부열傅說 : 중국 은나라 때의 어진 재상. 부씨傅氏의 시조이다. 승상에 이르렀다.

32 소공召公 : 주공과 함께 주나라 왕실을 일으킨 현인.

33 소하蕭何, B.C. 257~B.C. 193 : 중국 한나라 고조를 도와 중국을 통일한 개국공신.

34 이항李沆, 947~1004 : 중국 송나라 진종眞宗 때 어진 재상으로 알려진 인물. 자는 태초太初이다.

정복시鄭復始가 고부군수古阜郡守로 있을 때의 일이다. 윤원형尹元衡의 집 노속이 그 경내에 있으면서 권세를 믿고 방자한 짓을 행하여 백성들을 괴롭히는데도 전후 수령들이 아무도 감히 건드리지 못했다. 정복시는 부임하자마자 곧 잡아다가 조사하여 법으로 처단하고 조금도 용서하지 않았다.

이후원李厚源[35]이 광주목사光州牧使로 있을 때의 일이다. 심기원沈器遠[36]이 높은 벼슬아치로 이웃 고을에 귀양 와 있으면서 광주 사람을 위협하여 노비로 만들고자 하여 목사에게 잡아 보내기를 요청했다. 목사가 들어주지 않으므로 종자를 시켜서 그 사람들을 사적으로 잡아갔다. 이후원은 즉시 그 종자들을 잡아다가 엄중하게 다스렸다. 심기원은 크게 화를 냈지만 어찌할 수 없었다.

김효성金孝誠[37]이 청안현감淸安縣監으로 있을 때의 일이다. 권세가의 두 노속이 그 고을 경내에 있으면서 세력을 믿고 침탈하므로 이졸을 보냈으나 붙잡아오지 못했다. 현감이 몸소 가서 잡아 묶어 온 고을에 조리돌리기를 하고 곤장을 쳐서 죽였다.

유정원柳正源이 춘천부사로 있을 때의 일이다. 현직 정승 집 종이 위세를 빙자하여 남의 관재棺材 수십 구具를 빼앗고 또 피가 나도록 사람을 때린 일이 있었다. 부사는 이졸을 풀어 잡아 다스리고 관재의 값을 받아

---

35 이후원李厚源, 1598~1660 : 자는 사심士深, 호는 우재迂齋·남항거사南港居士, 본관은 전주全州이다. 김장생의 문인으로 효종의 북벌계획을 추진하는 데 참여했다. 대사간·우의정을 역임했다.

36 심기원沈器遠, ?~1644 : 자는 수지遂之, 본관은 청송靑松이다. 인조반정에 공을 세웠고 벼슬은 좌의정에 이르렀다. 후에 반역을 도모한 죄로 죽임을 당했다.

37 김효성金孝誠, 1585~1651 : 자는 행원行源이다. 인목대비의 폐비를 반대하다가 길주吉州·진도珍島에 유배되었다. 인조반정 후 의금부도사를 역임했다.

내서 그 주인에게 변상해주었다. 정승이 이 말을 듣고 말했다. "내 집 종이 실로 죄가 있다. 유 모가 아니라면 이와 같이 하지 못할 것이다."

금군이 총애를 믿고 날뛰거나 내관內官이 방자한 짓을 하는 등 갖가지 권력을 빙자하는 일들은 모두 금지해야 한다.

효종 때의 훈련도감이나 선왕先王 때의 장용영은 장교며 병졸들이 권력을 믿고 설치는 자들이 많았는데 관장은 이들을 감히 단속하지 못했다. 이른바 금군이란 이런 유를 가리킨다.

당나라 허맹용許孟容[38]이 경조윤으로 있을 때의 일이다. 신책사神策使[39] 이욱李昱이 백성의 돈 8000관을 빌려 쓰고 3년이 되도록 갚지 않았다. 허맹용이 그자를 잡아 가두고 기일을 정하여 갚도록 명했다. 이욱이 구금되자 온 부대가 놀라 호소하여 황제는 두 번이나 중사(中使, 궁중에서 명을 전하는 자로 내시가 맡음)를 파견하여 그를 본군本軍으로 보내라고 지시했다. 허맹용은 "신이 조서를 받들지 않으면 죽어야 할 줄 압니다만 신이 폐하를 위하여 권세를 부리는 행위를 억누르는 것이오니 빌려간 돈을 다 받아들이지 않고는 이욱을 석방할 수 없습니다"라고 아뢰었다. 황제는 그렇게 하도록 허락했다.

유서초劉棲楚[40]가 경조윤으로 있을 때 그 명령이 엄하고 맑았다. 앞서

38 허맹용許孟容, 743~818 : 중국 당나라 때 사람. 자는 공범公範이다. 상서좌승·동도유수 등을 역임했다.
39 신책사神策使 : 신책군절도사神策軍節度使. 신책군은 중국 당나라 때 금군의 명칭.

수도 장안長安의 폭력배들로 소 잡고 술 팔고 장사하는 무리들이 저마다 이름을 금군에 올려놓고서 법령을 준수하지 않고 사족을 능멸하는 일이 많았다. 유서초가 이런 일들을 철저히 다스리니 적폐가 자취를 감추었으며, 심지어 군적에 올린 이름을 숨기고 백성으로 자칭하는 자도 있었다. 당시에는 사람들이 각기 머리 위에 '유劉 경조윤'을 이고 있는 것 같아서 감히 행패를 부리지 못했다.

당나라 유중영柳仲郢이 경조윤으로 있을 때의 일이다. 어떤 사람이 자기 생질인 유후劉詡가 제 어미를 구타했다고 고소했다. 그때 유후는 금군 소교小校로 있었는데 유중영은 황제에게 보고하기도 전에 곤장을 쳐 그를 죽였다. ○ 당나라 선종宣宗이 어원御苑 북쪽에서 사냥을 하다가 나무꾼 하나를 만났는데 마침 경양涇陽[41] 사람이었다. 그 고을 관장 이행언李行言[42]의 정사가 어떤가 물었더니, 나무꾼이 "우리 고을 원님은 성격이 철저해서 도적이 군인의 집에 숨어 있는 것을 모조리 잡아내 곤장을 쳐 다스립니다"라고 아뢰었다. 황제는 이행언의 이름을 써서 대궐 기둥에 붙였다.

범순인范純仁이 기현령畿縣令으로 있을 때의 일이다. 위사衛士[43]가 목장의 말을 풀어놓아서 백성들의 전답이 짓밟혔다. 범순인은 위사를 잡아서 곤장을 치고 위에 아뢰었다. "군사를 기르는 재원은 이세二稅[44]에서 나

---

40 유서초劉棲楚, 775~827 : 중국 당나라 때 사람. 자는 선보善保이다. 형부시랑刑部侍郎 등을 역임했다.
41 경양涇陽 : 중국 섬서성에 있는 고을 이름. 당나라 때 경양은 수도에서 멀지 않았다.
42 이행언李行言 : 중국 당나라 사람. 경양현령涇陽縣令, 해주자사海州刺史 등을 역임했다.
43 위사衛士 : 대궐이나 능·관아·군영 등을 지키는 무관.
44 이세二稅 : 사전적 의미는 '이종二種의 조세租稅'이나 이 경우에는 무엇을 뜻하는지 확실히 알 수 없다.

오는데 목장의 말이 백성의 전답을 해치면 이세는 어디에서 나오겠습니까?" 이 소장이 올라가자 특별히 위사의 죄는 면해주고 이로 인하여 기현에서 목지牧地를 아울러 관장케 하였다. 이 제도는 범순인으로부터 시작이 된 것이다.

소식蘇軾이 항주杭州에서 밀주密州로 자리를 옮겼는데 밀주에 잡히지 않은 도적이 있었다. 안무사安撫司[45]에서 지휘관을 파견, 사나운 군졸을 거느리고 밀주 경내로 가서 도적을 잡도록 했다. 그 군졸들이 흉포하여 금물禁物이라고 핑계를 대서 도리어 백성을 속이고 다투어 죽이는 일까지 일어났다. 백성이 소식에게 호소하는 글을 올리자 소식은 보지도 않고 "필시 이 정도까지는 이르지 않았을 것이다"라고 하며 그 문서를 던져버렸다. 못된 짓을 한 군졸이 이 말을 전해 듣고 아주 마음을 놓고 있었는데 소식은 어느 사이에 사람을 시켜 범인을 불러내 처단하였다.

정적丁積이 신회현新會縣을 맡아 다스릴 때의 일이다. 중귀(中貴, 내시로서 높이 오른 자) 양방梁芳[46]이 그 고을 사람이었는데 그의 동생 양장梁長은 고을에서 아무 거리낌 없이 제멋대로 행동하며 백성들이 진 빚을 배가 넘게 받고나서도 또 정적에게 고소를 했다. 정적은 문서를 조사해 태워버리고 또 양장을 잡아서 옥에 가두었다. 이로부터 권세를 부리는 자들이 자취를 감추었다.

관설觀雪 허후許厚가 지평砥平[47]현령으로 있을 때의 일이다. 지평에는

---

45 안무사安撫司: 중국 송대의 관명으로 모든 로路(송·원대의 행정구역 단위의 하나로, 송나라의 경우 경京의 아래 부府위에 있는 단위)에 설치되어 각 지역의 병민兵民에 관한 일을 관장했다. 경략안무사經略安撫司라고도 한다.
46 양방梁芳: 중국 명나라 때의 내시로 아첨과 간리奸利를 일삼다가 옥중에서 죽었다.
47 지평砥平: 지금의 경기도 양평군에 속한 고을 이름.

내수사內需司의 노비로 기세를 부려 백성에게 피해를 끼치는 자가 있었으나 10년이 넘도록 관에서 단속하지 못했다. 허후가 금령을 범한 사실 10여 가지를 잡아 그자들을 법으로 처단하니 민심이 크게 기뻐했다. 하지만 허후는 사람을 함부로 죽였다는 죄목으로 옥에 갇혀 겨울과 여름을 나게 되었는데 그 고을 사람들이 대궐 앞에 가서 억울함을 호소하였다. 마침 가뭄이 들어서 허후는 원옥冤獄[48]으로 인정받아 석방되기에 이르렀다.

진유학陳幼學이 확산현碻山縣을 맡아 다스릴 때의 일이다. 포정사布政使[49] 유혼성劉渾成의 동생 유찬성劉燦成[50]이 첩을 편들어 처를 죽인 사건이 있었는데 진유학은 법에 의거해서 판결하고 조금도 봐주지 않았다.

김시진金始振[51]이 수원부사水原府使로 있을 때의 일이다. 얼부孼俘[52] 이일선李一善[53]의 동생이 수원에 살면서 제 형의 권세를 믿고 방자한 짓을 행하고 나라의 기밀을 몰래 저쪽에 넘기기도 했다. 김시진은 그자를 불러 가까이 오게 하여 즉석에서 머리를 잘라 조리를 돌렸다. 그때 좌석에 있던 사람들 중에서 "먼저 임금께 아뢰어야 합니다"라는 말도 나왔으나 김시진은 "만약 무슨 문제가 발생한다면 내가 감당할 것이다. 조정에 책임

---

48 원옥冤獄: 억울한 옥사. 원옥이 있으면 천재지변이 발생한다고 믿었다.

49 포정사布政使: 포정사布政司의 장관. 포정사는 중국 명대의 관직명. 종래의 행중서성行中書省을 개칭한 것으로 전국을 13포정사로 나누고 각각 좌·우 포정사를 두어 성의 정치와 재정을 관장케 했다.

50 유혼성劉渾成·유찬성劉燦成: 중국 명나라 때 사람들이나 자세한 것은 미상.

51 김시진金始振, 1618~1667: 자는 백옥伯玉, 호는 반고盤皐, 본관은 경주慶州이다. 전라도 관찰사·한성부 좌윤 등을 역임했다.

52 얼부孼俘: 나라의 반역자를 가리키는 말. 이일선이 역관으로서 청나라에 투항, 반역적인 행동을 했기 때문에 이 표현을 쓴 것이다.

53 이일선李一善: 조선조 효종 연간에 활동한 중국어 역관. 병자호란 후 청나라의 앞잡이 노릇을 한 자이다.

이 돌아가게 해서는 안 된다"라고 했다. 당시 보고 들은 사람들 모두 떨며 두려워했다. 그러나 이일선이 와서도 감히 묻지를 못했다.

> 토호의 무단적인 행위는 백성들에게 승냥이나
> 호랑이 같은 것이다. 해독을 제거하여 양 같은 백성을
> 살려야만 목민관이라 할 수 있다.

질도가 제남태수로 있을 때의 일이다. 제남의 간씨閒氏 일족 300여 집이 권세를 부리고 간활하여 태수도 그들을 억제할 수 없었다. 질도가 간씨 중의 우두머리를 목 베어 죽이니 나머지는 모두 두려워 굴복했다.

조광한趙廣漢이 영천태수潁川太守로 있을 때의 일이다. 고을의 대성大姓인 원原·저褚 두 성씨 일족이 방자한 짓을 멋대로 하여도 전임 태수들이 잡아서 제재하지 못했다. 그가 부임하여 몇 달이 지나지 않아서 원씨와 저씨의 우두머리를 목 베어 죽이자 온 지역이 두려워 떨었다.

윤옹귀가 동해군을 다스릴 때의 일이다. 고을의 이속과 백성들 중 어진 자와 어질지 못한 자 및 간악하고 사특한 자들의 죄명을 살펴서 모두 알았다. 현마다 기록 장부를 만들게 하고 직접 그 현의 정사를 보고받아 간사한 아전과 호민豪民들을 잡아들여 그 죄를 다스리되 최고는 사형까지 시켜 일벌백계를 삼으니 이속과 백성이 모두 떨며 복종했다. 담현剡縣의 대호大豪 허중손許仲孫[54]이 간활한 짓을 하여 정사를 어지럽혔다. 태수가 잡으려 했더니 문득 힘과 권세로써 변통과 사기를 부려 벗어나므로

---

54 허중손許仲孫: 중국 한나라 선제 때 호민으로 윤옹귀에게 잡혀 죽었다.

끝내 이를 제재하지 못했는데 윤옹귀가 그를 시가에서 목 베어 죽이니 온 고을이 무서워 떨었다.

위나라 창자가 돈황태수로 있을 때의 일이다. 그 지역이 서쪽 변방인데다가 전란으로 인해 중앙과 격리되어 태수가 나가지 못한 것이 20년이나 되었다. 이에 큰 씨족들이 웅거하여 위세를 부리는 것이 드디어 관습을 이루었다. 신임 태수는 호족들을 억누르고 가난하고 힘없는 자들을 구휼하여 아주 사리에 맞게 했다.

이급李及이 조주曹州[55] 통판으로 있을 때의 일이다. 조주에 조간趙諫이라는 자가 있었는데 중앙의 권귀들과 내통하고 고을의 정사를 속속들이 알아 간악한 짓을 마음대로 했다. 이급이 임명을 받자 조간이 미리 서울로 올라와서 만나기를 청하였다. 이급이 거절하고 만나주지 않으므로, 조간은 욕을 하고 돌아가더니 이급이 조정을 비방한다는 무고를 했다. 그런데 마침 조간의 비행을 고발한 것이 있어서 이급은 그 고발장을 살펴보아 지금까지 조간이 한 짓을 모두 열거하여, 어사에게 보고했다. 어사는 조간을 국문하고 저자에서 목을 베었다. 이급은 이 일로 명성이 널리 알려졌다.

이호李浩[56]가 태주台州를 다스릴 때의 일이다. 정헌鄭憲이란 호민이 재물을 바치고 중앙의 권귀들의 문하에서 일하면서 그 지역에 해를 끼쳤다. 이호는 그자의 간악한 죄상을 들추어내 옥에 가두어 죽이고 재산도 다 몰수했다. 중앙의 권귀는 그의 가족을 시켜 억울하다고 호소하는 한

---

55 조주曹州: 중국 산동성에 있는 지명.
56 이호李浩: 중국 송나라 때 사람. 자는 덕원德遠이다. 사농소경司農少卿, 대리시경大理寺卿 등을 지냈다.

편 다른 일로 이호를 고소했다. 유공劉珙[57]이 황제에게 "이호가 호민에게 반감을 사서 무고를 당한 것입니다"라고 아뢰었다. 황제는 "지방관으로서 강포한 자를 두려워 않고 호민을 잡아 죽였으니 이 어찌 쉽게 얻을 수 있는 인물이겠는가?"라고 했다.

진유학이 호주湖州를 맡아 다스릴 때의 일이다. 부임한 즉시 날뛰는 노속들을 잡아 죽였다. 시민施敏이란 자는 사족士族의 아들이고 양승楊陞이란 자는 사노私奴였다. 이자들이 그 지역 내에서 횡행하므로 진유학이 시민을 잡아 옥에 가두었다. 시민이 중앙의 권귀들에게 뇌물을 바치고 순무사巡撫使[58]에게 부탁하였다. 순무사가 호주로 공문을 보내 자기가 직접 국문하려고 하자, 진유학은 버티어 그 노속들을 넘겨주지 않고 당장에 곤장을 쳐서 죽였다. 시민의 옥사에 고故 상서尙書 반계순潘季馴[59]의 아들 정규廷圭가 연루되어 있었는데, 진유학이 어사에게 그 사실을 말하여 탄핵하는 소를 올리게 해서 그를 옥에 가두게 하고, 다른 간악한 토호들을 다시 논죄하여 수십 명을 죽였다. 양승이 화를 당할까 두려워 자취를 감추자 처음에는 내버려두었는데, 다시 생각해보니 자기가 떠나면 양승이 필시 다시 날뛸 것 같았다. 이에 양승을 기어이 잡아다가 사형에 처했다. 그리하여 그 지역이 크게 다스려졌다. 案 군자의 도는 남의 허물을 지레 짐작하지 않고 지나간 일을 탓하지 않는다고 하였다. 『주역』 췌萃괘의 육

---

57 유공劉珙, 1122~1178 : 중국 송나라 때 사람. 자는 공부共父, 시호는 충숙忠肅이다. 담주겸 호남안무사潭州兼湖南按撫使 등을 역임했다. 효행이 지극했다.

58 순무사巡撫使 : 중국 명대의 관직명. 처음에는 조정의 신하를 파견하여 병민을 안무하는 일을 맡기던 임시직이었으나 후에는 각 성에 고정 배치하였다.

59 반계순潘季馴, 1521~1595 : 중국 명나라 사람. 자는 시량時良이다. 공부상서겸우도어사工部尙書兼右都御史를 역임했다. 저서에 『하방일람河防一覽』 『유여당집留餘堂集』 등이 있다.

효六爻에 모두 "허물이 없다"라고 한 것은 잘못을 고치는 것을 귀중히 여긴 뜻이다. 양승이 움츠려 숨어 있었으니 그로 인하여 선한 사람이 되지 못한다고 어찌 단정할 수 있으랴! 그가 나쁜 짓 할 것을 미리 짐작하여 죽였으니 무엇으로 선을 권장하겠는가? 진공陳公은 여기서 덕을 잃었다.

류운룡柳雲龍【서애西厓의 형이다】이 인동현감仁同縣監으로 있을 때의 일이다. 처음 부임해서 보니 몇몇 호족들이 양반을 빙자하여 향권鄕權[60]을 잡고 함부로 비행을 자행하였다. 전임 수령들은 이들을 주객의 예로 대하여 감히 뜻을 거역하지 못하였는데, 류운룡은 이들을 법으로 다스리고 조금도 사정을 봐주지 않았다. 이들이 비방하는 말을 만들어 퍼뜨려서 민심이 흉흉하였다. 그가 더욱 엄한 태도를 견지하자 민심이 가라앉아 조용해졌다.

윤승길尹承吉이 구성부사龜城府使로 있을 때의 일이다. 호족들이 자기들끼리 파당을 만들고 윗사람을 곧잘 능멸하기를 좋아하는 풍조가 있었다. 관장이 죄를 주려고 하면 그때마다 뇌물을 써서 벌을 면했다. 윤승길은 요로에 통하는 길을 철저히 막고 만약 죄를 지으면 용서하지 않겠다고 거듭거듭 엄하게 다짐했다. 그리하여 나쁜 풍속이 크게 바뀌었다. ○ 윤승해尹承解[61]가 성천부사成川府使로 있을 때의 일이다. 그곳의 호족 무리가 관기를 마음대로 죽인 일이 있었다. 전후의 관장들이 어물어물 넘기고 처결하지 않았다. 윤승해는 조사하여 주모자를 잡아 죽였다.

---

60 향권鄕權: 원문은 "향병鄕柄"으로 되어 있다. 향촌에서 칼자루를 쥐고 있다는 뜻. 즉 향촌 내에서 권력을 행사하는 것을 향권이라고 일렀다.

61 윤승해尹承解: 고려 때의 무신. 자는 자장子長, 본관은 수안守安이다. 음보蔭補로 관직에 진출해 진도현령珍島縣令, 감찰어사 등을 역임했다.

정언황丁彦璜이 평산현감平山縣監으로 있을 때의 일이다. 고을의 습속이
본래 거칠고 간활하여 불법을 자행하는 자들이 많았다. 그들의 한민(閑民,
직역을 갖지 않은 자)을 마을 안에 모아 위협하여 부려먹고 관에 역을 지지
않게 했다. 정언황이 그중에 가장 포악하여 제어하기 어려운 자 한 명을
잡아서 엄히 다스렸다. 그자는 평소 중앙의 권귀들과 결탁해 있었으므로
서울의 대가에서 부탁하는 편지들을 많이 보내왔다. 정언황이 일체 들어
주지 않고 더욱 엄히 다루므로 그자는 도망을 쳤다가 마침내 화병으로
죽었다. 이에 정언황은 은정隱丁[62] 80여 명을 찾아내서 모두 군액軍額에
충당시켰다. 이로부터 그곳 호족들이 두려워 떨었으며 명을 내리면 행해
지고 금하면 그쳐졌다.

정경순鄭景淳[63]이 청주목사淸州牧使로 있을 때의 일이다. 한 호족이 창고
의 양곡을 결손내고 갚으려 하지 않았다. 정경순이 주패朱牌[64]를 주어 잡
아오게 하니 그자는 그 주패의 뒷면에 "정 아무는 역적이다"라고 써서 돌
려보냈다. 그러자 정경순은 아전과 군교들을 보내 에워싸고 체포해 와서
심문하였다. "네가 나를 역적이라고 하였느냐? 너야말로 진짜 역적이다."
그자는 "어째서 그런가?" 하고 반문했다. 이에 신장訊狀【우리말로 고음(侤音,
다짐)이라 한다】에 쓰기를 "관장의 명을 거역하는 것을 '역逆'이라 이르며

---

62 은정隱丁: 군안軍案에 올라 있지 않은 인정人丁을 가리키는 말. 군안에서 누락된 자들은
병역을 지지 않는 대신 아전들의 사적 수탈의 대상이 되었다.

63 정경순鄭景淳, 1721~1795: 자는 시회時晦, 호는 수정修井, 본관은 동래東萊이다. 형조판
서 등을 역임했다. 저서에 『수정유고修井遺稿』가 있다. 그가 청주목사로 부임한 것은 정조
초년이다.

64 주패朱牌: 관에서 사람을 호출할 때 보내는 문서. 주첩이라고도 함. 부르는 일을 초첩招
牒이라 한다.

나라의 양곡을 훔치는 것을 '적賊'이라 이른다. 네[65]가 '역적'이 분명하니 형벌을 가해 징치할 것이다" 하고 곤장 30대를 쳤다. 온 경내가 두려워 떨며 굴복했다.

호태초가 말했다. "고을의 관청 주변에는 매양 간교하고 거친 자들이 있어 오로지 남을 교사하여 송사를 일으키고 공사公事를 조종하는 것으로 업을 삼는다. 마땅히 먼저 방문을 붙여 깨우치되 이렇게 적을 것이다. '만약 죄를 범하는 자가 있으면 부임하는 대로 반드시 조사해 장형과 묵형을 결정하여 시행하고 고을 밖으로 추방할 것이다. 반드시 징치하고 용서치 않을 것이다.'"

『속대전』에는 "거칠고 세력 있는 품관品官[66]들로 지방에서 불법 행위를 자행하며 백성을 능멸하고 학대하는 자는 장 100대에 유 3000리에 처한다"[67]라고 나와 있다. ○ 간악한 아전과 고을 유력자들을 단속하는 문제에 대해서는 '아전 단속'(제5부 제1조)에 이미 나왔으므로 여기서 다시 말하지 않는다.

폭력배들이 협기를 부려 사람을 겁박하고 강탈하는 등 못된 짓을 하는 경우 속히 제재하지 않으면 안 된다. 그냥 방치해두면 난을 일으키게 될 것이다.

---

65 원문은 "의신矣身"으로 나와 있다. 의신은 이두어로서 '나'를 가리키는 말인데 죄인이 흔히 자신을 의신이라고 이른다. 경우에 따라서는 저 사람이나 그에 대한 지칭사로도 쓴다. 여기서는 심문관이 죄인을 지칭하는 말로 쓰였다.
66 품관品官: 이 경우에는 9품 이외의 직을 뜻함. 즉 좌수·별감 따위.
67 『속대전·형전·금제禁制』.

윤상尹賞[68]이 장안령으로 있을 때의 일이다. 장안에 간활한 무리가 차츰 많아져서 거리의 젊은 패거리들이 관리를 살해하는가 하면 돈을 받고 원수를 갚아주고 또 저희들끼리 구슬 찾기 놀이를 해서 붉은 구슬을 얻은 자는 무관을 찌르고 검은 구슬을 얻은 자는 문관을 찌르며 흰 구슬을 얻은 자는 초상을 치르는 일을 맡았다. 그래서 죽고 다친 사람이 길에 널려 있었으며 북소리가 끊이지 않았다. 윤상이 감옥에 공사를 벌여서 땅을 사방 두어 길 깊이로 파고 벽돌로 관을 만들어놓고서 그 입구를 큰 돌로 덮을 수 있게 한 뒤 그곳을 호랑이굴이라고 이름 붙였다. 그리고 각 지역을 돌며 간할한 무리들을 잡아들여 잡히는 대로 호랑이굴 속에 집어넣고 큰 돌로 막았다. 며칠 뒤에 열어보니 모두 다 늘비하게 쓰러져 죽어 있었다.

설원상薛元賞[69]이 경조윤으로 있을 때의 일이다. 도시의 폭력배들이 검은색으로 문신을 하고 장터에서 사람들에게 겁탈을 자행했다. 설원상은 부임한 지 사흘이 되자 이들 중 20여 명을 잡아 곤장을 쳐 죽게 만들었다. 이에 곧 백성들이 편안히 살 수 있었다.

한연수韓延壽가 영천태수로 있을 때의 일이다. 지역마다 정正[70]과 오장伍長[71]을 두고 상호간에 효도와 우애를 실행하도록 했다. 그리고 간악한 자는 머물지 못하게 단속하고 동네와 거리에 무슨 일이 일어나면 관리가 즉시 듣고 처리하니 간악한 무리들이 감히 고을 경계로 범접하지 못했

68　윤상尹賞: 중국 한나라 때 사람. 자는 자심子心이다. 빈양頻陽, 정현鄭縣 등의 현령을 역임했다.

69　설원상薛元賞: 중국 당나라 때 사람. 공부상서, 소의절도사昭儀節度使 등을 역임했다.

70　정正: 지방 향리의 향장鄕長·이정里正·정장亭長 등을 가리킴.

71　오장伍長: 5호를 1오伍로 한 단위의 장.

다. 처음에는 번거로운 것 같았으나 나중에는 관리들이 쫓아가고 잡아오고 하는 괴로움이 없었으며, 백성들은 시달리고 벌을 받는 근심이 없어져서 모두 편안히 여겼다.

진요좌陳堯佐[72]가 개봉부開封府를 다스릴 때의 일이다. 매년 정월 밤에 등불놀이를 할 때에 임해서 폭력배들을 다 명단에 올려서 잡아들였다. 진요좌는 이들을 앞에 불러놓고 일렀다. "전에는 부윤이 너희들을 악인으로 대했으니 너희들이 어떻게 선한 일을 행하겠느냐. 이제 나는 너희들을 선인으로 대할 텐데 너희들 또한 어떻게 나쁜 짓을 행하겠느냐." 그리고 모두 풀어주었다. 등불놀이 닷새 동안에 법령을 범하는 자가 하나도 없었다.

권력의 포악이 백성에게 해독을 끼치고 백성을 병들게 하는데 그 구멍이 많아서 이루 다 들 수가 없다.

오늘날 권력에 달라붙은 압제에서 가장 심한 것은 궁장토宮庄土, 둔전屯田, 패점霸占, 입안立案 이 넷이다. 지금 그 대략을 논하기로 한다.

1)궁장토: 이른바 궁장토가 날로 달로 불어나서 여러 궁과 척족들이 광대한 전장田莊을 차지하며, 사람을 파견하여 조租를 거둬들이는데 이 사람을 도장導掌이라 이른다. 공가에 바치는 것은 줄어들고 사가私家에서 가져가는 것을 늘리는 데도 수령은 팔짱을 끼고 감히 단속하지 못하여,

---

72 진요좌陳堯佐, 963~1044: 중국 송나라 때 사람. 자는 희원希元, 호는 지여자知餘子, 시호는 문혜文惠이다. 참지정사 등을 역임했다. 저서에 『우구집愚丘集』 등이 있다.

도장은 백성을 마음대로 수취하고 재물을 긁어내는 데에 한정이 없다. 그래서 궁가宮家로 들어가는 것은 10분의 1에 불과하고 제 사복을 채우는 것이 10분의 9나 된다. 위로 왕토王土가 날마다 줄어들고 아래로 백성의 고혈을 날마다 짜내고 중간으로 궁가에도 별 보탬이 없다. 오직 빈둥거리고 무뢰하고 간사한 자들만이 살찌고 행락을 누리게 된다. 이는 마땅히 금해야 할 첫 번째이다.

2)둔전: 이른바 둔전이 날로 달로 불어나 여러 영문營門과 아문衙門이 광대한 전장을 차지하는데 말단의 군교나 이속을 파견한다. 둔감屯監이라 이르는 자들이다. 거칠고 교활한 둔감이 사방으로 나가 마구 패고 쥐어짜기를 백성의 뼈에 사무치게 하지만 영문과 아문으로 들어가는 것은 10분의 1이요 제 사복을 채우는 것이 10분의 9가 된다. 위로 왕토가 날마다 줄어들고 아래로 백성의 고혈을 날마다 짜내고 중간으로 영문과 아문에 별로 보탬이 없다. 오직 빈둥거리고 무뢰하고 간사한 무리들만 비호를 받아 부유해진다. 이는 마땅히 금해야 할 두 번째이다.

3)패점: 패점이란 어떤 것인가? 부민의 집에는 온통 방탕한 자식이 있어 노름을 일삼고 술을 고래처럼 퍼마셔 제 아비의 속을 태운다. 이에 지체 높은 집안이 부민의 방탕한 자식을 꾀어 몰래 약속하고 차용증서를 만들되 그 돈이 천만금이나 된다고 꾸민다. 분별없는 수령은 지체 높은 양반과 방탕한 자식의 부탁을 받아들여 즉시 그 부민을 잡아 매질을 가혹하게 한 다음에 칼을 씌우고 족쇄를 채워 옥에 구금해둔다. 그리하여 부민의 비옥한 땅 1000경頃의 문서를 강제로 받아내서 드디어 지체 높은 양반에게 귀속시킨다. 이런 악습이 곳곳에 번지고 있는바 충주·청주·공주·홍주 일대가 더욱 심한 편이다. 수령이 아무리 고단하고 한미한 처지

라 해도 어찌 차마 이런 일을 좌시하고 엄금하지 않아서 되겠는가?

4)입안: 황량한 산, 첩첩 봉우리, 먼 갯벌, 조그만 섬들로 개벽 이래 한 번도 국가의 대장에 오르지 않았던 곳을 대상으로 문벌 좋은 집에서 소유권을 증명하는 문권文券을 만드는데 이를 입안이라 한다. 풀 한 포기, 나무 한 그루, 고기 한 마리, 게 한 마리까지 모두 다 자기 소유라 하여 가만히 앉아서 조세를 거두어들인다. 그리고 나무하고 풀 베러 가는 길도 틀어막고 도끼질도 엄하게 금하는 것이다. 어장이 국가의 장부에서 빠지며 소금 생산을 사적으로 가로채서 바닥나게 만든다. 공신이나 척신戚臣[73]의 먼 후손들이 매양 민전民田을 잡아서 사패지賜牌地[74]라 하는데 구릉을 포함시키고 벌판까지 확장해서 모두 자기 땅이라 하여 마구 강탈해도 아무도 막지 못한다. 백성들은 파산하여 몰락하고 멸망하기에 이른다. 수령이 무기력하다 해도 어찌 이를 좌시하고 금하지 않을 수 있겠는가? 이 모든 것이 오늘날의 고질적인 병폐이다.

협잡과 음란을 일삼고 창기와 놀아나며 동침하는 행위는 금해야 한다.

『대명률』에 "관리【문무 관리가 포함】로 창기와 동침하는 자는 장 60대에 처한다"[75]【기생을 끼고 술을 마시는 것도 이 조문에 적용된다】라고 나와 있다. 주註에 "창기란 악적樂籍에 올라 있는 부녀이다"라고 했다. 문무 관리로서 창

---

73 척신戚臣: 왕실과 혼인 관계로 맺어진 집안을 척족戚族, 혹은 척신이라 이른다.
74 사패지賜牌地: 왕족 또는 공신에게 나라에서 내려주는 땅.
75 『대명률·형률·범간犯奸·관리숙창官吏宿娼』.

기와 동침하는 것은 행동거지를 더럽혔다 하여 죄를 주는 것이다. [案] 문무 관리는 관원과 이서를 통틀어 이르는 것이다. 동침한다는 것은 창기의 집에서 자는 행위를 이른다. 중국에서는 악적에 오른 자만을 창기라 했는데 우리나라에서는 길거리에서 매음하는 자까지 뒤섞어 행창行娼이라고 한다.

『속대전』에 "화랑花郎과 유녀游女가 성(城, 읍내) 안에 머물러 있는 것은 적발하여 논죄한다"[76]라고 나와 있다. ○ 주에는 "화랑과 유녀는 있는 대로 적발하며 양가良家의 자녀는 영구히 잔읍殘邑에 소속시켜 노비로 삼고 공사천公私賤은 장 100대, 유 3000리에 처한다"라고 했다. [案] 화랑과 유녀는 지금 이런 명칭이 없다. 지금의 걸사乞士[77]나 우파優婆[78]로 돌아다니며 매음하는 자가 응당 이 조항에 적용될 것이다.

관리가 창녀를 끼고 노는 행위에 대해서는 법률이 지극히 엄했다. 그러나 기강이 해이해지고 문란해져서 습속으로 굳어진 지 이미 오래되었다. 이제 갑자기 이를 금하는 것은 공연히 소동만 일으키는 방도이다. 그러나 산에 가서 놀거나 물가에서 놀 때에 기생을 거느리고 풍악을 잡히는 것은 아전과 군교들이 감히 할 일이 아니므로, 수령은 부임하여 한 달쯤 지나서 다음과 같이 엄하게 약조를 정해 단속해야 할 것이다. "아전

---

76 『속대전·형전·금제』.

77 걸사乞士: 원주에 "머리 기른 중"이라고 밝혀져 있다. 재가승을 지칭하는 말인데 이는 산스크리트어의 쿨라파티Kulapati에서 온 것이다. 우리나라에서는 원래 '걸사'로 표기했는데 후일 음운 변화에 의해서 거사居士로 바뀌었다. 유가에서 처사라는 의미의 거사와는 다른 말이다.

78 우파優婆: 산스크리트어로 중을 가리키는 말. 남승은 우파새優婆塞, 여승은 우파이優婆夷라고 칭했다. 후세에 이 말이 어떤 경위로 매음녀를 지칭하게 되었는지는 미상이다. 다산은 우파이를 우바니優婆尼로 표현하고 있다.

과 군교로서 감히 기생을 끼고 놀아나는 자는 즉시 법에 따라 엄히 다스리고 영구히 제적시키며, 기생집에서 소란을 피워 싸우고 송사를 일으키는 자는 가중 처벌하여 절대 용서하지 않을 것이다." ○ 이웃 고을의 퇴기로 술을 팔고 노래하며 판을 벌이거나 혹은 손님을 받아 재우는 자는 절도범의 와주窩主[79]와 같이 다스려 처벌하고 용서하지 않는다. ○ 우파니優婆尼나 주막의 창녀로 몰래 사람을 끌어들여 음란한 짓을 하는 이는 절도범의 와주와 같이 다스려 처벌하고 용서하지 않는다. ○ 각 촌락에 방을 붙여 이렇게 효유한다. "음란하고 사악한 행동으로 송사를 일으키는 일이 있으면 그 마을의 여러 호구에 부역을 배로 징수하여 금하지 못한 죄를 징계한다." ○ 음란한 부녀자를 속공屬公[80]시켜 관비로 삼는 법은 경솔하게 처리해서는 안 된다. 본 남편이 속공하기를 진정으로 원해야만 관비의 장부에 올리고 본 남편이 원하지 않으면 이를 강제해서는 안 된다. ○ 근래 수령이 흔히 기생을 첩으로 삼고 돌아갈 때 함께 데리고 가는 까닭에 기적妓籍에 올라 있는 수가 날로 줄어든다. 이에 기생들로 하여금 음란한 여자를 고발케 하여 강제로 속공을 시키는데, 무고하는 일이 습속을 이루고 뇌물이 오고가기도 한다. 이는 불법 행위 중에도 큰일이다.

숙종 10년에 형조판서 김덕원金德遠[81]이 아뢰기를, "호남에 성이 다른 사촌 남매간에 간음한 사건이 있어 이미 죄를 자복했습니다. 법조문에 이 죄는 장 100대에 도 3년으로 되어 있습니다. 전에 예형禮亨의 옥사[82]

---

79 와주窩主: 여러 가지 뜻이 있으나, 이 경우에는 도적을 숙박케 하거나 장물을 은닉하고 판매하는 자를 뜻한다.
80 속공屬公: 임자가 없는 물건이나 금제품禁制品·장물贓物 따위를 관아에 귀속시키는 일.
81 김덕원金德遠, 1634~1704: 자는 자장子長, 호는 휴곡休谷, 본관은 원주原州이다. 벼슬이 우의정에 이르렀다.

때 대신들이 의견을 모아『대전후속록大典後續錄』의 '사족으로 간음하여 풍교를 더럽히고 어지럽힌 자는 간부奸夫와 함께 교수형에 처한다'[83]라는 판결로 재가를 받았습니다. 이어서 당시 대신들의 품의에 따라 때를 기다리지 않고 즉시 처단하라는 수교受敎가 있었는데 지금 이 죄인에게도 그때의 수교에 의하여 처단해야 하겠습니까?"라고 했다. 이에 임금은 "그때 수교는 악을 징계하려는 일시의 지침이었으니 굳이 영구한 정식定式으로 삼을 필요는 없다"라고 교시하였다. ○ 간음으로 사형에 처해지는 옥사에 대해서는『흠흠신서』에 나와 있으므로 여기서는 생략한다.

『한암쇄화寒巖瑣話』에서 이렇게 말하였다. "처녀가 시집을 가려 할 때에 이웃 총각이 자기가 먼저 관계를 가졌다고 말을 퍼트리거나, 원한을 품고 도망가 있는 며느리를 두고 그 시어미가 며느리는 간통을 했다고 무고하는 등의 일이 있다. 이런 송사는 허다히 제기되는 일이다. 옛적에는 남녀의 일을 사수社樹[84] 밑에서 판결하였는데【감당소甘棠疏[85]】이는 백성에게 치욕을 알도록 하려는 뜻이었다. 지금의 관장들은 간음으로 제기된 송사를 만날 때마다 먼저 스스로 점잖지 못한 방식을 취하여 관비를 시켜 속곳을 헤치고 사마귀를 살피거나 몸의 털을 조사하게 하기도 한다.

---

82 예형禮亨의 옥사: 숙종 5년(1682)의 옥사로 예형이 남편인 허견許堅의 외사촌동생 유철柳澈과 간음한 일이 발각되어 벌어진 사건. 결국 예형은『대전후속록』에 따라 판결 받고 옥중에서 죽었는데, 이때 예형에게 사족의 법규를 적용할 것인지 천인의 법규를 적용할 것인지가 논의되었다. 예형은 홍순민洪舜民과 첩 사이에서 난 딸인데 노비문서에 이름이 올라 있었고, 남편인 허견은 영의정 허적의 서자이지만 문과 출신으로 일찍이 정자正字를 지냈기 때문이었다.
83 『대전후속록大典後續錄·형전·금제』. 원문에는『대전속록』으로 나와 있는데 착오로 생각된다.
84 사수社樹: 사묘社廟 주위에 심는 신목神木.
85 감당소甘棠疏:『모시주소毛詩注疏·소남召南·감당甘棠』의 소疏.

이는 크게 예를 어기는 일이다. 이런 방법을 쓰지 않더라도 어찌 판결할 도리가 없겠는가. 단정하고 엄숙한 수령이라면 결코 이런 일을 하지 않을 것이다."

당나라 최갈崔碣[86]이 하남윤河南尹으로 있을 때의 일이다. 그 고장의 대상大商인 왕가구王可久가 물길로 화물을 운송하다가 방훈龐勛의 난[87]을 만나 재물을 다 잃고 집으로 돌아가지 못했다. 왕가구의 처가 점쟁이 양건부楊乾夫를 찾아가서 남편의 생사를 물어보았다. 점쟁이는 마음속으로 그 여자의 아름다움에 반한 데다가 재산도 탐이 나서 점을 치고는 짐짓 놀라며 "부인의 남편은 돌아오지 못할 것이오"라고 하였다. 그리고 몰래 매파에게 백금을 주고 여자를 유혹했다. 그 부인이 곧 점쟁이 양건부에게 개가하여, 양건부는 드디어 부자가 되었다. 서주徐州가 평정됨에 왕가구는 빈털터리 신세로 구걸하며 고향으로 돌아왔다. 처를 찾아가자 양건부는 크게 성을 내서 왕가구를 쫓아냈다. 그 처가 관에 이런 사실을 호소했지만 양건부는 뇌물을 후하게 바쳐서 왕가구가 도리어 죄를 받았다. 재차 호소했으나 다시 무고죄에 걸렸다. 왕가구는 신세를 자탄한 나머지 두 눈이 멀어버렸다. 최갈이 부임하자 왕가구는 자신의 억울함을 진정했다. 최갈은 즉시 조사하여 실상을 파악했다. 담당 관리를 신칙하여 양건부와 전 옥리를 잡아 가두고 뇌물을 바치고 간음한 등의 사실을 적발하

---

86 최갈崔碣: 중국 당나라 때 사람으로 자는 동표東標이다. 등성령鄧城令, 하남윤, 우산기상시右散騎常侍 등을 지냈다.

87 방훈龐勛의 난: 중국 당나라 말기 의종懿宗 때 계림桂林 지역의 수자리 병사들이 일으킨 반란. 서주徐州와 사주泗州의 병사 800여 명이 수자리 서느라 오랫동안 고향으로 돌아가지 못하자, 방훈을 우두머리로 하여 호남·절서를 거쳐 회남에 들어가 난을 일으켰다. 1년간 이어진 전투에서 방훈군은 결국 내분으로 자멸하였고 방훈도 전투 중에 죽었다. 황소의 난이 일어나기 전, 당나라가 본격적인 패망의 길로 접어드는 계기가 되었다.

여 그날로 다 처형했다. 그리고 그 여자를 왕가구에게 돌아가게 하였다. 때마침 긴 장마가 졌었는데 옥사가 판결나자 바로 날이 개었다.

장터에서 술주정하며 장사하는 물건을 빼앗거나,
길거리에서 술주정하며 나이 많은 어른을 욕하는
따위는 엄금한다.

『대전통편』에 "길거리에서 술주정하는 자는 장 100대에 처한다"라고 나와 있다. ○ 흉년에 술 빚는 것은 의당 금해야 한다. '민생을 보충하는 방책'(제11부 제5조)에 이미 나와 있다. ○ 장터에는 으레 행패부리는 자가 한두 명 있다. 상인들에게 승냥이와 호랑이 같은 짓을 하는데, 이들은 마치 중국에서 소패왕小霸王[88]이란 별호로 일컬어지는 자와 비슷하다. 이자들은 말질하는 권한을 조종하며 저울과 자로 농간을 부린다. 또한 창녀를 사서 술청에 앉혀놓고, 소를 밀도살하여 고기를 판매한다. 술에 잔뜩 취하여 주정을 부린다든가 남의 재물을 겁탈한다. 붉은 낯짝에 흰 눈창을 번득이며 독을 차고 동이를 깨도 아무도 말을 못한다. 수령은 응당 별도로 염탐, 조사하여 이들을 잡아다가 큰 몽둥이로 살점이 떨어지도록 치고 큰칼을 목이 보이지 않게 씌워, 혼쭐이 쑥 빠지게 야단을 쳐서 종신토록 다시는 그런 짓을 못하게 해야 한다. 그러면 상인들은 길에서 노래하고 백성들이 마을에서 좋아하여 칭송이 사방에 울려 퍼질 것이다. ○ 큰 마을로 사람이 많이 모여 사는 곳에는 으레 장날이면 술주정을 하여

---

[88] 소패왕小霸王: 중국 삼국시대 오나라의 손책孫策에 대한 호칭. 그가 용맹하기 때문에 붙여진 별호였는데 후세에 민간에서 행패부리는 폭력배를 지칭하는 말로도 사용되었다.

노인을 욕하고 양반을 능멸하는 등 마을에 해를 입히는 자가 있다. 수령은 마땅히 별도로 살피고 조사하여 이런 자는 대장人杖 60대를 때리고 엄하게 징계해야 한다. 그런 중에 어쩌다 술에 취해 실수한 자는 벌을 가볍게 해서 토목공사가 있을 때 사흘이나 닷새, 이레 동안 부역을 시켜도 족히 징계가 될 것이다.

호태초가 말했다. "사람들이 사사로이 원한이 있으면 곧잘 밀주를 팔았다고 무고하는데 그 의도는 상대를 해치려는 것이다. 수령은 사건의 허실을 살펴보지 않고 당장 궁수弓手 수십 명을 차출하여 떼를 지어 몽둥이를 들고 무고 당한 집에 돌입하여 샅샅이 수색하며 담 주위를 포위하여 때려잡으니 이는 큰 도적을 잡는 것과 다름없다."

촉한의 선주先主[89]가 가뭄과 흉년으로 금주령을 내린 일이 있었다. 형리刑吏가 어느 집에서 양조하는 기구를 발견하고 실제 양조한 자와 동일한 벌을 주려고 했다. 이때 간옹簡雍[90]이 선주를 호종하고 있었는데 마침 어떤 남자가 길을 가는 것을 보고 선주에게 "저 사람이 음란한 짓을 하려고 하는데 어찌 체포하지 않습니까?"라고 아뢰었다. 선주가 "경이 어떻게 그럴 줄 아는가?"라고 물었다. 간옹은 아뢰기를, "저 사람은 음란한 짓을 할 기구를 가졌으니 양조하려는 자와 같지 않습니까?"라고 하니, 선주는 크게 웃고 술 빚는 기구를 가지고 있던 자를 놓아주도록 명하였다.

왕좌王佐[91]가 평강태수平江太守로 있을 때 송사 처리를 잘하였다. 어떤

---

89 선주先主: 중국 삼국시대 촉한의 1대 황제인 유비劉備를 지칭하는 말.
90 간옹簡雍: 중국 삼국시대 촉나라 사람. 자는 헌화憲和이다. 유비와 같은 고향 사람으로 젊었을 때부터 유비를 도왔다.
91 왕좌王佐, 1126~1191: 중국 송나라 때 사람. 자는 선자宣子이다. 호부상서를 역임했다.

백성이 진사 정안국鄭安國이 술을 빚었다고 고발하였다. 이에 정안국을
잡아들여 물으니 정안국이 대답하기를 "법 규정을 범하는 일인 줄 모르
는 바 아니오나, 노모가 약을 드시는데 반드시 깨끗한 술과 함께 드셔야
하기 때문이었습니다"라고 하였다. 태수는 그의 효성을 가상하게 여겨
석방하였는데, 내보내면서 그에게 "술이 침대 아래 상자 속에 숨겨져 있
었는데 고발자가 어떻게 그것을 알았을까? 혹시 당신 집 노비 중에 바깥
을 드나드는 자가 있는가?" 하고 물으니 어린 여종이 출입을 했다고 대답
했다. 이에 그 여종을 대령시켜서 고발한 백성과 간통한 죄상을 적발하
고 동시에 술의 소재처를 알려준 것이 그 여종임을 확인했다. 두 사람 다
등에 매질을 하고 내보냈다. 이 말을 들은 사람들이 모두 통쾌히 여겼다.

도박을 업으로 삼아 판을 벌이고 무리지어 모이는 것은 금해야 한다.

『대명률』에 나와 있다.[92] "무릇 재물을 걸고 도박하는 자는 모두 장
80대에 처하고 노름판의 재물은 관에 귀속시킨다〔노름판에 널려 있는 것은 모
두 속공시킨다〕. 도박장을 설치한 자도 동일한 죄를 받는다〔비록 노름하는 자
리에 참여하지 않더라도 죄를 받는다〕. 다만 현장에서 적발된 자에 한해서 죄
를 준다〔증빙할 근거가 없는 자가 무고로 인한 모함에 빠질 폐단이 있기 때문이다〕. 관
직을 가진 자는 한 등급 더해서 벌을 준다〔관장 자신이 도박을 하면 어떻게 남을
다스릴 수 있겠는가. 한 등급을 더해서 장 90대에 처한다〕. 음식 내기를 하는 정도는

---

92 『대명률·형률·잡범雜犯·도박賭博』.

불문에 부친다.”

案 도賭란 장난으로 재물을 취하는 것이요, 박博이란 물건을 바꾸는 것이다【육박六博[93]이라고 할 때의 박博과는 다른 것이다】. 도박의 놀이는 옛날과 지금이 다르다. 『초사楚辭』에 “균폐箟蔽·상기象棋에 육박六博 따위가 있다” 라고 했는데 상기는 장기이고 육박은 쌍륙雙陸의 종류이며【여섯 가치를 던지고 여섯 말을 쓰는 것이다】 비폐 역시 박새簿簺[94]·격오格五[95]의 종류이다.【양자揚子의 방언에 진秦나라와 진晉나라에서는 박博이라 했고 오吳나라와 초楚나라에서는 폐簺라 했다고 한다】 공자가 말한 박博·혁奕이란 것은 육박과 바둑이다. 요즈음 유행하는 것은 ①바둑, ②장기, ③쌍륙【즉 저포摴捕】, ④투패鬪牌【즉 마조馬弔인데 보통 말로 투전이라 한다】, ⑤강패江牌【즉 골패骨牌】, ⑥척사擲柶【우리나라의 윷놀이】이다. 『대명률』에 이른바 “모두 장 80대에 처한다”라고 한 것은 어떤 놀이를 막론하고 재물을 걸고 도박한 자는 모두 장 80대에 처한다는 말이다【요즈음 우리나라에서는 박博을 장기로 잘못 알고 있다】. 무릇 노름으로 재물을 취하는 자는 그 형률이 모두 같은데 바둑만은 천한 부류들이 하는 일이 아니니 구분이 있어야 할 것 같다. 지금의 관장들이 동헌에 앉아 저리나 책객들과 마조·강패를 하면서 아무렇지도 않게 여기고 부끄러운 줄을 모르니 어떻게 백성이 노름하는 것을 금지하겠는가? 형률에서 한 등급 더 벌준다는 규정을 어찌 깊이 생각지 않아서야 되겠는가?

○ 여러 도박 중에서 마음을 망가뜨리고 재산을 탕진하여 부모와 가족들의 걱정을 끼치는 것은 마조가 첫째이고 쌍륙·강패가 다음이다. 아전

---

93 육박六博: 이 역시 중국 고대에 하던 노름의 일종. 六博=六博
94 박새簿簺: 박博은 쌍륙雙陸의 일종이고, 새簺는 쌍륙에서 사용하는 주사위.
95 격오格五: 옛 놀이 기구로 기綦의 일종.

이 포흠을 지고 군교가 부정을 저지르는 것도 이 때문인 경우가 많으니 수령은 마땅히 거듭거듭 영을 내려 엄중히 단속해야 한다. 개전하지 않는 자가 있으면 시노·시동 및 다른 심복자를 가만히 보내 발견하는 대로 잡아들이고 법에 따라 속전을 거두어 그것으로 노비에게 혜택을 주고 옥에 있는 죄수들을 구휼할 것이다. 무릇 포흠을 갑자기 많이 진 자는 그 근원을 조사하여 만일 마조 때문이라면 많이 딴 자를 잡아 액수대로 도로 징수하여 포흠에 충당케 한다. ○ 도박장을 설치하고 노름판을 주관한 자에 대해 형률에는 죄가 같게 되어 있지만 이는 원흉이니 그 벌이 응당 배나 무거워야 한다.

『청률조례淸律條例』[96]에 나와 있다. "군사나 백성이 종실의 부내府內에 들어가 도박을 하자고 유혹한 자는 변방으로 보내 군대에 충원한다. ○ 무릇 도박의 경우에는 병사와 백성을 구분치 말고 모두 2개월간 칼을 씌우고 장 100대에 처하며, 도박장을 설치하여 도박의 와주가 된 자는 3개월간 칼을 씌우고 장 100대에 처한다. ○ 관원으로 죄를 범한 자는 파직하고 칼을 씌워 문책할 것이며, 속전을 받고 풀어주는 예에 준하지 않고 영구히 관직에 임용하지 않는다. ○ 무릇 도박을 한 사람이 자수하는 경우 죄를 면해주고 판에 있는 재물을 가져다가 그 반을 자수한 자에게 주어 상금으로 충당하며 반은 관에 귀속시킨다. ○ 무릇 마조와 혼강混江으로 재물을 걸고 도박한 자는 이 예에 따라 처리한다. ○ 무릇 기인旗人[97]으

---

96 『청률조례淸律條例』: 중국 청나라의 법령집. 청나라 초기에서 강희 연간을 거쳐 건륭 연간에 완성된 법전집으로 『대청률례大淸律例』(정식 명칭은 『대청률집해부례』)가 있다.
97 기인旗人: 만주족은 군대를 8기로 편성하였다. 청나라는 여기에 소속된 사람을 기인으로 구분한 것이다. 뒤에 몽고족의 군대나 한족의 군대도 8기로 편성하였다.

로 도박장을 설치하고 열흘이 넘도록 모여 노름한 자는 장기瘴氣가 있는 최남방으로 보내 군대에 충원하고 재차 범하면 교살형絞殺刑에 처한다. 도박장을 설치한 자 역시 군대에 충원하고 재차 범하면 장기가 있는 최변방으로 보내 군대에 충원한다. ○ 무릇 민간인으로서 도박장을 설치하여 열흘이 넘도록 모여 노름한 자는 장 100대, 도 3년에 처하고 재차 범하면 장 100대, 유 3000리에 처한다. ○ 기인이 지패紙牌【즉 마조】나 투자骰子【즉 강패】를 만들어 팔 경우 그 수범首犯은 장기가 있는 최남방으로 보내 군대에 충원하고 판매한 자는 먼 변방의 군대에 충원한다."【무릇 민간인이 이런 것들을 만들어 판매한 자는 적용하는 형률이 다소 가볍다】

案 청률이 대명률에 비해 배나 엄하고 배나 무거운 것은 습속이 날로 저하되어 거기에 빠지는 것이 더욱 깊어졌기 때문이다. 우리나라의 삼법사三法司[98]에도 역시 도박에 대한 금령이 있으나 지패·골패·장기·쌍륙 따위를 저자의 점포에 내놓고 일상적인 상품으로 팔고 있으니, 이는 근원을 열어놓고 지류를 막는 셈이다. 어떻게 금지가 되겠는가? 재상이나 명사名士, 승지 및 옥당의 벼슬아치들까지 이것으로 소일하니 다른 사람들이야 말해 무엇하랴! 소나 돼지를 치는 자들의 놀이가 조정에까지 밀려들어왔으니 참으로 한심한 노릇이다. 그러나 한 고을의 정사는 수령 자신이 전담하는 바이니 법에 따라 엄금하는 일을 그만두어서는 안 된다.

주자가 장주漳州에 있을 때 약속방約束榜[99]에서 이렇게 일렀다. "이 고을에 부임한 이래 여러 차례 방을 붙여 상금 30관貫의 돈을 걸고 백성 및 군인들의 도박을 금했다. 관의 단속이 엄하지 않은바가 아닌데도 지금까

---

98 삼법사三法司: 법 집행을 맡은 세 관서. 곧 형조·사헌부·한성부.
99 약속방約束榜: 민간인에 대하여 지시 및 단속사항을 적어 알리는 방문.

지 관의 법을 두려워하지 않는 자가 있어 공공연히 도박을 하며 조금도 꺼려하지 않으니 매우 곤란한 일이다."

광대〔俳優〕[100]의 놀이, 꼭두각시의 채주, 나악儺樂[101]으로 시주를 구하는 일, 요사한 말로 술수를 파는 자는 모두 금해야 한다.

남쪽 지방의 아전과 군교들은 사치와 방종이 습속이 되어, 봄이나 여름으로 좋은 날이 되면 광대의 해학〔우리말로 덕담德談이라 한다〕과 굴뢰窟㉡ 붕간棚竿의 놀이〔우리말로 초란이 또는 산대山臺라고도 한다〕로 밤과 낮을 이어서 즐기고 있다. 수령은 이를 금하지 않을 뿐만 아니라 때로는 관정에까지 불러들이고 심지어는 내아의 부녀자들까지 발을 드리우고 그 상스러운 장난을 구경하니 크게 예법에 어긋난 일이다. 이런 일이 백성들에게 알려지니 백성들이 거기에 빠지지 않는 자가 없어 남녀 할 것 없이 들떠 방탕하여 절도가 없게 되니 창곡을 포흠지고 세금을 도둑질하는 것이 대부분 이 때문에 생긴다. 수령은 마땅히 방을 붙여 백성들에게 효유하여 이러한 잡류가 고을에 발을 붙이지 못하게 한다면 그런 대로 백성들의 풍기가 안정될 것이다. ○ 사찰이 헐어 무너지고 불상이 낡아 빛이 바래면 중들이 공문을 빙자하여 나악을 벌여서 재물을 구걸한다. 징소리와

---

100 광대〔俳優〕: 원문은 "배우俳優"이다. '배우'는 중국 고대에 음악이나 무용, 놀이를 전문으로 담당한 사람을 지칭하는 말이었다. 우리나라에서는 광대廣大가 이런 일을 했기 때문에 광대라고 번역한 것이다. 배우란 옛 말은 현대적인 의미의 배우와 일면에서 통하지만 같다고 볼 수 없다.
101 나악儺樂: 역귀나 잡신을 쫓기 위하여 베푸는 의식인 나례儺禮 때 행하는 음악.

북소리가 요란하고 깃발이 휘날리며 수십 명, 수백 명이 무리를 지어 뛰고 돈다. 아이들이 이를 모방하고 배워서 경박하게 날뛰는 것으로 아주 습성이 형성되고 있다. 이렇게 하여 백성의 재물을 속여 빼앗아 유흥비에 충당하기까지 하니 이 역시 마땅히 금해야 할 습속이다. ○ 우파優婆가 소고를 치고 주문을 외며 백성의 재물을 구걸하는 행위 역시 마땅히 엄금할 것이다.

『한암쇄화』에 기록했다. "먼 변두리 지방에 잡술이 더욱 성하다. ①복분卜墳【풍수】, ②간상看相【상을 보아서 선산의 길흉을 점치는 것】, ③산명算命[102]【자미두수紫微斗數 따위】, ④서명筮命[103], ⑤화역畫易【인물을 그려 운명을 살피는 것】, ⑥파자破字[104], ⑦사단絲團【부녀의 상을 보는 것】, ⑧굴매掘埋【흉한 것이 묻힌 장소를 가리켜주어 뼈나 해골을 파내는 것】, ⑨토수吐祟【장이나 위에 병이 있을 때 술수로 뼈나 가시를 토하게 하는 것】, ⑩신장神將【주문을 외어 귀신을 쫓아내는 것】 등이 있다. 이러한 여러 가지 요사한 것들은 고을 안에 들어오지 못하게 하고 때로는 한두 명을 잡아 엄한 벌로 멀리 귀양을 보내면 법을 제대로 준수하는 수령이라 이를 만할 것이다."

소와 말을 사적으로 도살하는 것은 금한다. 속전을 징수하는 것은 옳지 않다.

『대명률』에 "무릇 사적으로 자기의 말과 소를 잡은 자는 장 100대에

---

102 산명算命: 사람의 사주(四柱, 생년·생월·생일·생시)로 점을 치는 것. '사주'라고도 함.
103 서명筮命: 시초蓍草로 미래를 점치는 것. 『주역』에 근거한 것이다.
104 파자破字: 한자를 이용해서 사람의 운명을 점치는 것.

처하고 잘못하여 죽인 자는 처벌하지 않는다. 만약 소와 말이 병들어 죽었을 경우 관에 신고하지 않고 잡아먹은 자는 태 40대에 처하며 힘줄·뿔·가죽은 관에서 몰수한다"[105]라고 나와 있다. ○『속대전』에는 "소와 말을 사적으로 도살하는 자는 장 100대, 도 3년에 처한다"[106]라고 규정되어 있다. ○ 우리나라의 습속은 암말이나 수말이나 다 교배를 시키지 않아서 새끼를 낳아서 기르는 일이 막혀 있다. 만호萬戶가 사는 고을에도 말이 수십 필에 불과하여, 병들어 죽는 것 외에 사적으로 도살하는 일은 없다. 오직 우금牛禁의 규정은 엄하게 시행해야 한다. 하지만 우리나라는 양도 키우지 않으니 명절이나 놀이, 잔치 마당에 소가 아니면 고기가 없다. 인정이 원하는 바를 가혹하게 금할 수는 없다. 유력한 아전이나 백성이 혼사와 연회, 제사와 장례에 소 잡는 것을 관행처럼 하고 있다. 이 또한 금지해야 한다. 법에 개 잡는 것도 금하고 있는데 어찌 소를 잡을 수 있겠는가. 다만 법에 비추어 상급 관청에 보고하려고 하면 고을 백성의 재물만 손해나고 저들의 풍성한 재산을 보태주기만 할 것이니 의미가 없는 일이다. 장 100대를 감하여 태 50대로 하고, 도 3년은 가죽·힘줄·뿔을 바치는 것으로 대신케 하며, 상사에 보고할 것 없이 수령 자신이 처리하는 것이 마땅할 것이다.

○ 무릇 감사 중에서 탐욕스러운 자는 으레 우금을 엄하게 시행한다. 감사는 듣고 보는 것을 오직 서리胥吏에게 의존하고 같은 지방민들의 증언도 듣지 않는다. 이에 간교한 아전이 기회를 틈타 묵은 감정으로 보복하려고 일을 꾸민다. 빌리고 꾸고 하는 데 문제가 있는 자를 도살로 무고

---

105 『대명률·병률兵律·구목廐牧·재살우마宰殺牛馬』.
106 『속대전·형전·금제』.

하고 조그만 원한을 가졌던 자를 도살로 무고한다. 익명으로 고발하는 것은 법에 받아들이지 않게 되어 있는데도 감사는 그 속전을 이롭게 여겨 한번 염기(廉記, 조사 기록)에 오르면 다시는 더 조사하지 않고 단지 속전만 토색하니 아전의 위세는 날로 높아가고 백성의 재물은 날로 줄어든다. 정사를 잘못하는 것이 이보다 더 심할 수 없다. 그러나 경사京司[107]의 법에는 장 100대, 도 3년에 대하여 속전 28냥을 바치면 무사하게 처리되는데 각 도의 관례는 장형으로 신문하기를 세 차례 하고【장 90대】 죄수를 여러 고을로 이감하며 42냥의 속전을 거둔다【따로 태가전駄價錢을 징수한다】. 율문을 어기고 법을 무시함에 한도가 없으니 어찌 애석한 일이 아니겠는가. 무릇 우금의 속전을 한 번 징수하는 것을 보면 그 정사를 알 수 있으니 더 이상 말할 것이 없다【수십 년 전 함경도 사람들의 말에 "옛날에는 '우금자사牛金刺史'[108]가 있었는데 지금은 '우금자사牛禁刺史'가 있다'라고 했다】.

『속대전』 주註에 "사도四都[109]와 기타 부득불 소의 도살을 허용한 곳은 5일에 소 한 마리를 잡도록 허용하며, 이를 어긴 자는 관장官長이 해당 법률의 가장 무거운 조문을 적용한다"[110]라고 했다. ○ 이를 통해 본다면 관포官庖[111]에서 5일에 소 한 마리 잡는 것은 법이 허용한 것이다. 우리나라 습속에는 양을 기르지 않아 소를 잡지 않을 수 없기 때문에 법조문이

---

107 경사京司: 이 경우에는 한성부와 형조를 가리킴.
108 우금자사牛金刺史: 우금감사라는 관용어였을 것으로 추정되는데 우금牛金이 무엇을 뜻하는지는 미상이다.
109 사도四都: 서울 가까운 지역으로 개성·광주·수원·강화를 가리킴. 이곳은 서울의 방어지로서 특별히 중시하여 유수부留守府를 두었다. 그래서 사도로 일컬었다.
110 『속대전·형전·금제』.
111 관포官庖: 지방 각 고을의 관아에 딸린 푸줏간. 소를 잡아 판매하되 그 일정한 분량을 관에 바치도록 되어 있었다.

이와 같이 완곡한 것이다. 그러나 수령이 관에 바치도록 하는 고기를 이롭게 여겨서 함부로 매일 소를 잡도록 허용하는 것은 법에 어긋나니 5일에 한 번 잡게 하여 응당 법을 엄히 지켜야 한다【관에서 지나치게 많아 쓰지 않으면 관포를 맡은 자에게도 손해가 없을 터이니 금하더라도 그의 원망은 없을 것이다】.

범충선范忠宣이 제齊 땅을 맡아 다스릴 때의 일이다. 서사西司[112]의 이원理院[113]에 갇힌 죄수 중에는 소를 도살하여 팔거나 물건을 훔친 죄로 속전을 바쳐야 하는 자가 많았다. 그는 "어찌 보증을 세우고 밖에 나가서 바치도록 하지 않는가?" 하고 즉시 죄수들을 모두 관정에 불러 세우고 신칙했다. "너희들이 나쁜 짓을 하고도 뉘우치지 않으면 직무를 맡은 사람으로서 너희들을 석방할 수 없다. 만일 너희들이 죄를 뉘우치고 새사람이 되려고 한다면 너희들을 석방하겠다." 죄수들은 모두 머리를 조아리고 "어찌 감히 명심하지 않겠습니까?"라고 말했다. 이에 그들을 풀어주니 기뻐 소리치며 나가서 이 일을 서로 전하며 이야기했다. 이해에는 죄를 범한 자가 전해에 비해 반으로 줄었다.

주자는 「권농문勸農文」에서 일렀다. "농사일은 전적으로 소의 힘에 의지하고 있다. 필히 소를 정성껏 보살피고 때맞추어 먹이를 주어야 하며, 함부로 도살하여 농사에 곤란이 되지 않게 해야 한다. 만일 이 지시를 어기면 칙명에 의한 죄과에 준하여 등에 곤장 20대를 치고 소 한 마리당 50관貫의 돈을 추징하되 옥에 감금해두고 벌금 납부를 감독할 것이요 결코 가벼이 용서하지 않을 것이다."

장일張逸이 익주益州를 맡아 다스릴 때의 일이다. 백성들이 굶주려 농

---

112 서사西司: 안찰사의 별칭. 우리나라의 관찰사에 해당함.
113 이원理院: 형벌을 집행하는 기구.

사짓는 소를 잡아먹는 자가 많았다. 이 범행을 한 자들을 모두 관중關
中[114] 땅으로 유배 보냈다. 장일은 "백성들이 소를 잡아서 죽게 된 목숨을
살렸는데 이는 일반 밀도살자와 다릅니다. 청컨대 유배 간 백성들을 모
두 돌아오게 하여 생업을 회복케 하옵소서"라고 아뢰었다. 이에 "좋다"는
회보가 내려왔다. 案 흉년에는 콩깍지도 구하기 어려워서 소도 굶주려
질병이 많다. 그런 까닭에 백성들이 잡아먹은 것이다.

이신규李信圭가 기주蘄州를 맡아 다스릴 때의 일이다. 어떤 백성이 남의
소 한 마리를 잡아먹었는데 어사가 8명에게 사형으로 판결을 내렸다. 이
신규는 황제에게 아뢰어 6명은 면죄를 받게 했다.

민성휘閔聖徽[115]가 평안도 감사로 있을 때의 일이다. 우금을 엄히 하여
살인죄와 같이 처벌하니 소가 번식하고 농사일이 다시 활기를 띠었다.
案 우금은 마땅히 엄히 벌을 주어야 하지만 이를 어찌 살인한 것과 같은
형률로 다스릴 수야 있겠는가? 귀양을 보내고 속전을 받는 것도 백성들
이 큰 괴로움으로 여기는데 하물며 사람의 목숨을 죽여 소의 목숨을 대
신한다면 백성이 어찌 견딜 수 있겠는가? 무릇 우금은 관포나 장터에서
확실히 조사하여 백성들이 모여서 병든 소를 처분한 것이라면 문책할 일
이 못 된다【이세재李世載가 우금에 도율盜律을 적용한 예가 '송사를 심리하기 하'(제
9부 제1조)에 보인다】.

---

114 관중關中: 중국 섬서성 지역을 가리키는 말. 익주는 지금의 사천성으로 관중과 익주는
    닿아 있는 지역이다.
115 민성휘閔聖徽, 1582~1648: 자는 사상士尙, 호는 졸당拙堂, 시호는 숙민肅敏, 본관은 여
    흥驪興이다. 벼슬이 형조판서에 이르렀고 사은사로 청나라에 갔다가 북경에서 병사했다.
    저서에 『송경방고록松京訪古錄』이 있다.

후한의 우후가 상서복야尚書僕射[116]로 전임되었을 때이다. 장리長吏[117]가 백성 중에 유배의 벌을 받은 자들이 속전 바치는 것을 허용했다. 그래서 받은 돈을 의전義錢이라 일컫고 빈민에게 쓰기 위해 저축한다고 핑계를 대었다. 실제로는 수령들이 이를 백성의 재물을 긁어모으는 구실로 삼았다.

왕여달汪汝達[118]이 황암黃巖[119] 현령으로 있을 때 자기의 녹봉을 덜어서 성을 쌓았다. 그가 절강 지방을 떠나는 날 아전이 벌금으로 받은 돈을 가지고 와서 "이것은 으레 받는 것입니다"라고 하니 왕여달은 놀라 "벼슬살이하면서 정해진 녹봉 이외에 또 달리 받을 것이 있느냐" 하고는 끝내 받지 않았다. 案 사적으로 소를 잡는 행위를 속전을 받고 풀어주는 것은 세 가지 폐해가 있다. 첫째는 백성의 재산을 깎는 것이요, 둘째는 수령 자신의 이름을 손상시키는 것이요, 셋째는 아전의 악행을 조장하는 것이다. 결단코 속전을 징수해서는 안 된다. 다만 권세 있는 가문이나 부유한 집에서 가벼운 범법행위를 한 자가 있으면 속전을 징수하여 옥중의 죄수들을 구휼하는 것도 좋다.

인신印信을 위조한 자는 그 정상과 범죄 사실을 잘 살펴서 죄의 경중을 판단할 것이다.

---

116 상서복야尚書僕射: 상서성의 관원으로 상서령의 부관.
117 장리長吏: 중국 한나라 때 관직명. 녹봉 600석을 받는 관리.
118 왕여달汪汝達: 중국 명나라 때 인물. 자는 지행志行, 가정嘉靖 32년(1553)에 진사가 되었다.
119 황암黃巖: 지금의 중국 절강성의 황해에 면해 있는 지명.

어인御印을 위조하는 자는 모두 가선대부·절충장군 등의 직첩職牒을 위조하려는 것이다. 법이 허술하여 민간에서 위조하기 쉽고 이득은 아주 크다. 그러니 어찌 죄를 범하지 않을 수 있겠는가? 죄에 빠진 연후에 형벌을 가한다면 이 어찌 백성을 속이는 일이 아니겠는가. 이는 담당자의 잘못이다. ○ 내가 가주서假注書[120]로 있을 때 전지傳旨[121]를 쓰는데 형조에 기록된 죄수 중에 어인을 위조한 자가 20여 명이었다. 10년 후 형조참의가 되어 죄수를 심문해보니 어인을 위조한 자가 여전히 20여 명이었다. 내가 서리에게 "10년 전의 옛 죄수가 지금까지 미결로 남아 있는 것인가?" 하고 물으니, 서리가 "어찌 그럴 이치가 있겠습니까? 해마다 판결하여 내보내면 그 다음 해에 죄를 범한 자가 또 그 전해와 비슷합니다. 해마다 판결 받은 자가 40~50명이 될 때도 있는데 금년은 적은 편입니다"라고 대답하는 것이었다. ○ 관인官印이나 여러 궁방의 도장을 위조한 자는 각각 법에 따라 처벌한다. 위조한 인장 중에는 호장의 도장을 두 개 합하여 정사각형으로 만든 것도 있고, 혹 패천공敗天公[122]이나 바가지조각 같은 것으로 조잡하게 전문篆文을 새긴 것도 있다. 이런 것들은 죄를 마땅히 가볍게 해야 할 것이다.

청헌공淸獻公 조변趙抃이 무안군武安軍[123] 추관으로 있을 때의 일이다. 인장을 위조한 자가 있었는데 아전들이 모두 마땅히 죽여야 한다고 했으

---

120 가주서假注書: 승정원의 주서注書가 유고가 있을 때 임명하는 임시직. 구술하는 전교를 문장으로 만드는 것이 주 임무. 다산은 정조 13년(1789)에 가주서로 있었다.
121 전지傳旨: 임금의 분부를 전하는 문서.
122 패천공敗天公: 낡은 패랭이. 한약재로 쓰는 것임. 패랭이는 대[竹]로 엮어 만든 것이어서 위조 도장을 만드는데 이용한다는 의미.
123 무안군武安軍: 무안은 중국 사천성에 있는 지명. 군은 송나라 때 행정 단위이기도 했다.

나 그 홀로 "인장을 만든 것은 사면赦免 전이었고 인장을 사용한 것은 사면 후의 일이다. 사면 전에는 인장을 사용하지 않았고 사면 후에는 인장을 만들지 않았으니 법으로는 모두 죽을죄가 아니다"라고 변론하였다. 드디어 의옥疑獄으로 처리되어 재심리한 끝에 죽음을 면하게 되었다. 부중府中의 사람들 모두 그에게 감복했다. 案 위조한 자의 정상이 가벼웠기 때문에 청헌공은 임시방편으로 말을 만들어 이와 같이 면죄해주었을 것이다.

문충공文忠公 채제蔡齊[124]가 유주통판濰州通判으로 있을 때의 일이다. 어떤 백성이 "아무개가 세인稅印을 새겨 부당 이득을 취한 지 이미 10년이 넘어 그에 연루된 자가 수백 명에 이릅니다"라고 말하였다. 채제는 탄식하며 "백성에게서 이익을 다 빼앗으면 백성이 도망칠 곳이 없으니 이것은 정사를 잘못한 탓이다"라고 말하고는, 그 옥사를 가볍게 처리했다. 이에 사형에서 감일등한 자가 10여 명이었고 나머지는 모두 석방하여 불문에 부쳤다. 그네들은 저마다 "채공이 우리에게 덕을 베풀어 우리로 하여금 스스로 회개하여 착한 사람이 되게 하는구나"라고 말하였다. 이로 말미암아 교화가 크게 행해졌다.

이종李琮[125]이 호남湖南[126] 관찰사로 있을 때의 일이다. 한 어부가 커다란 잉어를 잡아와서 이종이 그것을 찌도록 했다. 잉어의 뱃속에서 인장 하나가 나왔는데 '형산현인衡山縣印'이라고 새겨진 것이었다. 그가 형산

---

124 채제蔡齊, 988~1039 : 중국 송나라 때 사람. 자는 자사子思, 시호는 문충文忠이다. 벼슬은 호부시랑에 이르렀다.

125 이종李琮 : 중국 송나라 때 사람. 자는 헌보獻甫이다. 벼슬은 보문각대제에 이르렀다.

126 호남湖南 : 중국의 강남 지역의 성 이름. 동정호의 남쪽 지역이라 해서 붙여진 지명이다. 형산현衡山縣은 호남성에 속한 현 이름이다.

현에서 근일에 올라온 문서를 찾아 대조해보니 문서에 찍힌 도장은 새로 만든 것임이 분명했다. 형산령에게 인장을 가지고 오게 하여 살펴보니 과연 새로 주조한 것이었다. 이종이 다른 사람들을 물리치고 따져 물으니 형산령이 죄를 자복하여 "원래의 관인을 잃어버렸는데 제가 아전과 함께 처형당할 것이 두려워 몰래 공인工人을 시켜서 만든 것입니다. 이제 오직 죽음을 기다릴 뿐입니다"라고 아뢰었다. 이종은 이 일을 비밀에 부치고서 새로 만든 인장을 파기한 다음 원래의 인장을 가지고 현에 돌아가게 했다. 이 일을 아는 사람이 드물었다.

족보를 위조한 일에 대해서는 주모자에게는 죄를
주고 종범은 용서한다.

'병역 의무자 선정'(제8부 제1조)에 실려 있으므로 여기서는 다시 서술하지 않는다

제 6 조 도적의 피해를 제거함

除害

백성을 위해 해독을 제거하는 일은 목민관의
임무이니 첫째는 도적이요, 둘째는 귀신불이요,
셋째는 호랑이다. 이 세 가지가 사라져야 백성들의
재앙이 없어질 것이다.

사람들이 평상시에 모여 한담할 적에 세상에 무서운 것 세 가지 중에
무엇이 제일 무서우냐고 물어보면 의견이 각기 다르다. 어떤 사람은 도
적을 두려워한다고 하고, 어떤 사람은 귀신을 두려워한다고 하고, 또 어
떤 사람은 호랑이를 두려워한다고 하니 이 세 가지가 백성들에게 큰 해
독이 된다는 것을 알 수 있다. 귀신의 재앙은 반드시 사람이 불러들여서
생기는 것이니 잡스러운 당집과 요사한 무당이 바로 귀신이 의지해 붙는
곳이다. 그런고로 귀신의 재앙을 없애는 일은 요사한 것들을 제거함으로
근본을 삼아야 한다.

도적이 발생하는 이유는 세 가지가 있다. 위에서
위의를 바르게 가지지 않고, 중간에서 명령을 받들지
않으며, 아래에서 법을 두려워하지 않는 것으로,

이것이 고쳐지지 않으면 아무리 도적을 없애려고
해도 없어지지 않는다.

위에서 위의를 바르게 가지지 않는다는 것은 사신이나 수령들이 탐욕
과 불법을 자행한다는 말이다. 그래서 일산日傘 밑[1]을 가리켜 큰 도둑이
라고들 한다. 위의가 이미 바르지 못하니 그림자가 어떻게 곧을 수 있겠
는가. 도둑들조차도 "지위가 저렇게 높고 기대하는 바가 저렇게 무거우
며 나라의 은혜를 저렇게 받으면서도 오히려 도둑질을 하는데, 우리 따
위 소인들이야 아침에 저녁 일이 어떻게 될지도 모르는 판국에 그 누가
쓸쓸히 메마르게 지낸단 말인가"라며 저희들끼리 수군거린다. 도둑들이
모여 늘 하는 말이 이렇거늘 어떻게 도적을 금할 수 있겠는가. 공자가 계
강자季康子에게 "진실로 그대가 하고 싶지 않으면, 아무리 상을 준다고 해
도 백성들이 도둑질을 하지 않을 것이다"[2]라고 했다. 바로 이를 두고 한
말씀이다.

『하산냉담霞山冷談』[3]에 이런 이야기가 있다. "갈의거사葛衣居士[4]는 남쪽

---

1 일산日傘 밑: 사신(관찰사)이나 수령들을 가리킴. 그들이 행차할 때 의장의 한 가지로 반
  드시 일산을 받치기 때문에 일컫는 말. 다산은 그의 「감사론監司論」에서도 수령은 작은
  도둑, 감사는 큰 도둑으로 규정한 적이 있다.
2 『논어·안연顏淵』에 있는 말. 당시 노나라의 권신 계강자가 도둑을 근심하여 한 물음에 공
  자가 답한 말이다.
3 『하산냉담霞山冷談』: 다산 자신의 저작 중 하나로 짐작되나 미상. 2권 354면에 나오는 『하
  산필담霞山筆談』과의 관계도 두 가지가 별개의 것인지, 같은 책의 다른 이름인지 알 수 없
  다.
4 갈의거사葛衣居士: 성명이나 생존의 정확한 시기는 미상이나 대개 조선 후기에 살았던 한
  의협인으로 보인다. 장지연張志淵의 『일사유사逸士遺事』에도 그 행적의 대략이 기록되
  어 있는데, 평생 여름 겨울 없이 갈포葛布옷 한 벌만 입고 다녔기 때문에 세인들이 '갈의
  거사' 또는 '갈처사葛處士'라고 일컬었다는 것이다. 가정도 가지지 않은 채 개연히 국내

지방의 호걸이었다. 일찍이 쌍교雙橋[5] 장터를 지나다가 군관이 도둑 하나를 잡아서 붉은 포승으로 결박하고 종이 고깔을 씌우고 손을 뒤로 묶어서 끌고 가는 것을 만났다. 갈의거사는 느닷없이 앞으로 나서서 도둑의 팔을 잡고는 목을 놓아 통곡하고 눈물을 주룩주룩 흘리면서 한편 위로하고 한편 '원통하다 그대여! 어찌하다 욕을 당하기가 이 지경에 이르렀는가!' 하고 넋두리하니, 온 장터 사람들이 크게 놀라며 겹겹이 둘러서서 구경하는 것이었다. 군관이 깜짝 놀라 포졸에게 명하여 갈의거사도 함께 결박 짓게 하였다. 갈의거사는 '네가 나를 결박하는 것은 무엇 때문인가? 내가 이 도둑과 한편이라고 해서인가? 내 말을 들어보고 나서 결박하든지 놓아주든지 마음대로 하라'라고 말했다. 군관이 무엇이냐고 물으니, 갈의거사는 이렇게 말하였다. '지금 온갖 도둑이 땅 위에 가득하다. 토지에서는 재결災結을 도둑질하고,[6] 호구戶口에서는 부세를 도둑질하고,[7] 기민 구제에서는 그 양곡을 도둑질하고,[8] 환자還子 창고에서는 그 이익을 도둑질하고,[9] 송사에서는 그 뇌물을 도둑질하고,[10] 도둑에게서는 장물을 도둑질한다.[11] 그런데도 감사와 병사·수사들은 도둑질하는 자들

의 산천을 편력하던 중 도둑을 만난 것을 계기로 군도의 두령이 되어 호남 일대를 횡행하다가 자신을 잡으려는 관부의 온갖 조처로 무고한 사람들이 해를 입는 것을 보고 제 발로 관부에 나타나 당시의 부패한 현실을 여기 인용문에서와 같은 투로 통렬히 비난하고 사라졌다고 한다. 『이조한문단편집』 3(창비, 2018)에 「갈처사」가 수록되어 있다.

5 쌍교雙橋: 전라북도 고부古阜에 있는 지명.
6 2권 제6부 제1조 '전정', 제2조 '세법 상' '세법 하' 등 참조.
7 3권 제6부 제4조 '호적' 등 참조.
8 6권 제11부 제6조 '마무리' 등 참조.
9 3권 제6부 제3조 '환곡 장부 상' 등 참조.
10 4권 제9부 제1조 '송사를 심리하기 상' '송사를 심리하기 하' 등 참조.
11 2권 제5부 제2조 '관속들을 통솔함', 본 조인 제9부 제6조 '도적의 피해를 제거함' 참조.

과 한패거리가 되어 숨겨주고 들추어내지 않는다. 지위가 높을수록 도둑질하는 힘 또한 더욱 강해지고, 녹봉이 후할수록 도둑질의 욕심 또한 더욱 커진다. 그러고서도 행차할 적이면 깃발을 세우고 머무를 적에는 장막을 드리우며 푸른 도포에 붉은 실띠의 치장도 선명하게 하여 종신토록 향락하여도 누가 감히 무어라고 말하지 못한다. 그런데 유독 이 굵고 또 굵은 끝에 좀도둑질을 한 사람은 이런 큰 욕을 당하게 되니 또한 슬프지 아니한가. 내가 이래서 통곡을 하는 것이지 다른 연고가 있는 것이 아니다.' 군관은 '허! 선생의 말씀이 옳습니다' 하고는 술을 대접하고 풀어 보냈다."

중간에서 명령을 받들지 않는다는 것은 무릇 토포군관討捕軍官[12]이란 모두 도적의 두령 격이라는 말이다. 군관을 끼우지 않으면 도적이 도적질을 하지 못한다. 한길이나 큰 장터에 도둑을 몰아넣어 안팎으로 호응하면서 빼앗고 훔친다. 도적 단독으로는 도적질을 할 방도가 없다. 부잣집과 형세 있는 집의 의복과 기물을 도적이 훔친다 해도 팔 길이 없으니 그것을 파는 것은 군관이다. 대개 장물의 값이 10냥이라면 도적이 그 3냥을 먹고 군관이 그 7냥을 먹게 되니 관례가 본래 그러하다. 도적이 처음 그 패거리에 들어오면 으레 참알례參謁禮[13]를 행하게 되어 있는데 장물을 세 번 바치고 나서야 자기도 먹기를 꾀할 수가 있다. 어쩌다 한 번이라도

---

12 토포군관討捕軍官: 조선 후기 각 진영과 병영에 소속해 있으면서 도적을 수사·체포하는 임무를 맡은 무관.

13 참알례參謁禮: 본래는 매년 6월과 섣달에 벼슬아치의 성적을 고사考查·포폄褒貶 할 때 각 관청의 벼슬아치가 그의 상급 관청에 찾아뵙는 일을 가리키나, 후세에는 어떤 패거리에 처음으로 참가하면서 잘 보살펴달라는 뜻으로 뇌물이나 향응으로 대접하는 일을 의미하는 말로도 쓰였다.

혼자 차지했다가는 바로 관가로 잡혀오게 된다. 또한 그 도적을 사주하여 부민들을 두루 불게 하고【조사하는 자리에서 같은 패거리로 끌어들이는 것을 도적들 사이의 말로 '분다'라고 한다】, 혹은 동류로 끌어넣기도 하고, 혹은 장물을 샀다고 하는 등 연루자가 마구 불어나 무고한 사람들이 나란히 잡혀든다. 그렇게 하여 그 부민들의 고혈을 다 빨아먹고 나서야 억울함을 밝혀준다. 그리고 옥문에서는 외부의 구원자가 되어 밧줄을 주고 사닥다리를 놓아 도둑들을 도망가게 만들어준다. 진영鎭營이나 병영의 토포군관이란 자들은 모두 양산박梁山泊[14]의 두령 같은 자들이다. 수령은 마땅히 이런 실정을 잘 알아서 민간에서 도둑맞았다고 고발하는 자가 있으면 토포군관들을 은밀히 타일러 물건을 찾아 돌려주도록 해야 할 것이다. ○ 군관에게 은밀히 이렇게 말한다. "도적의 정황은 관가에서 환히 다 알고 있는 바이다. 너희가 알지 못하는 도둑이 어디에 있느냐? 네가 훔쳐간 물건을 찾아서 돌려주지 않으면 나는 너를 곤장을 쳐서 다스릴 것이다. 네가 그래도 뉘우치지 않으면 나는 너를 죽일 것이다." 그리고 기어코 찾아내고야 말겠다는 태도를 보이고 반드시 처벌하고야 말겠다는 뜻을 가지면 열흘을 넘기고 한 달을 넘길 자가 있지 않을 것이다. 필히 죽이겠다는 태도를 보이고 그냥 넘기지 않고 주력하는 자세를 견지하면 군관은 여러 도적들에게 알릴 것이요, 여러 도적들은 자연히 도망치고 흩어져서 지방관 6년[期]의 임기 안에 다시는 도적이 들었다고 고발하는 일이 없게 될 것이다.

---

14 양산박梁山泊: 중국 산동성 수장현壽張縣 동남쪽 양산梁山 아래에 있는 소택沼澤으로, 『수호전水滸傳』에서 군도의 근거지로 등장한 이래 일반적으로 도둑의 소굴을 의미하는 말이 되었다.

○ 내가 곡산부사로 부임했을 때의 일이다. 도둑이 사람을 죽이고 소를 빼앗은 사건이 있었는데 달포가 지나서야 알려지게 되었다. 모두들 "이미 멀리 달아났을 것이다"라고 했으나 내가 반드시 찾아내고야 말겠다는 기색을 보이며 반드시 처벌하고야 말겠다는 신념을 가졌더니 7일 만에 범인이 잡혔다. 이 사실은 『흠흠신서』에 보인다.

아래에서 법을 두려워하지 않는다는 것은 다음과 같은 사실을 두고 한 말이다. 무릇 도둑의 와주는 모두 성읍 안 저점邸店[15] 같은 곳에 있으며, 산 밑 외딴 촌락은 도둑의 소굴이 될 수 없다. 여사旅舍·주막은 하루에도 사람을 1000명이나 겪게 되니 비록 낯선 나그네가 있다 하더라도 아무도 의심하지 않는다. 그런데 조용하고 궁벽한 곳에서는 나그네가 한 명이라도 투숙했다 하면 곧 이웃에서 그 신원을 캐물어 종적이 곧바로 드러나고 소문이 파다하게 퍼진다. 그러므로 무릇 종적을 감추려는 사람들은 대개 저점 같은 곳에 있으면서 10리나 5리 간격으로 연쇄로 포진하여 모의할 일이 있으면 서로 호응하고 급박한 일이 있으면 서로 알려주니, 장물을 은닉하고 처자를 기탁하는 곳이 모두 이런 데이다. ○ 수령이 도적을 종식시키려면 마땅히 엄밀히 규찰하여 도적질한 자를 은닉할 수 없도록 해야 할 것이다. 거듭거듭 명령을 내려 범하는 날에는 반드시 죽게 될 것이라고 타일러야 한다. 한 번이라도 범하는 자가 있으면 즉시 법률로써 처단하여 조금도 용서하지 않는다면 도적이 소굴로 삼을 데가 없게 될 것이다[『대명률』에 "와주로서 장물을 나눈 자는 목을 베고 나머지 사람들은 각각 차등을 두어 처벌한다"라고 하였으니 당사자는 마땅히 참고할 것이다].

---

15 저점邸店: 주막을 가리킴. 술과 음식을 팔았으며 숙박도 할 수 있었다.

은덕을 베풀려는 임금의 뜻을 살려서 죄를
용서해주어 그들이 이전의 나쁜 마음을 버리고
스스로 새로운 사람이 되어 각기 본업으로 돌아가게
하는 것이 상책이다.

　공수龔遂가 발해태수로 있을 때의 일이다. 이때 발해 지방에 해마다 흉년이 들어 도적이 많았다. 선제宣帝[16]가 공수를 불러 태수를 삼고는 "그대는 어떻게 도둑을 다스릴 것인가" 하고 물었다. 공수는 "바닷가 지역이 멀리 떨어져 있어 성상의 덕화를 입지 못한 데다가 그곳 백성들이 굶주림과 추위에 시달려도 관리들이 돌보지 않았습니다. 그래서 폐하의 백성들로 하여금 폐하의 병기를 훔쳐 황지潢池[17]에서 날뛰게 한 것입니다. 지금 신으로 하여금 그들을 쳐부수도록 하시렵니까? 안정시키도록 하시렵니까?" 하고 응대하였다. 황제가 공수의 응대를 듣고는 몹시 기뻐하면서 "현량賢良[18]을 뽑아 쓰는 것은 본디 그들을 안정시키려는 뜻이다"라고 대답하자, 공수가 "신이 들으니 난민을 다스리는 것은 헝클어진 노끈을 다루는 일과 같아서 조급하게 해서는 안 되고 오직 차근차근히 해야 다스릴 수 있다 합니다. 신은 바라옵건대 승상丞相[19]이나 어사御史 또한 신을

───────────────────

16　선제宣帝: 중국 전한의 제10대 황제. 25년간 재위했는데 이때 한나라가 강성기로 접어들었다.

17　황지潢池: 황량하고 외진 지역을 비유한 말. 도적으로 활동하는 것을 '황지롱병潢池弄兵'이라고 하는데 이 말에서 유래한 것이다.

18　현량賢良: 덕행과 재능을 갖춘 인재. 중국 한나라 때는 따로 현량과를 두어 인재를 뽑기도 했다.

19　승상丞相: 중국 진秦나라와 한나라 때에 두었던 가장 높은 관직. 후대에도 간혹 두었다.

법규로 구속하는 일이 없도록 하여 일체를 재량껏 처리하게 해주시옵소서"라고 하였다. 황제는 허락하고 특별히 황금을 하사하여 보내었다. 발해군에서는 새 태수가 도임한다는 말을 듣고 군사를 출동시켜 영접하려 하였다. 공수는 군사를 모두 돌려보내고 공문을 보내 속현에 하달하기를, 도적 잡는 관리들을 모두 폐지시키고 호미나 쇠스랑 같은 농기구를 가진 자들은 모두 양민으로 보아 검문을 해서는 안 되고 병기를 소지한 자만 도적으로 다루게 하였다. 그리고 나서 공수는 한 대의 수레에 단신으로 부임했다. 발해군 전역이 화합되었고 도적 또한 다 없어졌다.

진晋나라 강유江逌[20]가 현령으로 있을 때의 일이다. 산중에 도망한 수백 가구가 있어 험준한 것을 믿고 저항하고 있었는데 전후의 수령들이 이를 평정하지 못하였다. 강유가 도임하여 그 우두머리를 불러들여 후히 위로하고 도와주니 달포 사이에 모두들 어린 자식들을 업고 들어왔다. 강유는 일찍이 "거역하는 백성들은 은덕으로 맺을 것이요 무지한 대중은 이치로 타일러야 할 것이니, 진실로 굶주림과 추위를 면할 수만 있다면 그 누가 병기를 들 생각을 하겠는가. 조정이 이미 그들에게 부세와 요역을 무겁게 한데다가 지방 관청이 또 토색을 더하니 부득이 약탈이라도 하여 삶을 꾀한 것이다. 이는 살기 위함이요 난을 일으키기 위함이 아니다"라고 하였다.

위나라 전예田豫[21]가 남양태수南陽太守로 옮겨 갔을 때의 일이다. 이에 앞서 그 고을 사람 후음侯音이 반란을 일으켜 도당 수천 명이 산중에 숨

---

20 강유江逌, 301?~365 : 중국 진晋나라 사람. 자는 도재道載이다. 벼슬은 태상太常에 이르렀다. 저서에 『일사잠逸士箴』등이 있다.
21 전예田豫, 171~252 : 중국 위魏나라 사람으로 자는 국양國讓이다. 남양태수·병주자사幷

어 있으면서 도적떼를 이루어 큰 우환이 되었다. 전임 태수가 그 관련자 500여 명을 잡아들이고 조정에 이들을 다 죽여야 한다고 아뢰었는데, 전예는 수감자들을 만나서 타이르고 한꺼번에 칼을 벗겨 놓아보내 새사람이 될 길을 열어주었다. 죄수들은 모두 다 머리를 조아리면서 도적을 없애는 데 협조하기를 자원하였다. 즉시 서로 말을 전하여 도적떼가 하루아침에 다 흩어졌다.

『북사』에 이런 기록이 있다. 방경백房景伯이 청하태수淸河太守가 되었다. 그 지역 사람 유간호劉簡虎가 일찍이 방경백에게 무례한 짓을 한 적이 있었는데 그가 고을에 부임한다는 소식을 듣고는 전 가족을 데리고 도망을 갔다. 방경백은 속현의 관속들에게 독책하여 그를 찾아보게 하고 그의 아들을 서조西曹[22]의 아전으로 삼았다. 이어 곧 산적들을 효유하니 산적들은 태수가 묵은 죄과는 생각하지 않는다는 말을 듣고는 일시에 내려왔다. ○ 정선은 말하였다. "사대부는 마음가짐을 화평하게 하고 매사에 모름지기 보통 사람의 생각 이상으로 처리하여 소민들이 자기네들 마음으로 짐작할 수 없도록 해야 한다."

당나라 풍원상馮元常이 미주眉州[23] 자사로 있을 때 검남劍南[24] 지방에 도적이 남의 재물을 약탈하며 산골짜기에 잠복해 있었다. 풍원상이 은혜와 신의로 효유하니 도적들이 스스로 머리띠를 풀어 손을 뒤로 묶고서 자수해왔다.

州刺史 등을 역임했다. 청빈하기로 이름났다.

22 서조西曹: 병사에 관한 행정을 맡아보던 부서. 조정에서도 동반東班이 문신, 서반西班이 무신이다.

23 미주眉州: 중국 사천성에 두었던 당나라 때의 주州.

24 검남劍南: 중국 사천성에 두었던 당나라 때의 도道의 하나.

왕질王質이 소주통판蘇州通判으로 있을 때 태수 황종단黃宗旦이 돈을 사사로이 위조한 자들 100여 명을 잡아 통판에게 처리를 맡겼다. 통판이 "사건이 발각되었다지만 아무 증거가 없었는데 어떻게 알아내었습니까?"라고 태수에게 물으니, "내가 술책을 써서 낚아냈지"라고 대답하는 것이었다. 통판은 슬픈 기색을 띠며 "어진 이가 정사를 함에 있어 술책으로 사람을 낚아 죽을 곳에 넣고서도 기뻐하다니요"라고 말했다. 태수는 이 말에 부끄러워하고 감복하여 모두 형벌을 늦추어 옥에서 내보냈다.

광제廣濟·채하蔡河[25] 지방에 불만을 품은 백성들이 있어 생업은 힘쓰지 않고 오로지 뱃사람들의 물건을 협박 탈취하는 행위를 일삼아 해마다 10여 척의 배를 불태워 위세를 올렸다. 정호程顥가 처음 부임하여 그 중 한 사람을 잡아 그 동류들을 끌어들이게 하여 수십 명을 잡았는데, 이전의 죄과를 다시 캐내어 처벌하지 않고 지역을 배정하여 거주하게 하며, 배를 끄는 일을 하며 살아가게 했다. 그리고 나쁜 짓 하는 자를 살피게 하니 이로부터 그 고을에 배를 불태우는 우환이 없어졌다.

이와 같이 한 뒤에라야 도적이 악행을 고치고 자취를 감추게 되어 길에는 남이 흘린 물건을 주워 가지지 않으며 나쁜 짓을 스스로 부끄러워할 줄 알고 바르게 고칠 줄 알 것이니 또한 좋지 아니한가.

후한 때 정의鄭毅가 추령騶令[26]으로 있으면서 덕화를 펴서 사람들이 길

---

25 광제廣濟·채하蔡河: 중국 하남성에 있는 강 이름. 지역 명칭이기도 함.
26 추령騶令: 騶(추)는 鄒(추)의 통용으로 쓰인 듯하다. 중국 산동성에 있었던 현 이름. 령令

에서 남이 흘린 보물을 주워서는 본 주인을 찾아 돌려주게 되었다.

염헌閻憲[27]이 면죽綿竹[28]령令을 맡아 예의와 겸양으로 교화시켰더니, 두성杜城이라는 남자가 밤길을 가다가 포목이 든 자루를 주워서 그 주인을 찾아 돌려주며 "고을에 밝은 사또가 계시는데 어찌 감히 그 교화를 저버리겠소"라고 말했다.

나형羅衡[29]이 만년萬年[30]령令으로 있을 때, 사람들이 길에서 남이 흘린 물건을 주워가지 않았다. 그래서 민가에서는 말과 소를 모두 길가에 매어두면서 "이 모두가 나공의 것이다"라고 말하였다.

『북사』에는 이렇게 되어 있다. "조경趙昞[31]이 기주자사로 있을 때 매우 위엄이 있었고 은혜도 함께 베풀었다. 한번은 조경의 밭에서 짚을 훔친 사람이 아전에게 잡힌 일이 있었다. 조경은 그를 타일러 보내고는 사람을 시켜 짚 한 수레를 훔친 사람에게 실어다주었다. 그 사람은 중한 벌을 받는 것보다 더 부끄러워했다."

"소경蘇瓊이 청하태수로 있을 때의 일이다. 고을에 도적이 들끓었는데 소경이 도임하자 도적이 사라져서 그 지역의 부자들이 재물을 소경이 다스리는 지경 안으로 옮겨서 도적을 피하였다. 기주冀州 사람 성씨成氏는 큰 부자였는데 도적이 들어와서 다급해지자 '나의 재물은 진작 소공에게

은 현령.

27 염헌閻憲: 중국 후한 때 사람. 자는 맹도孟度이다. 면죽령綿竹令이 되어 교화를 폈다.

28 면죽綿竹: 중국 사천성에 두었던 한나라 때 현의 이름.

29 나형羅衡: 중국 후한 때 사람. 자는 중백仲伯이고 비현郫縣 사람이다. 무릉령茂陵令, 낭중령閬中令, 만년령 등을 지냈다.

30 만년萬年: 중국 섬서성에 두었던 한나라 때 현의 이름.

31 조경趙昞, 532~599: 중국 남북조시대 서위西魏, 북주北周와 수나라에서 벼슬한 인물. 자는 통현通賢이다. 벼슬은 중서시랑中書侍郎, 상서우복야尙書右僕射에 이르렀다. 덕망이 높아 그가 병들자 백성들이 다투어 낫기를 기도했다 한다.

맡겼다'라고 했더니 도적이 바로 떠났다."

"송세량宋世良이 청하태수로 있을 때의 일이다. 그곳의 동남방에 굽은 제방이 있어 성공成公 일족이 장벽으로 삼아 산 적이 있었다. 이 지역에 도적떼가 많이 있었는데 사람들이 '차라리 동오 회계東吳會稽[32] 땅을 지날지언정 성공의 굽은 제방은 지나지 않으리'라고 하였다. 송세량이 8조제八條制[33]를 시행하니 도적들이 다른 지경으로 달아나버렸다. 그러자 사람들은 또 '굽은 제방 험하지만 도적들에게 무슨 덕이 되랴. 송공宋公만 계시면 제풀에 자취를 감추네'라고 노래하였다."

"이증李曾[34]이 조군趙郡[35] 태수로 있을 때이다. 명령만 내리면 시행되고 금하면 그쳐졌다. 도적들이 상산常山 경계에서 죽은 사슴 한 마리를 주웠는데, 도적의 우두머리가 그곳이 조군 지경이라 하여 부하들에게 돌려주라고 책망한 뒤에 사슴을 원래 있던 자리에 다시 가져다두게 하였다. 그래서 조군에서는 "조군의 죽은 사슴만 되어도 상산의 곡식보다 더 나으리"라고 노래하였으니, 백성들에게 경외를 받는 것이 이와 같았다."【이상은 모두 『북사』에 실려 있다】

범순인이 낙양윤洛陽尹으로 있을 때의 일이다. 사극장謝克莊이 하양河陽에서 오다가 중도에서 말을 먹이며 주막에서 쉬고 있는데, 어떤 늙은이가 담장 밑에서 등에 햇볕을 쬐고 있었다. 어떤 사람이 늙은이에게 "댁의

---

32 동오 회계東吳會稽: 중국 강소성에 있는 땅의 이름으로, 진秦나라 때에는 회계, 한나라 때에는 오吳라고 해서 동오는 오吳의 별칭이 되었다. 동오는 중원 지방에서 멀리 떨어져 있으므로 여기에서는 그 거리가 멀다는 의미다.

33 8조제八條制: 미상.

34 이증李曾: 중국 후위 사람. 박사博士를 거쳐 조군태수를 역임했다.

35 조군趙郡: 조군은 중국 산서성山西省에 두었던 후위의 군. 상산常山은 조군에서 가까운 지역.

송아지를 도둑맞았다"라고 알렸더니 늙은이는 그대로 앉은 채 돌아보지도 않는 것이었다. 조금 있다가 다시 송아지를 도둑맞았다고 말했는데도 늙은이는 태연한 낯빛으로 "필시 이웃집에서 장난삼아 감추었을 것이다"라고 말하였다. 사극장이 이상하게 여겨 늙은이에게 나아가 "당신 집에서 송아지를 도둑맞았다고 두 번이나 고하는데도 돌아보지도 않는 것은 무슨 까닭이요"라고 물어보았다. 늙은이는 웃으며 "범공范公이 이 고을에 계시는데 누가 도둑질을 하겠소"라고 하였다. 얼마 있지 않아 송아지가 과연 돌아왔다는 것이었다. 사극장은 탄복하며 떠났다.

증공량曾公亮[36]이 정주鄭州를 맡아 다스릴 때의 일이다. 고을에 도둑이 많았는데 그가 부임하자 모두 다른 지경으로 도망을 가서 길에는 남이 흘린 물건을 주워 가지지 않고 민가에서는 바깥문을 닫지 않을 정도가 되었다. 이에 그를 증개문曾開門이라고 부르게까지 되었다. 한번은 중앙의 관리가 지나다가 행장 속의 물건을 잃어버리고 그에게 공문을 보내어 도둑을 잡아 달라고 요청하였다. 그는 자기 관내에는 도둑이 없으니 반드시 수행원들의 소행일 것이라고 대답했는데 수색을 해보니 과연 그러하였다.

정백자程伯子가 진녕판관鎭寧判官【일설에는 부구현扶溝縣에서 있었던 일이라고도 한다】으로 있을 때의 일이다. 그 지역에는 본래 도둑이 많아서 풍년 든 해에도 강도 사건이 10여 건 이상 되었다. 그가 재임하고부터는 강도 사건이 사라졌는데 거의 2년이 되었을 무렵에 좀도둑질을 한 자가 있었다. 그가 "네가 능히 행실을 고친다면 내가 네 죄를 가벼이 해주리라" 하고

---

36 증공량曾公亮, 999~1078 : 중국 송나라 사람. 자는 명중明仲이다. 한림학사, 참지정사, 동평장사 등을 역임했다.『신당서』『훈덕집勳德集』『무경총요』등의 편찬에 참여했다.

타이르니, 도둑은 머리를 조아리며 스스로 새사람이 되겠다고 다짐하였다. 두어 달 뒤에 그 도둑이 다시 도둑질을 하여 아전이 잡으러 그 집에 들어가니 도둑은 아내에게 "내가 태승太丞[37]님과 다시는 도둑질을 하지 않겠다고 약속을 했었는데 지금 무슨 면목으로 그분을 뵙겠는가" 하고는 드디어 스스로 목을 매어 죽었다【정백자「행장行狀」】.

원덕수元德秀[38]가 노산령魯山令으로 있을 때 도둑 하나가 호랑이를 잡아 속죄하겠다고 자청하므로 허락하였다. 좌우에서는 모두 "도둑이 반드시 도망가고 말 것입니다" 하였으나, 원덕수는 "내 이미 그와 약속을 했느니라"라고 하였다. 이튿날 도둑은 과연 호랑이를 잡아가지고 돌아왔다.

명나라 이기李驥[39]가 하남부河南府를 맡아 다스릴 때의 일이다. 하남 지방에는 도둑이 많았다. 이기는 이 때문에 화갑법火甲法[40]을 실시하여 한 호戶가 도둑을 맞으면 한 갑甲에서 보상하게 하고, 도둑질을 한 자는 그 집 문에 큼직하게 '도둑의 집'이라고 쓰게 하였다. 또 권교문勸敎文을 지어서 목탁을 치면서 돌아다니며 읽게 하니 이로부터 사람들이 모두 행실을 고쳐 길에서 남이 흘린 물건도 주워 가지지 않게 되었다.

---

37 태승太丞: 승丞은 중국 한대에 장관을 보좌하는 벼슬이었다. 태太는 높여 부르기 위해 붙인 수식어인 듯. 따라서 태승은 판관을 높여 부른 별칭으로 보이고, 여기서는 정백자를 가리킨다.

38 원덕수元德秀, 696~754: 중국 당나라 사람. 자는 자지紫芝이다. 용무군녹사참군龍武軍錄事參軍, 노산령을 지냈다.

39 이기李驥: 중국 명나라 사람으로 자는 상덕尙德이다. 신향지현新鄕知縣·하남지부河南知府 등을 역임했다.

40 화갑법火甲法: 10명 1조組가 화火, 10가家 1조가 갑甲. 화갑법은 중국 송대의 보갑법保甲法과 같은 성질의 치안을 주목적으로 한 향촌 조직.

간악한 무리와 유력자들이 결합하여 행패를 부리고
고칠 줄 모르면 과단성 있게 제거해서 일반 백성들을
편안하게 하는 것이 그 다음의 대책이다.

조광한이 영천태수로 있을 때이다. 장안의 젊은이들 몇이 외딴 마을 빈집에 모여서 사람을 협박하여 재물을 털기로 모의하고 있는데 모의가 채 끝나기도 전에 조광한이 사람을 보내 붙잡아다가 다스렸다. 죄상을 모두 자복하였다.

북주北周의 한포韓襃[41]가 옹주자사雍州刺史로 있을 때의 일이다. 그 지방에 도적이 많았는데 한포가 몰래 탐지해보니 모두 그 지방 호족들의 소행이었다. 그는 겉으로는 모른 체하고 후하게 예우를 해주고는 "자사는 원래 서생 출신이니 어찌 도적 다스리는 일을 알겠는가. 믿는 것은 그대들과 함께 그 걱정을 나누는 것뿐이다"라고 하고서 사납고 간교하여 지방의 우환이 되는 자들을 모두 불러다가 우두머리를 삼아 그 맡을 지역을 나누어주고 도둑이 발생하였는데도 잡지 못하는 경우가 있으면 고의로 놓아준 죄로 처벌하기로 하였다. 이렇게 정하자 여러 우두머리로 배치된 자들이 다 두려워했다. 그래서 모두 자수하여 "전에 도적이 발생한 것은 모두 저희들이 관여한 일입니다" 하고는 데리고 있는 무리들의 성명을 모두 열거해 바치는 것이었다. 혹 도망가 숨은 자들까지도 소재지를 다 털어놓았다. 한포는 이에 도둑의 명부를 가져다 간수하고는 이어 고을의 성문에 크게 방을 써 붙이기를 "도적질한 죄를 아는 자는 급히 와

---

41 한포韓襃, ?~572: 중국 북주 사람. 자는 홍업弘業이다. 옹주雍州와 봉주鳳州의 자사 등을 역임했다. 경사에 밝고 지략이 깊었다.

서 자수하면 곧 그 죄를 면제해줄 것이다. 이달이 다 가도록 자수하지 않는 자는 사형에 처하고 재산을 몰수하여 앞서 자수한 자에게 상으로 주리라"라고 하였다. 달포 사이에 도둑들이 모두 와서 자수하였다. 한포가 도둑의 명부를 가져다가 대조해보니 어긋남이 없었다. 모두 죄를 용서하여 스스로 새사람이 되는 길을 열어주니 이로 인해서 군도群盜가 모두 잠잠해졌다(『북사』).

연주兗州 지역은 예전에 도적이 많았다. 이숭李崇이 자사로 부임해서는 마을마다 누각 한 채씩을 세우고 누각에는 각기 북 하나를 달아놓고 도둑이 들어왔다 하면 즉시 북채를 양손에 들고 마구 치게 하고, 사방 여러 마을들은 이 북소리를 들으면 다 주요 길목을 지키도록 하였다. 잠깐 사이에 북소리가 100리로 퍼져나가고 주요 길목에는 빠짐없이 잠복해 대기하고 있는 인원이 있어서 도적이 발생하는 즉시 잡아 호송하게 된다. 이로 인하여 도적이 드디어 끊어졌다. 여러 지역이 누각을 짓고 북을 달아 경보하는 제도는 이숭의 이 일로부터 시작된 것이다.

상문간向文簡[42]이 영흥永興을 맡아 다스릴 때의 일이다. 금졸禁卒[43]이 나례儺禮[44]를 틈타서 난을 일으키려 한다고 보고한 자가 있었다. 비밀리에 군사들로 하여금 갑옷을 입은 위에 겉옷을 걸치고 행랑 아래에 잠복해 있게 한 다음 이튿날 막료와 무관들을 모두 불러 술자리를 베풀고 마음대로 구경하게 하고는 나례꾼들을 명해서 들어오게 하였다. 그들이 섬돌

---

42 상문간向文簡, 949~1020: 중국 송나라 사람 상민중向敏中. 자는 상지常之, 문간文簡은 그의 시호이다. 참지정사, 좌복야 등을 역임했다.

43 금졸禁卒: 여기서는 옥졸을 가리킨다.

44 나례儺禮: 역귀를 구축하는 의식. 일종의 축제 행사였다.

아래에 이르자 상문간이 소매를 떨쳐 한 번 휘둘러 신호를 보냈더니 잠복해 있던 군졸들이 일시에 뛰어나와 나례꾼들을 남김없이 체포했다. 이네들 모두 단검을 품고 있었다. 상문간이 즉석에서 난을 일으키려던 자들을 처단하고 뜰을 청소한 뒤에 다시 풍악을 잡히게 하니 손님과 종자들 모두 다리를 떨었다.

위나라 원정元禎[45]이 남예주자사南豫州刺史로 있을 때의 일이다. 당시 대호산大胡山[46]의 만족蠻族[47]들이 침입하여 노략질을 하곤 하였다. 원정은 그 만족의 추장을 불러서 활쏘기를 구경시켰다. 먼저 좌우 사람들 중에서 활 잘 쏘는 사람 20여 명을 뽑아놓고, 원정이 몸소 활 두어 대를 쏘아 정곡을 맞힌 다음에 좌우 사람에게 명하여 차례대로 쏘게 하였다. 먼저 한 사형수를 군인으로 변장시켜 내보내 활 쏘는 인원에 참여시키고 쏘기를 명하여 맞히지 못하자 원정은 즉시 그를 처벌하여 추장에게 위엄을 보였다. 또 미리 좌우 사람을 시켜 사형수 10여 명을 뽑아 모두 만족의 옷을 입혀 데려오도록 해놓고는 원정이 자리에 앉으면서 일부러 눈을 들어 하늘을 쳐다보고 바람이 약간 불어오자 만족의 추장에게 말했다. "날씨가 조금 사나우니 노략질하는 도적이 경내에 들어올 것 같다. 수는 10명을 넘지 않겠고 서남쪽 50리쯤에 있을 것이다." 그러고는 곧 기병에게 명하여 즉시 잡아오게 하니 과연 10명을 결박해왔다【곧 사형수 10명으로 만족의 옷을 입힌 자들이다】. 원정이 이들에게 "너희들은 향리에서 도적질을

---

45 원정元禎: 중국 북위 사람으로 조군왕趙郡王 간幹의 아들. 벼슬은 남예주자사·도목상서에 이르렀다.
46 대호산大胡山: 지금의 중국 안휘성에 있는 산.
47 만족蠻族: 주로 중국의 남방 지역에 토착해 살아온 소수 민족들을 가리키는 말.

했으니 죽여 마땅하다" 하니 만족들 모두 머리를 조아렸다. 원정은 즉시 그들을 베고 만족의 추장을 달래어 보냈다. 이로부터 경내에 들어와서 노략질하는 일이 없게 되었다.

류운룡이 풍기군수豊基郡守로 있을 때의 일이다. 당시 왜란이 아직 종식되지 않았는데 기근에 전염병까지 돌았다. 사나운 도적들이 산골짜기에 떼를 지어 모여서 병기를 가지고 험준한 지형에 의지해 나고 들며 불 지르고 노략질을 일삼았다. 사람을 잡아먹기도 하니 인근 고을들이 공포에 떨어 감히 손을 대지 못하였다. 류운룡이 책략을 세워 소탕하여 무리들이 와해되어서 죽령竹嶺 안팎 몇 고을이 편안하게 되었다. 이 사실이 위에 보고되어 품계가 높아졌다.

박정朴炡이 남원부사로 있을 때의 일이다. 고을에 도적 무리가 있었는데 그 근거지가 견고해서 도적들의 출몰이 잇따라도 관에서는 감히 어쩌지를 못하였다. 박정이 은밀히 고을 사람 중에서 일을 부탁할 만한 사람을 얻어 정보를 파악하고 계략을 세웠다. 도적들이 모여서 술을 마시고 있는 틈을 엿보아 덮쳐서 붙잡았다. 저희들끼리 서로 끌어들이고 고발을 하므로 대질을 시켜 자복을 받아서 처형을 당한 자가 수십 수백 명이 되었다. 그리하여 호남 영남 수백 리 사이의 백성들이 비로소 안심하고 살아갈 수 있게 되었다. 박정은 그 공로로 가선대부嘉善大夫[48]에 오르고 금주군錦州君[49]으로 봉을 받았다. 도적 중에 도망을 친 자가 있었는데 밤중에 창문을 뚫고 들어와 박정의 머리를 겨누어 찔렀다. 다행이 발만 다치

---

48 가선대부嘉善大夫: 조선시대 문무반 종2품 관계.
49 금주군錦州君: 금주는 전라남도 나주의 별칭. 박정의 본관이 나주에 속한 반남潘南이기 때문에 금주군으로 봉을 받은 것이다.

고 무사했는데, 박정이 미리 경계를 하여 베개를 반대로 놓고 방향을 바꾸어 잤기 때문에 도둑의 칼에 맞지 않았던 것이다. 이 일이 임금께 알려져서 더욱 그를 아껴 조정으로 불러들였다. 남원을 떠날 때 고을 사람들이 군사를 출동시켜 호위하기를 청하였으나 박정은 이를 중지시켰다. 도적들 또한 감히 더 움직이지 못하였다.

보상을 하고 면죄를 약속하여 서로 잡아들이고 서로 고발하게 하여 소멸에 이르도록 하는 계책이 또 그 다음의 대책이다.

장창張敞[50]이 산양태수山陽太守로 있을 때의 일이다. 교동膠東[51]과 발해渤海 지역에 도적이 떼 지어 일어났다. 장창은 상을 내걸고 도적들에게 알려 서로 잡아 죽여서 죄를 면제받도록 하였다. 한편 아전들 가운데 도둑 잡는 데에 공이 있는 자는 그 이름을 상서尙書에 올려 현령으로 임용된 자가 수십 명이나 되었다. 이로 말미암아 도적이 흩어져서 저희들끼리 서로 싸워 죽이니, 관리와 백성들이 평화롭게 되었다.

오나라 진표陳表[52]가 장수로 있을 때의 일이다. 관가의 물건을 훔친 자가 몇 명 있었는데 오직 시명施明이란 자만 잡아서 고문을 가하였다. 시명은 본래 건장하고 독한 사람이어서 죽기를 기다리며 자백하지 않았

---

50 장창張敞, ?~B.C. 47 : 중국 한나라 사람. 자는 자고子高, 경조윤·기주자사 등을 역임했다.
51 교동膠東 : 지금의 중국 산동성에 두었던 후한 때의 현의 이름.
52 진표陳表, 204~237 : 중국 삼국시대 오吳나라 사람. 자는 문오文奧이다. 신안도위新安都尉를 거쳐 도향후都鄕侯에 봉해졌다.

다. 정위廷尉가 의옥疑獄으로 처리하여 위에 보고했다. 손권孫權[53]은 진표를 불러 어떻게 하든지 그 진상을 조사해서 아뢰게 하였다. 진표는 이에 그의 차꼬와 수갑을 벗겨주고 음식을 내접하며 목욕도 시켜서 마음을 샀다. 이에 시명은 자복을 하여 관련된 자들을 모두 열거해 바쳤다. 진표는 이 사실을 위에 보고하여 특별히 시명은 풀어주고 잡힌 무리들은 다 처벌했다[『오지吳志』[54]].

왕경칙王敬則[55]이 오흥태수吳興太守로 있을 때의 일이다. 한 도적을 조사해 잡아 채찍으로 치고 내내 거리 청소를 시켰다. 오랜 뒤에 그에게 전에 잘 아는 도적들을 데려다가 대신 시키게 하였더니, 뭇 도둑들이 알려질까 두려워 모두 도주하고 말았다.

북주의 유경柳慶[56]이 옹주雍州의 별가別駕[57]로 있을 때의 일이다. 호씨胡氏 성을 가진 집이 약탈을 당해 이 일 때문에 이웃 사람들이 잡혀 간힌 자가 많았다. 유경은 도적이 오합지중烏合之衆이므로 거짓 술수가 통할 수 있다고 생각하여, 익명서를 써서 저녁에 관부의 문에 붙였다. "우리들이 함께 호씨 집을 약탈했습니다. 우리 무리가 혼잡해서 범죄가 누설되고 말 것이 두려워 이제 자수하고 싶으나 죽음을 면치 못할까 두렵습니다.

---

53 손권孫權, 182~252: 중국 삼국시대 오나라 대제大帝. 오군吳郡 부춘富春 사람으로 자는 중모仲謀이다. 건업建業(지금의 강소성 남경)을 도읍으로 하여 오나라를 세워 유비劉備의 촉한蜀漢, 조조曹操의 위魏와 함께 삼국을 이루었다.

54 『오지吳志』: 중국 서진西晉의 학자 진수陳壽가 지은 『삼국지三國志』 중의 『오서吳書』를 가리킨다.

55 왕경칙王敬則, 435~498: 중국 남제 사람. 산기시랑·오흥태수 등을 역임했다. 남연주자사南兗州刺史에 오르고, 심양군공尋陽郡公에 봉해졌다.

56 유경柳慶, 516~566: 중국 북주 사람. 자는 갱흥更興이다. 옹주별가, 상서, 의주자사 등을 역임했다.

57 별가別駕: 자사의 보좌관.

만약 먼저 자수하는 사람에게 죄를 면해주기만 한다면 곧 와서 자수하겠나이다." 유경은 그 방의 옆에 면죄첩免罪帖[58]을 붙여놓았다. 이틀이 지나 한 놈이 양팔을 뒤로 돌려 묶고서 면죄첩 아래 서 있었다. 이에 그의 자백을 받아 무리들을 모조리 잡아들였다『북사』.

한기韓琦가 운주鄆州를 맡아 다스렸는데 경동京東[59] 지방에 도적이 많았다. 그때 도둑 잡는 법이 100일을 세 기한으로 나누어놓고 기한 안에 잡지 못하는 자는 처벌을 받기로 되어 있었다. 그래서 도적은 잡히지 않고 형벌을 받는 자만 많아지게 되었다. 한기가 다른 도적을 잡는 자에게도 형벌을 면제받도록 하는 길을 열어주기를 청하여, 도적이 많이 잡혔다. 조정이 이것을 정식으로 법령을 삼아 지금까지도 준용하고 있다.

주묵朱墨으로 옷자락에 표시하여 잡초를 가려 뽑듯
도적을 잡아내는 것 또한 작은 술수가 된다.

장창이 경조윤으로 있을 때의 일이다. 당시 시장에 도적이 특히 많아서 상인들의 한 두통거리가 되었다. 장창은 부임한 이후로 도적의 두목 몇몇을 조사하여 알아냈는데, 평소에 살아가는 모습이 다들 온후하고 나다닐 적에는 시동에 말까지 타고 다녀 동네에서는 대체로 점잖은 사람으로 여겼다. 장창이 이들을 다 불러다가 문책을 한 다음 지은 죄를 용서해주었다. 그리고 부하 도둑들을 끌어와서 속죄하라고 하니, 그 두목들

---

58 면죄첩免罪帖: 관에서 죄과를 사면했다는 것을 증명하기 위해 발급한 문서.
59 경동京東: 중국 송나라 때의 로路의 하나. 지금 중국의 하남성·산동성·강소성 일대에 걸쳐 있었다.

이 "지금 하루아침에 불러서 관부에 오게 하면 도적들이 놀랄까 걱정됩니다. 원컨대 저희 모두에게 임시로 직책을 주십시오"라고 하였다. 장창은 그들을 아전으로 삼고 돌아가게 하였다. 그들이 축하연을 열어 졸개 도적들이 다 와서 마시고 취하자 두목은 붉은 물감으로 저들의 옷자락에 표지를 하였다. 아전들이 동네 입구에 앉아서 나오는 대로 조사하여 붉은 물감이 찍혀 있는 자를 골라 결박하였다. 하루 만에 수백 명을 잡을 수 있었다. 그네들의 범행을 추궁하니 한 사람이 100여 번이나 범행을 한 자도 있었다. 모두 법에 따라 처벌하였다. 이로 인해서 도적을 알리는 북소리가 드물게 울리고 시장에는 도적이 없어졌다. 천자는 장창을 가상하게 여겼다.

조가朝歌[60] 지방에 도적 영계寗季 등 수천 명이 한 곳에 모여 무리를 이루고 있은 지가 여러 해 되었다. 우후가 조가의 관장이 되어 세 등급을 설정해 장사를 모집하되 아전 이하로 각기 자기가 아는 사람을 추천하도록 하였다. 약탈한 경력이 있는 자를 상급, 사람을 상해하고 도둑질한 경력이 있는 자를 중급, 상복을 걸치고 가사를 돌보지 않고 돌아다닌 자를 하급으로 하였다. 이렇게 100여 명을 모아 향응을 베풀며 그 전과를 모두 용서해주고는 그들로 하여금 도적의 소굴로 들어가 도적떼를 유인, 탈취하게 하였다. 그리고 미리 군사를 잠복시켜두었다가 드디어 도적 수백 명을 잡았다. 또한 몰래 가난한 사람으로 바느질 잘하는 자를 도적 소굴로 보내어 저들의 옷을 짓게 했다. 채색 실로 각기 옷자락에 다 표시하게 하고는 저들이 마을로 내려와서 발견되는 즉시 사로잡으니 도적떼가

---

60 조가朝歌: 지금 중국 하남성에 두었던 한나라 때의 고을 이름. 이곳이 은대 말에는 수도가 되기도 했다.

이로 말미암아 흩어지게 되었다. 우후는 신명하다는 일컬음을 받았다.

송나라 고계선高繼宣[61]이 익주도감益州都監[62]으로 있을 때의 일이다. 촉蜀 지방 사람들이 부유하고 사치스러워 정월 초하룻날 저녁이면 크게 등불을 밝히는데, 익주의 지부知府[63] 설규薛奎가 도둑에 대비하도록 경계시켰다. 고계선이 불량한 소년들을 찾아 모아다가 술과 음식을 잘 먹여서 그들을 시켜 밤에 몰래 도적의 등에다 표시를 하게 한 다음 이튿날 모두 잡아들였다.

성창盛帀이 현령으로 있을 때의 일이다. 도적 수백 명이 밤중에 창고를 털러 왔다. 성창이 주묵硃墨과 붓 두 자루를 가지고 몰래 뜰에 선 나무위로 올라가 도적이 나고 들 때마다 붓을 주묵에 적셔 저들의 옷에 떨어트렸다. 이튿날 아침에 성문을 닫고 순라군들에게 밀령을 내려 옷에 주묵 흔적이 있는 자들을 모두 잡게 하여 한 사람도 놓치지 않았다.[64]

진술고陳述古[65]가 건주建州[66]를 맡아 다스릴 때의 일이다. 포성현蒲城縣에서 어떤 사람이 물건을 잃어버렸는데 물건을 훔친 자가 꼭 누구인지를 알 수가 없었다. 진술고는 "아무 사당에 종鐘이 하나 있는데 도적을 알아

---

61 고계선高繼宣: 중국 송나라 사람. 자는 순거舜擧이다. 익주도감, 미주방어사眉州防禦使를 역임했다.
62 익주도감益州都監: 익주는 지금의 중국 사천성에 두었던 고을. 그곳은 옛날 촉에 속한 지역이다. 도감都監은 송나라 때 로路와 주州에 두었던 관직으로서 부세에 관한 일을 담당했다.
63 지부知府: 중국 송나라 때 두었던 지방 관직으로 부府의 정사를 총괄하는 직책.
64 이 내용은 『송릉견문록松陵見聞錄』에 보이는데, 원래 중국 명나라 정중기鄭仲夔의 『청언淸言』에 있던 것이라고 한다. 성창이라는 인물에 대해서는 달리 확인되지 않는다.
65 진술고陳述古: 중국 송나라 사람 진양陳襄. 술고述古는 그의 자이다(1권 249면 주 28 참조).
66 건주建州: 건주란 지명은 시대에 따라 두어졌던 곳이 다른데 중국 송나라 때는 복건성福建省 지역에 있었다.

맞히는 데 아주 영검하다"라고 속여 말하고는 사람을 시켜 그 종을 들여다 관아의 뒤채에다 모셔놓고 제를 지냈다. 그러고는 뭇 피의자들을 종 앞에 데려다 세워놓고 몸소 "도둑질을 하지 않은 사람이 이 종을 만지면 소리가 나지 않고, 도둑질을 한 사람이 이 종을 만지면 소리가 난다"라고 직접 설명하면서 매우 엄숙히 종에게 기도를 드렸다. 제사를 마치고 종을 장막으로 둘러치게 하고는 몰래 사람을 시켜 종에다 먹을 칠하게 하고 조금 기다렸다가 피의자들을 한 사람씩 잡아끌어 장막으로 들어가 종을 만지도록 하였다. 그래서 나오는 대로 그 손을 조사해보니 모두 다 손에 먹이 묻어 있는데 그중 한 사람만이 먹이 묻어 있지 않았다. 신문해보니 과연 도둑질한 자였다. 대개 종을 만지면 소리가 날까 두려워서 감히 만지지를 못했던 것이다.

북제의 고유高潁【팽성왕彭城王】가 정주자사定州刺史로 있을 때의 일이다. 왕씨 성을 가진 한 노파가 외롭게 살아가면서 채소 서너 이랑을 심어 놓았는데 자주 도둑을 맞았다. 고유는 사람을 시켜 몰래 채소 잎에다 글자를 써두게 하고는 이튿날 저자에서 채소 잎에 글자가 있는 것을 보아 도둑을 잡아냈다. 그 뒤부터 경내에 도둑이 없어졌다.

상여로 위장하여 장물을 운반하는 것은 교활한
도적들이 늘 쓰는 수법이다. 위장 상여는 상인들이
슬퍼하는지 여부를 살피는 것이 도적을 염탐하는
조그만 술수이다.

측천무후則天武后 때의 일이다. 일찍이 태평공주太平公主[67]에게 자개그릇에 담은 보물 두 합盒을 하사하였는데 그 값어치가 금 100일鎰[68]에 해당하는 것이었다. 그런데 얼마 안 되어 도둑을 맞고 말았다. 측천무후가 크게 노하여 장사長史에게 "3일 안에 도둑을 잡지 못하면 사형에 처하겠다" 하고 엄명하였다. 호주湖州[69] 별가 소무명蘇無名[70]이 자청하여 측천무후에게 "신에게 도둑을 잡도록 맡겨 주시되 시간에 구애를 두지 않으신다면 신이 폐하를 위하여 도둑을 잡겠습니다"라고 아뢰었다. 마침 한식寒食 철이 되었는데 소무명은 이졸들을 다 불러서 "10명 혹은 5명씩 짝을 지어 동북쪽 문에서 엿보고 있다가 호인胡人 무리 10여 명이 상복을 입고 북망산北邙山[71]으로 나가는 것을 보거든 뒤좇아가보아라"라고 하였다. 이졸들이 엿보고 있으려니까 과연 그런 호인들이 있었다. 그래서 소무명에게 달려와 "호인들이 새로 만든 무덤에 이르러 제물을 차려놓고 곡을 하기는 하나 슬퍼하는 기색이 없고 무덤 곁을 둘러보고는 서로 쳐다보며 웃습디다"라고 아뢰었다. 소무명은 기뻐하며 "이제 되었다" 하고는 이졸들로 하여금 여러 호인들을 모조리 체포하고 그 무덤을 파게 하였다. 관을 갈라놓고 보니 과연 모두 보물이었다. 측천무후가 "경은 무슨 수단으로 이 도둑들을 알아내었는가?" 하고 묻자, "신이 고을에 부임하던 날이 바로 이 도둑들이 보물을 내다 장사 지낼 때였는데, 신이 보고는 곧 장물인 줄로 눈치챘습니다. 다만 그 물건을 묻은 곳을 알지 못했는데, 이제 한식

---

67 태평공주太平公主, 665?~713 : 중국 당나라 고종의 딸로 무후의 소생. 정사에 깊이 간여하여 대신의 진퇴조차 그녀의 말 한마디에 좌우되었다.

68 일鎰 : 무게의 단위. 24냥兩이 1일鎰. 일설에는 20냥 또는 30냥이 1일이라고도 함.

69 호주湖州 : 지금의 중국 절강성에 두었던 당나라 때의 주.

70 소무명蘇無名 : 중국 당나라 때 사람. 우숙牛肅이 지은 『기문紀聞』에 나오는 인물.

71 북망산北邙山 : 우리나라에서는 흔히 공동묘지를 가리키는 말로 쓰는데 원래는 중국 낙양 근교의 산 이름으로 귀족들의 묘가 집중해 있었다.

이 되어 성묘할 때여서 도둑들이 반드시 성 밖으로 나가리라고 짐작한 것입니다. 도둑들이 곧 제물을 차려놓고 곡을 하기는 하나 슬퍼하는 기색이 없었으니 장사 지낸 것이 그들의 부모가 아님이 분명했습니다. 곡을 마치고 무덤을 둘러보고 서로 쳐다보며 웃었던 것은 보물을 묻어둔 무덤에 아무 손상이 없어 기뻤기 때문입니다. 전날 폐하께서 만일 부현府縣에 독촉하여 도둑 잡기를 급히 하셨더라면 그들은 반드시 보물을 가지고 도망쳤을 것입니다. 그런데 이번에 이졸들이 뒤쫓아 캐지 않으니 도둑들은 자연히 마음이 늦추어져서 아직 꺼내가지 않았던 것입니다"라고 하였다. 측천무후는 그에게 황금과 비단을 하사하고 품계 2등급을 올려주었다.

당나라 여원응이 악양岳陽을 맡아 다스릴 때의 일이다. 밖으로 나가 노닐다가 문득 상여 하나가 길가에 머물러 있고 남자 다섯이 상복을 입고서 따르고 있는 것을 만났다. 그는 "멀리 가는 장례 행차라면 너무 번잡하고, 가까이 가는 장례 행차라면 너무 간소하니 이는 틀림없이 간악한 무리일 것이다" 하고 관을 수색해보게 했더니 과연 병장기가 들어 있었다. 그들 말이 "강을 건너가 재물을 약탈하려고 거짓 상여를 꾸며 우리를 건네주는 자로 하여금 의심하지 않게 하도록 한 것입니다"라고 하였다. 여원응이 그들을 철저히 추궁하게 하였더니 또 같은 무리 수십 명이 있어 건너편 강안에 집결해 있기로 이미 약속이 되어 있었다. 모두 잡아 법에 맡겼다. 案 무신년(1728)의 난리에 역적 이인좌李麟佐 등이 병기를 상여 속에 감추고 저물녘에 청주淸州를 지나 동쪽 수풀 속에 잠복해 있다가 그날 밤으로 병마사를 습격하여 살해했다. 이 역시 같은 술책이었다.

유공작柳公綽이 양양절도사襄陽節度使로 있을 때의 일이다. 흉년이 들었는데 이웃 지방이 더욱 심하였다. 상복을 입은 어떤 사람이 곡을 하며 글을 올려 호소하기를 "3대에 걸쳐 열두 무덤을 무창武昌[72] 땅에 이장하려 하니 진리津吏[73]가 통과시켜주도록 해주옵소서"하는 내용이었다. 유공작이 즉시 군교에 명해 그 사람을 체포하고 실린 관을 조사했더니 관들이 모두 쌀로 채워져 있었다. 흉년을 당해서 아무래도 3대 열두 무덤을 한꺼번에 이장하지 않을 터이기에 그 말이 거짓임을 간파했던 것이다.

북제의 임성왕任城王 고개高湝[74]가 병주자사幷州刺史로 있을 때의 일이다. 어떤 부인이 물가에서 빨래를 하고 있는데 말을 타고 가던 행인이 헌 신을 벗어놓고 새 신으로 바꾸어 신고 가버렸다. 그 부인이 행인이 놓고 간 헌 신을 들고 관부에 가서 고소를 했다. 고개가 성 안에 사는 노파들을 불러놓고 그 헌 신을 내보이면서 "말을 타고 가던 사람이 길에서 도적에게 강탈을 당하고 대신 이 신을 얻었다. 그의 친속 되는 사람이 없는가?" 하니, 한 노파가 가슴을 안고 통곡하며 "우리 아들이 어제 이 신을 신고 처가에 갔습니다"라고 하였다. 이에 범인을 잡았다. 사람들이 고개를 명찰하다고 하였다.

양진楊津[75]이 기주자사岐州刺史로 있을 때의 일이다. 어떤 사람이 비단 300필을 가지고 가다가 도성 밖 10리 지점에서 도적에게 약탈을 당하

---

72 무창武昌: 지금의 중국 호북성의 무한武漢에 포함된 지명. 양양은 같은 호북성 지역이다.

73 진리津吏: 나루와 배의 왕래에 관한 일을 맡아보던 관리.

74 고개高湝, 538~578: 원문의 "해諧" 자를 『북제서北齊書』에 의거하여 '개湝' 자로 고쳤다. 고개는 중국 북제 신무제의 열 번째 아들로 임성왕에 봉해졌으며, 병주자사·대승상 등을 역임했다.

75 양진楊津, 469~531: 중국 북위 사람. 자는 연조延祚, 후에 나한羅漢으로 고쳤다. 시호는 효목孝穆. 기주岐州·정주定州 등의 자사를 거쳐 중군대도독·사공에 이르렀다. 원문에 "주양진周楊津"으로 나와 있는데 착오로 생각된다.

였다. 그 사람이 와서 고발하기에 양진이 알리기를 "어떤 사람이 이러이러한 빛깔의 옷을 입고 이러이러한 빛깔의 말을 타고 가다가 도성 동쪽 10리 지점에서 피살되었는데, 그 성명을 모르니 만약 가족이 있으면 빨리 시체를 거두어 가라"라고 하였다. 한 노파가 울며 와서는 자기 아들이라 하였다. 이에 범인을 붙잡고 비단도 함께 회수했다.

> 지혜를 활용하고 계교를 내어 깊은 곳에 있는 것을
> 낚아내고 숨어 있는 것을 들추어내는 일은 오직 능한
> 자만이 가능하다.

후한의 모용언초慕容彦超[76]가 운주鄆州의 수령으로 있을 때 고庫를 설치하여 물건을 전당 잡고 돈을 빌려 주었다. 간사한 백성 하나가 가짜 은銀 2정錠을 맡기고 돈 10만을 빌려갔는데 담당 아전이 오랜 뒤에야 이 사실을 발견했다. 모용언초는 이 일을 알고서 몰래 담당 아전을 시켜 밤에 창고의 담벼락을 뚫고 그곳에 보관되어 있던 금과 은, 비단 등속을 다른 곳에 옮기고 도둑맞은 것으로 보고하게 하였다. 모용언초가 곧 저자에 방을 붙이고 사람을 시켜 도적을 잡게 하는 한편, 백성들로 하여금 각자 자기가 전당 잡힌 대로 신고하게 하여 이를 변상해준다고 공시했다. 그러자 백성들이 모두 다투어 자기가 맡긴 물건을 신고하였다. 이윽고 가짜 은을 맡겼던 자를 발견하여 붙잡으니 죄를 자백하였다.

---

76 모용언초慕容彦超, ?~952: 중국 오대 때 후한後漢 사람. 벼슬은 진령군절도사鎭寧軍節度使에 이르렀다.

후위의 고겸지高謙之[77]가 하음령河陰令으로 있을 때의 일이다. 어떤 사람이 주머니에 기와 부스러기와 자갈을 넣고 금으로 속여 다른 사람의 말을 사가지고는 달아나버렸다. 영을 내려 그를 잡으라 하고 나서 고겸지는 한 죄수에게 칼을 씌워 마시장에다 세우고 사기를 쳐 말을 사간 도적을 처벌하려 한다고 선언하고는 한편으로 몰래 사람을 시켜 저자에서 사사로이 수군거리는 자들을 살피게 하였다. 어떤 사람이 기뻐하며 "이제는 다시 근심이 없게 되었다"라고 하였다. 드디어 그를 잡아다 문초하니 죄를 자백하였다【『북사』】.

당나라 염제미閻濟美[78]가 강남江南 지역을 맡아 다스릴 때의 일이다. 어떤 뱃사람이 장사꾼의 물건을 삯을 받고 실었는데 그중에 은 10정이 화물 속에 감추어져 있었다. 뱃사람이 그것을 엿보고는 장사꾼이 강안에 올라간 틈을 타서 훔쳐 배가 정박한 곳의 물속에 숨겨 두었다. 배가 밤에 떠나 진鎭에 이르러서 화물을 점검해보니 은이 없어진 것이 발견되었다. 장사꾼이 드디어 뱃사람을 잡아 고소하니, 염제미는 장사꾼에게 "객은 어제 어느 곳에서 묵었는가?" 하고 물었다. "이곳에서 100리 떨어진 갯가입니다"라고 대답하였다. 염제미가 무사를 시켜 뱃사람과 같이 가서 그곳을 수색하도록 하고, 몰래 무사에게 "필시 뱃사람이 강물 속에 숨겨 놓았을 것이다. 네가 뱃사공들을 동원하여 갈고리를 물에 넣어 끌어올려라. 내가 너에게 후히 상을 내리겠다"라고 하였다. 무사가 염제미의 지시대로 갈고리로 찾아냈다. 은이 상자 안에 있었는데 봉함한 것이 온전했

---

77 고겸지高謙之: 중국 후위 사람. 자는 도양道讓이다. 하음령·주전도장장사鑄錢都將長史를 역임했다. 천문과 역산에도 통했다.

78 염제미閻濟美: 중국 당나라 사람. 벼슬은 공부상서에 이르렀고 시호는 온溫이다.

다. 염제미가 따져 문초하자 뱃사람은 곧 승복하였다.

당나라 위고韋皐가 검남劍南[79]을 맡아 다스릴 때의 일이다. 어떤 여관에
한 상인이 유숙했는데 가진 재물이 수만數萬을 헤아릴 정도였다. 그 상인
이 병이 들자 여관 주인이 그를 독살하고 몰래 재물을 차지하여 부자가
되었다. 이 사실을 위고는 알아채고 있었다. 그런데 또 소연蘇延이라는
자가 북쪽 지방에서 촉 땅으로 장사하러 왔다가 병이 들어 사망했다. 위
고가 그의 장부를 조사해보도록 했더니 이미 여관 주인의 손에 의해 변
조되어 있었다. 이에 위고는 그 경위를 추궁하고 은밀히 아전에게 맞춰
보게 했으나 말이 많이 달랐다. 드디어 여관에서 일 보던 자를 심문하여
승복을 받았다. 속이고 감춘 돈이 무려 수천 민緡에 달했는데 아전 20여
명과 나누어 가졌던 것이다. 모두 법에 따라 처벌하도록 명하니 이로부
터 검남 지방에 횡사하는 행인이 없게 되었다[『흠흠신서』에 더욱 자세하다].

송나라 상역桑懌[80]이 영안순검永安巡檢[81]으로 있을 때의 일이다. 명도明
道(1032~1033) 말년에 경서京西[82] 지방에 가뭄이 들고 황충蝗蟲의 재해가
있었다. 이때 악독한 도적 23명이 활동하기에 추밀원樞密院[83]에서 상역을

---

79 검남劍南: 검각劍閣의 남쪽이란 데서 나온 지명으로 중국 당나라 때는 검남절도사라는
    관직이 있었다. 지금의 사천성, 촉 지역을 관할했다.
80 상역桑懌, ?~1041: 중국 송나라 사람. 용력勇力과 지략이 뛰어났다. 합문지후·경원로병
    마도감涇原路兵馬都監 등을 역임했다.
81 영안순검永安巡檢: 영안永安은 지금의 중국 하남성에 있었던 송나라 때 현의 이름. 순검
    巡檢은 송대 지방에 두었던 무직의 하나로 훈련과 군무를 맡고 고을을 순행하며 도적을
    잡았다.
82 경서京西: 중국 송나라 때 로路의 하나. 지금의 하남·섬서·호북 등 여러 지역을 관할하
    였다.
83 추밀원樞密院: 중국 당나라 이래 중앙 관직의 하나로서 제명帝命을 출납했으며, 송대에
    와서는 병권까지 장악했다.

불러 이들을 잡도록 하였다. 상역은 목책을 걸어 닫고 겁을 내는 것처럼 하고서 밤에 몰래 두어 명의 군졸과 함께 도적의 복색으로 꾸며 입고 도 적들이 늘 다니던 곳을 밟아갔다. 늙은이 젊은이가 모두 달아났고 오직 노파 혼자 남아 있는데 음식을 장만하는 품이 도적떼를 먹이려 하는 것 같았다. 상역은 돌아왔다가 사흘 후에 다시 음식을 가지고 갔다. 가지고 간 음식을 먹다가 나머지를 노파에게 주니, 노파는 이들이 진짜 도적인 줄로 알고 차츰 이야기를 나누게 되었다. 그래서 이야기가 도적떼에 미 치자 노파는 "저들이 상전직桑殿直[84]이 온다는 소문을 듣고 모두 도망해 갔는데, 요즈음 영문을 닫고 나오지 않는 것을 알고는 점차 돌아오고 있 습니다"라고 하면서 아무개는 어느 곳에 있고 아무개는 어느 곳에 있다 고 하는 것이었다. 그 사흘 후에 다시 또 가서 후히 물건을 주고는 드디 어 사실대로 말하여, "내가 상전직이다. 나를 위해 도적이 확실히 거처하 는 곳을 알려주되 절대로 누설하지 말라"라고 당부했다. 그리고 군사를 나누어 보내 모조리 잡았다.

원나라 호장유胡長孺가 영해주부寧海主簿로 있을 때의 일이다【지대至大 연 간(1308~1311)의 일이다】. 고을에 동암銅巖이란 곳이 있어 불량한 소년들이 숨어서 엿보다가 길에 나와 노략질을 하곤 하였다. 길손들에게 일대 우 환이 되었으나 관에서 금하지 못하였다. 그가 상인의 복색으로 위장을 하고 종을 시켜 물건을 지고 따르게 하는 한편 몰래 군졸 10여 명에게 지 시하여 뒤를 따라오게 하였다. 그가 이르자 바위 속에 숨어 있던 자들이 뛰어나와 재물을 내놓으라고 협박했다. 그가 공손한 말로 사정하고 있는

---

84 상전직桑殿直: 상역을 가리킴. 전직殿直은 중국 송나라 때의 중앙 관직의 하나로 시종무 관인데, 좌반전직左班殿直과 우반전직右班殿職이 있었다.

동안에 수행하던 군졸들이 갑자기 모여들어 모두 사로잡고, 그 일당을 다 불게 하였다. 이들을 법에 따라 처단하니 이로부터 사람이 밤에 다녀도 걱정이 없었다.

장순張淳이 영강지현永康知縣으로 있을 때의 일이다. 당시 큰 도적 노십팔盧十八[85]이란 자가 관고의 금을 약탈해간 지 10년이 지났는데도 잡지를 못하였다. 어사가 이 일을 장순에게 맡겼다. 장순은 3개월로 기한을 정하여 도적을 꼭 잡기로 하고 어사에게 매월 수십 차례 격문을 보내주기를 청하였다. 격문이 여러 차례 내려오자 장순은 거짓으로 비웃으며, "도적은 달아난 지가 벌써 옛날인데 어디서 잡는단 말인가" 하며 그대로 덮어 두고 움직이지 않았다. 아전 아무개의 아내가 노십팔과 간통을 하였고 그 아전은 노십팔의 이목 노릇을 하고 있었다. 아전이 장순의 말을 듣고 노십팔에게 알리니 노십팔은 아주 안심하게 되었다. 장순은 다른 관속을 시켜서 거짓으로 그 아전이 공금을 포흠하였다고 고발하게 하여, 그를 옥에 가두었다. 그리고 은밀히 불러 도적과 내통하였으니 죽을죄를 진 것이라고 호령하고는 또 사주하기를 아내를 자기 대신 가두고 자기는 나가서 돈을 변통하여 몸값을 바치겠다고 청하도록 하였다. 노십팔이 이 소문을 듣고 바삐 와서 아전의 아내를 만났다. 노십팔이 술에 취해 있는 틈을 타서 붙잡았다. 어사에게 이 사실을 보고하였는데 겨우 두 달이 걸렸다.

장순이 영강지현으로 있을 때 도망해버린 어떤 도적이 있었다. 하루는 위의 소환을 받고 떠나가는데 수레에 오르면서 수하의 사람을 돌아보며

---

85 노십팔盧十八: 십팔十八은 일정한 촌내 같은 행렬에 있어서 형제 서열로 열여덟째라는 뜻으로, 중국에서는 흔히 상대의 본명 대신 이 서열을 호칭으로 썼다.

"도적 아무가 진작 돌아와 여기서 두어 마장 되는 곳에 있을 터이니 결박하여 내게 데려오라"라고 말하였다. 그의 말대로 그곳에 가보니 도적이 막 냇물에 발을 씻고 있었다. 도적은 결박당해 와서 죄를 자복하였다. 영강 사람들이 이 일을 놀라워하며 신이 알려준 것이라고들 하였다. 장순은 "이 도적은 급하게 잡으려고 하면 멀리 도망칠 것이다. 지금 내가 떠나간다는 소문을 듣고 돌아온 것일 뿐이다. 이치로 헤아려 안 것이지 어찌 신이 알려 주었겠느냐"라고 말하였다.

강유후姜裕後가 정주목사定州牧使로 있을 때의 일이다. 고을 안에 여덟 식구가 함께 사는 집이 있었는데 하룻밤 사이에 온 가족이 몰살을 당했으나 범인을 잡지 못하고 있었다. 그가 계교를 써서 잡아 마침내 법으로 처단하니 논자들이 "채군산蔡君山[86]이라 하더라도 이보다 더 나을 수는 없겠다"라고들 하였다.

근래 어떤 사람이 양근군수楊根郡守가 되었는데 고을에 도적이 많았다. 평상시 사람들이 관아에 왕래할 적에 그 마을에서 의심스러운 사람을 남몰래 물어서 혼자만 알고 기록해두었다가 환곡을 출납하거나 부역으로 하여 백성들이 모일 때면 반드시 의심스러운 사람들을 불러서 엄하게 신칙하니 도적이 자취를 감추었다【순암順菴의 『임관정요臨官政要』】.

이치를 살피고 물정을 분변하면 어떤 경우도 그
실상을 속이지 못하는 것이니, 오직 밝은 자만이

---

86 채군산蔡君山, 1014~1041 : 중국 송나라 사람 채고蔡高. 군산君山은 그의 자이다. 나이 20세에 장계위長溪尉가 되어 옥사를 잘 판결하여 신명하다는 명성을 얻었다.

할 수 있다.

전진前秦의 부융苻融[87]이 기주목冀州牧으로 있을 때의 일이다. 한 노파가 저물녘에 강도를 만났는데 행인이 그 노파를 위해 쫓아가 강도를 잡았다. 그런데 그 강도가 도리어 행인을 강도라고 무고했다. 부융은 "두 사람이 같이 뛰어서 먼저 봉양문捧陽門으로 나가는 자는 도적이 아니다"라고 하였다. 두 사람이 뛰어갔다가 돌아온 다음, 부융은 정색을 하고 나중에 온 자에게 "네가 바로 도적이다"라고 판정하였다. 죄를 밝혀내고 숨긴 것을 적발함이 이와 같았다. 대개 부융의 천성이 명찰하여 도적이 만약 잘 달린다면 결코 행인에게 잡히지 않았을 것이라고 생각한 것이다. 이 점으로 헤아려본다면 앞서 달린 자가 곧 쫓아가 도적을 잡은 사람인 것이다[『진서晉書』].

송나라 양회楊繪[88]가 홍원부興元府를 맡아 다스릴 때의 일이다. 어떤 아전이 담을 뚫고 곳간의 비단을 훔쳐간 자를 조사해달라고 요청해왔다. 양회가 현장에 나가보니 발자취가 사람의 그것과 같지 않았다. 이에 원숭이를 조련하는 자를 불러서 관부의 뜰에서 추궁하니 단 한 차례의 신문에 모두 자복하였다. 드디어 사형에 처했다. 사람들이 양회를 신명하다고 일컬었다.

---

87 부융苻融, 340~383: 중국 5호16국시대 전진前秦 사람. 자는 박휴博休이다. 부건苻建이 전진을 세웠을 때 양평공陽平公에 봉해지고 태자태부太子太傅·정동대장군征東大將軍 등을 역임했다.

88 양회楊繪, 1027~1088: 중국 송나라 사람. 자는 원소元素, 호는 선백先白·무위자無爲子이다. 벼슬이 천장각대제天章閣待制, 한림학사, 어사중승에 이르렀다. 소식蘇軾과 교유하였다.

북제의 고유가 정주자사로 있을 때의 일이다. 어떤 사람이 검은 소를 도둑맞았는데 등 위에 흰 털이 있다고 했다. 고유가 이에 거짓 상부上符[89]를 만들어 쇠가죽을 배의 가격으로 사들인다고 알렸다. 그리하여 소 임자로 하여금 확인하도록 해서【여러 쇠가죽 중에서 구별해내도록 한 것이다】 소도둑을 잡을 수 있었다.

송나라 전화錢龢[90]가 가흥현嘉興縣을 맡아 다스릴 때의 일이다. 한 시골 백성이 어떤 자가 소를 죽였다고 고발해왔다. 전화는 "빨리 돌아가서 관가에 고발하였다는 말은 하지 말고, 다만 한 마을 사람들을 불러다 소의 각을 떠서 사람들에게 두루 나누어주되 혹시 원한이 있는 사람이 있으면 그에게는 고기를 배나 더 주라"【새 원한과 묵은 원한이 서로 섞여 있어 변별해낼 길이 없기에 이른 것 같다】 하고 돌려보냈다. 백성이 그 말과 같이 했더니 다음 날 쇠고기를 가지고 와서 "백성이 소를 죽였다"라고 아뢰는 자가 있었다. 전화가 곧 잡아서 신문하니 과연 그가 소를 죽였던 것이다.

우홍규禹弘圭[91]가 죽산부사竹山府使로 있을 때 마침 용인현龍仁縣에 갔다. 그 고을의 어떤 사람이 장에 나가 소를 팔고 돈 10냥을 받아 곁에 놓아두었다가 도둑을 맞았다. 소를 판 사람이 도둑을 쫓아가서 잡으니 그자는 자기 돈이라고 주장했다. 드디어 고을의 관아에 와서 송사를 하게 된 것이다. 용인 원님이 "돈꿰미의 끈을 무엇으로 하였느냐?"라고 물으니 훔쳐간 자는 잘 알아서 대답했고 소를 판 자는 잘 알지를 못했다. 그래서 훔

---

89 상부上符: 원주에 "상급 관청의 부격符檄"이라고 나와 있다. 즉 상급 관청에서 내려온 공문을 뜻한다.
90 전화錢龢: 중국 송나라 사람. 자는 절중昷仲, 벼슬은 비각직학사에 이르렀다. 장서가 많기로 이름나 소식蘇軾이 그 집에 '전씨서장錢氏書藏'이라 썼다.
91 우홍규禹弘圭: 영조 46년(1770)에 경상좌병사를 지냈다.

쳐간 자에게 그 돈을 내주었다. 이에 우홍규는 의심이 들어서 두 사람의 거주지를 물은 다음 두 사람을 모두 가두어놓고 몰래 사람을 시켜서 각각 그 아내를 잡아다가 신문하니, 소를 판 자의 아내는 남편이 소를 팔러 장에 갔다 하고, 훔친 자의 아내는 남편이 빈손으로 장에 갔다고 하였다. 드디어 훔쳐간 자를 신문하여 실정을 밝혀냈다. 온 고을이 놀라고 탄복하였다.

장오張鷟[92]가 하양령河陽令으로 있을 때의 일이다. 한 나그네가 나귀를 잃어버리고 사흘을 찾았으나 못 찾고 현의 관아에 와서 고하였다. 그래서 도둑 잡기를 서두르자 도둑은 밤에 나귀를 놓아주고 안장만을 감추어 두었다. 장오는 당나귀 주인에게 여물을 먹이지 말고 밤에 나귀를 놓아주도록 했다. 나귀가 여물을 주던 집으로 찾아갔다. 드디어 그 집을 수색하여 풀 더미 밑에서 안장을 찾아내니 사람들이 그의 지혜에 탄복하였다【다른 기록에는 장작張鷟으로 되어 있다】.

당나라 때 회주懷州[93]의 동행성董行成이란 사람이 도둑을 잘 알아보았다. 어떤 자가 하양점河陽店[94]에서 나귀 한 마리와 자루를 훔쳐가지고 날이 샐 무렵에 회주에 당도했다. 동행성이 저자에서 마침 그자를 보고 꾸짖기를 "이 도둑놈아, 나귀를 멈추어라"라고 하니 즉시 승복하였다. 얼마 지나지 않아서 나귀 임자가 뒤따라왔다. 누군가 동행성을 보고 어떻게 알았느냐고 물으니, 동행성은 "이 나귀가 급하게 오느라 땀을 흘렸으니

---

92 장오張鷟: 중국 당나라 사람 장작(張鷟, 660?~740). 자는 문성文成, 호는 부휴자浮休子이다. 벼슬은 학사에 이르렀으며, 저서로 『조야첨재朝野僉載』가 있다.
93 회주懷州: 지금의 중국 하남성에 두었던 주.
94 하양점河陽店: 하양은 지금의 중국 하남성에 두었던 현의 이름. 점店은 여사旅舍.

먼 길 가는 사람이 아니요, 사람을 보자 얼른 나귀를 끌고 지나가려 하기로 도둑인 줄 알았소"라고 하였다.

고유가 정주자사로 있을 때의 일이다. 어떤 사람이 유주幽州에서 나귀에 녹포鹿脯를 싣고 오다가 창주滄州[95] 지경에 이르러 나귀와 녹포를 모두 도둑맞았다. 그 이튿날 아침에 고유에게 와서 고하였다. 고유는 좌우 사람들 및 아전들을 시켜 녹포를 사오되 값은 고하를 묻지 말로 다 사들이도록 했다. 잃어버린 사람이 자기 녹포를 알아보아 이를 단서로 도둑질한 자를 잡을 수 있었다.

왕촉王蜀[96] 때에 허종예許宗裔[97]가 검주劍州를 맡아 다스릴 때의 일이다. 관내 백성이 도둑을 맞았는데 등불 아래서 그 도둑의 얼굴을 알아두었다가 새벽같이 관아에 고발했다. 한 사람을 잡고 보니 가지고 있는 물건이 실타래와 명주실 꾸러미뿐이었다. 허종예가 잡힌 자를 끌어내 심문해보니 그자는 억울하다고 하소하며, 실타래와 명주실은 자기 집 물건이라고 하여 도둑맞은 사람과 주장이 서로 달랐다. 이에 두 집의 실 감는 물레를 가져오게 하여 실타래를 요량해보니 잡힌 자의 집 물레바퀴와 지름이 같았다. 또 명주실을 감을 때 그 속을 무엇을 써서 했느냐고 물어보니 한 사람은 살구씨라 하고 다른 한 사람은 실패라고 하였다. 그래서 서로 마주하여 실을 풀어 보이게 하니 살구씨가 나와서 잡힌 자의 진술과 같았다. 이에 도둑맞은 사람이 잘못 지목한 죄를 자복하였다.

---

95 창주滄州: 지금의 중국 하북성 지역.
96 왕촉王蜀: 중국 당나라 말기에 왕건王建이 세운 전촉前蜀을 가리킨다. 전촉은 당과 송 사이에 있었던 5대10국 중의 하나. 감숙·섬서·호북·사천 지역을 차지했으나, 아들 종연宗衍이 즉위하여 사치를 일삼다가 후당後唐에 의해 멸망하였다.
97 허종예許宗裔: 미상.

흉년에는 자제들이 거칠어지는 수가 많다. 사소한
좀도둑은 심히 다스릴 것 없다.

왕증王曾·왕요신王堯臣[98] 등에 관한 사적 8, 9조는 '진황 6조'(제11부)에
기록되어 있다.

공문거孔文擧[99]가 북해상北海相[100]으로 있을 때의 일이다. 어떤 사람이
아비의 상을 당하여 무덤 밑에서 곡을 하는데 별로 슬퍼하는 기색이 없
어서 태수는 벌을 주었다. 또 한 사람은 자기 모친이 병을 앓다가 차도가
있어 햇보리 음식을 먹고 싶어 했는데 자기 집에는 전혀 없었다. 이에 이
웃의 익은 보리를 훔쳐다가 드렸다. 태수는 특별히 상을 주고 "집에 없는
것이 있으면 와서 청구하고 다시는 도둑질하지 말라"라고 타일렀다.

평민을 잘못 잡아다가 두들겨서 억지로 도둑을
만드는 수가 있으니, 그의 억울한 누명을 벗겨
양민으로 만들어주면 이야말로 어진 수령이라 할
것이다.

후당後唐의 공순孔循[101]이 장원현長垣縣[102]을 맡아 다스릴 때의 일이다.

---

98 왕요신王堯臣, 1003~1058 : 중국 송나라 사람. 자는 백용伯庸, 시호는 문충文忠이다. 참지
    정사·호부시랑 등을 역임했다. 저서로 『숭문총목崇文總目』 『문집文集』 등이 있다.
99 공문거孔文擧, 153~208 : 중국 후한 사람 공융孔融. 문거文擧는 그의 자이다. 벼슬은 북해
    상을 역임하고 태중대부에 이르렀다. 저서로 『공북해집孔北海集』이 있다.
100 북해상北海相 : 북해는 중국 산동성에 두었던 한나라 군의 이름. 상相은 행정 책임자.

재산을 퍽 많이 가진 네 명의 큰 도둑이 있었는데, 그들의 죄상이 드러나
자 잡혀온 것은 네 사람의 가난한 백성이었다. 세도가와 옥리가 뇌물을
받고 두들겨 맞추어 이 옥사를 성립시켰던 것이다. 전혀 신문도 하지 않
고 죄목을 사형에 해당하도록 만들어놓았다. 공순은 죄수들이 한마디 말
도 없는 것이 마음에 이상했는데 그들이 끌려가며 담장을 지날 적에 머
리를 자주 뒤로 돌리는 것이었다. 공순은 그 정상이 제대로 밝혀지지 않
았다고 의심을 품어 그들을 불러 물어보니 실제로 억울한 옥사였다. 앞
서는 옥리가 죄수들에게 씌워진 칼의 꼬리를 치켜 올렸기 때문에 말을
할 수가 없었던 것이다. 이 죄수들이 좌우 사람들을 물리기를 청하고 자
기들의 사정을 자세히 진술하여, 마침내 네 명의 큰 도둑이 처벌되기에
이르렀다. 네 명의 가난한 백성은 억울함이 씻겼다.

후주後周의 고방高防[103]이 채주蔡州를 맡아 다스릴 때【후주의 세종】의 일이
다. 관내 백성 왕의王義가 강도를 당하였는데, 혐의가 있는 5명을 잡아 추
궁하여 장물의 증거가 다 갖추어져서 장차 사형에 처하게 되었다. 고방
이 이 옥사가 잘못된 것이 아닌가 의심을 품어 장물을 가져다 살펴보고
왕의를 불러 잃은 저고리와 바지가 같은 필의 피륙이냐고 물어보니 그렇
다고 하였다. 고방이 그 천의 폭을 대조해보게 하였더니, 폭의 넓고 좁음
과 올의 성기고 촘촘함이 같지가 않았다. 죄수들이 억울하다고 호소하므
로, 어째서 죄를 자복하였느냐고 물었다. 대답하기를 "매질을 견딜 수 없

---

101 공순孔循, 884~931 : 중국 오대 때 후당 사람으로 횡해군절도사橫海軍節度使를 지냈다.
102 장원현長垣縣 : 중국 하남성에 있었던 현.
103 고방高防, 905~963 : 중국 오대 때 후주에서 송나라 때 사람. 자는 수기修己이다. 후주에
     서는 채주지사 등을, 송에서는 추밀원직학사 등을 역임했다.

어서 그저 빨리 죽고 싶었을 따름입니다"라는 것이었다. 며칠 뒤에 진범을 잡고 다섯 사람은 풀려나왔다.

송나라 소엽邵曄[104]이 봉주蓬州의 녹사참군錄事參軍[105]을 맡고 있을 때의 일이다. 이때 양전楊全[106]이 봉주자사로 있었는데 성질이 사납고 경솔하며 어리석었다. 관내 백성 장도풍張道豐 등 3명이 강도죄로 무고당하여 모두 사형에 처하게 되었다. 소엽이 그 억울함을 간파하여 사형 문서에 서명하지 않고 사실을 엄밀히 조사하기를 청하였으나 양전은 듣지 않았다. 장도풍 등 3명은 울부짖으며 불복하였다. 이윽고 진짜 도적이 잡혀서 장도풍 등은 마침내 풀려났다. 이 일로 양전은 관인의 신분을 박탈당하여 평민이 되고 소엽이 후임으로 있다가 조정에 돌아오니 태종太宗은 "네가 능히 나의 백성을 살렸다"라고 하며 돈 5만을 하사하고, 조서를 내려 양전의 일로써 천하에 경계하고 깨우치게 하였다.

오정숙吳正肅[107]이 채주蔡州를 맡아 다스릴 때의 일이다. 서울에서 요사한 도적들이 확산碻山에 모여 있다고 고발한 자가 있어 황제가 측근을 보내어 채주로 달려왔는데, 지명하여 잡으라는 자가 10명이었다. 사자가 병력을 얻어 스스로 토벌하러 가겠다고 나섰다. 오정숙은 "이는 이 고장 사람들이 모여서 불사佛事를 하는 것일 따름이니 궁수弓手 한 사람을 시켜 불러도 된다"라고 말하고, 사자를 붙잡아 앉히고 날마다 함께 술을 마

---

104 소엽邵曄: 중국 송나라 사람. 자는 일화日華이다. 형부낭중, 광주지주廣州知州 등을 역임했다.
105 녹사참군錄事參軍: 중국 송대의 주에 두었던 직관職官의 하나. 문부文簿의 총록總錄을 맡았다.
106 양전楊全: 중국 송나라 태종太宗 때 혹리.
107 오정숙吳正肅: 중국 송나라 사람 오육吳育을 가리킴(130면 주 13 참조).

셨다. 그러는 한편 몰래 사람을 보내어 그 10명을 부르니 모두 응해 왔다. 이들을 서울로 올려 보내니 고발한 자가 과연 자기 잘못을 인정하였다. ○ 전날 내가 곡산부사로 있을 때 일이다. 감사가 급히 공문을 보내 "금천군金川郡 깊은 산중에 군도 40~50명이 집결해 있는데 백마를 탄 장수가 토산현兎山縣[108]의 군교를 결박해서 의청義廳[109] 앞으로 데리고 가 타이른 뒤 돌려보냈다. 그 다음 날에는 40~50명이 토산현 관아를 치러 온 것을 아전과 관노들이 격퇴시켰으니 빨리 군교와 병졸 및 조포군助捕軍[110] 수백 명을 동원하여 때를 놓치지 말고 소탕하라"라고 하였다. 공문이 이르자 온 고을이 공포에 떨었다. 나는 "가만히 있으라" 하고는 말단 군교로 몸이 약한 자 한 사람을 불러서 오랏줄도 가지지 말고 다만 수령의 통첩만 가지고 곧바로 군도의 소굴로 가서 전해주고 두목 급 세 사람을 데리고 오라고 지시했다. 그 군교가 눈물만 흘리고 있었다. "네가 금천 땅에 가서 길거리에서 하는 말을 들어보면 반드시 마음을 놓게 될 것이다. 도적의 소굴에 들어가는 것이 과연 두렵다고 생각되거든 너는 그냥 돌아오너라." 내가 이렇게 달래서 그 군교가 하직하고 떠났다. 그 이튿날 도적의 두목 급 세 사람을 데리고 왔는데, 살펴보니 모두 양민들이었다. 토산의 군교가 무고했던 것이다【당시 금천군수 홍병덕洪秉德이 나에게 "금천 고을의 백성들이 이에 힘입어 살아났다"라고 하였다】.

---

108 토산현兎山縣: 지금의 황해도 금천군에 두었던 고을 이름. 금천군은 개성의 바로 북쪽에 있는 곳이다.

109 의청義廳: 군도들이 자신들의 하는 일을 강자에 맞서 의로운 일이라고 자부하여 자신들이 모이는 건물을 가리켜 부른 것으로 생각된다. 소설『수호전』을 보면 양산박에 취의청聚義廳이 있다.

110 조포군助捕軍: 범법자를 체포하는 일을 보조하는 인원. 상설직인지 임시직인지는 미상.

송나라 범정사范正辭[111]가 강남 전운부사轉運副使[112]로 있을 때의 일이다. 요주饒州에서 군도가 부유한 백성들의 재물을 약탈하였다. 혐의자 14명을 잡았는데 옥안이 작성되어 사형에 처하게 되었다. 범정사가 그것이 사실이 아님을 간파하고 다시 신문하였다. 이윽고 진짜 군도의 소재를 고하는 자가 있어 잡아다 처단하고 14명은 풀려났다.

송나라 조진趙稹[113]이 익주전운사益州轉運使로 있을 때의 일이다. 공주邛州 포강현蒲江縣에서 강도를 잡으려 나갔다가 잡지 못함에 평민 수십 명을 옥에 가두고는 고문하여 강제로 자복시켰다. 그리고 그들의 공사供辭[114]를 맞추어 의심할 나위가 없는 것같이 만들었다. 조진은 그들이 억울한 것으로 의심하여 실상을 조사해 파악하고 석방시켰다.

고려의 김황원金黃元[115]이 성주星州를 맡아 다스릴 때의 일이다. 어떤 아전이 살인강도를 잡아왔는데, 찬찬히 살펴보고는 "도적이 아니다"라고 말하며 빨리 놓아주라고 하였다. 판관 이사강李思絳[116]이 "이 도적이 이미 자복하였습니다"라고 강력히 주장하였지만, 그는 듣지 않았다. 나중에

---

111 범정사范正辭, 936~1010 : 중국 송나라 사람. 자는 직도直道, 벼슬은 시어사지잡사侍御史知雜事에 이르렀다.

112 전운부사轉運副使 : 각 도의 재부를 서울로 수송하는 일을 맡은 전운사의 아래 급 직관. 전운사는 중국 당나라 때 처음 설치되었는데 후대로 올수록 그 기능과 권력이 확대되어 변경 지역에서는 도적의 단속에서 형사 및 전곡錢穀 등을 관리하기에 미쳤고, 마침내는 도 감찰관이 되기에 이르렀다.

113 조진趙稹, 962~1037 : 중국 송나라 단부單父 사람. 자는 표미表微, 시호는 희질僖質이다. 벼슬은 이부시랑을 거쳐 예부상서에 이르렀다.

114 공사供辭 : 죄인의 범죄 사실을 진술한 말.

115 김황원金黃元, 1045~1117 : 자는 천민天民, 본관은 광양光陽이다. 문과에 급제했고 시인으로 이름을 날렸는데, 그 때문에 재상의 시기를 받아 한때 파직되었다. 뒤에 한림학사·첨서추밀원사 등을 역임했다.

116 이사강李思絳 : 고려 숙종에서 예종 때 사람으로 성주판관을 지낸 인물.

다른 도적을 잡고 보니 과연 전날의 살인강도였다. 아전과 백성들이 그의 신명함에 탄복하였다.

임윤석任允錫[117]이 함흥판관咸興判官으로 있을 때의 일이다. 관내 사람 주진정朱震禎 모자가 도적에게 살해당하였는데 박두문朴斗文이란 자가 범인으로 고발을 당하였다. 임윤석은 그가 억울하다고 생각하여 그 옥사의 처결을 늦추었다가 이 일 때문에 파직되어 돌아왔다. 그 후 수년이 지난 뒤 마침내 진범이 잡히고 박두문은 방면되어 나왔다. 사람들이 그제야 임윤석의 밝음을 탄복하였다.

최시설崔時卨[118]이 영유永柔[119] 현령縣令으로 있을 때의 일이다. 한번은 관지官紙 수십 묶음을 잃어버렸다. 어떤 아전이 사지私紙가 있었는데 혹시 의심받을까 하여 그 이웃에 옮겨두었다가 잡히게 되었다. 사람들은 모두 정말 도둑을 잡았다고 여기고 있는데, 최시설은 그 아전을 가두어 두기만 하고 일체 신문하지 않았다. 여러 날 뒤에 마침내 진짜 도둑을 잡아 그 아전을 놓아 보내니 고을 안에 탄복하지 않는 자가 없었다.

이몽량李夢亮이 충청감사로 있을 때의 일이다. 진천현鎭川縣에서 강도를 국문하여 공안供案[120]이 이미 완성되자 공문으로 죄수를 사형에 처하도록 요청하였다. 도적을 잡은 자가 그 공문을 가지고 감사에게 올라 왔다. 감사 이몽량은 그를 면전으로 오게 하여 강도 잡은 상황을 이리저리 물

---

117 임윤석任允錫, 1606~1685 : 자는 태로台老, 본관은 풍천豊川이다. 아버지인 임광이 소현세자를 호종하여 청나라에 갔다가 병사하자 임윤석이 청나라로 가서 시신을 수습하고 세자 일행과 함께 귀국했다. 이후 음직으로 벼슬에 나아가 상의원별제, 선공감첨정 등을 지냈다. 함흥판관이 된 것은 현종 7년(1666)의 일이다.

118 최시설崔時卨 : 조선 중기의 문신인 최유원의 손자.

119 영유永柔 : 지금의 평안남도 평원군平原郡에 속한 지명.

120 공안供案 : 죄인의 공술서.

어보았다. 그리하여 그의 말과 기색이 수상쩍은 것을 간파하고 즉시 아전에게 공문을 압수하라 호령하고는 "이는 주인을 배반한 종놈이다. 필시 가난한 양반이 강성한 종들을 추쇄推刷하러 왔다가 도리어 결박을 당한 것으로, 아전이 뇌물을 받아먹고 이와 같이 옥사를 성립시킨 것이다"라고 말하였다. 문초를 하니 과연 자복을 하였다.

> 부민富民을 무함해 끌어들여서 마구 모진 형벌을 가해
> 도적의 원수를 잡아주고, 아전과 군교를 위해 재물을
> 모아준다면 이야말로 혼미한 수령이라 할 것이다.

미주자사眉州刺史 신귀申貴[121]는 성질이 잔혹하고 토색질을 잘했다. 옥리를 시켜 도적들로 하여금 부유한 백성들을 끌어들여 한 무리로 지목하게 하고는 뇌물을 받아먹었다. 그는 항시 감옥을 가리켜 "저곳은 우리 집 돈 나오는 굴이다"라고 말하였다. 그러다가 고발을 당해서 하옥이 되었고 유주사호維州司戶[122]로 추방당해 가던 도중 서포犀浦에 이르러 죽임을 받았다.

유호劉皓[123]가 임성령林城令으로 있으면서 정사의 처결이 엄밀하고 분명하였다. 마침 강도를 국문하고 있었는데, 옥리가 도적으로 하여금 허

---

121 신귀申貴: 중국 5대10국시대 후촉後蜀 사람. 광정廣政 3년(940)에 미주자사를 지냈다. 무장으로 후한後漢 공격에 참여하여 전공을 세웠다.

122 유주사호維州司戶: 유주維州는 지금의 중국 사천성에 두었던 당나라 때의 주. 사호司戶는 지방 장관의 보좌역인 사호참군을 줄여서 부른 것. 민호民戶에 관한 일을 맡았다.

123 유호劉皓: 중국 북송 때 사람. 하북河北 사람으로, 숭녕崇寧 연간(1102~1106)에 벼슬하였다. 임성령林城令과 곽현령郭縣令을 지냈다.

위로 장물 매입자 10여 명을 대게 하여【도적이 장물 매입자라고 끌어들인 것이다】추가로 조사하자고 청하였다. 유호는 일부러 무능한 척하고 "그자들도 다 출두시켜라"【장물을 매입한 사람들을 불러 대기시킨 것임】하고 명했다. 그들이 들어와서 보니 모두 의복을 잘 차려 입고 행세하는 사람들이었다. 유호가 국문하던 아전을 물리치고 별도로 다른 아전을 시켜 도적을 뜰 아래로 끌어오게 하였다. 대질을 시키니 모르는 사이였다【도적과 장물 매입자가 서로 알지 못했던 것임】. 유호가 "네가 앞서 능히 성명을 대고도 모른단 말이냐?" 하고 호령하니 도적은 깜짝 놀라 사실대로 고하였다. 그 사람들을 모두 풀어주었다【그들이 장물을 매입하지 않았음을 알았기 때문임】. 국문하던 아전을 중형에 처하니, 온 고을이 두려워서 감히 속이지를 못하였다.

○ 내가 전에 토포사로 있을 때에 보니 아전과 장교들이 도적을 사주하여 무릇 재물이 많은 시골 백성을 무함해 끌어넣어 장물을 매입한 사람으로 만드는 일이 허다했다. 도적을 다스리는 사람은 이런 점을 살피지 않으면 안 된다.

○ 무릇 무함을 받고 끌려온 사람들은 비록 첫 문초에 허위임이 밝혀지더라도 아전과 군교들에게 뇌물을 주지 않을 수 없다. 이에 도적을 사주하여 두 번째의 문초에서도 또 다시 이와 같이 한다. 세 번째 문초, 네 번째 문초로 수십 명이 연루된다. 포교가 오랏줄을 가지고 일반 백성의 집에 이르면 그 자리에서 소 한 마리가 녹아나고, 일반 백성이 관부에 들어오면 누명을 씻고 나가더라도 논배미가 저당을 잡히거나 팔려나간다. 수령은 마땅히 이런 실정을 알아서 무릇 장물 매입자로 이름이 나오더라도 절대 일방적으로 믿지 말고 도적에게 세 번 네 번 신문해보아서 만약 무함해 끌어들인 것이면 죽음도 달게 받겠다는 다짐을 받은 뒤에야 그 사

람들을 불러들일 것이다. 만약 무함해 끌어들이면 즉시 주리를 틀어서라
도 어느 아전 어느 군교가 교사해서 이런 짓을 했느냐고 물어 그 아전 그
군교를 처벌하여 용서하지 말 것이다. ○ 매양 보면 아주 노회한 군교는
먼저 수령에게 "도적놈이 장물 매입자를 고백하는 것이 믿을 수 없는 경
우가 많습니다"라고 아뢰면서 여러 차례 말을 바꾸어 가니, 이것은 상투
적인 수단이다. 수령은 이런 말을 그냥 믿고 군교가 고하는 것이 소견이
깊고 신실하다고 여겨, 이 군교가 몰래 도적을 사주해서 무함하여 끌어
들이고는 거짓으로 이런 말을 해서 스스로 발을 빼려 하는 술수임을 알
지 못하고 있다.

귀신붙이가 변괴를 일으키는 것은 무당이 꾸며내는
것이다. 그런 무당을 제거하고 음사淫祠를 헐어버려야
요망한 것이 붙을 곳이 없게 된다.

귀신붙이가 사람을 우롱하여 숭배하게 만드는 데에는 혹은 거짓으로
악인의 혼을 출현시켜서 사람들이 두려워 모시도록 하거나 악인이 혹 토
신土神·석불石佛 따위에 붙거나 야수·독충에 붙거나 하여 사람으로 하여
금 무지한 물건을 떠받들게 한다. 요컨대 무격巫覡[124]·신사神師[125]·술객術
客[126]·요승妖僧 등의 부류가 현혹시켜서 백성의 재물을 빼앗는 것이다. 수

---

124 무격巫覡: 여무女巫를 무巫, 남무男巫를 격覡이라 하는데, 곧 무당을 가리키는 말이다.
125 신사神師: 사전적 의미로는 신묘하여 헤아리기 어려운 사부를 뜻하나, 여기서는 사람
   의 화복을 예측하고 벽사진경辟邪進慶하는 신이한 능력을 가졌다고 자칭하거나 간주되
   는 부류를 가리킨다.
126 술객術客: 점쟁이나 이러저런 술수를 하고 다니는 사람.

령은 마땅히 이런 따위를 엄히 살펴서 혹세무민을 일삼는 자를 처단하여 용서치 않으면 요사한 것이 없어질 것이다. ○ 음사에 대한 각종 사실들은 '제사'(제7부 제1조)에 나온다.

『대명률』에는 이렇게 규정되어 있다. "무릇 무당이 거짓으로 신을 내렸다 하며 부적을 써주거나, 망령되이 미륵불彌勒佛[127]이다, 백운회白雲會[128]다 하며 일컫는 등 일체 좌도左道[129]가 도상圖像을 숨겨놓고 밤에 모였다 새벽에 흩어지며 인민을 선동하고 현혹시키면 그 우두머리 되는 자는 교수형에 처하고 추종자들은 각각 장 100대, 유 3000리에 처한다."[130] 案 법률의 조문이 이러하니 각별히 준수해서 어김이 없어야 할 것이다.

서문표西門豹[131]가 업령鄴令[132]으로 있을 때의 일이다. 업 땅의 삼로三老와 정연廷掾[133]이 해마다 백성의 돈을 거두어 하백河伯을 위하여 신부를

---

127 미륵불彌勒佛: 본래 대승 보살로서 불교의 미래불의 하나. 인도 바라내국의 바라문 집안에 태어나 석가의 교화를 받고 미래에 성불하리라는 수기를 받아 석가가 멸한 후 56억 7000만 년을 지나 사바세계에 다시 출현, 화림원華林園 안의 용화수龍華樹 아래에서 도를 깨달아 부처가 되어 중생을 제도한다 함. 과거에 흔히 민중 반란을 꾀하는 지도자들이 이를 이용하여 종교의 교단을 일으켜 자신을 미륵불의 현세로 가탁함으로써 민중에 대한 지도 역량을 확보하는 경우가 많았다.

128 백운회白雲會: 『대명률』 원전에는 "급망칭미륵불及妄稱彌勒佛·백련사白蓮社·명존교明尊教·백운종등회白雲宗等會"라고 되어 있다. 백운종白雲宗은 송나라 휘종徽宗 대관 연간 (1107~1110)에 서경西京 보응사寶應寺 승려 공청각孔淸覺이 항주杭州의 백운암白雲菴에 와서 거주하면서 새로이 세운 불교의 한 교파로 알려져 있으나 여기서 말하는 백운종이 이 교파를 가리키는 것인지는 미상이다.

129 좌도左道: 정도와 다른 이단을 뜻한다. 여기서는 유학의 종지에 어긋나는 일체의 종교 사상을 가리키는 말.

130 『대명률·예율禮律·금지사무사술禁止師巫邪術』.

131 서문표西門豹: 중국 전국시대 위나라 문후文侯 때 사람. 강직하고도 위엄이 있기로 유명했다.

132 업령鄴令: 업鄴은 지금의 중국 하남성에 있었던 전국시대 때의 지명이며, 령은 지방의 관장.

133 정연廷掾: 관부의 하급 서리.

시집보낸다고 하여, 무당이 양가良家의 여자 중에서 아름다운 자를 골라서 데려다가 목욕을 시키고 붉은 장막을 쳐서 강물에 띄워 빠지게 하였다. 그곳 풍속에 하백에게 신부를 시집보내지 않으면 큰 홍수가 나서 떠내려가고 빠져 죽고 한다는 것이었다. 서문표는 이 풍속을 고치려고 생각하여 "신부를 시집보낼 때 나도 가서 신부를 전송하겠노라"라고 일렀다. 서문표가 강가에 나가자, 관속이며 호장豪長·부로들이 모두 모여 있었다. 서문표는 "신부를 불러 오라. 예쁜지 미운지 내가 보겠다"라고 말하였다. 신부가 이르자 살펴보고는, "이 여자는 예쁘지 않구나. 번거롭지만 무당할미가 물속에 들어가서 하백께 아뢰고 다시 구하도록 하라" 하고는 즉시 아전을 시켜 무당할미를 안아 들어 물속으로 집어 던지게 하였다. 조금 있다가 서문표는 "어째서 이렇게 오래 걸리느냐" 하고는 다시 무당의 제자를 잡아서 강물에 집어 던졌다. 그렇게 세 사람이 물속에 던져졌다. 서문표는 또 "이들은 모두 여자라서 일을 제대로 아뢰지 못하는 모양이구나. 번거롭지만 삼로가 들어가 아뢰도록 하라" 하고는 다시 삼로를 잡아 물속에 던졌다. 서문표는 붓을 머리에 꽂고 서서 한참 기다리다가 일렀다. "저들이 다 돌아오지 않으니 웬일인가?" 다시 정연과 호장을 시켜 물속으로 들어가게 독촉하니 모두들 머리를 땅에 찧어 피를 흘리며 잘못을 빌었다. 서문표는 "하백이 손님을 오래 만류하는 모양이니 오늘은 그만두고 돌아가자"라고 말하였다. 이로부터 이속과 백성들이 놀라고 두려워하여 감히 하백을 위해 신부를 시집보내자는 말을 하지 못하였다. 그는 곧 그 강물을 끌어서 12개의 도랑을 만들어 논에 물을 대도록 하였다.

당나라 좌진左振[134]이 황주黃州를 맡아 다스릴 때에 그 지방 사람들이

"좌공左公이 여기 오셨거늘 누가 차마 버리고 떠나랴"라고 노래했다. 또 노래하기를 "우리 곳에 귀신 무당이 있더니, 좌공이 제거했다네"라고 하였다.

전원의錢元懿[135]가 신정新定을 맡아 다스릴 때의 일이다. 어느 날 마을에 불이 여러 차례 일어나 주민들이 걱정하고 두려워하였다. 무당인 양楊 할미가 있어 "아무 곳에 또 불이 날 것이다"라고 요사한 말을 퍼뜨렸는데 과연 그 말대로 되었다. 이에 백성들이 다투어 양 할미에게 가서 빌고 굿을 하였다. 전원의는 측근에게 "화재가 발생한 것이 무당의 말 그대로 되었다. 무당이 불을 지른 것이다. 응당 무당을 죽여야 한다"라고 하였다. 이에 그 무당을 잡아 저자에서 목을 베니 이로부터 불이 나는 일이 없어졌다.

고려의 안유安裕가 상주판관尙州判官으로 있을 때의 일이다. 그때 여자 무당 셋이 있어 요사한 귀신을 받들고 민중을 현혹시켰다. 그들이 합주陜州[136]에서부터 여러 군현을 지나오는데 이르는 곳마다 사람의 소리를 공중에서 나게 하여 은은히 마치 벽제辟除 소리같이 하니, 듣는 사람들이 분주히 제사를 차려 감히 뒤지는 이가 없었다. 수령들조차도 또한 그러하였다. 상주에 이르자 안유는 그들을 곤장으로 쳐서 칼을 씌워버렸다. 무당들은 신神의 분부라면서 장차 화를 내릴 것이라고 공갈하였다. 상주 사람들이 모두 두려워하였으나 그는 까딱도 하지 않았다. 며칠 뒤에 무

---

134 좌진左振: 중국 당나라 숙종肅宗 때 사람으로 황주수를 역임했다.
135 전원의錢元懿, 886~951: 중국 오대 때 사람. 초명은 전숙錢璹, 자는 병휘秉徽, 시호는 선혜宣惠이다. 중서령 등을 역임하고 금화군왕金華郡王에 봉해졌다.
136 합주陜州: 지금의 경상남도 합천.

당들이 그제야 용서해달라고 애걸하였다. 그래서 놓아주니 그 요사한 것이 드디어 끊어졌다.

고려의 심양沈諹[137]이 공주부사公州副使[138]로 있을 때【충렬왕忠烈王 때】의 일이다. 장성현長城縣의 한 여자가 "금성대왕錦城大王[139]이 나에게 내려 금성당錦城堂[140]의 무당이 되었다"라고 말하고, 또 같은 고을 사람 공윤구孔允丘와 통하여 신어神語를 지껄여댔다. 임금이 의론하여 맞아들여 대접하려 하니 지나는 곳 고을 수령들은 모두 공복을 차려 입고 교외에 나가 맞이하며 음식 대접을 지극히 정성스럽게 하였다. 공주에 당도했는데 심양이 대접하지 않자 무당이 노하여 신의 분부랍시고 전하기를 "내 반드시 심양에게 화를 내리리라" 하고는 물러나 일신역日新驛[141]에 묵었다. 밤에 심양이 사람을 시켜 엿보게 하였더니 그 무당은 공윤구와 동침하고 있었다. 드디어 잡아 국문하여 모두 형에 처하였다.

---

137 심양沈諹: 고려 충렬왕 때의 사람. 공주부사를 거쳐 감찰시사가 되어 이승휴李承休 등과 함께 충렬왕이 자주 사냥을 즐기고 연회를 베푸는 것에 대해 직간하다 모진 고문을 받고 순마소巡馬所에 갇혔으나 끝내 굴하지 않았다.

138 공주부사公州副使: 공주지사公州知事에 대한 부사副使. 공주는 고려 성종成宗 2년부터 목牧이었으나 현종顯宗 9년부터는 지주사知州事로 강등되었다가 충혜왕忠惠王 2년에 다시 목으로 승격되었다.

139 금성대왕錦城大王: 전라남도 나주의 진산인 금성산錦城山의 산신.

140 금성당錦城堂: 금성산신錦城山神을 받드는 사묘祠廟로 추측됨. 금성산의 신은 고려 사전祀典에 산신의 하나로 되어 있는데, 그 사우祠宇는 5곳에 나뉘어 있었다. 상실사上室祠는 금성산 꼭대기에 있었고, 중실사中室祠는 산밭치에, 하실사下室祠는 산허리에, 국제사國祭祠는 하실사의 남쪽에, 그리고 녜조당禰祖堂은 성 안에 있었다고 한다. 고려 충렬왕 4년에 사신祠神이 무당에게 내려 "진도와 탐라도를 정벌할 때(삼별초 정벌) 내가 힘을 썼다. 장사들은 모두 상을 얻었으나 나를 녹공치 않음은 무슨 까닭이냐? 나를 정령공定寧公으로 봉하도록 하라"라고 하므로 보문각대제 정흥鄭興이 왕에게 아뢰어 금성산사의 신에게 벼슬을 내리고 매년 제사를 지내게 되었다.

141 일신역日新驛: 공주 관내에 있었던 역. 공주에서 북쪽으로 금강을 건너 멀지 않은 거리에 있었다.

춘성군春城君 남이웅南以雄[142]은 성질이 군세고 과감하였다. 법관法官[143]
으로 있을 때 어떤 무당이 요술을 가지고서 세상을 현혹시키니 그는 무
당을 잡아다 처벌하려 하였다. 무당이 요술을 부려 그가 앉은 의자가 흔
들려서 몸을 편히 가눌 수가 없게 되자 좌우가 실색하지 않는 이가 없었
으나 그는 의연하게 있으면서 조금도 동요하지 않았다. 의자를 물리고
자리에 앉으니 무당이 또 흔들리게 하였다. 그가 벽에 기대어 앉자 무당
의 요술도 힘을 못 쓰게 되었다. 드디어 그 무당을 장살杖殺하였다.

민성휘가 안동부사로 있을 때 한 여자 무당이 있어 요술을 부리니 남
녀가 물결처럼 몰려들었다. 그는 그 무당을 장살하고 그 재산을 몰수하
여 민역民役에 보충하였다.

부처나 귀신에 가탁假託하여 요사한 말로 민중을
현혹시키는 자는 제거해야 한다.

석진石晉 때 관씨현冠氏縣[144]의 어느 절에 철불이 있었는데 높이가 한
길이 넘는데 속이 비어 있었다. 하루는 철불이 홀연히 교리와 계율을 외
운다 하여 승려와 일반 사람들이 구름같이 몰려들어 시주를 하였다. 삼
위三衛[145]로 있던 장노張輅가 그 요사함을 조사하려고 사람들을 거느리고

---

142 남이웅南以雄, 1575~1648 : 자는 적만敵萬, 호는 시북市北, 본관은 의령宜寧이다. 벼슬은
　　좌의정에 이르렀고, 이괄의 난 때 공을 세워 진무공신 3등에 춘성군으로 봉해졌다.
143 법관法官 : 형조·한성부·의금부의 법사法司의 관원.
144 석진石晉·관씨현冠氏縣 : 석진은 중국 오대 시기의 나라 이름. 일명 후진後晉. 석경당石
　　敬瑭이 세워서 석진이라고 일컫는다. 관씨현은 당시 고을 이름으로 산동성에 있었다.
145 삼위三衛 : 금위군禁衛軍·훈군勳軍·익위군翊衛軍을 합해서 일컫는 말.

갔다. 절을 에워싸고 중들을 다 내보낸 다음 승방을 열어보니 구멍이 불좌 아래로 통해 있어서 그 구멍으로 철불의 몸통 속으로 들어갈 수 있었던 것이다. 엄하게 여러 중들의 죄악을 꾸짖고 드디어 괴수를 잡아 사형에 처하였다.

정향程珦이 자주磁州를 맡고 있다가 한주漢州로 옮기게 되었다. 일찍이 이곳 개원사開元寺에서 연회를 베풀었는데 바야흐로 술잔이 돌아가는 즈음에 사람들이 불상에서 빛이 나온다고 하며 자못 야단스러웠다. 구경꾼들이 몰려들어 다투어서 뛰고 밟고 하여 금지할 수 없었다. 정향은 조용히 앉아 움직이지 않았다. 이윽고 진정이 되었다[『송사·도학전道學傳』].

정백순程伯淳이 호현주부鄠縣主簿로 있을 때의 일이다. 남산의 절에 돌부처가 있었는데 해마다 머리에서 광명을 내쏜다고 하여, 원근의 남녀들이 모여 구경하며 밤낮으로 혼란스러웠다. 전에 현령들도 그 신령함을 두려워해서 감히 금하지 못하였다. 정백순이 부임하자 곧 그 절간의 중에게 "내 들으니 돌부처가 해마다 광명을 발한다는데 과연 그러한가?" 하고 물으니, 그렇다고 대답하였다. 정백순은 지시하기를 "또 광명을 발하면 필시 나에게 먼저 알려라. 내가 공무로 바빠서 갈 수는 없으니 마땅히 그 머리를 가져오너라. 내 구경하리라"라고 하였다. 이후로 다시는 광명이 나온다는 말이 없었다.

임준林俊[146]이 학경현鶴慶縣을 다스릴 때의 일이다. 고을의 습속이 불교를 숭상하고 귀신 믿기를 좋아했다. 현화사玄化寺에 활불이 있다고들 하

---

146 임준林俊, 1452~1527 : 중국 명나라 사람. 자는 대용待用, 호는 견소見素, 시호는 정숙正肅이다. 벼슬은 형부상서에 이르렀고, 저서에 『서정집西征集』『견소문집見素文集』 등이 있다.

여 명절 때만 되면 남녀들이 모여들었고 모였다 하면 수만 명이나 되어 다투어 금으로 부처의 얼굴을 입혔다. 임준이 그 부처를 불태우라고 명하니 부로들이 부처님을 범하면 우박이 내려 농사에 큰 피해를 끼친다고들 하였다. 임준이 부로들과 언약을 하고 부처를 불태우기 위해 섶을 쌓아두고 기다렸다. 과연 우박이 내리다가 곧 그쳤다. 부처를 태워버리고 나서 남은 금 수백 냥을 모두 관부로 실어 보내고 여러 음사淫祠 360곳을 철거하였다. 그리고 공자 사당에 제사를 더욱 힘써 지내고 팔일무八佾舞[147]를 추도록 권장했다.

고려 권화權和[148]가 청주목사로 있을 때의 일이다. 고성固城의 요사한 백성 이금伊金이 스스로 미륵불이라 자칭하고 "푸닥거리를 하고 고사를 지내는 자, 말고기와 소고기를 먹는 자, 재물을 나누어주지 않는 자 이런 것들은 모두 다 죽는다. 만약 내 말이 믿기지 않거든 3월이 되어 보라. 해와 달이 모두 빛이 사라질 것이다"라며 사람들을 현혹하였다. 또 "나는 능히 풀에서 푸른 꽃이 피게 하고 나무에서 곡식이 열리게 할 수 있으며, 한 번 심어 두 번을 수확할 수 있게 한다"라고 하였다. 어리석은 백성들이 그의 말을 믿고서 쌀·비단·금·은 등속을 갖다가 시주하고, 이르는 곳마다 수령들이 나와서 맞이하였다. 이금이 청주로 들어오자 권화는 그 무리에 우두머리 급의 5명을 결박하여 가두고 급히 도당都堂[149]에 보고하

---

147 팔일무八佾舞: 일佾은 중국 주나라 때 춤 행렬의 이름. 경사가 있을 때 궁정에서, 제사가 있을 때 종묘에서 연출하는 악무로, 봉건적 계층에 따라 팔일八佾·육일六佾·이일二佾이 있다.

148 권화權和: 고려 말 조선 초 때 사람. 본관은 안동安東이다. 고려 우왕 때 전법판서·동북면안무사를 역임했고, 조선 건국 후에는 삼사우복야가 되어 왜구를 막았다.

149 도당都堂: 고려 때 도평의사사의 별칭.

였다. 여러 도에 공문을 보내 그 무리들을 모두 잡아 죽였다.

어떤 것에 붙어서 사특한 말로 우민을 속이는 자는 제거해야 한다.

공도보孔道輔[150]가 영주군추관寧州軍推官[151]으로 있을 때의 일이다. 구렁이가 청경관天慶觀[152] 진무전眞武殿[153] 속에서 나오니 온 고을이 신물이라고 여겼다. 주장州將[154]도 관속을 거느리고 나가서 음식을 차려 놓고 절을 드린 뒤에 이 사실을 조정에 아뢰려고 하였다. 공도보가 곧 앞으로 나가서 홀笏을 들어 구렁이를 쳐서 그 머리를 부숴버리니 구경하던 사람들이 처음에는 놀랐다가 뒤에 가서는 탄복하지 않는 사람이 없었다.

정호가 호현과 상원현의 주부를 지냈다. 모산茅山[155]에 못이 있는데 용이 살고 있었다. 그것은 도마뱀 같으면서 오색 빛이 났다. 상부祥符[156] 연간(1008~1016)에 중사中使가 용 두 마리를 사로잡아 가지고 서울로 올라가다가 도중에 한 마리를 잃어버렸다. 이에 위에 보고하기를 공중으로

---

150 공도보孔道輔, 986~1039 : 중국 송나라 사람으로 초명은 연로延魯, 자는 원로原魯이다. 좌정언·운주지현 등을 역임했다.

151 영주군추관寧州軍推官 : 영주는 지금의 중국 사천성에 있었던 송나라 때의 주. 군은 송대 행정구역 단위의 하나. 추관은 당시 지방의 관직명으로 절도사·관찰사를 보좌하여 주로 옥사를 담당했다.

152 천경관天慶觀 : 중국 영주寧州에 있었던 도교 사원.

153 진무전眞武殿 : 도교의 방위신의 하나로서 북방신인 현무玄武를 봉안해둔 건물. 송나라 성조聖祖의 휘諱 때문에 현玄 자를 진眞 자로 바꾸었다.

154 주장州將 : 중국 후한後漢 이후로 주의 자사가 도적 토벌을 비롯해서 군무를 맡는 일이 허다해서 자사를 주장이라고 부르기도 했다.

155 모산茅山 : 중국 강소성의 상원현上元縣에 있는 산 이름. 일명 구곡산句曲山이다.

156 상부祥符 : 중국 송나라 진종眞宗의 연호 대중상부大中祥符를 줄인 말.

날아갔다고 하였다. 이후로 그 지방에서 용을 엄숙히 모셔 신성시하였는데 정호가 잡아서 포를 떴다.

송나라 왕사종王嗣宗이 빈주邠州를 맡아 다스릴 때의 일이다. 성 동쪽으로 영응공靈應公 신당[157] 곁에 굴이 있는데 여우 무리가 살고 있었다. 요사한 무당이 이 여우 무리를 가지고 화복과 연계 지었다. 황사종은 그 사당을 헐고 굴에 연기를 불어넣어 여우 10여 마리를 잡아 죽였다. 그로부터 음사가 끊어졌다.

왕원王源[158]이 조주潮州를 맡아 다스릴 때의 일이다. 산 위에 있는 큰 돌이 괴변을 일으켰다. 왕원이 명하여 돌을 뚫어보았더니 돌로 된 해골이 나왔고 괴변이 드디어 그쳐졌다. 이에 그 돌로 비석을 만들어서 '조주지부 왕원제괴석潮州知府王源除怪石'이라고 큼직하게 새겨놓았다.

고부高賦[159]가 구주衢州를 맡아 다스릴 때의 일이다. 그곳 풍속이 무당과 귀신을 숭상하였다. 백성 모씨毛氏·시씨柴氏의 등 20여 집이 대대로 고독蠱毒[160]을 일삼아 왔던바 윤달이 든 해가 되면 사람을 해치는 일이 더 많고 남과 다툴 때에는 문득 고독으로 해쳤다. 고부가 그들을 잡아 다스려 처벌하자 고독의 우환이 드디어 없어졌다〔『송사·순리전循吏傳』〕.

고려의 정습인鄭習仁[161]이 영천군榮川郡을 맡아 다스릴 때의 일이다. 부

---

157 영응공靈應公 신당: 영응공이라는 산신을 모신 도교 계열의 신당으로 보인다. 산신을 영응공이라고 한 것은 당나라 현종이 태백산太白山 금성동金星洞에서 보배로운 부적과 영약을 얻어 그 산신을 영응공에게 봉한 데서 비롯되었다 한다.

158 왕원王源, 1376~1455: 중국 명나라 사람. 자는 계택啓澤, 호는 위암韋菴이다. 형부낭중·조주지부 등을 역임했다. 저서로『위암집韋菴集』『서전보유書傳補遺』등이 있다.

159 고부高賦: 중국 송나라 사람. 자는 정신正臣이다. 구주衢州와 당주唐州를 맡아 다스렸고, 집현원학사 등을 역임했다.

160 고독蠱毒: 독毒이나 방술을 써서 사람을 해치는 것.

161 정습인鄭習仁: 고려 말 사람으로 자는 현숙顯叔, 본관은 초계草溪이다. 공민왕 때 과거

임해서 곧 정사를 보려는데 아전이 전례를 들어 소재도消災圖[162]에 나아가 분향하기를 청하였다. 정습인이 "관리로서 도리 아닌 일을 행하지 않으면 재앙이 어디서 생길 것인가. 만약 잘못이 없는데도 재앙이 오면 그대로 받아들일 따름이다"라고 말하고, 아전에게 명하여 소재도를 철거하게 하였다.

호랑이가 사람을 물어가고 소나 돼지를 해치면 덫이며 함정을 놓아 잡아 그 우환을 없애야 한다.

무릇 호랑이를 잡는 방법으로 가장 좋은 것은 노도弩刀【모양이 반달 같으면서 안팎에 칼날이 있다】이고, 그 다음은 함뢰檻牢【시속에서 함정檻穽이라 한다】이고, 그 다음은 정창穽槍【구덩이를 파서 창 5~6개를 세운 다음에 그 위에 삼대를 깔고 흙을 덮어서 범을 빠지게 하는 것이다】이다. 가장 나쁜 방법이 화포火砲인데, 무릇 포수가 호랑이 사냥을 나가게 되면 열에서 백까지 떼를 지어 동네를 횡행하며 술과 밥을 토색하니 피해가 호랑이보다 심하다. 이 방법을 써서는 안 된다. 마땅히 마을마다 노도를 놓아 5~6마리를 잡게 되면 호랑이들이 모두 멀리 도망갈 것이다.

『다산필담茶山筆談』에서 이렇게 말했다. "무릇 호랑이를 잡아오는 자에

에 급제하여 성균관학관·지영주사 등을 역임했다. 그는 초기 주자학의 전범적 실천자의 한 사람으로 비합리적인 일은 철저히 배격했다. 영주를 맡았을 때 고을 있는 무신탑無信塔이라는 불탑의 이름이 좋지 않다 하여 헐어버렸다가 신돈辛旽의 노여움을 사서 사형을 당할 위기를 모면하여 폐인으로 강등된 적이 있었다.

162 소재도消災圖: 재액 소멸을 기원하기 위한 도상圖像으로 도교 신앙에 관련된 것으로 보이나 자세한 것은 알 수 없다.

게는 필히 상을 후하게 주어야 한다. 내가 공인貢人의 말을 들으니, 표범 가죽의 값은 으레 2관[20냥]을 넘고 호랑이 가죽의 값도 1관을 넘는다고 한다. 지금 관에서 상으로 주는 것은 기껏 많아야 곡식 한 섬을 넘지 못해 노도를 설치하는 비용에도 미치지 못하는데 누가 노도를 놓으려 하겠는가, 마땅히 그 가죽을 보아서 가죽의 크고 작음에 따라 값의 경중을 헤아려서 포상하는 것을 시가에 상당하도록 해야 할 것이다. 또 상을 주는 외에 공이 가장 많은 자를 뽑아 군관을 삼고 군적을 면제해주며 그의 요역을 감해주어야 할 것이다[요역의 면제는 마땅히 1년을 넘지 않게 해야 한다]. 술과 고기를 내리고 풍악을 잡혀 즐겁게 해주어 호랑이 잡기에 나서게 유도하면 백성이 힘쓰지 않을 자가 없을 것이다."

유곤劉琨이 강릉령江陵令[163]으로 있을 때의 일이다. 고을에 화재가 났는데 유곤이 불을 향해 머리를 조아림에 불이 이윽고 절로 꺼졌다. 후에 그가 홍농태수弘農太守가 되자 호랑이들이 제 새끼를 업고 강을 건너가버렸다. 황제가 이 이야기를 듣고서 신기하게 여겨 그를 불러 광록훈光祿勳[164]을 내리고 "무슨 덕정德政을 행하였기에 이런 일이 일어났는가?"하고 물었다. 그가 "우연일 따름이옵니다"라고 아뢰었다. 案 유곤의 일은 참으로 우연이요, 유곤이 꼭 겸손해서 한 말은 아니다. 정말 이런 이치가 있다고 믿는다면 어리석은 수령이다. 익益[165]과 주공周公 같은 성현도 하는 수 없이 산림에 불을 놓아 호랑이 같은 맹수들을 몰아내고서야 그 해를 제거할 수 있었는데 하물며 그 밖의 사람들에 있어서야 말할 것 있겠는가.

---

163 강릉령江陵令 : 강릉 지방의 관장. 강릉은 지금의 중국 호북성에 두었던 고을.

164 광록훈光祿勳 : 중국 진晉나라 직관의 하나. 궁전의 전각과 문을 지키는 일을 주관했다.

165 익益 : 중국 순舜임금의 훌륭한 신하 중 한 사람.

후한의 동회童恢가 불기령不其令에 제수되었을 때의 일이다. 민간에서 일찍이 호랑이 피해를 입자 함정을 놓아 잡도록 하여 호랑이 두 마리를 생포하였다. 동회가 소식을 듣고 나가서 호랑이에게 일렀다. "국법에 살인자는 죽인다고 하였다. 너희가 만약 사람을 죽였으면 응당 머리를 숙이고 처벌을 받을 터요, 스스로 생각하여 그러지 않았다면 부르짖어 억울함을 표시하라." 그랬더니 한 호랑이는 머리를 숙이고 눈을 감아 모양이 마치 두려워 떠는 것 같아 즉시 죽였으며, 다른 한 호랑이는 동회를 보고 으르렁거리며 마구 날뛰어서 놓아주게 하였다. 이속과 백성들이 그를 위해 노래를 지어 칭송하였다. 案 이 이야기는 희화적인 것일 뿐이다.

후한의 송균宋均이 구강태수九江太守로 옮겨 갔을 때의 일이다. 이 고을에는 호랑이의 해가 많아 백성의 우환이 되었다. 항상 사람을 모집하여 함정을 설치하였으나 그래도 호랑이에게 물려 죽는 일이 많았다. 송균이 말하였다. "대저 호랑이와 표범은 산에 있고 큰 자라와 악어는 물에 있어 제각기 붙어사는 곳이 있기 마련이다. 지금 호랑이와 표범이 백성의 우환이 된다 하니 그 허물이 잔학한 이속에게 있는 것이다. 그러므로 수고로이 함정을 놓아 호랑이와 표범을 잡으려는 것은 백성을 근심하고 보살피는 근본이 아니다. 간악하고 탐욕스러움을 물리치기에 힘쓰고 충성스럽고 착한 길로 나아가기를 생각하라. 마땅히 함정을 모두 제거하고 여러 가지 부과와 규제를 없애도록 하라." 이후에 전하는 말이 호랑이들이 서로 더불어 동쪽으로 옮겨 강을 건너갔다고 한다. 案 이는 필시 호랑이를 잡는 일이 도리어 백성에게 피해가 되었기 때문일 것이다. 그러니 노도며 함정은 부지런히 설치하지 않아서는 안 될 것이다.

최윤덕崔潤德이 안주목사安州牧使로 있을 때의 일이다. 어떤 촌 아낙네가 울면서 "호랑이가 저희 남편을 잡아갔습니다"라고 하소연하였다. 그는 "내가 너를 위해 원수를 갚아 주겠노라" 하고는 호랑이를 추적하여 쏘아 잡았다. 배를 갈라서 잡혀 먹힌 사람의 뼈와 팔다리 등을 꺼내 옷으로 싸서 관에 넣어 매장해주었다. 그 아낙네는 감격해서 울기를 마지않았으며, 온 고을 사람들이 지금까지도 부모처럼 사모한다고 한다[『청파극담 青坡劇談』[166]].

낙안성 樂安城[167] 서쪽에 못 쓰는 우물이 있는데 독사가 살았다. 이 독사에 물리면 독으로 사람이 죽었으며, 때로는 길에 나와 있는 개돼지가 잡혀 먹히기도 했다. 읍내와 마을에서 독사를 만나면 사람들이 놀라 달아나며 신물이라고 여겼다. 그러다가 소신공 蕭信公[168]이 이 고을에 부임함에 독사가 감히 나오지를 못했다. 그가 임기가 차서 떠난 지 사흘 만에 다시 나와 우환이 되었다. 백성들이 소신공을 쫓아가 붙잡았으나 돌아오게 할 수는 없어, 그의 의복과 신발을 얻어다 모셔놓고 절을 드렸다. 그로부터 독사는 다시 감히 나오지 못하였다. 백성들이 이에 활과 창을 가지고 가서 그 우물을 메우고 큰 돌로 덮은 다음 곁에 그의 사당을 세우고 소신공을 위해 제사 지냈다. 案 이 역시 기괴한 말이요 믿을 것이 못 된다.

문혜공 文惠公 진요좌가 조주통판 潮州通判으로 있을 때의 일이다. 조주의 악계 惡溪에 악어가 살아 사람을 해쳤다. 그가 명하여 악어를 잡아서 글을 지어 고하고 죽이니 악어의 피해가 사라졌다.

---

166 『청파극담 青坡劇談』: 조선 전기의 문신인 이륙 李陸이 지은 필기 형태의 저술. 당대의 일화를 비롯한 야사적 성격을 지니고 있음.
167 낙안성 樂安城: 지금의 중국 하북성에 있었던 지명.
168 소신공 蕭信公: 중국 수나라 사람 소랑 蕭琅을 가리킴. 신공 信公은 그의 시호이다. 천승현윤을 지냈다.

.

제10부 공전 6조

工典六條

山林

제
1
조
산
림

산림山林이란 나라의 공부貢賦가 나오는 곳이니 이에 대한 정사는 성왕聖王이 중요하게 여겼다.

『주례』에 "산은 세 등급이 있으니 대산大山·중산中山·소산小山이며, 숲〔林〕은 세 등급이 있으니 대록大麓·중록中麓·소록小麓이다. 각각 12명의 관리를 두어 산림을 지키고 보호하도록 한다. 한겨울에 벌목할 수 있게 하되 일반 백성들이 재목을 베는 데는 일정한 기일이 있고, 나라의 장인匠人이 재목을 골라 베는 데는 제약이 없다. 무릇 도벌하는 자에게는 형벌이 있다"[1]라고 하였다. 『춘추좌전春秋左傳』에 "산림은 형록衡鹿[2]이 지킨다"라고 하였으며, 『예기·월령』에서는 "늦여름에 우인虞人[3]에게 명하여 나무를 돌아보게 하고 한겨울에 나무를 베고 화살대를 취한다"라고 하였다. 이미 요순시대부터 법이 본래 그러하였으므로 순舜이 대록大麓을 맡게 되었다. 대록이란 재목을 관장하는 벼슬이다. 『주례』에서 천관天官의 태재

---

1 『주례·지관사도·산우山虞』.
2 형록衡鹿: 산림을 관장하는 관리. 형衡은 임형林衡의 약칭, 鹿(녹)은 麓(녹)의 가차假借이다.
3 우인虞人: 산택을 관장하는 관리.

太宰[4]는 산림과 천택의 부세를 거두어서 상사喪事에 대비한다 하였으니, 대개 관곽棺槨과 위탄葦炭[5]을 여기에서 취해 쓰지 않을 수 없기 때문이다. 주나라 이전에는 한 자 한 치의 땅도 왕토王土 아닌 것이 없었다. 그래서 왕은 농지를 백성에게 나누어주어 조세를 거두고 왕은 산을 백성에게 나누어주고, 숲을 백성에게 나누어주고, 천택을 백성에게 나누어 주어서 공부貢賦를 거두어 왕의 재용財用에 쓰도록 하였다. 진秦나라 이후에는 왕이 한 자 한 치의 땅도 자기 것으로 차지한 것이 없었기 때문에 민전民田에서 조세를 거두면 백성이 원망하고 민산民山에서 벌목을 하면 백성이 원망하였다. 태아太阿의 칼자루가 거꾸로 잡혀져서 오래도록 돌려받지 못했으니 왕에게 권리가 없어지고 백성이 왕의 덕을 모르게 되었다. 이는 시무를 아는 사람들이 깊이 우려하는 바이다. 우리나라의 산림정책은 오직 송금松禁 한 조목만 있을 뿐이다. 전나무·잣나무·단풍나무·비자나무 등에 대해서는 하나도 문제 삼지 않고 있다. 송금에 대해서는 법이 특별히 엄중하고 조목도 지극히 치밀하다. 그리하여 산 사람을 양육하고 죽은 사람을 장사 지내는 일이나 백성의 일용 물자들을 한 가지 길도 열어놓지 않고 꽉 틀어막아 놓았으니 결국 둑이 터지고 물이 마구 휩쓰는 형세에 이르지 않을 수 없을 것이다. 명령이 이미 문란해지매 백성이 따를 바를 몰라 혹 빈말로 금령禁令을 내리고 혹 법조문을 내세워 죄를 다스려도 산림은 날로 벌거숭이가 되고 재용財用은 날로 결핍하여 위로는 국가재정에 도움이 되지 못하고 아래로는 백성의 수요를 충족시키지 못

---

4 천관天官의 태재太宰: 천관은 중국 주나라의 관명으로 육관六官의 하나. 그 장관을 총재冢宰 또는 태재太宰라 한다.
5 위탄葦炭: 옛 풍습에 관 속에 넣었던 갈대와 숯 등속.

한다. 한 고을의 수령으로서는 어찌 할 도리가 없는 문제요, 오직 법조문
의 테두리 안에서 참작하고 삼가 지켜서 목전의 죄과를 면할 따름이다.

　나라에서 쓰기 위해 나무의 벌채를 금한 봉산封山의
　소나무에 대해서는 엄중한 금령이 있으니 지켜야
　하고, 농간하는 작폐가 있으면 마땅히 세밀히 살펴야
　할 것이다.

　『속대전』에 나와 있다.[6] "황장목黃腸木[7]을 키우는 각 도의 봉산에 경차
관敬差官[8]을 파견하는데 경상도와【안동·영양·예천·영덕·문경·봉화·영해 등 7읍】
전라도【순천·거마도巨磨島·고흥·절금도折今島·강진·완도 등】에는 10년에 한 번
벌채하고 강원도【삼척 등 22읍】에는 5년에 한 번 벌채하여 재궁梓宮[9]의 목재
를 골라낸다."【동남 지역의 재목은 내內 재궁의 재목으로 쓰고 도서島嶼 지역의 재목
은 외外 재궁의 재목으로 쓴다[10]】. ○『속대전』에 또 나와 있다.[11] "각 도에 있는
봉산의 소나무를 함부로 벤 자는 엄중히 처벌한다【위로 일률一律[12]에서 아래
로 장 60대까지의 형벌에 처하되 일을 맡은 자가 마땅히 살펴야 할 것이다】. 소나무가

---

6 『속대전·예전禮典·잡령雜令』.
7 황장목黃腸木: 품질이 좋은 소나무. 속이 노란 색을 띠고 있기에 붙여진 명칭. 주로 관을
　만드는 재료로 사용되었음.
8 경차관敬差官: 왕이 지방에 파견하는 벼슬아치.
9 재궁梓宮: 왕·왕대비·왕비의 장례에 쓰는 관을 가리키는 말. 중국에서 가래나무【梓木】로
　관을 만들었으므로 이 이름이 생겼다 한다. 능을 재궁이라고도 함.
10 여기에서 동남 지역은 『속대전』에 언급된 강원도와 경상도의 제읍諸邑 을, 도서 지역은
　전라도의 제읍을 가리킨다.
11 『속대전·형전·금제』.
12 일률一律: 사형에 해당하는 죄.

잘 자라는 산의 배 만드는 재목을 병사兵使·수사水使 또는 수령이 함부로 벌채하거나 벌채를 허용한 자는 사매군기율私賣軍器律[13]로 처벌하며【중앙이나 지방의 관청의 건물을 보수하는 것이라도 벌채를 허용할 수 없다】양송하는 산에 방화한 자는 일률로 처벌한다."【『대전통편』에 "감관監官과 산지기는 중곤重棍으로 다스리고 수령은 파면하지 않는다"[14]라고 되어 있다】○『대전통편』의 주注에 "봉산의 소나무를 함부로 벌채한 사람으로부터 사사로이 속전贖錢을 거둔 수령이나 변장邊將은 뇌물을 받으려 한 죄로서 다스린다"라고 하였다.

　案 우리나라에는 좋은 목재가 없어서 오직 소나무만 사용하고 있다. 주택과 관곽도 모두 소나무로 만드는데 금지 조항은 많고 세밀하기가 이와 같으니 어찌 법대로 행해질 수 있겠는가. 예를 들어 완도 한 곳을 들어 보겠는데 다른 곳들은 미루어 짐작할 수 있다. 완도 지역은 황장목의 봉산이다. 첨사가 지키고 현감이 관리하며 수사가 통제하고 감사가 총괄한다. 작은 죄는 결곤決棍에 해당하는데 그 비용이 5000문文이요, 큰 죄는 신장訊杖에 해당하는데 그 벌금이 4000문이요, 드는 비용이 수만 문이다. 그러나 완도 주변의 수백 리 땅에서는 가옥을 짓는 데도 완도를 쳐다보고 배를 만드는 데도 완도를 쳐다보며 관곽을 만드는 데도 완도를 쳐다보고 농기구를 만드는 데도 완도를 쳐다보며 소금 만드는 자도, 질그릇 굽는 자도 땔감 때문에 이곳을 쳐다보며, 나무꾼이나 숯 굽는 자들도 이곳을 쳐다본다. 무릇 땅에 까는 것, 물에 띄우는 것, 아궁이에 때는 것, 화로에 연료로 들어가는 것 등 모두 다 완도의 나무가 소요된다. 이런 점

13　사매군기율私賣軍器律: 군기軍器를 밀매하는 행위에 대한 형벌.『대명률』의 사매군기율 규정에 의하면 군기를 사적으로 매매한 자는 장 100대에 멀리 변방邊方에 충원한다고 되어 있다.
14　『대전통편·형전·금제』.

을 고려해보면 제정된 법에 잘못이 있다. 소나무를 벴다고 모조리 잡아들일 수는 없는 것이다. 백성 한 사람이 옥에 갇히면 100그루의 나무가 더 베어진다. 본래 나무 때문에 잡혀왔다가 도리어 나무로 인해 풀려나며, 본래 나무 때문에 죽게 되었다가 도리어 나무로 인해 살아나니【나무를 도벌해서 속전을 내는 것이다】 이는 자연스런 형세이다. 상앙商鞅 같은 엄한 법관이 다스린다 하더라도 결코 막아내지 못할 것이다. 감사·수령에게 이익이 되게 하고 아전·군교를 살찌게 하고 백성에게 해독을 끼치며 국가에 손해를 입히는 것 외에는 아무것도 남는 것이 없다. 산이 민둥산이 되고 마을이 소란하게 되고 법은 쓸모없게 되고 재물이 소모되는 것 이외에 아무것도 남는 것이 없다. 마땅히 옛 법을 본받아 관에서 가을에 백성들이 풀을 베어가는 것을 감독하고 관에서 한겨울에 백성들이 나무를 베어가는 것을 감독하되 재목이 될 만한 나무는 키우고 재목이 못될 나무는 베어내며 너무 조밀하게 자라는 나무는 솎아내고 울퉁불퉁한 나무는 제거한다. 관에서는 거기에 공부貢賦를 거두어 공용公用에 충당하고 백성은 허가장을 받아서 후환이 없게 하면 공사 간의 편의가 이보다 좋은 것이 없을 것이다. 그러나 한 고을의 수령으로서는 어찌할 도리가 없는 일이다. 마땅히 이 취지를 생각해서 금할 것은 금하고 범법자에게는 관대히 해서 백성의 재물이 날로 줄어들고 국가에 소요될 자재가 날로 손실되지 않게 하는 것이 좋을 것이다.

『현산필담兹山筆談』[15]에서 말하였다. "선박의 재목은 으레 봉산에서 나

---

15 『현산필담兹山筆談』: 현산兹山은 흑산도黑山島의 별칭이다. 다산이 둘째 형인 손암巽菴 정약전丁若銓이 흑산도 지역에 유배 가 있을 때 흑산 대신 현산으로 쓰는 것이 좋겠다고 하여, 손암의 저술을 『현산어보』라고 이름 붙인 바 있다. 『현산필담』 또한 손암의 저술로

오니 마땅히 봉산에 선창船廠을 건립하고 선장船匠을 모아 여기서 살게 하여 배 만드는 일에 전념하게 해야 한다. 낡은 배를 수리하는 것과 사유림私有林의 재목으로 배를 만드는 자 또한 나무를 싣고 선창에 와서 배를 만들게 하며, 다른 곳에서 배를 만든 자는 사주율私鑄律을 적용한다. 이렇게 한다면 선재船材를 팔아서 관의 재정에 보충할 수 있는 것이 하나의 이점이요, 여러 공장工匠이 함께 모여 살아서 그들의 기술이 정교해지는 것이 하나의 이점이요, 배를 새로 만들거나 수리하거나 선적船籍에 누락되는 일이 없게 되는 것이 하나의 이점이요, 이 재목으로 이 배를 만드는 것은 누구나 면할 수 없는 일인데 이미 선창을 세우고 이것을 감독하면 나무 베는 일이 관리가 될 것이니 또한 하나의 이점이다. 그러나 한 고을의 수령으로서야 어떻게 할 수 있겠는가."○ 선재조례船材條例는 나의 「선창론船廠論」(『경세유표·균역사목추의均役事目追議』 속에 들어 있다)에 상세히 나오므로 여기서는 생략한다.

『다산록茶山錄』에서 말하였다. "어느 날 완도에서 산불이 일어났는데 불빛이 천지를 비추고 불에 탄 나무가 수천 수만 그루나 되었다. 도리島吏와 현리縣吏가 짜고 농간을 하여 80그루라고 감영에 보고하고는 8000전錢을 비장裨將에게 뇌물로 바쳤다. 그리하여 문제가 무사하게 되었으며, 이루 셀 수 없이 많은 땔나무와 숯을 두 아전이 나누어 먹었다. 무릇 봉산의 산불은 수령이 마땅히 몸소 살펴보아야 하며 감리監吏[16]를 대신 시켜서는 안 된다."

추정된다.

16 감리監吏 : 사고가 생겼을 때 임시로 파견하여 조사케 하는 아전.

사양산私養山¹⁷에서 소나무 벌채를 금하는 것도
봉산의 규정과 같이 되어 있다.

『금송절목禁松節目』에 나와 있다. "해안에 연한 30리는 사양산이라 하
더라도 일체 벌채를 금지한다." 案 산림을 사적으로 기르는 이유는 사적
으로 사용하려는 것이다. 그것의 벌채를 봉산과 같이 금한다면 어느 누
가 산림을 가꾸겠는가. 날마다 매질하면서 산 가꾸기를 요구하여도 오히
려 가꾸지 않을 것이다. 그렇기 때문에 연안의 산들이 온통 벌거숭이 아
닌 것이 없고 오직 양반들의 분묘에만 어느 정도 나무가 서 있을 뿐이다.
사양산의 금송 조항은 마땅히 봉산과는 크게 차등을 두어, 산주로 하여
금 스스로 힘쓸 길을 열어준다면 산의 푸르고 무성한 것이 반드시 지금
의 배가 될 것이다. 수령이 이 일을 당하면 마땅히 백성들의 실정을 살펴
서 자기 나무를 벌채하는 자에게는 가혹하게 금지하지 말 것이며 수영水
營에서 백성을 침탈하거나 곤경에 빠뜨린 자가 있거든 잘 설명하고 깨우
쳐주어 백성들이 파산하는 지경에 이르지 않도록 한다면 백성들의 칭송
이 일어날 것이다.

정만석鄭晩錫이 연일현감延日縣監으로 있을 때 응지상소應旨上疏에서 이
렇게 말했다. "바다 연안의 여러 고을에는 모두 봉산이 있는데 영문營門
과 고을에서 징발하고 요구하는 것이 아주 많습니다. 잣·송진·송이버섯
·송판 등 한 번 실어다 바칠 적마다 그 비용이 많이 듭니다. 그래도 이
는 오직 산 아래 사는 주민들만이 받는 고통입니다. 헌데 온 고을 전체의

---

17 사양산私養山: 봉산이 국가에서 지정하여 소나무를 기르는 산임에 대해 사양산은 그처
럼 공적으로 지정을 한 것은 아니지만 소나무를 기르도록 정해진 산을 가리킨다.

우환이 되는 것은 솔가지 하나 송판 하나라도 백성이 어쩌다가 갖다 쓸라치면 비록 그것이 다른 산에서 벤 것이거나 다른 고을에서 사온 것이라 할지라도 영문과 고을의 아전과 군교들이 빙자하여 침탈하는 것이 법도 없고 끝도 없습니다. 그렇기 때문에 집을 짓는 자는 재목 모으기를 겁내고 장례 치르는 자는 관 만들기를 두려워하여, 심한 경우에는 이미 지은 집을 헐어버리게 되고 이미 묻은 관을 다시 파내게도 됩니다. 대저 집과 관은 우리 백성들이 산 사람을 부양하고 죽은 사람을 장사 지내는 바이온데 재산이 있어도 즐겁게 살지 못하고 잘 보내드리지 못하면 유감이 없을 수 없거늘 이 어찌 슬프지 않겠습니까. 연일현의 봉산은 옛날에는 두 곳뿐이었으니 하나는 진전산陣田山이요 하나는 운제산雲梯山입니다. 후에 또 갈평산葛坪山·응태산應台山·북송정北松亭·대송정大松亭을 사양산으로 등록시켜 옛 봉산과 다름없이 금양을 하니 모두 여섯 곳이 되었습니다. 그런데 진전산과 운제산은 바닷가에서 20리나 떨어져 있어서 수송이 극히 어려운 까닭에 비록 전선戰船의 개조나 왜관倭館의 수리라 할지라도 기둥 하나 서까래 하나를 이 두 산에서 가져다 사용한 적이 없었으니 유명무실하기 이처럼 심할 수는 없습니다. 더구나 갈평산과 응태산은 위의 두 산 보다 더 내륙에 있으며 면적이 작고 서 있는 나무가 성글며, 북송정과 대송정은 바닷가에 있기는 하나 지형이 낮고 평평하며 토질이 척박해서 아득히 바라보이는 것이 거친 모래 언덕이라 처음부터 몇 그루 소나무도 없거늘 거기에 대한 관아의 요구와 부역에 응해야 하는 것이 진전과 운제 두 산과 같아서 조그만 차별도 없으니 어찌 백성들의 큰 고통이 아니겠습니까. 여섯 봉산이 함정처럼 되고 있으니 백성들이 어떻게 견디어내겠습니까. 신이 생각하옵건대 진전산과 운제산 두 산은 비록 폐지할 수 없겠지마는 새로 등록된 네 산은 모두 즉시 혁파하여 백성들에게 경작과 개간을 허락한다면 공용에도 도움이 될 터이니 어찌 무익한 봉산에 비교하겠습니까. 신이 또 생각하옵건대, 봉산의 송금松禁이 엄격하고 세밀하지 않음이 없으나 본 고을의 소용되는 일체의 목물木物은 이미 모두 봉산에서 책임지고 있으며 서울의 각 기관과 도내의 여러 영문의 책판册板[18]과 서판書板[19] 또한 반드시 봉산에 배정하여 새기게 합니다. 산에 이미 재목이 없어서 돈을 대신으로 바치게 되니 오막살이 가난한 백성들이 돈을 어디에서 마련하겠습니까. 부득불 소나무를 베어서 팔 수밖에 없습니다. 베어낸 나무뿌리가 어지럽게 드러나서 영문에 잡혀오게 되면 또 뇌물을 써서 요행히 미봉하게 되는데 호당 얼마, 소 한 마리당 얼마로 계산하여 거두어들이는 것이 아주 많으니 결국 그 부채를 어떻게 감당하겠습니까. 부득불 또 소나무를 베어서 팔 수밖에 없습니다. 관에서는 이 봉산을 가지고서 아래로 백성의 헌납을 요구하고 백성은 이 봉산을 가지고서 위로 관의 요구에 응해야 하니, 관이 스스로 나무를 베는 것은 아니로되 결국 종이 한 장의 차이입니다. 마땅히 규칙을 정해서 지금부터는 영문이나 고을에서 소용되는 일체의 목물을 봉산에 책임을 지워 침탈하지 못하게 하면 백성들의 형편이 조금 펼 것이요 산의 나무 또한 더 잘 자라날 수 있게 될 것입니다."

봉산의 소나무는 차라리 썩혀 버릴지라도 사용하기를

---

18 책판冊板: 책을 만드는 데 쓰는 목판. 글자를 나무판에 새겨서 인쇄하여 만들었음.
19 서판書板: 글씨를 새겨놓은 현판 따위를 말한다.

청할 수는 없는 것이 되었다.

『금송절목』에 나와 있다. "바람에 쓰러진 소나무는 내다 파는 것을 허락하지 않으며 그냥 넘어진 자리에서 썩힌다." ○ 또 나와 있다. "황장갓〔黃腸山〕에서 벌목할 때에는 치수에 따라 판자를 만들고 잘라버린 양쪽 끝부분은 내다 파는 것을 허용하지 않으며 제자리에서 태워버린다." 案 사람들은 흔히 "바람에 쓰러진 소나무는 곧 벌레가 생긴다" 하며, 심하면 "바람 풍風 자가 충부蟲部에 속한 이유는 벌레가 생기기 때문이다"라고 말한다. 이 어찌 어리석지 아니한가. 무릇 새와 짐승은 갑자기 죽은 것은 맛이 좋고 천천히 죽은 것은 맛이 좋지 않다〔『시경집전詩經集傳』에 상살上殺·중살中殺·하살下殺의 설이 있다[20]〕. 무릇 초목도 갑자기 죽은 것은 진액이 온전하고 오래 시들어 있다 죽으면 수액이 마른다. 말라죽은 소나무에 벌레가 쉽게 생기는 이유이다. 만약 바람에 쓰러진 소나무라면 어떻게 반드시 그렇겠는가. 바람에 쓰러진 당초에 즉시 도끼질을 하면 생나무를 벌채한 것과 같을 것이다. 그런데 지금은 그렇지를 않다. 바람에 넘어진 당초에는 감히 손을 대지 못하고 수개월이 지나서 비로소 절단하여 재목으로 만든다. 그러니 어찌 벌레가 쉽게 먹지 않겠는가〔혹 봄여름에 물이 오를 때 바람으로 쓰러진 나무에 벌레가 생기는 까닭도 이 때문이다〕. 재궁梓宮을 만드는 재목의 양쪽 끝부분을 까닭 없이 불태워 없애는 것 또한 함부로 낭비하

---

20 상살上殺·중살中殺·하살下殺은 수렵에서 대상물에 대해 활을 쏘아 잡는 세 가지 방식. 상살을 심장을 명중해서 죽이는 것, 중살은 가슴 부위를 맞추어 죽이는 것, 하살은 요부 이외의 부위를 맞추어 잡는 것. 원래 출전은 『시경집전詩經集傳·소아小雅·동궁지집彤弓之什·거공車攻』에 근거를 두고 있다.

는 것과 같다. 그러나 법의 관례가 이미 그렇기 때문에 관청의 건물을 수리하는 데 아주 절실하게 필요할지라도 상부 기관에 청구할 수가 없다.

황장목을 부역으로 끌어내리는 데 농간의 폐단이 있는 것을 살펴야 한다.

재궁의 재목을 끌어내리는 때 몇 개 고을의 수많은 백성들이 일제히 동원되어 공동 작업으로 힘겹게 하는데 사나운 아전과 거센 군교가 역부들의 등에 채찍질하고 궁둥이를 걷어차고 한다. 부유한 집, 부유한 촌락은 모두 돈으로 때우는데 고단하고 병든 백성들에게 부역의 고통이 치우치게 부과되고 있다. 또한 수령이 마땅히 유념해야 할 일이다. 무릇 무거운 것을 운반하는 방법은 길을 닦는 일이 제일 먼저이고 수레를 만드는 일이 그 다음이다. 길이 평탄하고 넓으면 3명이 10명의 힘을 당할 것이요, 수레가 잘 구르면 10명이 100명의 힘을 당할 것이다. 그런데 어찌 이렇게 하지 않을 것인가. 유형거游衡車[21]란 기구는 선조先朝 때에 수원성을 쌓으면서 제작한 것이다. 그 기구 한 대의 제작 비용은 불과 100전이다. 재궁의 재목 한 개는 수레의 한 대분도 안 되니 2명이 끌고 2명이 밀고 2명이 호위하면 6명만 동원하면 된다. 만약에 아름드리나무여서 수레에 싣고 내리는데 인력을 써야 할 경우에는 응당 작은 기중가起重架[22]【나

---

21 유형거游衡車: 정조 때 수원성을 축조하면서 석재나 목재 운반용으로 다산이 고안하여 만든 기구. 『무비지武備志』의 차제車制를 모방하였다 함(『여유당전서·시문집·설說·성설城 說』).

22 기중가起重架: 기중기. 수원성을 축조하면서 무거운 물건을 들어올리기 위해 다산이 활차滑車를 이용하여 고안·제작한 것이다. 『기기도설奇器圖說』에 실려 있는 기중지법起重之

무를 묶어서 삼차형三叉形으로 만들어 구형鉤衡으로 이것을 들어올린다)를 만들 것이니 이렇게 한다면 또한 힘을 덜 수 있을 것이다. 이에 몇 사람을 쓸 것인가를 헤아려 민호에다 돈 몇 닢씩을 고루 배정하고 사람을 고용하여 운반한다면 백성들에게 피해가 없을 것이다.

상인이 금송의 목재를 몰래 실어 내는 것은 금해야 한다. 삼가 법을 지키고 재물에 청렴해야만 이 일이 가능할 것이다.

『속대전』에 나와 있다.[23] "목재상은 으레 공조工曹와 귀후서歸厚署[24]의 허가증을 받아야 한다. 공용이나 사용의 관재棺材로서 경강京江으로 들어온 것은 귀후서에서 10분의 1의 세를 거두고 수장판修牀板[25]과 송판으로 관재에 적당치 않은 것은 공조에서 10분의 1의 세를 거둔다."【귀후서는 오로지 나라에서 쓰는 관목만 관장한다. 목재상은 말할 것도 없고 여러 궁가宮家와 아문衙門에 소속된 자도 반드시 공조와 귀후서 두 곳에서 발행한 허가증을 받은 뒤에라야 본 도道에 들어가는 것을 허락한다. 사상私商의 재목으로 공문이 없는 것은 일일이 관에서 속공을 시킨다. ○귀후서에서 관목을 은사恩賜하는 것이 매년 200벌 정도인데 오직 지방관이 거기에 대한 세를 거둔다】

法을 참고, 변통하여 만들었다 함(『여유당전서·시문집·기중도설起重圖說』).

23 『속대전·호전戶典·잡세雜稅』.

24 귀후서歸厚署: 장례의 제반 업무를 관장하는 기관. 관곽의 제조·판매 및 장례에 필요한 모든 것을 공급하는 사무를 관장함. 조선 초기에 설치되었는데 정조 원년에 혁파되고 그 업무가 선공감繕工監으로 이관되었다.

25 수장판修牀板: 집의 치장에 쓰이는 판자를 이르는 말.

○『대전통편』에 "귀후서는 지금 혁파하여 선공감繕工監에 소속시킨다"
라고 나와 있다. ○ 한강은 수원水源이 두 갈래인데 하나는 황효수黃驍水
이니 남한강이라 부르고 다른 하나는 녹효수綠驍水이니 북한강이라고 부
른다. 무릇 두 강 연변의 여러 고을 수령의 술값은 모두 속공된 송판에서
나온다. 그러나 아전과 군교가 열이라 하면 그중 관에 고발하는 것은 하
나뿐이고 뇌물을 받고 놓아주는 것이 아홉이다. 수령이 열이라고 하면
그중 속공을 시키는 자는 하나뿐이고 부탁을 받고 놓아주는 자가 아홉
이다. 필경 국가의 목재는 날로 손실되고 국용國用에는 아무런 도움이 없
게 된다. 마땅히『주례』를 본받아 한겨울에 벌목하고 임형林衡을 시켜 감
시하며 부세를 받아들여서 공용公用에 도움이 되도록 하는 것은 마땅히
법으로 해야 할 바이다. 그러나 한 고을의 수령으로서는 어떻게 할 수 없
다. 마땅히 이 뜻을 알아서 금할 것은 금하고 이를 어기면 관대하게 처분
할 것이요, 가혹하게 하여 백성들의 원망을 사는 일이 없도록 할 것이며,
탐욕을 부려서 남의 비난을 받는 일이 없도록 하면 또한 좋지 않겠는가.

소나무를 심고 소나무를 가꾸라는 법조문이 있긴
하지만 손상만 끼치지 않도록 하면 되는데 심을
필요가 있겠는가.

『경국대전』에 "지방의 금산禁山에는 벌목과 방화를 금하며, 매년 초에
묘목을 심거나 씨를 뿌려서 키우되 연말에는 심거나 씨 뿌린 숫자를 모
두 보고한다. 이를 위반하면 산지기는 장 80대 담당관은 장 60대에 처한
다"[26]라고 나와 있다. ○『대전통편』에는 "지방에 사는 사람이 개인적으로

소나무 1000그루를 심어서 재목이 될 만큼 키운 자는 해당 수령이 친히 심사하고 관찰사에 보고하여 상을 준다"라고 나와 있다. 案 바람이 불면 솔씨가 떨어져 저절로 소나무 숲이 형성되거늘 베지 않도록 금할 따름이지 심을 것이 무엇이 있겠는가.

덕산초부德山樵夫[27]는 「승발송행僧拔松行」이라는 시를 지었는데 이러하다.

백련사 서쪽 편의 척름봉 산기슭에
어떤 중이 이리저리 다니며 소나무를 뽑아내고 있네.
어린 소나무 싹이 터서 땅 위로 두어치 자라
여린 줄기에 파릇한 잎사귀 어찌 저리 탐스러운가
어린 생명 모름지기 사랑하고 보호해야 하겠거니
하물며 자라서 커지면 용이 틀어오르듯 되겠거늘
저 중은 어이하여 눈에 띄는 대로 쏙쏙 뽑아버려
그 싹을 아주 말려서 소나무라면 멸종시키려 든단 말인가.
마치 부지런한 농부 호미 괭이 들고 밭에 나가
가라지 잡초를 뽑아서 곡식을 잘 가꾸듯
또 마치 향정鄕亭이 이속의 대로를 닦느라고
잡목이나 가시덤불 베서 인마를 통하게 하듯
또 마치 옛날 손숙오孫叔敖가 어린 시절 음덕을 쌓느라고
길에서 독사를 만나자 때려잡아 해악을 제거하듯

---

26 『경국대전·공전工典·재식栽植』.
27 덕산초부德山樵夫: 다산 자신의 호이다. 이 시가 『여유당전서·시문집』 권5에 동일한 제목으로 수록되어 있다.

또 마치 더벅머리 고귀가 붉은 머리털 너풀너풀

나무 9천 그루 잡아 뽑으며 시끌시끌 떠들어대듯

그 중을 불러와서 나무 뽑는 연유를 물어보니

중은 울먹이며 말 못하고 눈에 이슬이 적시는구나.

"이 산은 양송養松을 전부터 공들여 하였거든요.

스님 상좌 모두 조심해서 법도를 삼가 지켰으니

땔나무 아끼느라 찬 음식 먹기도 하고

산을 순시하다보면 새벽종 소리 듣기 일쑤지요.

읍내 초군들도 감히 범접을 못했거늘

촌구석 나무꾼이야 도끼 들고 얼씬이나 하였나요.

수영水營의 군교들이 장령將令 받고 들이닥쳐

절 문간에서 말을 내리는데 그 기세는 벌떼 덤비듯

작년 바람에 부러진 소나무를 일부러 벤 것으로 트집 잡아

중을 보고 금송禁松 범하였다 가슴을 들이치니

중은 하늘에 호소해도 분노가 식지 않건만

어찌합니까, 돈 만닢을 바쳐서 겨우 액땜을 하였지요.

금년에는 벌목을 하게 해서 항구로 모두 운반하였는데

말인즉 왜구를 대비해서 병선을 만든다 하였으되

조각배 한 척도 당초에 만들지 않았으니

속절없이 우리의 산만 옛 모습 잃고 벌거숭이 되었네요.

이 잔솔 지금은 어리지만 그대로 두면 크게 자랄 터라

화근을 뽑아버리는 일 어찌 게을리 하오리까.

이제부턴 소나무 뽑아내기 소나무 심듯 할 일이니

잡목이나 남겨두면 겨울에 화목으로 쓰겠지요.

오늘 아침 공문이 내려와 비자榧子를 급히 바치라 하니

장차 이 나무도 뽑아버리고 절간 문 봉해야겠네요."

다른 여러 종의 나무를 심도록 한 정사 또한 한낱 법조문에 지나지 않는 것이다. 그 고을에 오래 있을 것으로 생각되면 의당 법 규정을 따르도록 하며, 곧 교체될 것으로 생각되면 스스로 수고할 필요가 없다.

『경국대전』에 이렇게 나와 있다.[28] "각 고을은 닥나무·옻나무·전죽箭竹의 대장을 만들어 공조와 본 도道와 본 고을에 보관하고 이들 나무를 심고 가꾸어야 한다. ○ 오동나무는 각 사司에서 각각 10그루를 심고 가꾸어야 하며 공조에서 이것을 감독한다. 지방의 여러 고을에서는 각기 30그루를 심고 가꾸어야 하며 관찰사가 이것을 감독한다. ○ 제주濟州의 세 고을에서는 감귤·유자 및 비자나무·옻나무·산유자를 매년 심고 접붙이고 하여 근방에 사는 사람을 지정해서 보살펴 지키게 한다. 영남과 호남의 바닷가 여러 고을은 감귤과 유자를 매년 가을에 감사가 관원을 선정, 파견해서 조사하며 수량을 다 보고한다."【뽕나무를 심는 것에 대한 규정은 '농사 권장'(제6부 제6조)에 이미 자세히 나와 있다】

「농서비답農書批答」에서 이렇게 말했다[29]【양주 유생 안성탁安聖鐸에게 비답한

---

28 『경국대전·공전·재식』.

29 정조 22년(1798) 11월 기축일己丑日에 농서農書를 구하는 윤음이 내렸을 때 27명의 응지진소자應旨陳疏者가 있었는데 양주楊州의 유학幼學 안성탁安聖鐸도 그중 한 사람이었

것이다〕. "근래에 구릉이며 산기슭이 온통 벌거숭이가 되어 열흘만 가물면 냇물이 말라버리고 며칠간 비가 내려도 둑이 잘 무너져 논도 밭도 모두 수해를 입는다. 어찌 버드나무 한 종류만 심을 것인가. 소나무·개오동나무·흰느릅나무·느릅나무·의檍나무·오동나무·가래나무·옻나무 등 좋지 않은 것이 없다. 몇 해 전에 고故 재상이 편찬해서 정한 『송정절목松政節目』에 1만 그루 이상 나무를 심은 자에게는 특별히 상을 준다는 의논이 있었는데 아직 한 도, 한 고을에서도 조정의 명을 받들어 시행하는 것을 보지 못했다. 지금은 따로 조목을 만들 필요는 없고 이미 정해진 법을 닦아 밝히기에 힘쓸 일이다."

『다산록』에서 말했다. "오동나무를 심는 것은 우리나라의 급선무이다. 중국은 모두 유회油灰[30]를 사용해 배의 물 새는 틈을 봉합하는데, 이 유회를 만드는 데 오동나무 기름이 쓰인다. 공용과 사용을 막론하고 전선戰船과 조선漕船 등 모든 배에 소요되는 오동나무 기름은 수천 근이 될 것이다. 한 고을의 오동나무 30그루로 어디다 쓰겠는가? 필히 고을마다 3000그루를 여러 마을에 나누어 심어야 소요되는 오동나무 기름을 얻을 수 있다. 단지 그루 수만 보고하게 하고, 그 기름을 자기가 쓰든 내다 팔든 관이 절대로 간섭해서는 안 되며, 관에서 쓰고자 하면 값을 주고 사고 강제로 거두어들여서는 안 된다. 그렇게 해야 백성들이 오동나무 심기에 힘쓸 것이다. 이같이 하지 않으면 날마다 채찍질하여 오동나무를 심으라고 강요해도 백성들은 심지 않을 것이다."

다. 이 비답은 곧 안성탁의 농서에 대한 정조의 답변이다.

30 유회油灰: 기름·재·솜을 섞어서 제조한 접착제의 일종.

『귤사橘史』[31]에서 말했다. "남쪽 해변의 6~7고을에는 모두 귤과 유자가 생산되고【서쪽의 해남에서부터 동쪽의 순천까지】 거기에 딸린 여러 섬에서 생산되는 것이 더욱 풍성하더니, 최근 수십 년 동안에 날마다 줄고 달마다 줄고 하여 지금은 오직 부유한 사람들 집에나 혹 한 그루 있고, 섬에는 다만 관장이 직접 관리하는 4~5그루가 있을 뿐이다. 그 연유를 물었더니 다음과 같이 말했다. 해마다 추석이면 저졸이 대장을 가지고 와 과일의 개수를 세고 나무에 표시를 해두고 갔다가 과일이 누렇게 익으면 와서 따 가는데, 혹 바람 때문에 몇 개 떨어진 것이 있으면 곧 추궁해서 채워놓게 하고 채워놓지 못할 것 같으면 돈으로 받아간다. 광주리째 가지고 가면서 돈 한 푼도 주지 않고 저졸을 대접하기 위해 닭을 잡고 돼지를 잡느라 비용이 많이 들게 되니, 사방 이웃이 못살겠다 하며 다들 이 집에 원망을 하고 들어간 비용을 이 집에서 받아낸다. 그래서 대장에서 빼기 위해 몰래 그 나무에 구멍을 뚫고 호초胡椒를 집어넣어 나무가 저절로 말라 죽게 만들고【호초를 집어넣으면 나무가 저절로 죽는다】, 그루터기에서 움이 돋아나면 잘라버리고, 씨가 떨어져 싹이 나는 족족 뽑아버린다. 이것이 곧 감귤과 유자가 다 없어지는 까닭이라는 것이었다. 요새 들으니 제주 또한 이 같은 폐단이 있다고 한다. 이런 일이 그치지 않으면 몇십 년 가지 않아서 우리나라에 감귤과 유자가 없어질 것이다. 나라의 제사에 이것을 올리지 못하면 장차 어떻게 할 것인가? 대체로 법을 만든 당초에 좋지 않은 점이 있었기 때문에 그 말단의 폐해가 이 지경에 이르고 말았다. 하늘이 낳고 땅이 기르며 봄바람과 비와 이슬을 받고 자연히 무

---

31 『귤사橘史』: 감귤에 관한 내용으로, 달리 전거는 없으나 다산의 저술로 추정된다.

성해지는 법이거늘, 사람을 보내서 지키는 것도 좋은 계책이 아니고 관원을 보내서 감시하는 것도 좋은 계책이 아니다. 단지 심는 일만 독려하고 절대 간섭하지 말며, 과일이 익으면 값을 후하게 쳐주고 빼앗아가는 것을 금하면 자연히 번성하게 될 것이다. 무엇을 금지하는 법조항이 세밀할수록 백성들의 고통은 더욱 심해지는데 어느 누가 심고 가꾸기를 즐겨 하겠는가?" ○ 다산茶山에서 서쪽으로 100여 보 떨어진 곳에 한 가난한 선비가 살고 있다. 그의 집에 귤나무 한 그루가 서 있어서 해마다 돈 500~600닢을 얻어 환곡을 갚았다. 이 얘기가 새나가자 저졸이 달려들어 갖가지로 공갈하고 안뜰에까지 들어와서 그 선비가 분함을 참지 못해 손에 도끼를 들고 그 귤나무를 잘라 주었다. 온 가족 모두 통곡을 하였다. 나는 「참귤사斬橘詞」[32]를 지어서 위로하였다.

유수劉隨[33]가 영강군판관永康郡判官으로 있을 때의 일이다. 그곳에 성이 없어서 나무로 목책木柵을 만들었는데 그 목책이 썩으면 다시 세워야 해서 백성의 힘을 피폐하게 만들었다. 유수가 버드나무 수십만 그루를 목책 대신 심게 하여 안팎의 경계를 지으니 이로부터 백성들이 괴로움을 당하지 않게 되었다.

최윤덕이 안주安州[34]를 맡아 다스릴 때의 일이다. 버드나무 수만 그루를 읍내의 남쪽에 심어서 관아를 가리고 수재를 막도록 했다. 사람들이 감당甘棠나무를 베지 말라고 노래했던 일에 비유하였다.[35]

---

32 「참귤사斬橘詞」: 농민들이 불법적 수탈을 견디지 못해 스스로 귤나무를 베어버리는 사태를 두고 지은 시 작품. 지금 전하는 다산의 자료 중에는 이 작품이 확인되지 않는다.

33 유수劉隨: 중국 송나라 사람. 자는 중예仲豫이다. 천장각대제를 지냈다.

34 안주安州: 평안남도에 있는 지명. 평안도의 병영 소재지이기도 했다. 최윤덕은 세종 때 안주목사로서 평안도 병사를 겸임하고 있었다.

양구주梁九疇[36]가 옥천沃川을 맡아 다스릴 때, 법을 받들기를 공정하고 부지런히 하며 백성에 임하기를 간소하고 엄숙하게 하였다. 서산西山에 잣나무 300여 그루를 심었는데 지금까지 관에서 그 이익을 얻고 있다.

영액嶺隘[37]의 나무 기르는 지역에는 금령禁令이 엄격하니 마땅히 삼가 지켜야 할 것이다.

『속대전』에 "영액의 양송養松 표시가 있는 경계 안에서 함부로 경작하거나 방화하는 자는 송전율松田律[38]에 의해 다스린다"라고 나와 있다.

○ 영액嶺阨이란 적군이 들어오는 길목의 요충에다 관방關防을 설치한 곳이다. 그러나 그곳에 나무를 기르는 일은 마땅히 안팎의 형편을 보아야 할 것이다. 평시에는 성을 쌓지 않더라도 난리에 임해서는 마땅히 목책을 세워야 한다【혹은 흙을 쌓아 보루를 만든다】. 무릇 성터의 바깥쪽은 마땅히 말끔하고 훤하게 치워 은폐할 곳을 없애서 적병이 몸을 숨길 데가 없게 하고 오직 성터의 안쪽에만 나무를 많이 심어서 일단 적군이 침입하여 난리가 났을 때에는 나무를 베어 방책을 만들 수 있고 또 나무에 의지하여 몸을 숨길 수 있으며 혹 나무를 잘라서 무기를 만들 수 있고 또 뇌목檑木[39]으로 적을 막을 수 있게 해야 한다. 요즈음은 이렇게들 하지 않아

---

35 『시경·소남召南·감당甘棠』에 소백이 선정을 펴서 칭송하는 노래에 "감당나무를 베지 말라. 소백이 쉬던 곳이다"라고 한 대목이 있다. 여기서는 최윤덕이 버드나무를 심은 일을 소백의 고사에 비유하여 칭송했다는 의미이다.

36 양구주梁九疇: 조선 전기의 문신. 본관은 남원南原이다. 옥천현감, 청풍군사清風郡事를 역임했고, 의정부 우찬성右贊成에 추증되었다. 눌재 양성지梁誠之의 아버지.

37 영액嶺隘: 영액嶺阨. 조령 관문처럼 적군이 침입하는 길목으로 방어 시설이 있는 곳.

38 송전율松田律: 나라나 지방 관아의 지정보호림에서 도벌하는 행위를 규제하는 형벌.

서 성터는 경계가 없고 안팎의 구분 없이 산과 골짜기에 온통 나무가 무성하게 숲을 이루어 다만 나무가 길을 막는 구실만 하고 있을 뿐이다. 갑자기 도적이 밀어닥칠 때 나무를 베어 없애지 못한 채 만약 도적이 먼저 중요한 길목을 차지하고 이것에 의거하여 몸을 숨기고 총과 활을 쏘아댄다면 영액의 요새지는 도리어 도적에게 이로움을 제공해줄 것이니 어찌 도움이 있겠는가. 그 엉성하기가 이와 같은데도 금령의 엄격함이 봉산보다 더 심하다. 무릇 영액에 가까이 사는 백성이 한번 땔나무라도 채취하는 날엔 곧 병영兵營과 순영巡營의 호랑이 같은 군교와 이리 같은 아전이 으르렁거리며 위세를 부려 백성은 가산을 탕진하고 다른 곳으로 쫓겨나기까지 된다. 이는 힘없는 백성을 잡기 위한 함정이 바둑판이나 별처럼 깔려 있는 것과 마찬가지다. 관아의 건물들을 수리하는 데 서까래 하나도 베어오지 못하고 전선戰船을 개조하는 데 판자 한 쪽을 보태지 못하면서 다만 백성의 함정이 되고 있다. 장차 무슨 이로움이 있겠는가. 그러나 이미 나라의 금령이 있으니 그것을 살피고 지키기를 마땅히 신중히 해야 할 것이다. ○ 서쪽 길의 청석동靑石洞[40] 같은 곳은 10리나 되는 긴 골짜기가 겹겹으로 굽이돌아 바깥문을 혹 지키지 못했다 하더라도 계곡이 굽어지고 절벽이 막아서 군사를 매복시키기에 유리하다. 거기에 나무를 육성하는 것이 당연하다.

---

39 『시경·소남召南·감당甘棠』에 소백이 선정을 펴서 칭송하는 노래에 "감당나무를 베지 말라. 소백이 쉬던 곳이다"라고 한 대목이 있다. 여기서는 최윤덕이 버드나무를 심은 일을 소백의 고사에 비유하여 칭송했다는 의미이다.

40 청석동靑石洞: 청석골. 개성에서 황해도로 나가는 길목에 있는데 푸른빛의 숫돌이 나서 붙여진 지명이라 한다. 이곳은 험악하기로 유명하며, 소설 『임꺽정』의 배경이 된 곳이기도 하다.

월사月沙 이정귀李廷龜가 「독성기禿城記」[41]에서 다음과 같이 말하였다. "이 성은 넓은 들판 가운데 있어서 험한 장애물이 없이 길옆에 불쑥 솟아 있다. 나무가 없어서 바라보면 민둥산이기 때문에 독성禿城이라고 이름을 붙였다. 사람들이 심상하게 보아 별달리 여기지 않았는데 임진년에 왜구가 크게 침입하매 도원수 권율權慄이 여러 곳에서 싸우다가 이 성으로 들어가 의지하고 누차 적병을 물리쳤다. 이에 사람들이 성의 지세가 유리함을 얻어 나라 안의 요충임을 알게 되었다." 案 이 기문을 보면 성이 본래 민둥산에 위치해서 적을 방어하는 데 불리할 것이 없었다. 지금은 성 밖의 주위로 수목이 무성하니 도리어 해로울 것이다.

황해도 관찰사 권수權脩[42]가 상소문에서 다음과 같이 말했다. "동선령洞仙嶺은 군사상의 요충으로 그 험한 지형이 믿을 만합니다. 만약에 수목을 길러서 빽빽한 숲이 되면 군사를 숨기고 복병을 두는 데 모두 믿을 만하며 일이 닥쳤을 때 나무를 베어서 목책을 세우고 적의 진로를 저지하는 데 또한 유용할 것입니다." 案 영액에 벌목을 금하는 본뜻은 원래 이와 같다. 먼저 그 안팎 지형의 형세를 잘 살펴서 벌목을 금지하는 범위를 정하는 것이 또한 옳지 않겠는가.

내가 곡산부에 있을 때 「월현령에 나가 놀던 기문〔游月峴嶺記〕」[43]에서 다

---

41 「독성기禿城記」: 독성은 임진왜란 때 권율權慄 장군이 왜병倭兵을 물리쳤던 곳으로 지금은 경기도 오산시에 복원되어 있다. 『만기요람萬機要覽』에 이 인용문이 「독성산성기禿城山城記」로 기록된 것으로 보아 「독성기」는 「독성산성기」를 줄여 부른 것으로 판단된다. 『월사집月沙集』에는 선조 36년(1603)에 지은 「진남루기鎭南樓記」 속에 이 내용이 실려 있는데, 진남루는 독성산성의 남쪽 모퉁이에 있었다고 한다.

42 권수權脩, 1638~?: 조선 숙종 때 사람. 자는 영숙永叔, 호는 칠와漆窩, 본관은 안동이다. 허목의 천거로 등용되어 경상도 관찰사, 황해도 관찰사, 승지를 역임하였다. 황해도 관찰사로 있을 때 국방책으로 「요새처방수책要塞處防守策」이라는 상소와 도경圖經를 올렸다.

43 「유월현령기游月峴嶺記」: 다산의 저술임이 분명한데 지금은 보이지 않는다. 「여유당전

음과 같이 썼다. "문성보文城堡는 고을 북쪽에 사령四嶺【네 고개】의 요충에 있어서 남쪽으로 곡산 길에 통하는데 문성보의 남쪽에 이른바 월현령이란 곳이 있다. 벌목을 금지한 수목이 산과 계곡을 덮어 풀 한 포기 나무 한 가지도 백성들이 감히 건드리지 못한 것이 20여 리나 된다. 나는 문성에서 곡산까지 길이 평탄하여 1만 마리의 말이 나란히 달릴 수 있고 주먹만 한 돌 하나 걸릴 것이 없는 사실이 적이 이상하게 여겨졌다. 적군이 무엇 때문에 고생스럽게 저 평탄하고 곧은길을 버리고 하필 월현령으로 넘어올 것이란 말인가. 도무지 모를 일이다."

한자구韓子耈[44]가 강화의 경력經歷으로 있을 때의 일이다. 한번은 서울에 올라 왔는데 임금이 불러보고 정사에 대해 물었다. 한자구는 "마니산摩尼山에 나무를 심으면 10년 뒤에는 목책을 만들 수 있고 또 대포를 많이 설치하면 건너편의 적병을 제압할 수 있습니다"라고 아뢰었다. 이와 같이 건의한 방책이 모두 세 가지였다. 임금은 그의 말을 옳게 여기고 즉시 시행하기를 명하였다.

산기슭에 경작을 금하는 법은 의당 현지의 실상을 측정해 보아야 한다. 마음대로 하게 풀어주어서도 안되고 융통성 없이 지켜서도 안 된다.

서」에는 월현에서 지은 시로 「월현령 아래에서 늦게 정박하다[晚泊月峴嶺下]」가 실려 있다.
44 한자구韓子耈, 1602~1669 : 조선 중기의 문신 한수원韓壽遠. 자구子耈는 그의 자이다. 공조좌랑, 한성부서윤, 상주목사 등을 지냈고, 사후에 참판에 추증되었다. 김장생金長生의 외손.

『속대전』에 "산기슭의 위쪽을 개간하여 경작하는 것을 금지하며, 산기슭 아래쪽에 있는 밭은 불문에 부치지만 새로 나무를 베고 밭을 만드는 행위는 일체 금지한다"라고 나와 있다. ㊟ 산의 높고 낮음이 제각기 다르니 산기슭의 높고 낮음 또한 제각기 다르다. 법이 이미 불명확해서 백성들이 법을 범하지 않기를 기대하기 어렵다. 구릉과 언덕진 곳은 비록 산등성이라도 경작을 금할 수가 없으며 산줄기가 길게 뻗은 곳에는 꼭대기 땅은 금해야 하나 산기슭의 아래쪽은 꼭 금할 것은 없다. 오직 높다란 산과 크게 뻗은 산으로 높이가 하늘에 닿을 지경인 곳이면 바야흐로 산기슭을 따져서 정해야 할 것이다. 모름지기 평지에 표지를 세우고 높이를 측정하되 혹은 300장丈을 한계로 하거나 혹은 200장으로 한계를 짓고 그 한계를 엄격하게 규제하여 백성들이 함부로 법을 범하지 않도록 하는 것이 또한 마땅하다.

『손암사의巽菴私議』[45]에서 말했다. "화전火田의 폐해에 대해 옛사람의 말이 1)산골짜기에 나무가 없어져서 산사태를 막을 수 없고, 2)산사태가 나서 논밭을 덮어 소출이 날로 줄어들며, 3)산이 벌거숭이가 되어서 보화가 나오지 않고, 4)새와 짐승이 깃들지 못하여 사대교린事大交隣에 소요되는 피물 등속을 잇기 어렵고, 5)호랑이와 표범이 멀리 도주해서 사냥하는 사람들이 병기를 쓰지 않게 되어 나라의 습속이 날로 나약해지며, 6)목재가 고갈되어 백성들이 이용하는 자재가 날로 궁색하게 된다. 비록 일체 금지할 수는 없다 하더라도 산허리 이상에서는 화전을 하지 못하도록 해야 한다."【이것은 본래 서애 류성룡의 의론이다】.

---

45 『손암사의巽菴私議』: 다산의 둘째 형인 정약전의 저작인 듯하다.

이동직李東稷이 전라감사로 있을 때의 일이다. 국법이 변방 산의 나무를 벌채하지 못하도록 엄금하는 것은 오로지 조운선과 병선兵船을 만들기 위해서 보존하고 기르는 것인데 여러 궁가宮家에서 그 기름진 땅을 탐내어 화전 경작을 자행하니 이동직이 조정에 청하여 농작물을 쓸어버리고 나무를 심었다.

서북西北 지방의 인삼人蔘과 초피貂皮에 대한 세稅는
마땅히 너그럽게 해줄 것이니, 그중에 혹 금령을
범하더라도 마땅히 관대하게 처리해야 한다.

『속대전』에 나와 있다.[46] "삼상蔘商이 강계江界로 내려갈 때에는 호조에서 황첩黃帖[47]을 발급하고 세를 받는다【한 장마다 세 3냥을 받는다】. 황첩 없이 들어가는 자는 잠상률潛商律[48]로 다스리고 그가 지닌 물화物貨는 속공屬公을 한다【평안도의 감영 및 희천·운산과 신광진神光鎭[49] 등 고개〔嶺〕 아래 요로에서 황첩을 검사하여 들어가는 것을 허용한다. 비록 1각角의 인삼일지라도 황첩 없이 사사로이 매매한 자는 판 사람과 산 사람 모두를 잠상률로 다스린다】. 사상私商[50]으로 강계인과 몰래 매매한 자는 다른 사람이 잡아서 고발하는 것을 허용하고 그 인

---

46 『속대전·호전·잡세』.
47 황첩黃帖: 삼상蔘商에게 발급하는 인삼 판매 허가서. 이를 발급하고 받는 세를 황첩세라고 한다.
48 잠상률潛商律: 법령으로 매매를 금지하는 물건을 몰래 외국에 매매하는 상인을 처벌하는 법률.
49 신광진神光鎭: 평안북도 강계군에 있는 진 이름.
50 사상私商: 대외 교역에서 국가의 허가를 받은 상인에 대해 사적으로 상행위를 하는 자를 가리키는 말. 은밀하게 상행위를 하는 잠상潛商도 사상의 범주에 들어간다.

삼을 모두 고발한 자에게 준다." ○ "인삼이 산출되는 고을의 수령이 자기 관내에 잠상이 있어도 찾아내지 못하고 다른 사건으로 인해 드러나는 경우 무거운 벌칙으로 단죄한다."[51] 案 이 조항은 『속대전·호전』에 있는 것이다. 그 연경燕京과 왜관倭館에 들락거리는 상인과 잠상潛商에 대해 받아들이는 세나 속공 등 여러 금령 조항은 「호전」과 「형전」에 뒤섞여 실려 있다. 이 일을 담당한 자는 마땅히 참고해야 할 것이다.

초피와 인삼은 우리나라의 귀중한 재화이다. 『한서』와 『남북사南北史』 이후 여러 책에서 낙랑·현도·고구려·발해의 재화를 논함에 있어서는 으레 초피와 인삼을 으뜸으로 삼고 있다. 이것이 금령의 조문을 부득불 엄격하고 세밀하게 하는 이유이다. 그러나 나라에 수용되는 바는 오직 황첩세 3냥뿐이고 나머지는 소위 속공이란 명목으로 다 탐관오리의 주머니에 들어가버린다. 나라의 재용에 도움이 되지 않고 한갓 백성의 재물을 빼앗아가니 나라에 무슨 도움이 되는가. ○ 강계군의 사례에 무릇 인삼을 캐는 자에게는 관첩官帖을 주어 산에 들어가게 한다. 가을을 지내고 겨울을 넘기며 바람과 이슬을 무릅쓰고 먹고 자면서 호랑이와 표범과 더불어 살고 곰과 멧돼지와 함께 지내면서 구사일생으로 어렵고 괴로운 일을 골고루 맛보게 된다. 급기야 산에서 내려오면 주머니와 보따리를 뒤지고 옷 속과 소매까지 뒤져서 한 뿌리 인삼도 봐주는 것이 없이 온통 헐값으로 강탈하여 관에 들여오는데 말은 나라에 바친다고 핑계대고는 모조리 자기 배를 채운다. 간사한 아전과 교활한 군교가 아래서부터 조종하여 뇌물이 드나드는 곳에 새는 구멍을 다투어 뚫어서 국법은 시행되

---

51 『속대전·호전·잡세』.

지 않고 관리들의 부정만 조장될 따름이다. 그러니 결국 국고에 무슨 보탬이 되겠는가. ○ 수령은 마땅히 이 점을 파악해서 나라에 공납하는 데 소요되는 것은 모두 제 본값을 쳐서 주고 그 나머지도 빼앗지 말아야 하며【매 공삼貢蔘 한 냥중에 그 본값이 400냥이다】 그 나머지는 제 마음대로 팔도록 허락하고 한 뿌리도 거저 빼앗지 말아야 한다. 그중에 혹 금령을 범한 자가 있으면 자세히 그 실정과 사리를 살펴서 불구자나 불쌍하여 마땅히 동정해야 할 자는 법을 떠나서 관대히 봐주고 간악하고 참람된 나쁜 자는 법에 따라 속공을 시키되 사실대로 상사에 보고하고 조금이라도 사사로이 이용해서는 안 될 것이다. 그 가운데 상사로부터 회보가 없는 것은 두었다가 공용에 쓰되 혹 군기軍器를 수선하거나 혹 무예에 대한 상을 줄 경우에 쓸 것이요, 극히 소량이라도 사복을 채우지 말아야 청백淸白하다는 이름에 거의 부끄러움이 없을 것이다.

강유후姜裕後가 강계부사로 있을 때의 일이다. 그곳 풍속이 오로지 인삼 캐는 일로 생업을 삼는데 때로 혹 북쪽으로 국경을 넘어들어가 붙잡히면 욕이 조정에까지 미치게 되므로 인삼 캐는 것을 몹시 엄중하게 금하여 백성들이 살아갈 수가 없었다. 강유후는 농경과 누에치기를 가르치고 권장하기를 부지런히 하였으나 아직도 굶주림과 추위를 면치 못하는 백성이 많았다. 그가 우리 국경까지의 거리를 헤아려 백성들과 날짜를 기약하고는 인삼을 캐러 보내면서 "모일에는 모두 돌아와 나를 보도록 하라. 그렇지 않으면 마땅히 월경죄越境罪로 다스리겠다"라고 타일렀다. 백성들이 모두 기약한 날짜에 돌아와 "우리 사또께서 우리들을 구휼함이 이러한데 만약 그 영을 어긴다면 반드시 재앙이 미칠 것이다"라고 말하였다.

『속대전』에 나와 있다.[52] "서북 지방의 국경 연변에서 국경을 넘어가서 인삼을 캐거나 사냥을 한 자는 수범자首犯者와 종범자從犯者를 모두 국경에서 참형에 처한다."【월경하는 데 앞장서 주도한 자는 가산을 몰수한다】 ○ "국경을 넘어가 목재를 베어온 자도 채삼률採蔘律을 적용한다." ○ "국경을 넘나든 자를 집에 받아들이거나 교사敎唆한 자는 범인과 동일한 죄로 다스린다. 사실을 알고도 고발하지 않은 자는 양민이나 천민은 변방 작은 고을의 관노로 삼고 출신 이상의 신분을 가진 자는 변방 진보鎭堡에 군으로 충원한다. 이를 고발한 자는 잠상潛商을 고발한 자와 동일한 상을 준다."【「형전」에 나와 있다】 조례가 많으므로 이 일을 맡은 자는 마땅히 상고해야 할 것이다.

「폐사군론廢四郡論」[53]에서 이렇게 말했다. "여연閭延·무창茂昌·우예虞芮·자성慈城을 지금 폐사군이라고 일컫는다. 저들 인삼 캐는 사람들이 1000명이고 100명이고 무리를 지어 오두막을 세우고 장막을 치고 해서 아예 자식을 키우고 손자를 기르며 내내 머물러 있다가 드디어 이곳의 주민이 되었다. 이 지역을 지키는 관인이 활을 당기고 포를 장전해서 쫓아내려고 시도하면 저들 또한 활을 당기고 포를 장전해서 대응하려고 든다. 그래서 어쩌지 못하고 물러나 저들이 하는 대로 버려두게 되었다. 수

---

52 『속대전·형전·금제』.
53 「폐사군론廢四郡論」; 원래 『여유당전서·시문집』 권11에 실려 있는 것이다. 평안도 압록강을 낀 무창·여연·우예·자성의 4군이 북방의 족속들이 무단 침범을 하여 인삼을 채취하는데 단속이 어렵고 외교상의 문제가 야기될 우려가 있기에 이 지역의 행정을 폐지하는 조처를 취했다. 그래서 폐사군이라고 일컫게 된 것이다. 다산은 폐사군 문제를 심각하게 제기한바 우리 강토의 유지, 보전을 중요하게 논하였다. 그런데 시문집에 실린 것과 『목민심서』에 실린 것은 제목이 동일하고 대략의 논지는 유사하지만 글의 내용에 상당한 차이를 보이고 있다. 왜 이런 차이가 났는지 알 수 없으나, 『목민심서』 본에서 수정 보완이 이루어진 것으로 추정된다.

령은 사실을 감추어 보고하지 않고 관찰사는 숨겨서 조정에 알리지 않는다. 그리하여 천리나 되는 우리의 아름다운 강토를 팔짱 끼고 앉아서 저들 법을 어긴 무리들에게 갖다 바친 지 어언 100년이 되었다. 세종과 세조는 6진鎭[54]을 경영하였고 선조 때에는 무산茂山을 신설했다.[55] 예전에는 강한 이웃 나라의 땅도 오히려 더러는 개척을 했는데 지금은 조상으로부터 지켜온 땅을 까닭 없이 버려두고 있으니 이는 어찌 된 일인가. 옛 정승 남구만南九萬은 4군四郡을 복구하자는 논의를 역설하고 유상운柳尙運은 축소해두자는 논의를 주장하여 맞섰는데 필경에는 미봉책이 시의에 맞는다고 하여 유상운의 주장이 시행되고 남구만의 역설은 통하지 못해 뜻있는 인사들의 통한이 되고 있다. 장진수長津水[56]는 함흥의 황초령黃草嶺에서 발원하여 북으로 500리를 흘러 삼수부三水府의 갈파보葛坡堡[57]에 이르러 동쪽으로 압록강에 들어가고 독로수禿魯水[58]는 영원寧遠의 설한령雪寒嶺[59]【『한사漢史』에서 말하는 설렬한령薛列罕嶺 혹은 단단대령單單大嶺이다】에

---

54 6진鎭: 조선 세종 때 여진족의 침범이 빈번하므로 그 방비책으로 함경도의 경원慶源·온성穩城·종성鐘城·회령會寧·부령富寧·경흥慶興의 6군에 설치한 요새.

55 무산茂山은 백두산을 끼고 있는 지역으로 6진을 개척할 당시에도 여진족이 살고 있어서 중앙정부의 행정력이 미치지 못하는 상태였다. 중종 때에 첨사진僉使鎭을 설치했고 숙종 때에 부府로 승격되었다.

56 장진수長津水: 창수漲水라고도 하는데 지금의 장진강長津江. 함흥 서북의 황초령黃草嶺 완전과 荒田坡에서 흘러나온다.

57 갈파보葛坡堡: 가파보茄坡堡 또는 갈파지보塑坡知堡라고도 하는데 압록강 소농보小農堡의 서쪽 25리에 있고 성 둘레가 3500척이다. 연산군 6년에 시축하여 첨절제사로 하여금 지키게 하고 삼수부三水府에 부속시켰다.

58 독로수禿魯水: 독로강禿魯江. 강계부江界府 동남 300여 리의 설렬한령(薛列罕嶺, 설한령雪寒嶺) 화을점和乙岾에서 흘러나온다.

59 설한령雪寒嶺: 지금의 평안도와 함경도를 가르는 경계상에 장백산에서 남쪽으로 달리는 간맥幹脈이다. 『후한서後漢書·동이전東夷傳』에 나오는 설렬한령 또는 단단대령은 이를 말한 듯하다.

서 발원하여 북으로 400리를 흘러서 강계부의 고사보高沙堡[60]에 이르러 서쪽으로 압록강에 들어간다. 이리하여 두 강의 연안에 각각 5~6개의 작은 보루를 설치하고 변방을 방비하고 있는데 압록강의 연변에는 동쪽의 갈파보로부터 서쪽의 고사보[즉 4군의 옛 땅]까지 비워두고 방비가 없으니 4군의 땅은 벌써 떼어내서 버린 꼴이다. 강한 이웃 나라가 침입하여 잃었다 해도 애달프고 분통이 터질 텐데 하물며 저들 난민들이 경계를 넘어와서 이 지경이 되었음에랴. 조정에서 참으로 이러한 뜻으로 북경에 자문咨文을 보낸다면 오라총관烏喇總管[61]과 영고탑寧古塔[62]의 장군이 장차 규찰하고 금지하기에 겨를이 없게 될 것이니 어떻게 우리를 괴롭히겠는가. 뿌리가 깊고 꼭지가 굳어져서 세월이 오래 가고 나서 만약 하루아침에 대세의 변동이 일어나 서북의 두 도가 다시는 우리의 강토가 되지 못하고 보면 그 어찌 지극히 슬픈 일이 아니겠는가. 선조(정조)께서 특별히 유념하여 우선 후주厚洲 한 진鎭을 복구하고 앞으로 차츰 접수할 계획이었는데 미처 이 일을 끝맺지 못하고 중단되었다. 오늘날 긴급히 우려할 사항이다. 수령들은 마땅히 이 문제를 염두에 두고 무릇 월경의 금령을 각별히 준행할 것을 생각하며 비록 이 일로 문제가 생겨서 자기 몸이 귀양을 가게 되더라도 한스럽게 여길 것이 없다. 인삼과 초피와 은화가 날로

---

60 고사보高沙堡: 『영조실록』에는 고사리성高沙里城으로 기록되어 있고 『여유당전서·지리집地理集·대동수경大東水經·기일녹수其一淥水』에는 고산보高山堡로 기록되어 있다. 강계 서쪽 150리에 있고 성 둘레가 1106척이며 병마첨사를 두어 수비했다.
61 오라총관烏喇總管: 오납烏拉 또는 오라兀喇라고도 함. 납라씨성納喇氏姓의 포안布顔이 오라烏喇河 기슭에 성을 쌓고 부근의 여러 부족을 복속시켜 한때 조선의 국경을 자주 침범하였다. 중국 청나라 태조에 의해 멸망되고 그 땅에 오라총관烏喇總管이 설치되었다. 지금의 길림성吉林省 북쪽 송화강松花江 지역이다.
62 영고탑寧古塔: 중국의 옛 지명. 지금의 중국 길림성 봉안현奉安縣.

소모되고 달로 빠져나간다 해도 이쯤이야 키질하면 날아가는 쭉정이 정도이니 크게 애석해할 바 아니다. 오직 조상이 물려준 강토는 우리가 지키지 않으면 안 되는 것이다."

초서피貂鼠皮 와 녹용鹿茸 등 또한 귀중한 물화이다. 서북의 변방 고을의 예를 보면 매양 사냥꾼들을 입산하도록 하고 약간의 먹을 것을 주었다가 그들이 산에서 내려오면 피물과 녹용을 값도 주지 않고 다 빼앗는데 관리들이 청렴하지 못한 것이 하나같이 이 지경에 이르렀다. 종전의 관례를 내세우지 말고 자기 스스로 법을 만들어 초피와 녹용 모두 시가에 준하여 쌀과 베〔布〕로 값을 쳐준다면 청백하다는 이름을 거의 백세토록 전할 것이다【현지의 가격이 싸서 서울 시가와 비교하면 반값에도 못 미친다】.

동남 지역에 공삼貢蔘의 폐단이 해로 더해지고 달로 늘어나고 있으니 마음을 다해서 살펴보고 과중하게 거두어들이지 않도록 할 것이다.

『속대전』에 나와 있다.[63] "관동의 각 고을에서는 진상을 담당하는 삼상 외에 다른 도道 사람이 인삼을 매매하는 것을 일체 엄금한다. 발각되어 잡힌 자는 본 도에서 장 100대를 치고 유배를 보낸다. ○ 부삼附蔘·조삼造蔘[64] 따위는 그것이 발각되는 대로 속공하고 일체 조은전율造銀錢律에 의거하여 처벌한다."

---

63 『속대전· 호전 ·잡세』.
64 부삼附蔘·조삼造蔘: 본디 모양이 좋지 못한 삼을 인공으로 다듬은 것을 부삼이라 하고,
수삼水蔘을 가공하여 홍삼紅蔘이나 백삼白蔘으로 만든 것을 조삼이라고 한다.

정만석이 연일현감으로 있을 때 다음과 같이 응지상소를 올렸다. "공삼의 폐단은 오늘날에 와서 극도에 달했습니다. 산에서 캐는 것은 점점 희귀해지고 집에서 기르는 것이 점점 많아졌습니다. 옛날에 일컬은 나삼羅蔘[65]으로 산에서 나는 것이 비록 있다 하더라도 심약審藥【심약이란 의관으로 감영의 막하에 있는 자이다】과 몰래 결탁하여 짜고 농간을 부려서 자기네들이 판 것이 아니면 모조리 퇴짜를 놓기 때문에 여러 고을의 공납이란 것도 실은 다 삼상에게서 사다가 바치는 것입니다. 이미 관례로 굳어져서 깨뜨릴 수 없게 되었습니다. 공삼 한 돈쭝은 값이 4관貫【40냥】인데 간색가看色價·칭축가秤縮價·운수가運輸價[66]와 심약과 의생醫生에 대한 인정잡비人情雜費[67] 등을 아울러 계산하면 한 돈쭝에 드는 돈이 거의 7관이 넘습니다. 이것이 모두 백성들의 부담에서 나오는데 혹은 전결田結에 배정해서 징수하기도 하고 혹은 보솔保率에게 포布를 거두기도 합니다【군포의 법과 같다】. 부세는 점점 번거로워지고 군첨軍簽은 더욱 어렵게 만드니 어찌 백성의 뼈를 깎는 폐단이 아니겠습니까. 만약에 진짜 토산으로 진상을 한다면 비록 값이 1만 전錢에 이르고 힘이 10배가 든다 하더라도 어약御藥으로 쓰이는 것을 누가 감히 이의를 달겠습니까. 지금은 그렇지가 않습니다. 이름은 나삼이라고 하지마는 실은 모두 서울에서 사들인 것입니다. 왕왕 진상되었던 물건이 되돌아나와서 다시 바쳐지는 경우도 있는

---

65 나삼羅蔘: 경주 땅에서 산출되는 인삼. 박지원의 「민옹전」에 "인삼은 나삼이 으뜸이라"라는 말이 나오며, 이가환李家煥의 기록에 "나삼은 경주에서 생산되는 것"(『정언쇄록』)이라는 언급이 보인다.

66 간색가看色價는 인삼의 품질을 감정하는 데 드는 비용, 칭축가秤縮價는 저울로 재는 과정에서 축이 나는 데 대한 보상가, 운수가運輸價는 운반비이다.

67 인정잡비人情雜費: 인정人情은 인정으로 준다는 뜻이지만 사실상 뇌물을 가리키는 말이다. 이런저런 뇌물 성격의 비용.

데 이는 삼상이 제 이익을 도모하고 심약이 부당하게 축재한 것에 지나지 못한 것입니다. 어찌 백성들의 기름을 짜서 저들을 살찌우기만 해서야 되겠습니까. 만약에 폐단을 시정하고자 한다면 작공作貢【대동법 같은 것을 가리킨다】으로 하는 것만 같지 못합니다. 이 일은 의논이 나온 지 벌써 오래 되었으나 아직도 정해진 것이 없으니 신은 적이 괴이하게 생각하고 있습니다. '나토羅土[68]에서 생산되지 않은 것은 공물에 충당할 수 없다'라고 하는데도 지금 진상하고 있는 것은 모두 서울에서 사들인 것입니다. '인삼 공납의 값은 일반 백성에게서 거두어들여서 안 된다' 하는데도 현재 거두어들이는 것은 더욱더 한계와 절제가 없는 실정입니다. 만약에 '임금께 진상하는 물건은 작공할 수 없다' 하면서 대동조례大同條例 중의 어공御供하는 제물종諸物種이 이루 셀 수가 없으며, 공삼의 원액原額 그 자체도 일찍이 수량을 나누어 작공하고 있는 실정입니다. 그런데 무엇에 구애되어 변통을 하지 않는 것입니까. 지금 만약에 저치가미儲置價米나 각 고을에서 거두는 인삼은 한 돈쭝에 4관의 돈을 주던 것을 서울에서 작공하면 감영과 고을에서 한정 없이 새어나가는 것을 줄일 수가 있고 전역田役도 조금 가벼워지고 군첨 또한 너그럽게 될 것입니다."

금·은·동·철을 채취하는 점店[69]이 전에부터 있었던 곳은 간악한 무리가 끼어 있는지를 살펴야 하며 새로 생긴 곳에서는 제련하는 일을 금해야 한다.

---

68 나토羅土: 경상북도 경주 지역을 가리키는 말.
69 점店: 상점이나 주점을 뜻하는 말인데 금점·은점·동점 같은 광산을 가리키는 말로도 쓰였다.

『속대전』에는 "각 도의 은이 나는 곳에는 설점수세設店收稅[70]하고 사사로이 은을 캐는 자는 섬으로 종신 귀양을 보낸다"[71]라고 나와 있다〔호조나 중앙과 지방의 감영이나 군읍을 물론하고 조정에 품의하지 않고 새로 은점이나 연점鉛店을 개설한 자에 대해서는 감사 이상은 파직, 수령 이하는 체포하여 심문한다〕. ○『경국대전』에는 "각 도의 철을 생산하는 곳에는 야장冶場 문서를 만들어 공조와 본 도道·본 읍邑에 비치하고 매 농한기에는 제련製錬을 해서 상납케 한다"[72]라고 나와 있다. 案『주례』에서 광인의 직책은 금·옥·주석·석石이 나는 땅을 관장하여 함부로 채굴을 못하게 엄중히 금지하고 때맞추어 이 것을 채취한다. 한나라 이래로 염철鹽鐵에 대한 권한은 공가公家에 있었으니 그것은 왕공王公의 큰 재화였기 때문이다. 금·은·동·철은 널리 제련할 곳〔爐店〕을 두어 국가의 쓰임에 보탬이 되게 하며, 금·은·동·철은 각각 차등을 두어서 나라의 화폐로 만들어야 한다는 것이 곧 내가 고심하는 문제이다〔「전제고田制考」에 자세히 나온다〕. 그러나 오늘날의 제련하는 곳은 모두 사악한 무리들이 사사로이 설치한 것이어서 호조에서 수세하는 것은 극히 사소하고, 도망자를 감추어주고 간악한 백성을 숨겨주며 도적을 모아 변란을 일으키기도 한다. 그래서 농사짓는 이가 품팔이나 머슴을 얻을 수 없고 장사하는 이가 물화를 운용하기 어렵게 된다. 좋은 논밭은

---

70 설점수세設店收稅: 임진왜란 이후 정부의 광산 개발이 활발해져서 관채官採와 민채民採가 함께 성하게 되었는데, 효종 2년(1651)에 광물이 있는 지역에 관에서 설점(設店, 광산 개설)을 하고 민간인에게 채굴을 허가해준 다음 일정한 세稅를 받는 광업 정책상의 변화가 생겼는데 이것을 '설점수세'라 했다.

71 『속대전·호전·잡세』.

72 『경국대전·공전·철장鐵場』.

날로 줄고【금점金店에서 논밭을 사서 금을 인다】자연이 날로 파괴되니【은점銀店
에서 산을 파서 100길에 이르기도 한다】후일에 비록 조정의 대신이 국가에서 채
굴하는 법을 의논하여 시행하려고 해도 산의 정기가 쇠약해지고 고갈되
어 다시는 샘솟듯 하지 않을 것이다. 지금 당장의 계책은 엄금하는 일뿐
이다. 전부터 있었던 점은 사악한 무리들을 살펴서 뜻하지 않은 변란에
대비하고【가산嘉山의 역적 홍경래 또한 본래 금점을 열어 무리를 모았다】새로 개설
된 광산은 주모자를 잡아서 변란의 싹을 꺾는 일을 그만두어서는 안 될
것이다. 내가 곡산에 있을 때 어떤 간악한 백성 서너 명이 은점을 설치하
기로 의논하고 호조의 관문關文을 받아 계사計士를 데리고 내려왔다. 내
가 그 백성들을 엄히 다스리고 마침내 관문대로 시행하지 않았다. ○ 금
점이나 은점에서 고을 관아에 관례로 매달 바치는 세가 있다. 이 작은 이
익 때문에 큰 난리를 자초하는 것은 목민하는 자의 할 짓이 아니다.

『열성어제列聖御製』에 정조 말년 좌의정 심환지沈煥之[73]가 채금採金을 금
지할 것을 상소한 데 대해 임금이 다음과 같이 비답한 말씀이 실려 있
다. "돌아보건대 오늘날 말단을 좇는 습속이 근본에 힘쓰는 것을 부끄럽
게 여기도록 만들기 때문에 근본으로 돌아가게 하고 말단을 억누르는 정
책[74]을 쓰고자 하는 한편 '농정윤음農政綸音'을 반포했거니와, 또 한편으로
는 제멋대로 놀고먹으며 이익이나 노리는 것을 놓아두어서 되겠는가. 팔
도에 거듭 깨우쳐서 즉시 엄금하도록 하고 종래 설점設店했던 곳도 일체

---

73 심환지沈煥之, 1730~1802 : 자는 휘원輝元, 호는 만포晩圃, 본관은 청송이다. 정조 때 중용
   이 되어 좌의정에 오르고 다시 순조가 즉위하자 영의정에 올랐다. 정치적으로 벽파辟派
   의 입장이었다.
74 원문은 "반본억말지정反本抑末之政"이다. 여기서 본(本, 근본)은 농업을 말(末, 말단)은 상
   업을 가리킨다. 곧 농본주의이다.

혁파해서 백성들을 논밭으로 돌아가게 할 것이다." 臣謹案 선왕의 법이 백성을 9직職으로 나누어 농민은 곡식을 생산하고 우인虞人은 목재를 생산하고 광물 채굴을 담당한 관리는 금과 주석을 채취하게 하였다. 근본에 힘써야 한다는 이유로 드디어 다른 일체의 힘써야 할 일을 다 폐지할 것은 없다. 다만 사악한 백성이 사적으로 채굴하는 것은 엄금해야 할 일이지만 반드시 호조에서 관원을 파견하여 채굴하도록 해야 이에 폐단이 없을 것이다.

이상급李尙伋이 단천군수端川郡守로 있을 때의 일이다. 고을에서 은이 산출되었는데 스스로 "이것은 이익이 나오는 구멍이다. 수령으로서 조금이라도 조심하지 않다가는 몸과 이름을 망칠 것이다"라 하고 드디어 아주 청렴하게 공무를 집행하였다. 세공歲貢 이외에 조금이라도 남는 것이 있으면 모두 백성들의 요역을 대신케 하였으며, 군정으로 인한 도망자나 사망자에 대해서는 종전에 모두 이웃과 친족에게 부담을 지웠는데 불필요한 경비를 절감하고 남은 것으로 충당해주어, 침탈과 시달림을 면하게 해주었다.

동악東岳 이안눌李安訥이 단천군수로 있을 때의 일이다. 은광이 경내에 있어서 사람들을 기름지게 하는 것이 늘 많았다. 그는 청렴하고 신중한 아전을 택하여 이 일을 맡겼다. 그리고 오은지吳隱之의 시구에서 택해 마루에다 '불역심 不易心'[75]이란 세 글자를 내걸었다.

---

75 불역심不易心: 타고난 마음을 바꾸지 않는다는 의미. 중국 후한 때 문인 오은지(?~413)의 「탐천貪泉」에 나오는 구절이다. "옛사람들이 물에 대해 말하길, 한 번 마시면 많은 돈을 생각한다 하네. 백이 숙제에게는 마셔보게 하여도, 끝내 마음 바꾸지 않으리[古人云此水, 一猷懷千金. 試使夷齊飮, 終當不易心.]."

토산土産의 보물을 마구 채취하여 백성들의 병폐가
되는 일이 없도록 해야 할 것이다.

『경국대전』에 "각 고을에서 보물이 산출되는 곳은 장부를 만들어서 공
조와 본 도, 본 고을에 비치해두고 살피고 지키도록 한다"[76]라고 나와 있
다. ○ 이른바 보물이란 경주에서 나는 수정, 성천에서 나는 황옥, 면천沔
川에서 나는 오옥烏玉, 장기長鬐에서 나는 뇌록磊綠, 남포에서 나는 벼룻
돌, 해남에서 나는 양지석羊脂石, 흑산도 바다에서 나는 석웅황石雄黃 등이
그것이다. 무릇 그곳에서 나는 보물은 모두 그 지방 백성들의 뼈를 깎는
폐단이 되고 있다. 수령은 이 점을 알아서 보물을 요구하는 사람이 있더
라도 응하지 말며, 보물이 있다고 신고하는 자가 있더라도 채굴하지 말
것이며, 돌아가는 날에는 단 한 개의 보물도 짐 속에 넣어 가지 말아야
이에 청백한 관인이라는 말을 들을 것이다.

금을 채취하는 법은 새로운 방식이 있으니 조정의
명이 있다면 시험해보아도 무방할 것이다.

김호군金護軍의 「사금론篩金論」[77]에 이렇게 나와 있다. "우리나라는 팔도

---

76 『경국대전·공전·보물寶物』.
77 김호군金護軍의「사금론篩金論」: 김호군은 호군護軍의 벼슬을 가진 김金씨 성의 사람으
로 생각되는데 누군지는 미상이다. 「사금론」은 금을 채취하는 새로운 방법을 고안해서 아
주 구체적으로 진술한 내용이다. 왜 그 저자의 이름을 밝히지 않고 김호군이라고 했는지
의문이다.

에 다 금이 나오는데 그것을 채취하지 못하게 금지하는 까닭은 두 가지 폐단이 있기 때문이다. 하나는 농사를 방해한다는 것이요, 또 하나는 난亂을 조래할 우려가 있다는 것이다. 이른바 농사를 방해한다는 것은 무슨 의미인가? 금을 채취하는 사람은 반드시 물에 금을 일어야 하는데 추울 때는 이 일을 할 수 없다. 그런 까닭에 반드시 봄과 여름에 해야 하는데 백성들이 이익을 중시하여 근본을 버리고 말단을 좇아 농사철을 놓치게 되니 이것이 한 폐단이다. 난을 초래한다는 것은 무슨 의미인가? 금에 대해 세를 걷는 법은 본래 채취에 종사하는 인원수대로 하기 때문에 인원수가 많으면 납부하는 세가 많고 인원수가 적으면 따라서 세도 적다. 이런 까닭에 채취하는 감독자가 채취하는 사람을 모집할 때 내력도 묻지 않고 사람을 많이 뽑는 것에 힘써서 개미 떼 까마귀 떼처럼 인부들이 몰려와 난잡하고 규율이 없다. 도망자를 감추고 사악한 자를 숨기는 등 꾀를 쓰는 것이 끝이 없다. 이것이 또 하나의 폐단이다. 조정에서 법을 정하고 엄하게 금지하는 일은 하지 않을 수 없다. 그러나 사악한 백성들이 몰래 들어와서 금을 채취하는 일이 끝내 그치지 않는다. 그리하여 금지한다는 말만 있고 금지한 실적은 없어 위로는 공가의 비용에 보탬이 안되고 아래로는 백성의 습속을 바로잡지 못하는 것이다. 왕정의 법도로 응당 이럴 수는 없다. 이에 지금 별도로 규정을 만드는데 그 조목을 아래와 같이 열거한다.

1)화도법火淘法: 먼저 빙고氷庫 모양으로 흙구덩이를 파고 또 헛간 수십 간을 세워서 그 밑에 구들을 만든다. ○ 100명이 흙을 파고 50명이 운반하여 흙구덩이에 넣는다. 감무監務는 매일 여러 차례 그 흙을 한 짐씩 시험 삼아 체질해서 금이 얼마나 섞여 있는가를 알아본다. 일체 일꾼들

이 체질을 사사로이 하지 못하게 한다. ○ 흙구덩이에 흙이 가득 차면 차례차례 따뜻한 구들에 흙을 옮겨 건조시켜서 습기를 제거하고 곧 맷돌로 갈아서 잘게 만든 다음 성근 체와 고운 체 두 가지로 체질하여 먼저 굵은 것을 수습한다. 다음은 차지법車芝法으로 체 아래에 쌓인 흙을 버리고 또 사제법篩蹄法으로 미세한 것을 취한다[차지법은 자세히 알 수 없으며, 사제법은 체의 테로 가는 방식으로 여겨진다]. 마지막에 목조법木槽法으로 금가루를 취한다. 그러면 마른 흙 속에 있는 금은 자연히 한 알도 빠짐없이 얻고 한 구덩이의 흙을 하루도 못 가서 다 체질할 수가 있다. 일꾼들은 다만 흙을 파게만 하고 금을 일지 못하게 하면 한 알의 금이라도 유실될 걱정 또한 없어질 것이다. ○ 대체로 모래를 물에 일어서 금을 얻는 것은 예로부터 일반적인 방식이지만 더운 철이 아니면 물을 이용할 수 없다. 농사를 방해하는 폐단은 오로지 이 때문이다. 진흙은 응결되어 분해하기 어려워 시간을 허비하게 되고 모래흙은 분해하기 쉽다고는 하나 또한 인력을 필요로 한다. 티끌 같은 금을 일기란 극히 어렵다. 지금 창안한 이 화도법을 쓰는 경우 물 대신 불을 사용하고 여름철 일을 겨울철에 할 수 있으니 실로 더 없이 좋은 방법이다.

　2)금을 산출하는 장소는 계곡의 공한지에 많이 있으나 간혹 전답과 연해 있기도 하니 들어간 전답에 대해서는 필히 값을 보상해주어야 한다. 금을 다 채취한 연후에 그 전지를 돌려주면 주인에게 있어서는 잠시 빌려준 것에 불과하다. 입동 이후부터 춘분 이전까지는 농사철도 아니니 무슨 해가 있겠는가. 또한 무릇 논밭의 토양은 파헤치거나 불태우고 나면 거름을 준 것과 같아서 메마른 땅이 기름지게 되는데 겸하여 그 대가까지 받으니 이익이 생기기 마련이다. 무슨 원망할 것이 있겠는가. 오직

큰 촌락과 묘지를 범하게 되는 곳은 금 채취를 허가해서는 안 될 것이다.

3)금을 채취하는 일은 모름지기 입동에 공사를 시작해서 춘분 하루 전날에 그치도록 엄격하게 기한을 정하여 어기지 못하도록 하여야 한다.

4)사람을 고용하여 금을 채취할 때에는 근본이 확실하고 성질이 부지런하고 능력 있는 자를 골라서 충원한다. 흙 파는 자 100명과 흙을 운반하는 자 50명은 공조에서 별도로 패牌를 만들되 낙인烙印을 분명하게 찍어서 한 사람에 한 개씩 주어 차고 다니게 한다. 무릇 패가 없는 자는 함께 어울리지 못하게 하고 매일 품삯 얼마씩을 지급한다【현지 사정이 각기 달라서 일률로 정할 수가 없다】. ○ 15명마다 감독 1명과 사환 1명을 두어 이 또한 각기 급료 얼마씩을 지급한다. ○ 또 1무務[78]마다 일을 주관하는 사람 몇 명을 두고 또한 각기 급료 얼마씩을 지급한다. ○ 인원수가 이미 정해지면 정원 이외의 사람은 일체 엄금하여 달라붙는 것을 허락하지 말아서 소문 듣고 몰려드는 폐단을 없애야 한다."

案 이 화도법을 쓰려고 하면 나무꾼 10여 명이 있어야만 땔감을 이어서 댈 수 있을 것이다.

○ 나머지 일은 「광채고礦採考」에 상세하므로 여기서는 생략한다.

---

78 무務 : 사무를 뜻함. 주로 수납의 일을 맡는 곳이다.

川澤

수리사업은 농사의 근본이라, 수리에 관한 업무는
성왕도 중히 여겼다.

『주례』에서 천형川衡과 택우澤虞[1]의 관직은 천택을 지키고 통제하는 일
을 관장하고 그 부세를 거두어들인다. 부세는 지관地官이 관장하는 바인
데, 오직 견畎·회澮·구溝·혁洫의 일은 본래 동관冬官이 관장하였다. 그러
므로 마융은 "사공司空이 공지空地를 맡는다"라고 하였으니, 공지란 산림·
천택이다. 「고공기考工記」[2]도 역시 본래 동관의 부류여서 장인匠人과 구혁
溝洫의 제도가 상세하게 갖추어져 있다. 우리나라의 『경국대전』에서 산
택사山澤司[3]를 공조에 소속시켰으니 도랑을 파고 논에 물을 대는 일도 공
전工典에 속한 것이다.

---

1 천형川衡·택우澤虞: 『주례·지관사도』에 보면, 천형은 천택川澤의 법령을 관장하며 때
  때로 그곳을 지키는 자를 살펴서 신칙하는 일을 맡는다. 택우는 국택國澤의 정령政令을
  관장하며 그곳 사람으로 하여금 천택에서 나오는 재물을 지키도록 하고 때때로 왕부王
  府에 납부케 하고 나머지는 백성들에게 배분토록 하였다. 천택에서 나오는 어물魚物들은
  제사·빈객에 사용하도록 하였다.
2 「고공기考工記」: 『주례·동관고공기冬官考工記』
3 산택사山澤司: 조선 초기에 설치한 공조 소속의 하급 기관. 산택山澤·진량津梁·원유苑囿·
  종식種植·탄炭·목木·석石·주舟·거車·필筆·묵墨·수철水鐵·칠기漆器 등을 담당함.

『주례·지관사도』에 나와 있다. "도인稻人은 하지下地【즉 물이 있는 땅】의 경작을 관장한다. 저瀦【언偃과 저瀦는 흐르는 물을 막아 비축하는 저수지】에 물을 비축하고, 방防【못을 둘러막은 둑】으로 바깥 물을 못 들어오게 막으며, 구溝【물이 흘러가게 하는 도랑】로 물을 흐르게 하고, 수遂【밭머리의 작은 물길〔小溝〕】로 물을 고루 대게 하며 열列【정현은 "열은 논의 고랑이다. 논머리의 작은 도랑을 열어 물을 고랑 사이에 풀어둔다"라고 하였다】에 물을 풀어두고, 회澮【논의 후미에 있는 큰 도랑〔大溝〕】로 물을 빼낸 다음, 걸어 다니며 묵은 풀을 제거하고 논을 경작한다."【논에 다니며 전년에 벤 풀을 제거한다】 〔鏞案〕 저(瀦, 못)는 안에 있는 물을 가두어 밖으로 빠지지 못하게 하는 것이며, 방(防, 둑)은 밖의 물을 막아서 안으로 들어오지 못하게 하는 것이다. 구溝는 거(渠, 도랑)이니, 저瀦와 방防은 다 같이 물을 흐르게 하는 것이다. 열列은 보통 '열쥅' 자로 쓰는데 이것은 우리말로 논배미이다. 선왕先王의 법에서는 한 관직을 설치해서 이 일을 전담하게 하였는데, 오늘날의 수령은 어찌 팔짱을 끼고 앉아서 보기만 하는가. 호수와 못에는 으레 토사가 쌓이니 마땅히 때때로 준설해서 물이 제대로 차게 해야 하며, 제방隄防은 허물어지기도 하니 마땅히 때때로 보수하고 개축해야 하며, 수로는 막히는 수가 있으니 마땅히 때때로 파서 트이게 하여야 한다【우리말로 보洑를 뚫는다고 한다】. 물가의 땅은 침식되는 일이 있으니 마땅히 때맞추어 물의 흐름을 돌려놓아야 하며【먼 저 상류에서 물이 충돌하는 형세를 잡아 흐름을 돌려야 한다】, 견회畎澮는 무너지는 일이 있으니 마땅히 보수하도록 권장해야 하며, 고랑과 배미가 너무 다 닥다닥 조그마한 것은 마땅히 합치기를 권장해야 한다【여러 논배미를 하나로 만든다】. 수령의 직무는 농사를 권장하는 일보다 더 급한 것이 없으며, 농 사에 힘쓰는 일의 근본은 물을 다스리는 일보다 더 급한 것이 없다. 그러므로 우왕禹王과 후직后稷은 몸소 농사일을 함에 있어서 먼저 견회를 다스렸으며, 사기史起[4]와 이회李悝는 오로지 수리水利를 다스렸다. 지난 역사를 두루 살펴보니, 훌륭한 관리의 빼어난 업적은 모두 수리에 있다. 오늘날의 수령은 이 일에 대하여 자기와는 상관없는 남의 일처럼 보고 있다.[5] 이 어찌 된 일인가.

냇물이 고을을 지나가면 수로를 파서 물을 끌어 논에 대고, 아울러 공전公田을 개간하여 백성의 요역을 덜어주는 것이야말로 선정이다.

나라의 급한 걱정은 민고民庫에 있다. 민고의 부담은 해마다 더하고 달마다 늘어나서 백성이 장차 견디지 못할 지경이 되었다. 수령은 마땅히 지형을 살펴 수로를 만들어 그 물을 이용해서 공전公田을 개간하고 그 수입을 민고의 쓰임에 보충한다면 장차 만민의 이익이 될 것이다. 단지 수백 경頃의 좋은 농지를 얻어 한 면이 힘입는 데에 그치지 않을 것이다. ○ 수로를 내는 데는 반드시 먼저 물의 흐름을 막아야 한다. 물의 흐름을 막는 것을 홍洪이라 한다【대를 엮어서 물의 흐름을 막아서 물고기를 잡는 것을 홍籧이라고 하는데, 뜻이 서로 비슷하다】. 여량홍呂梁洪·백보홍百步洪[6]은 모두 물의 흐

---

4 사기史起: 중국 전국시대 위나라 사람. 업령鄴令을 지냈다. 관개에 힘썼다고 한다.
5 본문은 "월인지비척越人之肥瘠"인데, 한유韓愈의 「쟁신론諍臣論」에 마치 절강성에 있는 월越나라 사람이 섬서성에 있는 진秦나라 사람의 살찌고 여위고 하는 것을 남의 일처럼 쳐다본다는 말에서 나왔다.
6 여량홍呂梁洪·백보홍百步洪: 홍洪이란 물이 하류河流로 흘러나가지 못하게 흐름을 막는 지형이다. 여량홍은 황하黃河가 서쪽으로 흐르는 것을 막는 여량산(지금의 중국 산서성 서부)의 석벽을 말한다. 백보홍은 서주홍徐州洪이라고도 하는데, 지금의 강소성江蘇省 서주

름을 끊는 것이다. 이를 속칭 방보(防洑, 보막이)라고 하는데 이는 잘못이다
【음과 뜻이 와전된 것임】. 무릇 물을 막는 방법은 모름지기 큰 돌을 사용해야
홍수가 나도 무너지지 않을 것이다. 무릇 큰 돌을 옮길 때에는 필히 기중
기의 여러 방법을 써야 한다【『기기도설奇器圖說』에 나온다】. 먼저 돌 있는 곳
에서부터 길을 평탄하게 닦아 물을 막는 곳까지 이르게 하고 유형거遊衡
車 몇 대를 만들어 돌을 운반하며, 그 돌을 싣고 내리는 데는 모두 기중가
起重架를 사용하여 사람의 노력을 줄이면【이 설명은 앞에 나와 있다】 그 비용
이 적게 들 것이다.

용미거龍尾車와 옥형거玉衡車 등 무릇 수차水車의 제도는 아주 좋은 방
법이다. 그러나 철의 제련이 정밀하지 못하여 수차 만드는 법이 미숙하
였다. 전에 순창의 승지 신경준申景濬[7]이 여러 번 수차를 만들었으되 끝
내 효험을 보지 못했다. 그 이유는 연구가 자세하지 못해서가 아니고 나
라 안에 좋은 장인이 없었기 때문이다. 근래에도 견문이 넓은 선비가 또
한 여러 번 시험하였지만 실효를 보지 못했으니, 반드시 온갖 기예가 정
밀하고 숙련되어 교묘한 경지에 들어간 후에라야 이 일을 논의할 수 있
을 것이기에 여기서는 우선 생략한다.

성호 선생은 이렇게 말했다. "천하에 가장 아까운 것은 유용한 것을 무
용한 것으로 돌려버리는 일이다. 무릇 사방의 들이 마르고 곡식이 시드

시徐州市에 있다. 사수泗水가 암석들 사이를 통과하면서 급류를 이루는 지역이다. 암석이
백보 길이로 흩어져 있다고 해서 백보홍이라고 부른다.
7 신경준申景濬, 1712~1781 : 자는 순민舜民, 호는 여암旅菴, 본관은 고령高靈인데 전라북도
의 순창에서 세거하였다. 성균관 전적, 승정원 동부승지, 병조참지를 지냈고, 『동국여지
도東國輿地圖』와 『팔도지도八道地圖』를 감수하였다. 『소사문답素沙問答』『의표도儀表圖』
『강계지疆界志』『산수경山水經』『도로고道路考』『언서음해諺書音解』 등 많은 저술을 한 학
자이다. 『여암전서旅菴全書』로 간행되었다.

는데, 강물을 바다로 흘려보내 버리니 어찌 애석하지 않은가? 오늘날 물을 막아 농지에 대려는 사람들은 항시 물은 낮고 논이 높고 물살이 세서 제방이 쉽게 무너진다고 걱정한다. 이 모두 힘을 쓰지 않았기 때문이다. 물은 산에서 내려오는 것이며 그 근원은 반드시 높은 곳에 있는데, 오래되고 보면 땅이 쓸리고 파여서 물길이 낮아진다. 만약에 오랜 시일을 두고 돌을 쌓아 구덩이를 메워 점차 물의 흐름을 막으면, 모래와 흙이 침전되어 물길 역시 점차 높아질 것이다. 물길이 높아지는 데 따라 둑을 더 올려 쌓으면 어찌 물을 끌어댈 수 없겠는가?"

위나라 서문표西門豹가 업령鄴令으로 있을 때【전국시대 위나라 문후文侯 시절】백성을 동원하여 12개의 수로를 파고 강물을 끌어들여 백성의 논에 물을 대었더니, 백성들은 수리를 얻어서 모두 잘살게 되었다. ○ 사기史起가 업령으로 있을 때【위나라의 양왕襄王 시절】장하漳河[8]의 물을 터서 농지에 물을 대려 했더니 그곳 백성들이 소요를 일으켜서 나가지 못하고 몸을 피했다. 국왕이 곧 다른 사람으로 하여금 이 일을 완수하게 하였는데, 물이 개통되자 백성들은 그 이로움을 누리게 되었다. 이에 서로 더불어 노래를 불러 사기를 칭송했다. "업鄴 고을에 어진 사또 있었으니 사령史令이라네. 장수漳水의 물 업 땅으로 끌어와 옛날 척박했던 땅에 벼와 기장이 자라도다."

한나라 문옹文翁이 촉군태수로 있을 때 유수郫水의 어귀를 막아 좋은 땅 1700경頃에 관개를 하니 사람들이 그 이득을 얻었다. 案 정국鄭國[9]은

---

8 장하漳河: 중국의 하북성과 하남성에 걸쳐 흐르는 강 이름.
9 정국鄭國: 중국 전국시대 한나라 사람. 수리 사무를 담당하는 수공水工을 지냈다. 경수涇水를 뚫어 중산中山으로부터 호구瓠口에 이르게 하였다.

경수涇水[10]를 열어 수로를 만들었고 이빙李冰[11]은 촉거蜀渠를 개설하였으며, 한나라 무제는 위거渭渠·용수거龍首渠【엄웅嚴熊[12]이 도랑을 파다가 용 머리 뼈를 얻었다 한다】·백거白渠를 개설하였는데, 이 모두가 옛 수로이며, 그 이후로 만들어진 것은 이루 헤아릴 수 없다【우리나라 말로는 거渠를 보洑라 한다】.

한나라 최원崔瑗[13]이 급령汲令으로 있을 때의 일이다. 그곳에는 늪지대가 있어서 곡식을 심을 수 없었다. 그가 물길을 열어 벼에 물을 대게 하였더니 황무지가 다시 옥토로 변하였다. 백성들이 그 이득을 입고 노래 불러 "하늘이 신명하신 원님을 내려 물길을 개통하니 단비를 만났도다" 라고 하였다. 案 이것은 늪지에다 수로를 내어 높은 곳에는 곡식을 심고 낮은 곳에는 물을 대게 한 것이다.

위나라 가규賈逵[14]가 예주豫州를 맡아 다스릴 때 수로 200리를 개통하자 이를 가후거賈侯渠라고 불렀다.

---

10 경수涇水 : 중국의 강 이름. 중국 감숙성 국원현國源縣으로부터 내려오는 것과 화평현化平縣의 대관산大關山으로부터 오는 두 물이 합류하여 위수渭水로 들어가는데, 일명 경하涇河라고도 한다.

11 이빙李冰, B.C. 302?~B.C. 235? : 중국 전국시대 진秦나라 사람. 촉군蜀郡을 맡아 다스릴 때 이퇴離堆를 뚫어 여러 군을 관개하였더니 기름진 들판 천리에 수해가 없었다고 한다.

12 엄웅嚴熊 : 중국 한나라 때 인물로 본명은 장웅비莊熊羆. 한나라 명제 때 피휘하면서 이름을 엄웅으로 고쳤다. 한나라 무제에게 건의하여 중국 섬서성의 대려大荔 일대의 염지鹽地에 용수거를 세웠다. 그러나 상안산商顏山 일대의 토질이 좋지 않아 자주 붕괴되자 엄웅이 인부들을 동원하여 용수법을 만들어 물길이 통하게 하였다. 이 공사는 10여 년에 걸쳐 완성되었다.

13 최원崔瑗, 77~142 : 중국 후한 사람. 자는 자옥子玉이다. 저서로 『잠초서세箴草書勢』 『좌우명座右銘』 등이 있다.

14 가규賈逵, 174~228 : 중국 삼국시대 위魏나라 사람. 자는 양도梁道, 시호는 숙후肅候이다. 예주자사를 지냈고, 관내후의 작을 받았다.

수나라 설주薛胄[15]가 연주兗州[16] 자사로 있을 때의 일이다. 성의 동쪽에 기수沂水와 사수泗水 두 물이 합하여 남으로 흘러서 대택大澤이 가운데서 범람하였다. 그가 돌을 쌓아 둑을 만들고 물을 터서 서쪽으로 흐르게 하니 소택 지대가 모두 좋은 농지로 바뀌었다. 그리고 수운도 통하게 하니 이에 백성들이 의지하여 도움을 받았다. 그 물길을 설공풍연거薛公豐兗渠라고 불렀다.

당나라 강순强循[17]이 옹주雍州의 사사참군司土參軍[18]으로 전임되어 갔을 때의 일이다. 화원華原에는 수원이 없어서 물의 고갈로 죽는 사람들이 많았다. 그는 사람들을 가르쳐서 수로를 뚫고 이에 따라 농지에 물을 대게 하니, 이를 강공거强公渠라 이름하였다. ○ 온조溫造[19]가 낭주朗州를 맡아 다스릴 때 후향거後鄕渠를 열어 2000경頃에 물을 대니 백성들이 그 이득을 얻어, 이를 우사거右史渠라 불렀다.

당나라 이빈李頻[20]이 무공령武功令으로 있을 때 그곳에 육문언六門堰이 있었는데 150년 동안이나 폐기된 상태였다. 그가 옛 물길을 조사하여 준설을 하였다. ○ 이서균李棲筠이 상주常州를 맡아 다스릴 때 가뭄이 들어서

---

15 설주薛胄: 중국 수나라 사람. 자는 소현紹玄이다. 벼슬은 형부상서에 이르렀다.

16 연주兗州: 지금의 중국 산동성에 속한 지명. 기수沂水와 사수泗水는 산동성에 있는 강 이름이며, 대택大澤은 지금의 독산호와 미산호로 불리는 큰 호수가 있는데 이곳으로 추정된다.

17 강순强循: 중국 당나라 사람. 자는 계선季先이다. 대리소경·우서자를 지냈다.

18 사사참군司土參軍: 중국 북제에서는 군郡의 좌리佐吏로써 공역工役을 관장하였다. 당나라에서는 부府에 사조참군土曹參軍, 주州에 사사참군, 현縣에 사사司土가 있었는데, 모두 교량과 가옥의 건조를 관장하였다.

19 온조溫造, 766~835: 중국 당나라 사람. 자는 간여簡輿이다. 예부상서를 지냈다.

20 이빈李頻, 818~876: 중국 당나라 수창壽昌 사람. 자는 덕신德新이다. 당나라 선종宣宗 때 무공령을 지냈으며 건주자사에 이르렀다.

사람들이 굶주렸다. 그가 수로를 준설하고 강의 흐름을 나누어 논에 물을 댈 수 있게 하니 마침내 큰 풍년이 들었다.

딩나라 설대정薛大鼎이 창주滄州[21]를 맡아 다스릴 때의 일이다. 무체거無棣渠를 해상海商에게 맡겨서 준설하게 하였더니 상인들이 통행하게 되고 백성들도 노래를 불러 칭송하였다. 또한 장로하長蘆河·장하漳河·형하衡河의 세 강을 준설하여 물이 나누어 빠지게 하였더니 여름철 큰비에도 수해가 없었다【백성들이 "새 수로에 뱃길을 열었으니 이익이 창주滄州에 미쳐 물고기와 소금이 들어오네. 전에 도보로 다니던 길 지금은 수레가 달린다네. 훌륭해라, 설공의 덕이 넘치도다"라고 노래하였다】.

송나라 장윤張綸이 강회江淮 발운부사가 되어서 2년 만에 상공미上供米 80만을 더 운송하였다. 5개의 수로를 열어서 태호太湖의 물을 인도하여 바다에 들어가게 하여 조미租米 60만 석을 회복하였으며, 장로서하長蘆西河를 터서 배가 전복할 우려가 없게 하였다. 또한 고우高郵의 북쪽에 운하의 제방 200리를 쌓고 곁에 큰 돌 열 무더기를 만들어 세워 범람하는 물을 빠지게 하였다.

송나라 장지기蔣之奇[22]가 회동淮東 전운부사로 전임되어 갔을 때 마침 흉년이 들어 백성들이 많이 유랑하였다. 그가 백성들을 모아 수리사업을 일으켜서 식량을 나눠주었다. 양주楊州 천장天長에 제방 36개소, 숙주宿州에 임오臨澳·횡橫·사斜 등 수로를 열어 소요된 비용이 100만에 이르렀는

---

21 창주滄州: 중국 하북성의 동남부에 있는 지명. 발해만에 접해 있으며 무체거無棣渠는 그 곳 가까이 있는 강이다. 장로하·장하·형하 역시 그 지역의 강 이름이다.
22 장지기蔣之奇, 1031~1104: 중국 송나라 사람. 자는 영숙穎叔, 시호는 문목文穆이다. 벼슬은 관문전학사를 지냈다.

데, 농지 9000경에 관개를 하고, 백성 8만 4000명을 구제했다. 또한 상부에 요청하여 구산龜山 왼쪽 산줄기를 파서 홍택洪澤[23]에 이르기까지 새로운 물길을 만들어 회수淮水의 위험을 없앴다. 이때부터 배가 뒤집힐 걱정이 없게 되었다.

정사맹程師孟[24]이 하동河東[25] 지방을 맡아 다스릴 때의 일이다. 진晉 땅에는 흙산이 많고 옆으로 하천과 계곡에 연접하여 봄과 여름에 큰비가 내리면 물이 황하처럼 탁했다. 속칭 천하天河라고 불렸는데 농지에 관개할 수 있었다. 정사맹은 백성들에게 권고하여 돈을 내서 수로를 열고 둑을 쌓아 농지 1만 8000경을 얻었다. 이 일을 정리해서 『수리도경水利圖經』을 만들어 주현에 나누어주었다. 그는 내직으로 들어가 탁지판관度支判官이 되었다.

고부가 창주滄州를 맡아 다스릴 때의 일이다. 정방程昉[26]은 주의 경내에 서쪽으로 흐르는 하수를 터서 주州의 성城을 둘러서 북쪽으로 삼당박三塘泊에 쏟아져 내리게 하려 하였다. 고부가 "창주의 성이 하수河水에 가까워 해마다 제방을 증축하더라도 오히려 물이 넘칠까 두려운데 더구나 함부로 파고 뚫고 한단 말인가"라고 말하였다. 정방이 고집하여 따르지 않더니 뒤에 이 일은 마침내 이루어지지 못했다.

---

23 홍택洪澤: 중국에 있는 호수 이름. 일명 부릉호富陵湖. 강소와 안휘 두 성에 걸쳐 있는 큰 호수. 상류가 회수淮水에 닿는다.
24 정사맹程師孟, 1015~1083: 중국 송나라 사람. 자는 공벽公闢이다. 강서로전운사江西路轉運使를 지냈다.
25 하동河東: 지금의 중국 산서성 지역을 가리킴. 황하의 동쪽 지대여서 붙여진 이름이다. 옛날 진晉나라에 속해서 본문에서 "진 땅"이라 한 것이다.
26 정방程昉: 중국 송나라 개봉開封 사람. 환관으로 벼슬은 서경좌장고부사西京佐藏庫副使에 이르렀다.

명나라 진유학이 중모현中牟縣[27]을 맡아 다스릴 때의 일이다. 거기에 있는 큰 못의 물이 기름진 땅 20여 리를 차지하고 있으므로 그가 그 물을 터서 강으로 만든 것이 57개요 수로로 만든 것이 139개나 되었는데, 모두가 소청하小淸河로 빠지게 하니 백성들이 크게 이득을 얻게 되었다. 대장大莊 등 여러 마을에 물이 많으므로 둑 13개를 쌓아서 막았다. 案 이것은 물을 빼내서 밭으로 만든 것이고, 물을 끌어들여 농지에 물을 대게 한 것은 아니었다.

박대하朴大夏가 선천부사宣川府使로 있을 때 산을 뚫어 수로를 내고 황무지에 물을 대어 좋은 농지로 만드니, 백성들이 정거鄭渠·백거白渠[28]라고 이름 짓듯이 이것을 박공보朴公洑라 불렀다.

허만석許晩石[29]이 연기현감燕岐縣監으로 있을 때의 일이다. 고을의 북쪽 15리 지점에 큰 제방을 만들고 수로를 뚫어 1000여 경의 논에 물을 대게 하였다. 제방이 청주淸州와의 경계에 있었다. 이 제방을 처음 쌓을 때 그가 친히 감독하였는데, 청주 사람들이 1000명, 100명 떼를 지어 불손한 말을 퍼붓고 허만석이 앉았던 평상을 파손했다. 이에 그가 활을 당겨 쫓으니 청주 사람들이 감히 접근하지 못하였다. 제방이 이루어져 백성들이 그 이득을 입게 되자 도리어 지금까지도 칭송하고 있다.

---

27 중모현中牟縣: 지금의 중국 하남성 정주시에 속한 지명. 소청하와 대장 또한 중모현에 있었다.

28 정거鄭渠·백거白渠: 정거는 앞에 나온 정국이 만든 수로인 듯하고, 백거는 앞에 나온 한나라 무제가 개설한 것, 아니면 항주의 서호西湖에 있는 백제(白堤, 백거이가 쌓은 것)를 지칭하는 듯하다.

29 허만석許晩石: 조선 세종 때 사헌부 감찰을 지냈다.

작은 물은 지소池沼, 큰 물은 호택湖澤이라 하며,
물을 막는 둑을 피陂, 혹은 제堤라고 한다. 이 모두
조절하기 위한 것이다. 이는 '못 위에 물이 있는
것이라 절節이라고 한다' [30]라는 뜻이다.

한나라 소신신召信臣이 남양태수로 있을 때의 일이다. 겸로피鉗盧陂라는
제방을 축조하는데, 돌을 쌓아서 둑을 만들고 6개의 돌문을 만들어 물을
조절하였다. 못 가운데 겸로왕지鉗盧王池가 있었으므로 이에 따라 지은 이
름이다. 이로써 물을 대는 논밭이 늘어가서 3만 경에 이르게 되니 사람들
이 그 이로움을 얻게 되었다. ○ 후한後漢의 두시杜詩[31]가 이곳의 태수가
되자 다시 그 사업을 완수해서, 사람들이 이 일을 두고 "전에는 아버지
같은 소召 태수가 있었더니, 뒤에는 어머니 같은 두杜 태수가 오셨다네"
라고 노래했다.

송나라 조상관趙尚寬이 당주唐州[32]를 맡아 다스릴 때의 일이다. 당주는
원래 땅이 비옥했는데, 오대五代의 난리를 겪는 동안에 농사를 짓지 못해
땅이 텅 비고 백성이 드물어 부역을 감당할 길이 없었다. 당주를 강등시
켜 읍邑으로 만들자는 의논이 나왔는데 조상관은 "땅이 비어 있으면 더
개간하면 되고 백성이 드물면 더 모아들이면 된다. 어찌 강등을 시킨단

---

30 『주역』의 절節괘에서 취한 것이다. '못 위에 물이 있는[澤上有水]' 상이란 저수지를 뜻한
다. 저수지의 물은 조절하는 일이 필요해서 그 의미를 '절節'이라 한 것이다.
31 두시杜詩, ?~38 : 중국 후한 사람. 자는 군공君公이다. 시어사, 남양태수를 역임했다. 정사
를 청렴하고 공평하게 하여 사람들이 그를 '두모杜母'라고 칭송했다.
32 당주唐州 : 지금의 중국 하남성의 남부 지역인 남양 분지에 있었던 옛 지명. 이곳에 당하
唐河가 흐르고 있다.

말인가"라고 말하고 지도와 기록을 찾아내서 조사했다. 그리하여 한나라
소신신이 만든 제방과 구거溝渠의 옛 유적을 발견했다. 이에 병졸을 동원
하여 3개의 제방과 1개의 수로를 다시 복구, 농지 1만여 경에 관개를 할
수 있었다. 또한 백성에게 각기 스스로 작은 도랑 수십 개를 만들어 돌아
가며 물을 대게 하니 사방에서 살 곳을 찾아 백성이 구름처럼 몰려들었
다. 조상관은 다시 상부에 요청하여 가족 수에 따라 묵은 땅을 나눠주고
관에서 돈을 빌려주어 소를 사도록 했다. 잡목이나 잡초가 우거졌던 땅
이 3년 만에 기름진 땅으로 변하고 인구가 증가하여 1만여 호에 이르렀
다. 조상관은 농정에 힘쓴 특별한 치적이 있어서 삼사사三司使[33] 포증이
소관 부서의 책임자와 의논하여 이 사실을 위에 보고했다. 황제 인종이
이를 듣고 가상하게 여겨서 조서를 내려 표창하고 벼슬을 올려주고 상금
을 하사하였다. 당주에 재임한 지 무릇 5년에 백성들이 그의 초상을 그려
서 사당에 모셨으며, 왕안석王安石과 소식은 신전시新田詩와 신거시新渠詩
를 지어 그 행적을 찬미하였다. ○ 고부가 당주를 맡아 다스리게 되었을
때 전임자 조상관이 묵은 땅을 개간하는 데 힘을 다하였으나 아직도 초
목이 우거진 곳이 있었다. 고부는 그 뒤를 이어 양하兩河의 유민流民을 더
욱 불러 모아서 식구 수를 헤아려 농지를 주어 경작하게 하고 제방 44개
를 만들었다. 두 번 임기가 만료되어 두 번이나 유임하였는데 그가 떠날
때 농지가 3만 1300여 경이나 더 개간되었고 호수가 1만 1380호가 더 증
가하였으며, 한 해의 세수를 2만 2257이나 더 거두어들이게 되었다. 이
에 황제의 친서로 포상하고 그의 치적을 널리 반포하여 온 천하에 권장

---

33 삼사사三司使: 『송사宋史·직관지職官志』에서 삼사사는 사使·부사副使·판관判官 그리고
염철사鹽鐵使·탁지사度支使·호부사戶部使라고 되어 있다.

하였고, 양주兩州³⁴에서는 그를 위해 생사당生祠堂을 짓기까지 하였다.

소신신이 영릉태수零陵太守로 있을 때, 그는 백성들을 위하여 이로운 일을 일으키기를 좋아하였다. 관내의 수원을 두루 조사하여 물길을 내고 열고 닫는 수문을 만든 것이 무릇 수십 군데나 되었다. 관개 지역을 넓히니 해마다 개간되는 농지가 늘어나서 모두 3만 경에 이르렀다. 그는 백성을 위해 물을 공평하게 이용한다는 약속을 만들어 돌에 새겨 농지 옆에 세웠다. 이에 물로 인한 분쟁을 막았다.

왕경王景³⁵이 여강태수廬江太守로 있을 때의 일이다. 군내의 안풍현安豊縣³⁶에 초나라의 손숙오孫叔敖³⁷가 만들었던 작피勺陂³⁸라는 제방이 있었는데 전부터 황폐해진 상태였다. 왕경이 다시 수축하자 경내에 쓰는 물이 풍족하게 되었다. ○ 안풍현의 작피는 본디 손숙오가 쌓은 것이었다. 남거南渠와 북거北渠가 있어서 농지 1만 경에 물을 대었는데, 백성들이 오랜 가뭄 때문에 그 사이를 허다히 서로 침범해서 경작하고 비가 와서 물이 넘치면 몰래 제방을 터서 드디어 관개의 이로움을 잃어버리게 되었다. 이약곡李若谷이 수춘壽春을 맡음에 명령을 내려 제방이 터지더라도 병졸을 동원하지 못하도록 하고, 오직 저수지 주변 주민들이 나와서 보수

---

34 양주兩州: 여기서는 고부가 역임한 구주와 당주를 지칭한다.

35 왕경王景, 30?~85: 중국 후한 사람. 자는 중통仲通이다. 명제明帝 때 수리사업에 치적이 많았다.

36 안풍현安豊縣: 중국 한나라 때 설치한 현 이름. 옛 성은 하남성 고시현固始縣의 동쪽에 있었다.

37 손숙오孫叔敖, B.C 630?~B.C. 593?: 중국 춘추시대 초나라 사람. 위오蒍敖, 위애작蒍艾獵, 위요蒍饒라고도 불린다. 손숙孫叔은 그의 자이다. 초나라의 명재상이었으며 수리 병법에 큰 업적을 남겼다.

38 작피勺陂: 중국 안휘성 여강廬江의 경계인 안풍현에 있던 저수지. 초나라의 손숙오가 축조하였는데 안풍호安豊湖라고 부르기도 함.

하게 했다. 이로부터 몰래 제방을 트는 일이 없어졌다.

한나라 등신鄧晨[39]이 여남태수汝南太守로 있을 때의 일이다. 군내에 홍각피鴻却陂라는 저수지가 있었는데 이미 황폐해 있었다. 등신은 그것을 수리하여 복구하려고 하였다. 그는 허양許楊이 수맥을 잘 안다는 말을 듣고 허양을 도수연都水掾[40]으로 삼아 일을 맡겼다. 못을 400여 리에 걸쳐 수축함에 해가 거듭할수록 풍년이 들고 물고기와 벼에서 나오는 이득이 다른 지역에까지 미쳤다.

마진馬臻[41]이 회계會稽[42] 태수로 있을 때 처음 경호鏡湖[43]에 제방을 쌓았는데, 둘레가 310리이고 물 대는 면적이 9000경이었다. 지금에 이르도록 사람들이 그 이득을 보고 있다. ○ 증공曾鞏이 월주통판越州通判으로 있을 때 「감호도鑑湖圖」의 서序를 지었다. "호수의 주위가 358리로 물이 동쪽과 남쪽에서 나오는 것을 모두 받아들인다. 이 호수는 산음山陰과 회계 두 현에 있는 14개 향鄕의 농지 9000경에 관개를 한다. 이 호의 동쪽은 조아두문曹娥斗門·고구두문菜口斗門, 서쪽을 광릉두문廣陵斗門·신경두문新徑斗門, 북쪽은 주저두문朱儲斗門이다. 송나라로 들어와서 호수를 몰래 농지로 만든 자들이 있었는데, 치평治平 연간(1064~1067)에 무려 8000여 호에

---

39 등신鄧晨, ?~49: 중국 한나라 신야新野 사람. 자는 위경偉卿이다. 서화후西華侯에 봉해졌고 시호는 혜후惠候이다. 중산태수를 지냈다.

40 도수연都水掾: '연'은 담당자, 즉 아전을 뜻하는 말이다. 도수연이란 치수 담당의 우두머리 실무자를 뜻한다.

41 마진馬臻, 88~141: 중국 후한 사람. 자는 숙천叔薦이다. 영화永和 연간(136~141)에 회계태수로 있었다.

42 회계會稽: 중국 절강성 소흥의 옛 이름. 산음 역시 소흥 지역을 가리킴.

43 경호鏡湖: 중국 절강성 소흥에 있는 유명한 호수. 일명 감호鑑湖. 당나라 시인 하지장賀知章이 '경호섬계鏡湖剡溪 일곡一曲'을 하사받았다 하여 하감호賀監湖라고도 불렀다. 이 호수의 물이 좋아서 소흥의 술맛이 좋다는 말이 있다.

이르렀다. 옛날에 사영운謝靈運[44]이 회계의 회종호回踵湖를 농지로 만들려고 남조 송나라 문제文帝에게 요청하였다. 그곳 태수 맹의孟顗[45]가 응하지 않았으며, 또 휴황호休瑝湖를 농지로 만들고자 하였으나 역시 맹개가 또 응하지 않아 책망을 하는 지경에 이르렀다. 그러고 보면 감호를 농지로 바꾸려고 한 것은 그 지역에서 오래된 일이었다." 案 증공이 호수를 준설하고자 하여 이「감호도」를 만들고 이해를 상세히 논하였는데 이 사업이 끝내 이루어지지 못하였다.

후한의 포욱이 여남태수로 부임해서의 일이다. 그곳에는 둑과 못이 많았는데, 해마다 터지고 무너져서 매년 보수하는 비용이 30여 만이나 들었다. 포욱이 곧 배수로와 도랑을 만드니 물이 항시 풍족해져서 관개 농지가 배로 늘어나 사람들이 번화하고 풍성하게 되었다.

위나라 정혼鄭渾이 패군태수沛郡太守로 있을 때의 일이다. 군郡의 경계 지역인 하제下濟에 제방을 쌓고 논을 개간해서 농지가 해마다 불어났다. 그래서 조세 수입이 전보다 배나 되어 백성이 그 이로움을 누리게 되었다. 이 사실을 돌에 새겨 기려서 정피鄭陂라고 불렀다.

당나라 장순張巡이 운현령鄖縣令으로 있을 때의 일이다. 앵두호鸚脰湖[46]를 관리하되 호수의 둘레에 제방을 쌓아 9134장丈이 되었으며 너비는 1장 8척, 높이는 8척이 되었다. 전보다 너비는 배가 되고 높이는 3분의 2나 더 높았다. 그 고을 사람들이 돌을 여러 겹으로 쌓아 물을 막고 그 사

---

44 사영운謝靈運, 385~433 : 중국 남조 송나라 사람인 사공의謝公義, 영운靈運은 자이다. 강락공康樂公으로 작위를 물려받았다. 영가태수, 비서감, 시중 등을 역임하였다.
45 맹의孟顗 : 중국 남송 사람. 자는 언중彦重이다. 상서좌복야, 회계태수를 지냈다.
46 앵두호鸚脰湖 : 일명 광덕호廣德湖. 원래 50리의 큰 호수였는데 지금은 옛 자취만 남아 있다. 원래 운현鄖縣에 있었는데 이곳은 중국 절강성의 영파시寧波市의 한 구이다.

이를 터서 나무로 빗장을 만들어 빗장을 여닫아서 수량을 조절했다. 설水碬이라고 부르는 것이었다. 설을 더 증설해서 모두 9개, 둑이 20개소나 되었다. 그리고 제방 위에는 버드나무를 심었는데 전에 것과 합하여 3만 100그루를 헤아렸다. 남아도는 목재를 써서 제방 위에 정자 두 채를 지어 휴식처로 만들었다. 정자는 망춘산望春山과 백학산白鶴山을 마주 보고 서 있었다. ○ 송나라 이이경李夷庚[47]이 호주湖州[48]를 맡아 다스릴 때의 일이다. 그때 앵두호가 퇴적되어 농지로 바뀐 곳이 많았다. 그가 처음으로 호수의 경계를 바로잡고 제방을 18리나 쌓아 경계를 지었다. 호숫가에 땅이 있는데 임재사말林材砂末·고교납대高橋臘臺라고 한 곳이었고, 호수 가운데 산이 있는데 백학산·망춘산이라고 불렀다. 태평흥국太平興國 때 (976~983) 이래로 백성들이 함부로 호수를 차지했으므로 이이경이 또 명을 내려 그것을 되돌리니 호수가 비로소 제 모습을 찾게 되었다. ○ 증공의 「광덕호기廣德湖記」에 앵두호의 내력이 자세히 기록되어 있는데 여기서는 생략한다.

　장경長慶 연간(821~824)에 백거이가 항주자사杭州刺史로 있을 때의 일이다. 그가 전당호錢塘湖[49]를 준설하였는데 호수 둘레가 30리로 북쪽으로 석함교石函橋가 있고 남쪽으로 물이 빠지는 곳이 있었다. 무릇 호수의 물 1촌寸을 빼면 농지 15경에 물을 댈 수 있고, 만 하루 동안 빼면 50여 경

---

47 이이경李夷庚, 960~1033 : 중국 송나라 사람. 자는 탄지坦之이다. 남안南安, 명주明州 등의 지주를 지냈다. 그가 호주지주로 부임한 것은 진종眞宗 때인 1018년이다.
48 호주湖州 : 호주는 중국 절강성의 북쪽 지역으로 앵두호가 있는 지역과는 거리가 상당히 떨어진 곳이다.
49 전당호錢塘湖 : 서호西湖의 별칭. 그 지역으로 흐르는 강이 전당강이어서 전당이 항주의 별칭으로 쓰이기도 한다.

에 물을 댈 수 있었다. 「호석기湖石記」에 쓰기를 "제방이 제대로 만들어져서 물을 때에 맞추어 가두고 내보내면 호수 주변 1000여 경의 농지는 흉년이 들지 않을 것이다"라고 하였다. ○ 소식이 항주에 부임해서 「서호를 수리하자는 글〔修西湖狀〕」을 올렸는데 이러하다. "항주에 서호가 있는 것은 마치 사람에게 얼굴이 있는 것과 같습니다. 백거이가 자사로 있을 때 서호로 농지 1000여 경에 물을 댈 수 있게 하고 「석함기石函記」⁵⁰를 지었던 것입니다. 이곳 사람들이 말하기를 근래 10년 이래 물은 얕아지고 잡초가 뒤엉킨 모양이 구름이 하늘을 가리는 듯해서 물이 얼마 고일 수 없게 되었으니 다시 20년만 지나면 서호는 없어지고 말 것이라고 합니다. 바라건대 서호를 준설하여 당나라 때의 옛 모습을 복구하고, 30리 둘레에 산으로 둑을 삼는다면, 사람과 물고기·산새들이 어울려서 태평성대를 다함께 즐길 것입니다." ○ 항주는 본래 강과 바다를 낀 지역이어서 물과 샘이 짜서 좋지 않다. 당나라 때 이필李泌⁵¹이 자사로 와서 처음 서호의 물을 끌어다가 6개의 우물을 만들어 백성이 물을 풍족히 쓸 수 있게 하였다. 백거이에 이르러 서호를 준설하여 물이 운하로 들어오고 운하로부터 농지로 들어가게 하여 이로써 1000여 경에 이르는 농지에 관개를 하게 되었다. 그런데 호수에 잡초가 많아지고 오래도록 관리를 하지 않아 지금 와서는 퇴적물이 25만여 길이나 쌓여 호수는 얼마 남지 않은 상태에 이르게 되었다. 운하는 호수의 이로움을 잃게 되고 강의 조류에 바로 영향을 받기 때문에 조수에 앙금이 많아 이 강물이 시가지를 통과하므로

---

50 「석함기石函記」: 백거이의 「호석기」의 별칭으로 추정됨.

51 이필李泌, 722~789: 중국 당나라 사람. 자는 장원長源이다. 초주楚州와 항주의 자사를 역임하고 업후鄴侯로 봉해졌다.

3년에 한 번씩은 제거하는 작업을 해야 한다. 이 일이 도시의 일대 우환이 되었고 6개의 우물도 거의 쓸 수 없게 되어버렸다. ○ 후일에 소식이 항주를 맡아 다스리게 됨에[52] 비로소 두 운하를 준설하여, 한 운하로는 강의 조수를 받아들이고 한 운하로는 호수의 물을 받아들였다. 다시 둑과 수문을 조성하여 이것으로 호수에 물을 가두고 빼는 경계로 삼았다. 그러고 나서는 조수가 시가지로 들어오지 않게 되었다. 그리고 남은 힘으로 6개의 우물을 완전히 복구하였으며, 또한 잡초 밭과 퇴적물을 파내고 호수의 가운데 제방을 남북 30리로 쌓아 길을 만들어 사람들이 통행할 수 있게 하였다. 한편으로 사람들을 모집해서 호수에 마름菱을 심어 거기서 나오는 이득을 거두어 호수의 수리에 대비하였다. 항주 사람들은 그 제방을 소공제(蘇公堤, 줄여서 소제蘇堤)라고 부른다.

정명도 선생이 상원현 주부로 고을의 일을 보고 있을 때이다. 한여름에 못의 제방이 크게 터졌다. 법으로는 당연히 부府에 보고해야 하고 부는 조사漕司에 품의한 연후에 공정工程을 계산하여 공사를 시작할 수 있으니, 한 달 남짓이 걸려야 착수할 수 있었다. 선생은 "이렇게 하면 모가 말라버릴 것이니, 백성들이 무엇을 먹고 살겠는가. 백성을 구하려다가 죄를 받는 것은 사양할 일이 아니다"라 하고는 백성들을 동원하여 터진 곳을 막았다. 그해에 크게 풍년이 들었다.

장임張琳[53]이 미주眉州를 맡아 다스릴 때 전에 장구章仇[54]가 쌓았던 통제언通濟堰을 보수하여 백성들이 논에 물을 끌어댈 수 있었다. 백성들은 "전

---

52 소식은 항주에 통판으로 처음 부임했을 때 서호를 수리하자는 글을 나라에 올렸으며, 뒤에 다시 자사로 부임해서 서호 사업을 시행했다.

에는 장구章仇가 있더니 뒤에 장공張公이 있네"라고 노래하였다. ○ 송나라 범성대范成大가 처주處州를 맡아 다스릴 때의 일이다. 그곳에는 산전山田이 많았으므로 양나라의 천감天監 때(502~519)에 첨詹과 남南 두 사마司馬[55]가 통제언을 송양松陽과 수창遂昌[56] 사이에 만들어 농지 20만 묘畝에 물을 대게 하였다. 이 둑이 무너진 지 500년이 지났는데, 그가 옛 자취를 찾아 갑문閘門을 설치하여 물을 조절하였다. 지금까지도 이 덕을 입고 있다. [案] 갑문이란 올리고 내리는 수로의 문이다. 요사이 조선漕船이 왕래할 때 좌우에 돌을 쌓아 판자문을 설치해서 물을 비축하여 때때로 열고 닫아 배를 통과시킨다. 이 문의 크기는 배 한 척이 지나갈 정도로 하여 배들이 꼬리를 물고 잇따라 통과하며, 관리를 두어 감독한다. 이것은 본시 운하에 설치하는 것인데, 지금 제언堤堰에도 역시 판자문을 설치해서 물을 비축했다가 적기에 열고 닫고 한다. 이것이 갑문이다.

송나라 홍준洪遵[57]이 태평주太平州[58]를 맡아 다스릴 때의 일이다. 우전圩田[59]이 무너져서 백성들이 생업을 잃게 되었다. 그는 백성들을 모아 우圩

---

53 장임張琳: 중국 5대10국시대 전촉前蜀 사람. 무신군절도사를 역임했다.

54 장구章仇, ?~750: 중국 당나라 영천穎川 사람인 장구겸경章仇兼瓊. 검남절도사 겸 서천채 방제치사를 지냈다. 통제언通濟堰을 처음으로 개설했다.

55 첨詹과 남南 두 사마司馬: 원문 "첨남이사詹南二司"는 『송사·범성대전范成大傳』에 의하면 "첨남이사마詹南二司馬"이다. 즉 첨詹과 남南이라는 사마 두 사람을 뜻하는데 누구를 지칭하는지는 분명치 않다.

56 송양松陽과 수창遂昌: 송양은 중국의 현 이름으로 절강성 여수현麗水縣의 서쪽. 수창은 송양으로부터 서쪽으로 70리에 있는 현 이름.

57 홍준洪遵, 1120~1174: 중국 남송 때 학자. 자는 경엄景嚴, 시호는 문안文安이다. 자정전학사資政殿學士를 지냈다. 저서로 『정정사기진본범례訂正史記眞本凡例』 『천지泉志』 등이 있다.

58 태평주太平州: 태평주로 일컬어진 지명이 시대에 따라 여러 곳에 있었는데 중국 송나라 때는 지금의 안휘성 당도當涂 지역이었다.

59 우전圩田: 저지대에 둑을 쌓아 만든 논밭.

를 수축하는데 방법을 다해 노력하면서 친히 술과 음식을 싣고 가서 먹도록 했다. 이처럼 은정을 기울이니 백성들이 피로를 잊고 열심히 일했다. 후에 그가 무주婺州를 맡아서는 임금께 아뢰기를 "금화金華의 땅은 모래가 많아 물을 저장하지 않는 지질이어서 5일만 비가 오지 않아도 곡식이 마릅니다. 그 때문에 경내의 제방과 저수지는 마땅히 서둘러 정비하는 것이 좋겠습니다"라고 하였다. 그는 경작자에게는 품을 들이도록 하고 지주에게는 곡식을 내게 하였다. 무릇 공사 간에 저수지나 제방 등을 만든 것이 도합 837개소나 되었다.

주자가 남강군南康軍에 있을 때의 「권농문」에서 이렇게 말하였다. "저수지와 제방의 수리水利는 농사의 근본이다. 마땅히 더욱 협력하여 수축하여야 한다. 만약 게을러 제때에 작업하지 않는 사람이 있으면 농렬장農列狀[60]을 통해 현에 신고하여 징벌하도록 요구할 것이며, 만약 지나치게 큰 공력이 들어가야 할 곳이 있어서 사적으로 사람을 불러 모을 수 없는 경우 즉시 현에 나아가 직접 보고하면 관에서 수축해줄 것이며, 만약 현에서 조치를 취하지 않으면 군軍에 나아가 진정서를 제출하고 따로 조처가 있기를 고대할 할 것이다." ○ 주자가 「저수지의 수축을 권유하는 글〔勸修築陂塘帖〕」에서 말하였다. "제방과 못에 얕고 물이 새는 곳은 역시 마땅히 힘을 합하여 파내고 수축할 것이다. 만약 공사 비용을 지불할 능력이 없으면 군과 현에 신고하여 미곡을 빌려서 수축하고 다음 해에 상환할 것이다."

허원許元[61]이 단양현丹陽縣을 맡아 다스릴 때의 일이다. 그곳에는 연호

---

60 농렬장農列狀: 농사의 현황을 살펴서 보고하는 공문.
61 허원許元, 989~1057: 중국 송나라 사람. 자는 자춘子春이다. 강회양절형호발운판관江淮

練湖라는 호수가 있었는데, 한 치의 물을 터내면 조거漕渠의 한 자만큼이 나 되므로 법에 호수를 몰래 트는 자는 살인과 같은 죄로 다스렸다. 마침 그해 몹시 가물었다. 허원은 호수의 물을 빌려 농지에 대기를 상부에 청 하고서 상부의 회답을 기다리지 않고 물을 대었다. 자사가 관리를 보내 따져 물음에 허원은 "백성에게 이롭게 하고 죄를 받는 것은 좋다"라 말하 고 백성의 농지 1만여 경에 물을 대었다. 그해에 크게 풍년이 들었다.

우리나라에는 유명한 호수가 7~8곳이 있고 나머지는 모두 작고 좁은데, 그나마도 잡초가 우거지고 오래 보수를 하지 않았다.

반계磻溪 유형원柳馨遠이 말하였다. "김제의 벽골제碧骨堤[62], 고부의 눌 제訥堤[63], 익산과 전주 사이의 황등제黃登堤[64]는 큰 저수지로 그 지역에 큰 이득이 되었다. 옛날에 온 나라의 힘을 다하여 축조한 것인데, 오늘날 둑 이 황폐하고 무너져 있다. 무너진 둑이 불과 몇 길에 불과하여 수축할 일

兩浙荊湖發運判官 과 양주揚州·월주越州·태주泰州 세 곳의 지주를 역임하였다.

62 벽골제碧骨堤: 전라북도 김제의 남쪽 15리 지점에 있었던 저수지. 수원은 금구의 모악산 母岳山에서 나오는 두 물줄기와 태인의 상두산象頭山에서 나오는 한 물줄기가 모여들어 서 이루어진다. 신라 흘해왕 21년(330)에 처음 만들었다고 하며, 이후 역대에 여러 번 증 수를 하였으나 후세에 퇴적이 되어 어느덧 그 자취만 남게 되었다. 지금은 전라북도 김제 시 부량면에 기념비(1433년 건립)가 서 있으며, 사적 111호로 지정되었다.

63 눌제訥堤: 고부의 눌천訥川을 막아 만든 저수지. 둑 길이는 1200보步이며, 주위가 40여 리이다. 물의 원줄기는 전라북도 고창의 방등산方登山에서 나오며, 이 물이 백산白山의 북쪽에서 모천茅川으로 합쳐진다. 『동국여지승람·고부』에 눌지訥池로 나오는데 지금 폐 해져서 농지가 되었다고 하였다.

64 황등제黃登堤: 귀교제龜橋堤. 전라북도 익산의 서쪽 20리에 있다. 길이는 900보, 주위는 25리로, 관개 범위가 넓었다고 한다.

을 계산해보면 1000명이 10일 동안 작업하면 되는데, 이는 처음 수축할 때의 1만분의 1에 지나지 않는다. 그럼에도 이 일을 건의하는 사람이 아무도 없으니 매우 안타깝다. 만약 이 세 곳이 1000경에 물을 댈 수 있는 저수지가 된다면 노령蘆嶺 이북[65]은 영원히 흉년이 없을 것이다." ○ 우리나라의 큰 저수지로는 또 함창의 공골제空骨堤[66], 제천의 의림지義林池[67], 덕산의 합덕지合德池[68], 광주의 경양지景陽池[69], 연안의 남대지南大池[70]가 있다. 이들 또한 지금 모두가 흙과 돌이 쌓이고 막혀버렸으니 이는 수령의 책임이다.

『속대전』에 나와 있다. "각 읍의 제방은 모두 예전 대장에 따라 측량할 것이며, 제언사堤堰司[71]는 간간이 낭청郎廳을 파견하여 살피고 조사하여

---

65 노령蘆嶺 이북: 노령은 전라북도 정읍시와 전라남도 장성군 사이에 있는 고개. 갈재라고도 한다. 그 이북은 곧 지금의 전라북도 지역이다.

66 공골제空骨堤: 함창咸昌은 경상북도 상주에 속한 고을 이름. 공골제는 공검제恭檢堤라고도 하며, 우리말로 공갈못이라고도 불렀다. 고려 명종 25년(1195)에 개축하였는데 둑이 860보, 주위가 1만 6647척이었다. 상주 사람들이 전적으로 관개하였다.

67 의림지義林池: 충청북도 제천 북쪽 10리에 있다. 삼국시대 이래의 못이었는데 세종 때 정인지鄭麟趾에게 명하여 수축하였다. 주위가 5리이며 이 고을의 전답을 관개한다.

68 합덕지合德池: 덕산德山은 지금의 충청남도 예산군 덕산면이며 합덕현合德縣은 충청남도 당진시에 있는 지명이나 전에는 덕풍현德豐縣과 덕산현德山縣에 속한 부곡이었고 홍주洪州의 한 고읍古邑이었다. 『대동지지大東地志·홍주洪州』에 합덕제合德堤가 보이는데, 이것은 합덕고현合德古縣의 동쪽에 있고 제堤 길이가 500여 보, 주위가 20리이며 물이 가득 채워지면 큰 호수가 되는데 남쪽에 넓고 비옥한 들이 있어서 관개를 넓게 할 수 있었다고 한다.

69 경양지景陽池: 광주 동쪽 10리 지점에 있었던 저수지. 그 일부분이 경양방죽이란 이름으로 1970년대까지 자취가 있었으나 도시가 확장되면서 매립되었다. 다만 그 가까이에 경양이란 마을 이름이 남아 있다.

70 남대지南大池: 남대지는 황해도의 연안延安 남쪽 5리에 있는데 일명 와룡지臥龍池이다. 주위가 10여 리이며, 이로부터 동쪽으로 예성강禮成江에 이르기까지 60여 리 넓은 평야가 펼쳐져 있다.

71 제언사堤堰司: 각 도의 제방 및 제반 수리에 관련한 업무를 맡은 관서. 여기서 '낭청'은

간사한 자를 제거하고 불법으로 경작하는 자는 잡아서 처벌한다[72]【규정된 범위 내에서 일군 농지는 모두 원상 복구시키고 범한 자와 감독관과 담당 아전은 장 100대를 쳐서 정배定配하고, 수령은 제서유위율을 적용하여 벌을 준다】. 저수지의 시설을 폐기한 데 대해서는 수령과 담당관을 모두 불수하방률不修河防律[73]로 논죄한다【물길을 뚫어 물을 끌어온 곳에 잘려나간 토지가 있으면 이에 대해서는 그 저수지의 물이 닿는 곳의 땅은 대토代土로 보상해준다[74]】. 무릇 보와 방죽을 새로 축조하는 문제는 백성들이 와서 호소하도록 하고 수령은 친히 심사하여 이것이 과연 여러 백성에게 이득을 주는 곳이면 제언사에 보고하고, 해당 고을의 수령은 힘을 보태서 공사를 돕는다." 案 법이 갖추어지지 않은 것이 아니건만, 오늘날 나라 안의 모든 저수지와 방죽이 하나같이 폐기되지 않은 곳이 없다.

김제의 「벽골제에 관한 기록〔碧骨堤記〕」[75]에 "태종 15년에 경차관敬差官 박희중朴熙中[76]을 보내 관찰사 박습朴習[77]과 함께 중수하였다"라고 한다. 그 중수비에 이렇게 나와 있다. "벽골제는 내부 둘레가 7만 7406보步이

제언사 소속의 종6품관.

72 『속대전·호전·전택田宅』에 나온다.

73 불수하방률不修河防律 : 하천 제방을 수리하지 않거나 수리하더라도 때를 놓친 경우 제조提調 관리에게 처벌하는 규정이다.

74 두 원주의 내용은 『대전통편·호전·전택』에 나온다.

75 「벽골제기碧骨堤記」: 태종 때 벽골제를 중수하고 그 사적을 기록한 글. 이 글이 『동국여지승람·김제』에 수록되어 있다. 여기에 작자가 누군지 밝혀 있지 않아서 『목민심서』에도 작자를 기재하지 않았다.

76 박희중朴熙中, 1364~1446 : 조선왕조 태조·세종 때의 사람. 자는 자인子仁, 호는 위남葦南이다. 이조정랑, 남원부사를 지냈다.

77 박습朴習, 1367~1418 : 본관은 함양咸陽이다. 강원감사, 전라도와 경상도의 관찰사, 형조판서를 역임하고 병조판서에 이르렀다. 태종 18년에 병사兵事를 알리지 않았다고 하여 그해 11월에 참수되었다.

다. 다섯 개의 수문을 설치하여 논에 관개하는데 그 논이 무릇 9840결結 95부負이다. 옛 문서에 기재되어 있는 사실이다. 수문은 첫 번째 수여거 水餘渠【수류水流 하나를 넘어가서 만경현萬頃縣 남쪽에 이른다】, 두 번째 장생거長生 渠【수류 2개를 넘어가서 만경현 서쪽에 이른다】, 세 번째 중심거中心渠【수류 하나를 넘 어가서 고부군古阜郡 북쪽에 이른다】, 네 번째 경장거經藏渠【수류 하나를 넘어가서 인 의현仁義縣[78] 서쪽으로 들어간다】, 다섯 번째 유통거流通渠【역시 인의현 서쪽으로 들 어간다】이다. 이 5개 수문의 물로 관개하는 농토는 모두 풍요하고 비옥하 다. 이 수문들로 백제·신라 때부터 백성들이 혜택을 입어왔으며【신라 흘해 왕訖解王 21년에 처음으로 벽골제를 축조하였다】 고려 현종 때에 이르러 옛 규모 대로 완전 수리하였다【고려 인종 21년(1143)에 또 증축하였다】. 우리 임금 을미년 (1415) 봄에 관찰사 박습 등에게 명하여 수축하게 하니, 임금에게 아뢰어 각 고을의 장정 1만 명을 동원하였으며 일을 맡아본 사람이 300명이었 다. 이해 9월 갑인일甲寅日에 기공하여 10월 정축일丁丑日에 준공하였다. 제방의 북쪽에 태극포太極浦가 있는데 조수와 파도가 세차고 급하며, 그 남쪽에는 양지교楊枝橋가 있는데 그곳에 몰린 물이 소沼를 이루어 아래 로 밀려가기 때문에 공사를 하는 것이 옛날부터 어려웠다. 이제 먼저 태 극포에 둑을 쌓아 그 수세水勢를 줄였다. 그 다음에는 양지교에 아름드리 나무를 세워 기둥을 삼고 큰 들보를 걸쳐서 목책 5개를 만들어 속에 흙 을 채웠다. 또 제방에 깎이고 무너진 곳에는 모두 흙을 올려 평평하게 메 웠으며, 제방의 안팎에 버드나무를 두 줄로 심어 제방을 견고하게 하였 다. 그리하여 제방 아래 너비는 50척, 위의 너비는 30척이고 높이는 17척

---

78 인의현仁義縣: 지금의 전라북도 정읍시에 속한 옛 고을 이름. 인의현은 조선시대에 태인 현이 되고 근대에 정읍현·고부군과 통합되어 정읍시가 되었다.

이었다. 수문을 바라보면 언덕처럼 보인다. 가운데 세 번째 수문은 옛 돌
기둥을 그대로 썼는데 이 물의 일부가 두 번째 수문을 통과한다. 돌을 깎
아 기초를 정하고 거기에 느티나무 기둥을 세웠다. 또 양쪽의 돌기둥이
아래로 빠져 있는 곳에 가로로 느티나무 널판을 설치하여 안팎에 고리가
연결된 쇠사슬을 달아서 문의 판자를 들어 올릴 수 있게 하였다. 이 문의
너비는 모두 13척이며, 돌기둥 높이는 15척인데 땅으로 5척이 들어가 있
다. 아래쪽 돌 틈에는 쇠를 녹여 땜질을 하였다. 문의 양쪽은 돌을 깎아
기초로 하고 위에는 나무판을 깔아 다리를 만들어 사람들이 다닐 수 있
게 하였다. 때는 영락永樂 13년(1415)이다."

칠원현감漆原縣監 박명섭朴命燮[79]이 「임금의 뜻에 따라 올린 제언에 관
한 논의〔應旨陳疏論隄堰〕」에 대한 비답에서 다음과 같이 말씀하였다. "농사
에 있어서 수리水利는 그 이로움이 아주 넓은 것이다. 가래를 가지고 도
랑을 만들어 억만 사람을 먹이고 입히는 것은 고금을 통해 시행된 도리
이다. 어찌 백공白公[80] 한 분이 그 명예를 독차지하게 할 것인가. 벽골제·
합덕제·공검제 등도 이미 그렇게 해서 창설되었던 것을 보면, 나머지도
그렇게 유추할 수 있고, 근일에 조정의 정책 중 열에 일고여덟은 이 하나
의 문제에 있다고 하겠다." 〔臣謹案〕 늦봄에 사공司空에게 "때가 되어 장차
비가 내리면 아랫물이 위로 불어오를 것이니, 국읍國邑을 순행하며 논밭
을 돌아보고 제방을 수리하여 도랑을 트이게 하고 도로를 개통하여 막힘

---

79 박명섭朴命燮, 1743~?: 자는 영수永叟, 본관은 밀양密陽이다. 정조 7년(1783) 증광문과에
   을과로 급제, 순조 때 공조참의·형조참판을 역임하였다.
80 백공白公: 백거이를 지칭한 것이다. 백거이는 특히 항주의 서호를 보수하는데 공이 커서
   그곳에 백제白堤가 남아 있다.

이 없게 할 것이다"라고 하였다. 이는 『예기·월령』에 나오는 글이다. 마땅히 이 글을 본받아서 매년 3월에 각 도의 감사에게 명하여 제방을 감독 수축하고 즉시 나라에 보고하도록 하면 황폐하고 버려진 상황에 이르지는 않을 것이다.

『다산필담』에서 말하였다. "저수지에는 귀중하게 여겨지는 연꽃이며 마름, 미름 등속이 아름답게 어울려 비치고, 방어魴魚[81]·잉어·붕어·가물치가 노닐며 뛰어오르고, 그럴듯한 정자와 누각이 물가에 다다라 서 있고, 보기 좋게 꾸민 배들이 갈대와 버드나무 사이로 떠다닌다. 오로지 논에 물을 대서 생기는 이로움만 있는 것은 아니다. 우리나라 저수지는 모두 넓은 들판 가운데 있고 사방 몇 리里 안에는 도무지 사람이 살지 않아, 대체로 돌보지 않은 채 버려져 있다. 얕은 곳에는 연꽃 하나 보이지 않고, 깊은 곳에는 세치 정도의 물고기도 놀지 않는다. 더러 시체를 매달고 초빈草殯을 만드는가 하면 오물이 뒤섞여 있기도 하니, 이 역시 누추한 습속으로 당장 고쳐야 할 점이다. 무릇 저수지가 있는 곳에 정사精舍 5~6칸을 세워 서당으로 삼아, 청렴하고 유능한 선비를 찾아 훈장으로 모시고 근방의 청소년 10여 명을 뽑아 글공부를 시키면서, 아울러 저수지를 지키게 하는 한편 연꽃을 심고 물고기를 기르게도 한다. 저수지에서 나는 연밥과 물고기는 관에서 가격을 정하고 민간에 판매할 때 모두 그 값을 받고 팔아서 서당의 비용으로 쓰고, 남는 것은 저축하여 저수지를 준설하고 수축하는 데 쓴다. 혹 몰래 물고기를 잡아 사사로이 제 한 몸만 살찌게 하는 자는 잡아서 엄히 다스린다. 이렇게 하면 호수와 산의 아름

---

81 방어魴魚: 민물고기의 일종인데 어떤 것에 해당하는지 미상.

다움이 매몰될 지경에 이르지 않을 것이다. 수령이 때때로 그곳에 나가 노닐며 시를 읊고 글을 지으면 그 또한 명사의 풍류일 것이다."

토호와 귀족이 수리를 제멋대로 차지하여 자기의 농지에만 관개를 하는 것은 엄금하여야 한다.

왕제王濟[82]가 용계주부龍溪主簿로 보임되었을 때의 일이다. 그곳에 수백 경이나 되는 저수지가 있었는데, 앞서 마을의 토호가 세를 바치고 그 수리를 독점하고 있었다. 왕제가 모두 찾아내 물을 끌어다가 백성들의 농지에 대게 하자 이로부터 심한 한해의 걱정이 없게 되었다.

곽분郭份[83]이 형호전운사荊湖轉運使[84]로 있을 때의 일이다. 예릉醴陵에 어떤 호족이 살고 있었는데, 그가 백성의 땅을 빼앗아 자기가 살 집을 세우고, 상류에 있던 옛 제방을 다른 곳으로 옮겨버려 농지가 버려지게 되었다. 이로 인하여 소송이 일어나서 수십 년 동안 끝나지 않았다. 곽분은 "이것은 가려내기 어렵지 않다"라 말하고 지비地比와 도면을 비교 조사하여 한 번의 심문으로 자복을 받아 제방을 상류로 되돌려서 처음과 같이 농지에 물을 댈 수 있게 하였다. 案 지비란 농지 장부인데『주례·소사도小司徒』에 나온다.

82　왕제王濟, 952~1010 : 중국 송나라 요양饒陽 사람. 자는 거천巨川이다. 옹희雍熙 연간에 용계주부龍溪主簿를 지냈고 대중상부大中祥符 때에 홍주지주洪州知州로 있다가 죽었다. 성품이 강직하고 두려움을 몰랐다.

83　곽분郭份 : 중국 송나라 때 인물. 자는 중질仲質이다. 형호남로전운사荊湖南路轉運司, 악주지주岳州知州 등을 지냈다. 주자가 그의 묘지명을 썼다.

84　형호전운사荊湖轉運使 : 형호는 중국 호북성과 호남성을 통칭하는 말. 예릉은 호남성에 속한 지명. 전운사는 각 지방의 운수 업무를 관장하는 지방관.

최시설이 영유현령으로 있을 때의 일이다. 그곳에 덕지德池[85]라는 못이 있었는데 둘레가 40리였다. 물을 가두어 관개를 하여 백성들이 혜택을 입어온 지가 오래되었다. 수어사守禦使가 방죽을 헐어 저수지를 둔전으로 만들고자 하므로 최시설이 감사에게 문서를 보내어 그 부당함을 역설하였다. 수어사는 중앙의 권세를 끼고 압력을 가해 감사를 굴복시켰다. 수어사가 군관을 보내 제방을 헐어버리니 그해 가을은 온 고을에 흉년이 들었다. 최시설이 감사에 또 다시 보고하여 결국 둔전을 폐지하였다.

대전증례大典增例[86] "여러 궁방宮房과 각 아문이 제방을 쌓고 수로를 수축하는 등의 핑계로 연군煙軍[87]을 징발하는 것은 일체 엄격히 방지한다. 어긴 자는 엄중히 처단한다"라고 나와 있다. ○『속대전』에는 "제언堤堰은 아무리 내수사內需司라도 절수折受하지 못한다"[88]라고 나와 있다〔언답堰畓과 관둔전官屯田을 궁방에 진고陳告[89]한 자는 엄형에 처해 절도絶島로 정배하며, 중관中官[90]은 장형에 처한 후에 정배한다[91]〕.

바닷가에 조수를 방지하는 제방을 쌓고 안에 기름진

---

85 덕지德池:『동국여지승람·평안도·영유현』에 덕지는 현의 서쪽 25리 지점에 있으며 주위 5만 3400척으로 나와 있다.

86 대전증례大典增例:『대전통편』에서 처음으로 규정한 법조문은 '증增'으로 표시되어 있는데, 이것을 지칭한다. 이 조항은『대전통편·호전·전택』에 나온다.

87 연군煙軍: 연호煙戶는 일반 민호民戶와 같은 말이다. 연군이란 연호군의 준말로 나라에서 큰 공사를 벌일 때 그 지역에서 동원하는 백성들을 지칭함.

88 『속대전·호전·전택』.

89 진고陳告: 윗사람에게 쭉 이야기하여 알린다는 뜻인데, 여기서는 사리를 노리고 모리배가 언답이나 관둔전을 궁방의 것으로 만들기 위해 조사해서 알리는 행위로 생각됨.

90 중관中官: 궁중의 내시. 이 경우 진고를 받아 궁방전으로 만든 자가 해당될 것임.

91 『대전통편·호전·전택』.

농토를 만들면 이를 해언海堰이라 한다.

『춘추좌전』에 "초나라의 사마司馬 위엄蔿掩이 수택藪澤을 모으고 언저偃豬의 수량을 헤아린다"[양왕襄王 25년]라고 하였다. 여기서 '언偃'은 '언堰', '저豬'는 '저瀦'를 뜻한다. 중국에서는 무릇 저수지를 수축하는 것을 통칭해서 제언堤堰이라 하는데, 우리말에서는 오직 조수潮水를 막아 농지를 보호하는 것을 언堰이라 한다. 우리나라는 바다에 둘러싸여 있어서 언을 쌓는 일이 큰 정사이다.

범중엄范仲淹이 서계西溪[92] 염창鹽倉의 관리를 맡고 있을 때의 일이다. 통주通州·태주泰州·해주海州 세 지역 모두 조수가 성 아래에까지 와 닿기 때문에 땅에 소금기가 많아 농사를 지을 수 없었다. 그가 조정에 세 고을의 해안에 조수를 막는 둑을 수백 리 수축하여 백성들의 농토를 보호할 수 있도록 건의했다. 조정에서 조서를 내려 그렇게 하도록 하고 범중엄을 흥화興化[93]령으로 삼아 이 공사를 전담하도록 하였다. 백성들이 그 혜택을 누리게 되었으니 사당을 세워 제사 지내며 아들을 낳으면 범范씨로 성을 삼았다. ○ 지화至和 연간(1054~1055)에 심기沈起[94]가 해문현海門縣[95]을 맡아 다스렸다. 조수가 밀려서 백성들의 농지를 뒤덮었는데 그가 70리에 제방을 축조하여 서쪽의 범제范堤와 연결시켰다. 짠 바닷물을 막고 강물을 끌어다가 농지에 물을 대었다. 그리고 농지를 더 개간하여 백

---

92 서계西溪: 태주泰州에 속한 진鎭. 지금의 중국 강소성 동태시東台市 지역이다.
93 흥화興化: 중국 강소성 고우현高郵縣의 동북쪽에 있는 현 이름
94 심기沈起, 1017~1088: 중국 송나라 사람. 자는 흥종興宗이다. 천장각대제·계주지사桂州知事를 역임했다.
95 해문현海門縣: 중국 오대 때 주나라에서 설치한 현 이름. 강소성 호해도滬海道.

성들은 모두 생업을 되찾았다.

왕형공王荊公의 「은현경유기鄞縣經游記」[96]에 다음과 같이 기록되어 있다. "경력慶曆 7년(1047) 11월 정축일에 내가 현아縣衙에서 나와 백성들에게 하천을 준설케 하고 만령향萬靈鄕의 왼쪽 지경에 이르러 자복원慈福院에서 유숙하였다. 무인일에 계산雞山에 올라 석공石工이 돌 뚫는 것을 살펴보고 드디어 육왕산育王山에 들어가 광리사廣利寺에서 유숙하였다. 비가 와서 동쪽으로 갈 수 없었다. 신사일에 영암靈巖 부석추浮石湫의 계곡으로 내려가서 바다를 바라보고 바닷가에 두문斗門[97]을 세울 것을 계획하고 영암의 정교원旌敎院에서 유숙하였다. 계미일에 노강蘆江에 이르러하천을 터놓은 어귀에 가보고 발길을 돌려 서향瑞鄕의 개선원開善院에 들어갔다. 날이 밝아서【병술일丙戌日】제방 아래에 배를 정박하고 대매산大梅山의 보령사保寧寺에서 식사하였다. 날이 밝을 무렵 신거新渠와 홍수만洪水灣을 보고 돌아와 보령원에서 식사하였다. 날이 밝을 무렵【무자일戊子日】에도원桃源과 청도淸道 두 향鄕의 백성에게 이 일로 타일렀다. 무릇 동서 열네 향의 백성들이 모두 받는 일을 다 마쳤으므로 나는 드디어 발길을 돌렸다."

송나라 장윤이 강회 발운부사로 있을 때의 일이다. 태주泰州에 바다를막은 둑이 150리에 걸쳐 뻗어 있는데, 오랫동안 황폐해져 있었는데도 수

---

96 「은현경유기鄞縣經游記」: 왕안석이 1044년에 은현의 관장으로 부임해서 지은 기문. 그때 마침 가뭄을 만나서 민생이 극히 어려웠는데 근본적인 대책을 마련하기 위해서는 수리 사업을 세우는 것이 필요하다고 판단했다. 그래서 상황을 알아보기 위해 현지에 답사를 나갔는데 그 과정을 일기 형식으로 기록한 것이다. 은현은 지금의 중국 절강성 영파寧波 지대이다.
97 두문斗門: 저수지에 물을 빼는 문.

리하지 않아서 매년 바다의 파도가 백성들의 농지를 덮치는 재해가 있었다. 그가 바야흐로 보수할 일을 의논하자 논자들은 어렵다 하고 그렇게 하면 조수가 덮칠 걱정은 그칠 것이나 비온 뒤에 큰물이 빠지지 못할 우려가 있다고 주장하였다. 장윤은 "조수가 덮칠 걱정이 열에 아홉이라면 큰물이 빠지지 못할 걱정은 열에 하나이다. 얻는 것이 많고 잃는 것은 적은데 어찌 실시하지 않겠는가"라고 말했다. 그리고 나라에 표表를 세 번 올려 청하고 자신이 직접 공사를 맡겠다고 자원하였다. 조정에서는 그에게 임시로 태주를 맡도록 겸임 발령을 내렸다. 마침내 제방을 수축하고 포호逋戶 2600호戶를 회복하였다. 그곳 백성들이 혜택을 입게 되어 그를 위해 생사당을 세웠다.

사경초謝景初[98]가 여요현餘姚縣[99]을 맡아 다스릴 때, 제방을 쌓아서 운가雲柯로부터 남쪽으로 어느 곳까지 연결하여 바다의 조수를 막아서 해안의 농지에 일체 미치지 않도록 하였다.

김구성金九成은 청렴하여 사사로운 청탁을 일체 받지 않았다. 처음에 정해定海[100]를 맡아 다스렸는데, 바다를 막은 둑을 더 높게 수축하여 지금까지도 그 혜택을 보고 있다. 이를 김공당金公塘이라 부른다.

우의정 신익상申翼相[101]이 의주부윤으로 있었을 때, 제방을 쌓아서 논을

---

98 사경초謝景初, 1020~1084 : 중국 송나라 사람. 자는 사후師厚, 호는 금시옹今是翁·완릉宛陵이다. 여요현을 맡아 치적이 많았으며, 둔전랑으로 치사했다. 저서로 『완릉집宛陵集』이 있다.

99 여요현餘姚縣 : 중국 절강성 소흥현紹興縣의 동북 지역에 있는 고을 이름. 명대에 왕양명이 이곳에서 태어나 양명학파를 여요학파餘姚學派라고도 한다.

100 정해定海 : 지금의 경상남도 진주를 지칭하는데 고려 성종 때 절도사를 두고 정해군定海軍이라 하였다.

101 신익상申翼相, 1634~1697 : 자는 숙필叔弼, 호는 성재醒齋, 본관은 고령이다. 대사헌·공조판서·우의정을 지냈다.

만들어 해마다 곡식 수천 곡斛을 거두어 민역民役에 보충하였다. 案 여러 궁방과 권세가 및 간활한 토호가 사사로이 제방을 축조하는 것은 모두 엄격히 금지하며【이 법은 앞에 나와 있다】마땅히 수령은 백성을 동원하여 둑을 축조해서 민역民役에 보충하여야 한다. 모두가 '부역 공평 하'(제6부 제5조)에 나와 있으므로 여기서는 다시 논하지 않는다.

『다산록』에서 말하였다. "제방을 쌓는 방법은 반드시 기중가를 사용하여 큰 돌을 운반해야 한다. 또 조수를 막는 한대捍臺를 만들어서 조수의 물머리를 감쇄시켜야 한다. 대개 조수의 기세는 멀리 큰 바다로부터 밀려와서 제방을 정면으로 치면 큰 성이라도 무너질 터인데 자갈과 진흙으로 쌓은 것이야 말할 게 있겠는가. 무릇 제방을 쌓고자 하면, 먼저 제방의 허리【물이 깊은 곳】를 정하고 이 허리에서 5~6보步 떨어져서 조수가 들어오는 입구에 맞추어 먼저 한대를 구축한다. 이 한대는 삼각대로 한다. 이 삼각대의 한 모서리로 조수의 충격을 받으면, 조수는 모서리에서 양측으로 갈라져서 좌우로 흩어져 가는데, 이렇게 되는 동안에 그 맹렬한 기세가 감쇄된다. 한대의 크고 작고는 조수의 강약 정도와 제방의 장단을 보아 정할 것이며, 일정한 규격이 있는 것은 아니다. 이 한대의 기초를 쌓는 데에는 마땅히 2000근斤의 큰 돌을 써야 하는데 기중가가 아니면 마음도 낼 수가 없다. 이런 경우에는 기중가에도 또한 활차滑車와 고륜鼓輪을 설치해야 하며, 구형鉤衡 만으로는 들어 올릴 수 없다. 한대를 쌓고 나서 제방의 기초를 축조한다. 이 제방 역시 활시위처럼 직선이 되어서는 안 되고, 반드시 경쇠처럼 허리가 굽은 형태로 만들어야 한다. 그 굽은 상부가 제방의 허리가 되게 하여 한대와는 서로 직선이 되게 한다. 이에 그 굽은 상부로부터 비스듬히 굽어져 좌우의 날개처럼 뻗어가서 양쪽이 각각 산 뿌리에 닿으면, 조수를 받아들이는 것이 완화되어서 충돌하여 무너지는 병폐가 영구히 없어질 것이다."【자세한 것은「전제고田制考」에 나온다】

강과 내의 유역에 해마다 홍수가 나서 백성들에게 큰 우환이 되면 제방을 만들어 백성들의 거처를 안정시켜야 한다.

당나라 위단韋丹이 홍주洪州[102] 자사로 있을 때의 일이다. 둑을 쌓아 강을 막으니 길이가 20리나 되었고 한쪽을 터서 두문斗門을 만들어 넘치는 물이 빠져나가게 하였다. 그가 떠난 다음 해에 강물이 둑과 거의 평평할 정도로 불었다. 노인이나 어린이나 모두 그를 생각하여 "이 둑이 없었다면 우리 시체가 바다로 떠내려갔을 것이다"라고 하였다. 무릇 백성을 위하여 해로움을 없애고 이로움을 일으키기를 마치 애호하는 듯해야 할 것이다.

설평薛平이 정활鄭滑[103] 절도사로 있을 때의 일이다. 황하의 물이 처음에 호자瓠子 동쪽에서 넘쳐 활滑 지역에 범람하여 성城에서 두 마장 거리까지 차 올라왔다. 설평은 옛 물길을 조사해 찾아보니 여양黎陽[104]의 서남쪽으로 나아갔다. 그 물길에 해당하는 백성의 농지를 등록하여 다른 땅으

---

102 홍주洪州: 중국 강서성의 성도인 남창南昌의 옛 이름. 이곳 지명이 시대에 따라 자주 바뀌었는데 당나라 때 홍주로 불렸고 당시에 새로운 도시로 일컬어졌다.
103 정활鄭滑: 지금의 중국 하남성 북부 지역. 당나라와 오대 때에 이곳에 절도사를 두었다.
104 여양黎陽: 중국 하남성 준현濬縣의 동북 지역.

로 바꾸어주고, 20리나 물길을 열어서 물의 사나움을 감쇄시키고 침수된 농지 700경을 하남河南 지역에 돌려주었다. 이로부터 활 지역 사람들은 걱정거리 하나가 없어졌다【당나라 헌종憲宗 때이다】.

위경준韋景駿이 비현령肥縣令으로 있을 때, 그 고을 경계에 있는 장수漳水가 매년 범람하고 있었다. 그가 지세를 자세히 살펴서 제방을 증축하였더니 드디어 수해의 걱정이 없어졌다.

송나라 호숙胡宿이 호주湖州를 맡아 다스릴 때, 돌로 제방을 100리나 쌓아 수해를 막았다. 백성들이 그를 사모하여 제방 이름을 호공당胡公塘이라 하였다. ○ 정사맹이 홍주洪州를 맡아 다스릴 때, 돌을 쌓아서 강둑을 만들고 장구章溝를 준설하고 북쪽에 수문을 만들어 수위를 조절하니 그 뒤로는 수해 걱정이 없어졌다.

진요좌가 하북전운사河北轉運使로 있을 때의 일이다. 활주滑州의 물살이 몹시 사나워서 사람들이 휩쓸려 빠져 죽는 일이 많았다. 그는 제방을 쌓아 물을 막고자 하여 몸소 비바람을 무릅쓰고 다니면서 밤낮으로 독려하였다. 큰 나무로 목룡木龍을 새로 만들어 이빨을 나란히 하여 물 위에 띄워서 거센 물 기세를 감쇄시켰다. 제방이 완공되자 또 보조 제방을 길게 쌓아서 그 바깥을 보호하였다. 그 지역 사람들이 다시 살 곳을 얻게 되자, 다들 "뒷사람들이 우리 진공陳公의 노고를 잊게 해서는 안 된다"라고 다짐하였다. 이리하여 그 제방을 진공제陳公隄라고 불렀다. ○ 전당강錢塘江의 둑은 돌을 대나무로 엮어서 만든 것인데 조수가 침식하여 두어 해가 못 가서 무너졌다. 이에 진요좌가 섶과 흙으로 바꾸어 수축하려고 논의하니, 어떤 사람이 좋지 않다고 말하며 정진공丁晉公[105]의 주장으로 진요좌의 의견을 물리쳤다. 그러나 몇 해가 지나도 공사가 성취되지 못하여 백성들의 힘이 매우 피폐해지자, 마침내 진요좌의 의견을 채택하여 제방이 이루어졌다.

송나라 진양陳襄이 상주常州를 맡아 다스릴 때의 일이다. 운하가 진택震澤[106]을 가로막아서 쌓인 물이 북쪽의 장강으로 들어가지 못하므로 상주·소주蘇州 등 지역의 농지가 오랜 세월 해를 입었다. 진양은 운하의 길이와 농지의 면적을 대비하여 운하를 할당하여 준설하게 하였더니 한 달을 넘기지 않고 일이 완수되었다. 마침내 망정望亭의 옛 제방을 깎아버리자 진택에 쌓였던 물이 북쪽으로 빠지기 시작하였다. 비로소 백성들의 피해가 제거되었다.

송나라 조창언趙昌言[107]이 천웅군天雄軍[108]을 맡아 다스릴 때의 일이다. 단주澶州[109]에 하수河水가 터져 물이 어하御河[110]에 흘러들어와 넘쳐서 부성府城이 침수될 지경이었다. 조창언은 부병을 동원하여 흙을 운반해서 제방을 높여 쌓게 하였는데, 동원한 병졸이 1000명도 되지 않았다. 이에 금군禁軍을 뽑아 그 역사를 돕도록 하였다. 태종太宗이 손수 조서를 써서 포상하였다.

---

105 정진공丁晉公, 966~1037 : 중국 송나라 장주 사람인 정위丁謂. 자는 위지謂之였는데 나중에 공언公言으로 고쳤다. 공부와 형부, 병부, 이부 등의 상서尙書를 역임한 뒤 상서좌복야尙書左僕射와 동중서문하평장사同中書門下平章事를 지내고, 진국공晉國公에 봉해졌다.

106 진택震澤 : 중국 강소성에 있는 큰 호수인 태호太湖의 별칭으로 추정됨.

107 조창언趙昌言, 944~1009 : 중국 송나라 분주汾州 사람. 자는 중모仲謨이다. 형호전운부사, 지청주, 공부시랑, 형부시랑 등을 역임했다.

108 천웅군天雄軍 : 지금의 중국 하북성 대명현大名縣.

109 단주澶州 : 중국 하북성 청풍현淸豐縣의 서남쪽 지역.

110 어하御河 : 천자어용天子御用의 하도河道라는 뜻이다. 중국 수나라 양제煬帝가 개척한 중국의 운하로 지금의 위하衛河이다. 하남성 휘현輝縣 부근으로부터 하북성 대명현을 경과하여 산동성 관도현館陶縣에 이른다.

한지韓贄[111]가 하북전운사로 있을 때【가우嘉祐 연간(1056~1063)이다】 "사방 경계가 먼 옛날 황하가 지나간 곳이니 마땅히 두 줄기 수로를 준설하여 강의 흐름을 나누어 금적하金赤河로 들어가게 하여 물에 터지고 넘치는 걱정을 풀어야 한다"라고 하였다. 조정에서 그의 계책에 따라 3000명을 동원하여 몇 달 만에 일을 성취하였다. 또한 아울러 다섯 곳의 수로를 준설하였다.

노유개魯有開[112]가 위주衛州[113]를 맡아 다스릴 때의 일이다. 수재水災로 백성들이 먹을 것이 없자 그는 임의로 상평창常平倉의 돈과 곡식을 대여해주었다. 기주冀州로 옮겨서는 제방을 증축하니, 모두들 "이 고을에 수재의 걱정이 없는데 어째서 그런 일을 하는가"라고 하였다. 노유개가 대답하기를 "걱정이 없을 때 미리 대비하는 것은 옛날부터의 좋은 계책이다" 하고 마침내 준공하였다. 그 다음 해에 황하가 터져 물이 과연 밀려들었으나 제방을 덮치지 못하고 제지되었다.

탕소은湯紹恩[114]이 소흥부紹興府를 맡아 다스릴 때의 일이다. 산음山陰·회계會稽·소산蕭山 세 고을의 물이 삼강三江의 어귀에 모여 바다로 들어가고 있었다. 조수가 매일 드나들어 모래를 몰아다 언덕처럼 쌓아놓았기 때문에 큰 장마가 오면 물이 흙에 막혀 신속히 빠지지 못하므로, 좋은 농지가 온통 물바다가 되었다. 당사자들은 부득이하게 둑을 터서 물이 그

쪽으로 빠져나가게 하였다. 둑을 트니 한편으로 가뭄이 걱정되어 해마다 다시 수축하느라고 고통이 심하였다. 탕소은은 물길을 따라 둘러보다가 삼강의 어귀에 이르러 두 산이 대치해 있는 것을 보고 기뻐하며 "이 아래에 반드시 돌의 뿌리가 있을 것이다. 내가 여기에 수갑水閘을 세우겠다"라고 말하고, 잠수를 잘하는 사람을 불러 탐색케 하였더니 과연 돌맥이 두 산 사이에 가로질러 있었다. 드디어 공사를 시작하였다. 먼저 쇠와 돌을 던져 넣고 다음에 대바구니에 벽돌을 가득 채워 가라앉혔다. 공사가 반도 못 되었을 때 조수가 몰아쳐 공사가 지연되자 원성이 요란하게 일어났다. 탕소은은 동요하지 않고 해신海神에게 기도를 드리니 조수가 며칠 동안 밀려오지 않았다. 그래서 공사가 드디어 준공되었다. 갑문은 길이가 총 50여 심尋[115]이었으며, 수문水門 28개를 만들었는데 이것은 28수宿의 별자리에 맞춘 것이었다. 안쪽에 예비 수문 셋을 만들어 경루經漊·당당撞塘·평수平水라 하였는데 이것은 큰 수문의 붕괴를 방지하기 위한 것이었다. 수문 밖에는 돌 제방 400여 길을 쌓아서 조수를 억제하도록 하였다. 이로써 조수가 수문을 무너트릴 걱정이 없어졌다. 돌 사이에 글을 새겨서 뒷사람들에게 물의 형세를 살펴 때에 따라 수문을 열고 닫도록 하였다. 이로부터 세 읍의 사방 수백 리 사이에 수재 걱정이 없어졌다. 그곳 사람들이 그의 은덕을 기려 수문의 왼쪽에 사당을 세우고 철마다 제사를 받들어 끊이지 않았다.

진강陳鋼[116]이 금양黔陽[117]지현으로 있을 때의 일이다. 현성縣城이 원수沅水와 상수湘水가 모이는 곳[118]에 있어서 물이 민가를 무너뜨리는 일이 잦

---

115 심尋: 길이의 단위로 8자[尺].

왔다. 그가 사람들을 모아서 돌을 채취하여 1000여 장의 둑을 쌓았더니 수해를 입지 않게 되었다.

방숭龐嵩이 응천통판應天通判으로 있을 때의 일이다. 강령현江寧縣의 갈선葛仙·영풍永豐 두 향鄕이 자주 수해를 입어 주민이 겨우 7호戶가 남았을 뿐이었다. 방숭은 제방을 수축하여 농지 3600묘畝를 얻고, 혜민장惠民莊을 세우고서 사방에서 빈민을 불러들여 농사짓게 하니 유랑하여 떠났던 백성들이 모두 돌아왔다[『명사明史』].

김필진金必振이 원성原城[119]현감으로 있을 때의 일이다. 현의 치소가 물에 가까웠다. 옛날부터 제방이 있어서 물의 범람을 피하였는데, 이때에 이르러 물이 제방을 뚫고 백성들의 주거지로 밀려들어 하루아침에 100여 집이 떠내려갔다. 그가 급히 현상금을 걸어 수영 잘하는 사람을 모집하여 물에 빠진 사람을 구하게 했기에 죽은 자가 적었다. 물이 지나간 뒤에 제방의 개축을 의논하였는데, 아전과 백성들은 노역을 꺼려 모두 올해 같은 물난리는 항상 있는 것이 아니라고 했다. 그는 "지금 빨리 수축하지 않으면 다음에 반드시 우환이 있을 것이다"라고 말하고, 마침내 매일 호정戶丁[120]과 승도僧徒 2000명씩을 동원하여 돌을 운반해다 쌓아 모두 7일 만에 제방이 이루어졌다. 처음에 비하여 더욱 높아졌으므로 수재의 걱정이 영구히 없어졌다.

---

116 진강陳鋼: 중국 명나라 응천應天 사람. 자는 견원堅遠이다. 금양지현, 장사통판 등을 지냈다.
117 금양黔陽: 중국 호남성 회화시懷化市에 있던 지역.
118 원수沅水와 상수湘水는 중국 호남성에 있는 강 이름으로 이 물이 모두 동정호洞庭湖로 모여든다.
119 원성현原城縣: 강원도 원성군原城郡의 옛 이름. 지금의 강원도 원주시.
120 호정戶丁: 민호民戶로부터 징발되는 장정.

이적李積이 영덕현령盈德縣令으로 있을 때의 일이다. 읍내가 냇물에 잠겨 수몰의 우려가 있었다. 그는 제방을 쌓아서 물의 충격을 막고 별도로 물길을 내어 물이 빠지게 하니 공사가 한 달 남짓에 끝났다. 이로 말미암아 수재의 걱정이 영구히 없어졌다.

『대명률』에 나와 있다.[121] "무릇 하천의 제방을 몰래 트는 자는 장 100대에 처한다【고의로 트는 자는 장 100대, 도 3년에 처한다】. 우전圩田의 언덕이나 못 둑을 몰래 트는 자는 장 80대에 처하고, 만약 그로 인하여 인가에 피해를 주거나 재물이 유실되고 농지와 벼가 매몰되었으면, 그 값어치를 계산하여 중한 자는 좌장坐贓[122]으로 처벌한다." ○ "무릇 하천의 제방을 수리하지 않았거나 또는 수리했더라도 때를 놓친 경우는 담당 관리를 각각 태 50대에 처한다." ○ "만약 우전의 둑을 수리하지 않았거나 수리하더라도 때를 놓친 경우에는 태 30대에 처하고, 그 때문에 농지와 벼가 유실된 경우에는 태 50대에 처한다."【폭우나 잇따른 비로 제방이 무너져서 인력으로 어찌 할 수 없는 경우에는 처벌하지 않는다】 案 『예기·월령』에 "초가을에 제방을 튼튼히 하고 물길이 막힌 곳을 잘 살펴서 여름의 큰물에 대비한다"라고 하였으니, 역시 이 법이다.

조운漕運이 통하는 곳과 상인이 모여드는 곳에 물의 범람을 소통시키고 그 제방을 견고히 하는 것은 역시 중요한 일이다.

---

121 이하 세 가지 조문은 『대명률·공률工律·하방河防』의 도결하방盜決河防과 실시불수제방失時不修隄防에 나온다.
122 좌장坐贓: 장물죄를 가리키는 말.

두예杜預가 양양襄陽을 진수鎮守할 때의 일이다. 파구호巴丘湖[123]는 원수 沅水와 상수湘水가 합류하는 곳으로서 안팎의 산하가 실로 험난하여 형만 荊蠻[124]이 믿고 의지하는 곳이다. 두예가 양구楊口[125]를 열고 하수夏水로부 터 시작하여 파릉巴陵[126]에 이르기까지 1000여 리에 안으로 장강의 험한 물길을 터버리고 밖으로 영릉零陵과 계림桂林의 조운을 통하게 하였다.

수나라의 곽연郭衍[127]이 개조태감開漕太監[128]으로 있을 때의 일이다. 그 는 소속 수공水工을 통솔하여 위수渭水를 끌어다가 대흥성大興城을 지나 북동쪽으로 동관潼關[129]에 이르러 400여 리를 조운할 수 있게 했다. 이를 부민거富民渠라고 이름하였다.

송나라 노종도魯宗道[130]가 해염海鹽[131]령으로 있을 때, 동남쪽의 항구를 열고 바닷물을 끌어들여 읍성의 아래까지 이르게 하였다. 이에 백성들이 이롭게 여겨서 노공포魯公浦라고 불렀다.

명나라 적부복翟溥福[132]이 남강부南康府를 맡아 다스릴 때의 일이다. 그

---

123 파구호巴丘湖: 동정호洞庭湖의 별칭.
124 형만荊蠻: 중국의 남방 지대를 지칭하는 말로 쓰이기도 하는데, 여기서는 호남성 지역 의 소수 민족을 지칭하고 있다.
125 양구楊口: 중국 호북성 지역으로 양수가 한수漢水로 들어가는 입구.
126 파릉巴陵: 중국 호남성에 있는 악양岳陽의 옛 이름. 동정호 가에 있는 도시.
127 곽연郭衍, ?~611: 중국 수나라 개휴介休 사람. 자는 언문彦文이다. 광록대부를 역임하고 진정후眞定侯에 봉해졌다.
128 개조태감開漕太監: 운하를 파는 일을 총감독하는 직책인 듯하다
129 동관潼關: 중국 관 이름. 섬서성 동관현潼關縣의 동남쪽. 황하가 크게 굽어진 곳에 있어 서 옛날부터 군사적 요충지였다.
130 노종도魯宗道, 966~1029: 중국 송나라 초譙 사람. 자는 관지貫之, 호는 퇴사암退思巖, 시 호는 숙간肅簡이다. 벼슬은 참지정사에 이르렀다.
131 해염海鹽: 지금의 중국 절강성 가흥嘉興 지역에 있었던 지명.
132 적부복翟溥福, 1381~1450: 중국 명나라 동완東莞 사람. 자는 본덕本德이다. 남강지부를

곳은 파양호鄱陽湖[133]의 물가에 위치하고 있었는데, 배가 풍랑을 만나면 정박할 곳이 없었다. 그가 돌로 제방 100여 길을 축조하였더니 오고 가는 사람들이 편하게 되었다.

> 못이나 늪에서 생산되는 고기·자라·연蓮·마름·
> 부들 등속은 엄중하게 지켜서 백성들의 요역에
> 보충할 것이며, 수령 자신이 차지하여 스스로를
> 살찌워서는 안 될 것이다.

『예기·월령』에서 말하였다. "초겨울에 수우水虞와 어사漁師[134]에게 명하여 수천水泉·지택池澤의 부세를 징수하되 혹시라도 백성들을 침탈하여 천자가 아랫사람들에게 원망을 사는 일이 없도록 할 것이다. 만약 이런 일이 있는 자에게는 벌책을 가하여 결코 용서함이 없을 것이다." 案 천자의 존귀함으로서도 오히려 감히 못과 늪에 부세를 무겁게 부과하여 백성의 원망을 사지 못하는데 하물며 수령이야 말할 것이 있겠느냐. 수령 중에서 비루한 자는 매양 "나의 통발을 거두지 마라. 내가 떠난 뒤까지 걱정할 겨를은 없다"라 하고, 못을 말려서 고기를 잡아 한번 포식에 이바지하여 마침내 물고기의 씨조차 멸종시키고 연밥·연근·왕골·부들까지 절도 없이 마구 채취하여 역시 금하지 않는다. 그리하여 나라 안의 못과 늪

지냈으며 혜정惠政을 베풀어 '강서제일군수'라고 했다.

133 파양호鄱陽湖: 중국 강서성에 있는 큰 호수. 남강부南康府는 지금의 강서성 성자현星子縣으로 파양호에서 가까운 지역이다.

134 수우水虞와 어사漁師: 수우水虞는 택우澤虞이며 어사漁師는 어인漁人이다. 어漁를 관장하는 관명이다.

이 온통 비어 있게 만드니 어찌 수령의 부끄러움이 아니겠는가. 마땅히 못 가에 집을 두어 지키게 할 것이다【이에 대한 말은 앞에 나왔다】. 무릇 필요한 것이 있을 때에는 모두 제값을 주어야 한다. 규약을 설정하여 뒷사람들로 하여금 준수하게 한다면 이 또한 부장不藏·오기惡棄[135]의 의미일 것이다.

기건奇虔이 연안부사延安府使로 있을 때의 일이다. 그곳 남대지에 붕어가 많아 공사 간에 잡아오게 하였다. 그 폐가 백성들에게 미쳐서 사람들이 '붕어 무덤'이라고 비웃었다. 기건이 부사로 부임하자 "어찌 입과 배 때문에 염치를 손상케 하겠는가"라 말하고는 붕어를 일체 입에 대지 않았다. 손님을 위한 잔치가 아니면 금지하여 그물질을 못 하게 하니 고을 사람들이 크게 기뻐하였다【『필원잡기筆苑雜記』 및 그의 묘비에 실려 있다】.

토정土亭 이지함李之菡이 아산현감牙山縣監으로 있을 때의 일이다. 그가 백성들에게 고통을 물으니, 고기 기르는 못 때문에 고통이 된다고 하였다. 그곳에 양어장이 있어 돌아가며 고기를 잡아 바치게 하여 백성들이 매우 괴로워했던 것이다. 이지함은 곧 그 못을 메워버려 후환을 영구히 끊어버렸다. 案 연안에 물어보면 남대지가 고질적 폐단이라 하고, 제천에 물어보면 의림지가 고질적 폐단이라고 한다. 붕어는 본래 아름다운 것인데, 어찌 못의 물을 말려 병폐가 되도록 하는가. 오직 생각하지 못한 탓이다.

『상산록』에서 말하였다. "능수瀧水[136]는 문성보文城堡를 지나 남서쪽으

---

135 부장不藏·오기惡棄: '부장'은 이용가치가 있는 것을 잘 써서 쓸모없이 만들지 않는다는 뜻이며, '오기'는 버려지는 것을 싫어한다는 뜻이다.
136 능수瀧水: 대동강의 지류인 능성강能成江. 다산의 『대동수경大東水經』에 대동강이 서쪽

로 흘러 대동강으로 들어가는데 물고기가 많은 곳이다. 관에서 강가의 백성에게 돈 수백 냥을 나누어주어 장사하게 하고, 그 이자를 받아 물고기를 구매해서 관의 수요에 충당하게 하였다. 그런데 기왕에 쓰임이 절제가 없었던 데다가 아전들 또한 사적으로 토색질을 하여, 이것이 강가의 백성들에게 오히려 큰 병폐가 되었다. 마침내 이 제도는 폐기되고 말았다. 아무리 순찰사가 그곳에 오더라도 모두 시장에서 사서 쓰도록 하면 일이 그렇게 되지 않았을 것이다. 무릇 강 연안의 고을에서는 이런 사례가 많으리라고 생각된다."

으로 흘러가고 능수가 삼등현三登縣을 따라 들어오는데, 이것을 능성강이라고 하고 대동강과 능성강이 모여 왕성탄王城灘이 된다고 하였다.

繕廨

관아의 건물이 기울고 무너져서 위로 비가 새고
옆으로 바람이 들이치는데, 수리하지 않고
방치해두면 이 또한 수령의 큰 허물이다.

수령 가운데 어질지 못한 자는 뜻이 돈을 버는 데 있고 계책이 벼슬자리를 유지하는 데 있다. 그래서 위로는 임금을 사랑하지 않고 아래로는 백성을 사랑하지 않는다. 이런 까닭에 100가지 법도가 무너지고 부셔져도 바로잡을 생각을 하지 않는다. 이것이 관아의 건물이 늘 퇴락해 있어도 고쳐지지 않는 이유이다. 어쩌다가 한 수령이 수리하는 일이 있으면 으레 공公를 빙자해 사리를 도모하여 자재와 경비를 부풀려 책정하고는, 감영에 구걸하고 창곡倉穀을 농간질하고 백성들의 고혈을 짜내서 아전들과 공모하고 남은 것을 착복한다. 그러다 오래지 않아 들통나서 법망에 걸리게 된다. 이처럼 관아의 건물을 수리하는 일은 죄에 빠져드는 구덩이 같아, 수령이 비록 청렴하고 유능해도 서로 조심하고 서로 두려워하여 임기를 조용히 마치는 것이 좋은 줄로 안다. 적당히 임시방편으로 몇 해를 넘기고 떠나가면 후임 수령 또한 그렇게 한다. 관아의 건물은 바로 우리 임금님이 목민관을 거처케 한 곳이요, 보내시는 사신을 영접하는 곳임을 생각할 줄 모른다. 서까래 하나라도 내려앉으면 허물이 신하된 이 몸에 있는데, 어찌 감히 이렇게 한단 말인가.

국초에는 마음대로 관아의 건물을 수리하는 것을 나라에서 엄금하였다. 대개 탐욕스러운 수령이 비용의 나머지를 가로채는 일이 있었기 때문에 이런 법령이 있게 된 것이다. 그러나 청렴하고 유능한 관리는 수리의 금지를 무릅쓰고 건물을 짓고 보수한 일이 많았으니 이러한 사실을 명공名工[1]의 서문序文·기문記文 가운데 아울러 드러나 있다. 하물며 오늘날에는 나라의 금령도 없고 백성들은 탄식하거늘 어찌 팔짱 끼고 바라만 보고 있을 것인가? 오로지 백성을 부리고 재물을 쓰는데 한결같이 기준과 절도가 있는 것이니, 노력은 적게 들이면서 성과를 배나 올리고 부역과 경비가 과다하지 않아야 백성들이 마음으로 기뻐하고 의심과 비방의 소리가 들리지 않게 될 것이다. 이 점은 마땅히 조심조심 신중을 기해야 할 바이다.

손초孫樵[2]는 포성역褒城驛의 기문에 "나그네가 들르면 밤에 덮을 것을 원하고 배고파 먹을 것을 원하는데 이들 모두가 저녁에 와서 아침이면 떠나는 사람들이다. 이들에게 어찌 돌보고 아끼는 마음이 있겠는가? 예컨대 배를 부리는 데 있어서 끝내 삿대가 꺾어지고 뱃전이 망가지고 돛대 끝의 바람개비가 부서져버린 뒤에야 그치고, 고기를 잡는 데 있어서 끝내 물을 마르게 하고 진흙을 뒤져서 고기를 다 잡은 뒤에야 그치는 것과 같다. 말을 툇마루에서 먹이고 사냥매를 대청에서 재워 집을 다 더럽

---

1 명공名工: 이름난 장인, 즉 명장名匠. 여기서는 글솜씨가 빼어난 문인을 가리킨다.
2 손초孫樵, ?~867: 중국 당나라 인물. 자는 가지可之 또는 은지隱之이다. 한유韓愈와 교유하였으며, 벼슬은 상주국上柱國에 이르렀다. 저서로 『손가지집孫可之集』이 있다.

히고 기물을 훼손시키는 것을 막기 어려운 것이다"라고 하였다. 案 이는 어질지 못한 수령이 관아에 거처하는 태도이다. 옛날 퇴계退溪 선생이 단양군수丹陽郡守로 있다가 떠난 뒤에 아전과 향임들이 관아를 수리하려고 하니, 방안의 벽지가 깨끗하여 새것과 다름없어 한 군데도 얼룩지거나 더럽혀진 흔적이 없었다. 그들 모두 크게 기뻐하였다. 도대체 지금 사람들은 어찌하여 본받지 않는단 말인가? 비록 극히 사소한 일이지만 그 마음 씀에 공사의 분변이 명백함을 알 수 있다.

당나라 양귀후楊歸厚[3]가 영양태수榮陽太守가 되어서 관성역管城驛[4]을 수리하였는데, 유우석劉禹錫[5]이 기문을 지었다. "뜰에 아절牙節[6]을 세울 만하고 행랑에는 행장行裝을 둘 만하니 법도를 갖추고도 구차스러움이 없다. 주방을 안에 두고 마구를 밖에 두고 창고는 높고 깊어 땔감을 양지바른 곳에 쌓아 두고 꼴을 건조한 곳에 두어 말릴 만하니 제대로 갖추어져 있어 어긋남이 없다. 역驛의 주리主吏는 사택私宅이 있고 역부役夫에게도 거주할 곳이 있으며, 행군하는 군대에 향정饗亭[7]이 있고 가족을 거느린 자에게는 별실을 준다. 높은 담을 둘러치고 곧 그 문 위에 누각을 올려 손님을 맞이할 때 깨끗하고 조촐하게 공경하는 뜻을 펴고 전별할 때에는

---

3 양귀후楊歸厚, 776?~831 : 중국 당나라 인물. 자는 정일貞一이다. 파주巴州, 정주鄭州 등의 자사를 지내고 영양태수를 역임했다. 의술에 뛰어나 『양씨산유집험방楊氏産乳集驗方』을 저술한 바 있다.
4 관성역管城驛 : 지금의 중국 하남성 정주시鄭州市에 속한 지역에 있는 지명. 옛날부터 역으로 이름이 있었다.
5 유우석劉禹錫, 772~842 : 중국 당나라 사람. 자는 몽득夢得이다. 벼슬은 감찰어사, 연주자사를 거쳐 태자빈객太子賓客에 이르렀다. 문학가로서 유종원柳宗元과 함께 일컬음을 받았다. 저서는 『유빈객집劉賓客集』이 있다.
6 아절牙節 : 사신이나 장수가 행차할 때 세우는 깃발.
7 향정饗亭 : 접대하는 장소.

올라서 멀리 바라보며 아쉬움을 달랠 수 있다. 이는 역사驛舍의 좋은 점이다."

설존의薛存義[8]가 영릉현零陵縣[9]을 맡았을 때의 일이다. 고을의 동쪽에 산기슭이 있는데, 땅이 습하고 지저분하고 가축이 떼 지어 풀을 뜯고 있어 울타리를 쳐서 그곳을 가려놓았다. 설존의가 이 고을에 부임함에 전세田稅를 포흠하고 부역을 은폐하는 것을 한 달 만에 가려내 처리하니, 기생하는 좀도둑, 숨은 간악한 무리들이 털어놓고 자수하였다. 백성들이 부세를 다 납부했기에 기꺼이 함께 돌아왔다. 설존의가 이에 울타리를 헐어 가축 떼를 몰아내고 습한 땅의 물길을 터서 흐르게 하고 산기슭을 말끔히 정리한 다음 정자 셋을 세워 놀고 쉬는 처소를 만들었다. 유종원柳宗元이 그를 위해 기문을 지었다. "나무를 베어 강물에 띄워 고을 입구에까지 이르게 하고 진흙으로 기와를 굽되 가마가 관아의 옆에 있어 백성들은 수고로움을 덜었으며, 군사들도 이로움을 얻어 옷 갈아입을 곳과 음식 마련할 곳이 줄지어 마련되었다. 빈객에게 잔치를 벌여 즐기게 하고 나그네도 여관에 들었다. 높고 밝아 놀고 쉬는 방도가 여기에서 이루어졌다."

구래공寇來公이 도주道州의 사마司馬로 좌천되었을 때의 일이다. 본래 그곳에 관사가 없었는데 백성들이 그가 온다는 소식을 듣고 기와와 목재를 서로들 가지고 모여들어 관사가 곧 세워졌다. 건물이 자못 넓고 웅장하였다. 도주자사가 이 사실을 조정에 보고함에, 다시 해강海康[10]으로 가

---

8 설존의薛存義: 중국 당나라 하동河東 사람. 영주永州의 영릉령寧陵令을 지냈다.
9 영릉현零陵縣: 중국 광서성廣西省 전현全縣 북쪽 30리에 있었던 지명. 유종원이 이곳에 좌천되어 가 있었다.

라는 명이 내려졌다.

송나라 주수창朱壽昌이 광덕군廣德軍[11]을 맡았을 때 고각루鼓角樓를 중수함에 증공이 이를 위해 기문을 지었다. "대문과 누각 짓는 일에 착수하자 감독도 하지 않고 기한도 정하지 않았는데 일하는 사람들이 저마다 스스로 힘을 들여 10월 갑자일에 시작하여 12월 갑자일에 마쳤다. 높은 담장이 우뚝 솟아 있고 겹겹의 지붕이 서로 바라다 보이지만, 높아도 참람하지 않고 화려해도 사치스럽지 않다. 법도와 정사가 여기서 처리되고 관리와 빈객이 이곳을 드나든다."

청하淸河의 장후張侯[12]가 사주泗州를 맡았을 때의 일이다. 회수淮水의 제방을 수축하여 폭우에 수재 대비를 하였다. 그리고 "사주는 사방으로 통한 고을이다. 빈객이 이르렀을 때에는 범절이 있어야 한다"라고 말하였다. 이에 전임관인 장후蔣侯가 지은 정자를 새로 수리하여 빈객을 맞이하고 전별하는 곳으로 삼아 사소정思邵亭이라고 하고 또 상풍창常豐倉 서문西門의 두 곁방을 수리하여 하나는 정사의 출납을 보는 곳으로 정해 무슨 정亭이라 이름을 붙였고 또 하나는 배 부리는 사람들의 처소로 삼아 통조정通漕亭이라 불렀다. 그렇게 한 후 "나 또한 쉴 곳이 있어야겠다" 하고는 고을 관아의 동쪽 성 위에 선춘정先春亭을 짓되 아래로 회수淮水에 임하고 멀리 서산을 바라보게 하였다. 구양수가 이릉夷陵으로 좌천되어 마침 이곳을 지나다가 그를 위해 기문을 썼다. "예전에 주나라 단자單子가

---

10 해강海康: 중국 광동성廣東省 염강현廉江縣에 있는 지명. 도주道州는 호남성에 있는데 해강은 훨씬 남방의 바닷가이다.
11 광덕군廣德軍: 중국 안휘성 선성현宣城縣에 있는 지명.
12 후侯: 지방관에 대한 존칭.

초나라에 초빙되어 진陳나라를 지나다가, 그곳에 길이 정리되지 않고 하천에 제방과 교량이 없으며 빈객이 와도 관사를 제공하지 못해 몸 둘 곳이 없음을 보고 드디어 그 나라가 멸망할 것을 알았다고 했다. 이제 장후가 한 일은 백성의 재앙을 방지하기를 먼저 하고 빈객의 왕래에까지 관심을 보인 뒤에야 자신의 쉴 곳을 생각하였으니 정사를 잘하는 것을 알 만하다."

사중휘史中輝[13]가 희령熙寧 연간(1068~1077)에 양양군襄陽郡을 맡았을 때의 일이다. 고을에 현산정峴山亭이란 정자가 있었는데, 세상에 전해 내려오기를 양호羊祜[14]가 노닐며 쉬던 곳이라고 하였다. 사중휘가 이 정자에 옛 골격을 살리면서 더 넓히고 새롭게 단장하여 회당을 웅장하게 둘렀으며 뒷마루를 크게 하여 그 규모가 정자와 비등하게 하였다. 구양수가 그것을 두고 기문을 썼다. "양숙자(羊叔子, 양호)의 풍류를 사모할 줄 알아 그 유적을 이어받았으니 그의 사람됨과 그의 뜻을 둔 바를 알 수 있다."

심도沈度[15]가 건령부建寧府[16]를 맡았을 때의 일이다. 백성들의 원하는 바를 따라 숭안현崇安縣에 사창社倉을 짓는 데 6만 전錢으로 그 역사役事를 도왔다. 이에 적판籍坂 황씨黃氏의 버려진 땅을 얻어 장인을 불러 모으고 재목을 마련하여 순희淳熙 7년(1180) 5월에 공사를 시작하여 그해 8월에 완성하였다. 창고 셋과 정자 하나에, 대문과 담장 그리고 고지기의 집까지 어느 하나 갖추어지지 않은 것이 없었다. 주자가 기문을 지었다.

---

13 사중휘史中輝: 중국 송나라 사람. 자세한 인적 사항은 미상.

14 양호羊祜, 221~278: 중국 진晉나라의 유명한 장수. 자는 숙자叔子이다. 분열된 삼국을 통일하는데 공적이 있었다. 후세에 양양襄陽의 명사로서 이름이 높았다.

15 심도沈度: 중국 송나라 사람. 자는 공아公雅이다. 병부상서를 역임하였다.

16 건령부建寧府: 중국 복건성 소무현邵武縣에 있는 지명.

"매년 사창미社倉米를 거두었다가 공급하는데, 이율은 10분의 2를 받는다. 또 사행심을 억제하고 저축을 넓힐 수 있으며 곡식을 받고자 하지 않는 자에게는 강요하지 않는다. 어떤 해에 혹 불행히도 기근이 들면 이자를 반으로 줄일 것이며 큰 흉년이 들면 이율을 모두 면제해준다. 이리하여 의지할 곳 없는 홀아비와 과부를 구제하여 살리고 재앙이나 난리의 근원을 막을 수 있게 되어 매우 큰 혜택이다."

하희도夏希道[17]가 번창繁昌[18] 현령으로 있을 때의 일이다. 고을에 성벽은 없고 큰 강에 임해 있어 일찍이 대나무를 엮어 장벽을 삼아 스스로 지키고 있었다. 해마다 그것을 갈아야 하는데 자재와 인력은 전적으로 백성들에게서 취하였다. 드나들 때에 문이 따로 없으며 빈객이 와도 관사가 없으며, 재판도 행랑 아래서 진행해야 할 형편이었고 공문과 장부를 비치해둘 곳도 없었다. 그가 대나무 장벽을 철거한 뒤 담을 쌓아 문을 만들고, 정자를 지어 강을 내려다보게 하여 빈객을 맞았다. 아전들의 처소, 사무 보는 관아, 평상시에 거처하는 서재와 침실, 부엌·욕실 등을 각각 질서 있게 배치하여 놓았는데, 모두 2396일 만에 건물이 완공되었다【증공의 『증남풍집曾南豐集』에 나온다】.

증공이 제주齊州를 맡았을 때의 일이다. 애초에 객관客館이 없어 사신과 빈객이 오면 항상 백성을 동원하고 목재를 조달하여 가건물을 만들었다가 떠나버리면 곧 철거해버리니, 비용은 비용대로 들고 누추하기도 했다. 그가 이에 관의 버려진 건물을 옮겨 낙수濼水 가에 두 채의 집을 지어 빈객을 묵게 하였는데, 하나는 역산당歷山堂이라 이름하고, 하나는 낙원

---

17 하희도夏希道: 중국 송나라 사람. 본 기록 외에 그의 사적은 미상.
18 번창현繁昌縣: 중국 안휘성 무호현蕪湖縣에 있는 지명.

당濼源堂이라 이름하였다.

송나라 이숙李肅[19]이 영주瀛州를 맡았을 때의 일이다. 당시 그곳 관아의 정문이 초라해 보였다. 이때 이르러 비로소 넓게 터서 크게 만들고 그 밖의 모든 무너지고 낡은 건물들을 수리하여 그 옛 모습을 되찾지 않은 것이 없었다.

가헌稼軒 신기질辛棄疾[20]이 제주滁州를 다스릴 때의 일이다. 조세를 너그럽게 하고 부역을 가볍게 하여 유민들을 불러들이고 민병을 교련하며 둔전을 강구하는 한편 또한 전침루奠枕樓와 번웅관繁雄館을 창건하기도 하였다. 뒤에 강동江東 안무사참의安撫使參議로 기용되었다.

『대명률』에는 함부로 기공起工하는 것에 대한 조항이 있고 우리나라에는 사적으로 건축하는 것을 금지하였는데, 선배들은 여기에 꼭 구애되지 않고 건물을 짓고 보수하였다.

『대명률』에 나와 있다.[21] "무릇 관사에 지어야 할 곳이 있을 경우 마땅히 위에 품신해야 하는데, 품신하지 않거나(상급 관청에 보고하지 않는 것을 말

---

19 이숙李肅: 이숙지(李肅之, 1000~1081)로 알려져 있다. 중국 송나라 사람으로 자는 공의公儀이다. 벼슬은 용도각직학사에 이르렀다(354면 주 3 참조).

20 신기질辛棄疾, 1140~1207: 중국 북송에서 남송에 걸치는 시대의 인물. 자는 단부坦夫, 후에 유안幼安으로 고쳤다. 호는 가헌稼軒이다. 원래 산동성 출신인데 북송이 망하게 되자 남쪽으로 내려와서 여러 가지 애국적인 활동을 하였다. 특히 사詞를 잘하여 중국 문학사에서 애국시인으로 평가되고 있다. 저서로『가헌장단구稼軒長短句』『가헌집稼軒集』등이 있다.

21 『대명률·공률·영조營造·천조작擅造作』.

한다】 또 마땅히 회보回報를 기다려야 하는데 기다리지 않고【회답이 내려오기를 기다리지 않는 것을 말한다】 함부로 공사를 일으켜 백성을 부리는 자는 각각 역인役人과 고공雇工의 품삯을 계산해서 좌장률坐贓律에 해당시켜 처벌한다. ○ 성벽이 무너지고 창고와 공해公廨가 일시에 손상되거나 파괴되었을 때, 인부와 군인을 차출하여 수리할 경우에 한해 예외로 한다."

또 『대명률』에 나와 있다.[22] "무릇 각 처의 공해·창고·국局·원院·방사房舍에 손괴만 있을 때에는 해당 관리가 즉시 유사有司에게 공문을 발송하여 수리하도록 해야 하며 어기는 자는 태 40대에 처한다. ○ 무릇 건물을 짓는 데 있어 예산을 세워 재물과 인력의 수량을 신청한 것이 부실한 경우에는 태 50대에 처한다." 案 이 두 조문을 살피건대, 비록 함부로 공사를 일으키는 것을 금지하고 있지만 그 손괴를 방치하는 자도 죄가 또한 무거우니, 어찌 저것을 핑계하여 이것을 폐기할 수 있겠는가? 오직 회계를 정당히 하면 되는 것이다.

김유선金有銑[23]이 성주목사星州牧使로 있을 때 정당政堂을 중건重建하였는데, 신숙주申叔舟가 그 기문을 지었다. "근년 이래 법이 엄하고 백성이 거칠어 무릇 고을의 수령 된 자들은 공사 일으키는 것을 꺼려하여 공관이 낡고 무너져도 앉아서 보고만 있다. 돌 하나 기왓장 하나라도 써서 수리하여 바로잡지 않고 그저 팔짱만 끼고 자리가 갈리어 돌아가기만을 기다릴 뿐이다. 김군이 부임해서는 탄식하며 '법이 엄하더라도 법을 범하

---

22 『대명률·공률·영조·수리창고修理倉庫』.
23 김유선金有銑: 조선 초기 사람. 문종에서 세조 때에 벼슬하였다. 성주목사가 된 것은 세조 6년(1460)의 일이다. 신숙주의 기문은 「성주백화헌기星州百花軒記」로 『동문선東文選』에 실려 있다.

지 않는다면 어찌 법을 두려워할 것이며, 백성이 거칠더라도 백성을 괴롭히지 않는다면 어찌 백성을 꺼려할 것인가'라고 말했다. 이에 재목을 모으고 장인匠人에게 명하여 몇 개월이 안 되어서 공사를 마쳤다."

김춘경金春卿[24]이 나주목사로 있을 때 벽오헌碧梧軒[25]을 중수하였는데, 서거정徐居正이 그 기문을 썼다. "지금의 수령들 중에 무력하고 오활한 자는 장부와 문서의 글자에도 땀을 흘리고 계속 매달려 멍하게 있으면서 어찌할 바를 모르니 또 그 밖의 일에야 무슨 겨를이 있겠는가? 간혹 어질고 유능하다고 일컬어지는 수령은 또 핑계 대기를 '나는 나라의 엄한 금령을 두려워하며 백성들의 비방이 일어날까 염려한다'라 말하고 관아의 건물이 바람에 쓰러지고 비에 깎이는 일이 있더라도 한 번도 나무 하나 받쳐놓거나 돌 하나 옮겨놓아 금이 가고 비가 새는 것을 보수하는 일 없이, 마치 여관에 든 것처럼 넘겨서 무너지기를 앉아서 기다릴 따름이다. 그러다가 무너지면 개축을 하게 되니 백성을 골병들게 만드는 것이야 어찌 말로 다 할 수 있겠는가? 지금 사또는 백성을 바른 도리로 부려 백성의 재물에 손해를 끼치지 않고 농사의 적기를 어기지 않고 나머지 이익을 올리려 하지 않는다. 이미 백성에게 덕이 미쳤으니 법에 저촉될 것이 무엇이란 말인가."

김백겸金伯謙[26]이 황주목사로 있을 때 객관客館를 중건하였는데,[27] 서거정이 기문을 지었다. "병신년(1436) 봄에 명나라 호부랑戶部郞 기순祁順[28]과

---

24 김춘경金春卿, 1441~?: 자는 명중明仲, 본관은 경주이다. 세조 때 급제, 장예원 판결사를 지냈다.

25 벽오헌碧梧軒: 나주의 동헌 이름.『동국여지승람』에 건물 동쪽에 벽오동 나무가 서 있어서 붙여진 이름이라 하며, 서거정의「벽오헌중수기」가 수록되어 있다.

332 제10부 • 공전工典 6조

그의 수행원 장근張瑾[29]이 봉명사신奉命使臣으로 왔다. 내가 원접사遠接使
로 임명되어 두 사신을 안내하여 황주에 당도했는데 때는 마침 청명절이
었다. 광원루廣遠樓에서 연회를 베풀었다. 갑자기 비바람이 들이쳐서 자
리를 대청으로 옮겼으나 대청은 낮고 좁은 데다 전면의 기둥이 없어서
추녀에 띠풀로 달아맨 상태였다. 연회 중에 비가 그치지 않아 추녀 물이
줄줄 떨어져서 일 보는 사람들의 옷이 젖어 체모를 잃었다. 그리하여 김
목사가 중건 공사를 하게 된 것이다. 이 어찌 기다려서 이루어진 일이 아
니겠는가? 지금 수령된 자들은 대개 타성에 젖어 그렁저렁 세월을 보내
면서 관사를 여관처럼 보아 나무 하나 돌 하나를 들어서라도 무너진 곳
을 수리하려고 하지 않고 방관하다가 필경 완전히 무너진 뒤에야 비로소
개축을 한다. 그 비용이 또한 몇 갑절이 들게 된다. 지금 김 목사는 수백
년을 퇴락해 있던 것을 중수하였으니 이 어찌 훌륭하다 하지 않으리오!"

송요년宋遙年[30]이 홍주목사洪州牧使로 있을 때의 일이다. 객사를 지으려
고 하면서 "객사는 빈객을 접대하기 위한 것이고 그 대청은 초하루와 보
름날 망궐례望闕禮를 행하는 정아正衙인데, 지세가 낮아서 염폐廉陛[31]의

---

26 김백겸金伯謙, 1429~1506 : 자는 자양子讓, 본관은 광산光山, 시호는 양호襄胡이다. 이시
     애李施愛의 난 때 공을 세워 정충출기적개공신精忠出氣敵愾功臣 2등에 책록되고 중추첨지
     사에 임명되었다. 황주목사를 거쳐 평안도 병마절도사를 지냈다.
27 객관客館은 객사客舍를 말한다. 황해도 황주의 객관은 황주 시내에 있으며, 광원루는
     객관의 동쪽에 위치해 있다. 『동국여지승람』에 서거정의 「황주객관중신기」가 수록되어
     있다.
28 기순祁順, 1434~1497 : 중국 명나라 사람. 자는 치화致和, 호는 손천巽川이다. 호부랑을 역
     임하고 원외랑낭중員外郞中에 이르렀다. 저서로 『손천집巽川集』 20권이 있다.
29 장근張瑾 : 중국 명나라 사람. 기순이 우리나라에 왔을 때 수행한 인물.
30 송요년宋遙年, 1429~1499 : 자는 기수期叟, 본관은 은진恩津이다. 성종 때 군수로서 별시
     에 병과로 급제, 군자감정을 지냈다.
31 염폐廉陛 : 임금의 위패를 모시는 자리.

위엄이 없고 규모가 좁아서 망궐례를 행할 장소로 마땅치 않다. 세월이
오래되어 곧 무너지게 되었으니 개축하여 새롭게 하지 않을 수 있겠는
가?"라 하고 드디어 중건을 하였다. 조위曹偉[32]가 그 기문을 지었다. "요즈
음 각 고을을 보건대 근래에 관아의 건물이 일신하여 기울어지거나 무너
지거나 헐어진 것은 열에 두셋도 안 되며 새로 지은 것은 모두 웅장하고
화려함이 예전에 견줄 바가 아니다. 어찌 옛날의 장인은 모두 구확榘彠[33]
에 어둡고 지금의 장인은 모두 자반子般[34]과 영인郢人[35] 같은 솜씨를 가졌
단 말인가? 이는 실로 조정이 청명하고 나라의 안팎이 무사하며 백성이
편안하고 물산이 풍부해져서 사무와 역량에 여유가 생겼기 때문이다."
案 이는 곧 우리 왕조가 번창할 때의 일이다. 공관의 상태를 통해서 나라
의 성쇠를 엿볼 수 있다. 어찌 힘쓰지 않을 수 있겠는가.

박시용朴時庸[36]이 한산군수韓山郡守로 있을 때의 일이다. 가을비로 객사
의 남쪽 행랑이 무너졌다. 비가 갠 뒤에 아전과 향임들이 수리하려고 하
니 군수가 "남쪽 행랑뿐이 아니다. 정청과 행랑채도 거의 무너지게 되었
으니 어찌 다 함께 고쳐서 일신하게 하지 않으리오"라고 하였다. 고을 사
람들이 "이곳은 재목이 생산되지 않으므로 몇 자 안 되는 나무들도 모두
100리 밖의 다른 산에서 베어 와야 합니다. 또 이곳에 사는 사람들은 권

---

32 조위曹偉, 1454~1503: 조선 전기의 학자. 자는 태허太虛, 호는 매계梅溪, 본관은 창녕昌寧
    이다. 함양군수, 호조참판 등을 역임하였다. 김종직金宗直의 문인으로 무오사화에 화를
    당했다. 저술에 『매계집』이 전한다.
33 구확榘彠: 목공 장인의 기술.
34 자반子般: 중국 춘추시대 노나라 명 장인.
35 영인郢人: 중국 초나라의 수도인 영郢 땅의 사람으로 자귀질 솜씨가 놀라웠던 것으로
    『장자』에 나와 있다.
36 박시용朴時庸: 고려 말엽의 인물. 자는 도부道夫, 본관은 밀양이다. 과거에 합격하여 한
    림감찰 등 벼슬을 역임했다.

력층의 비호를 받고 있는 자가 많은데, 누가 이 요역을 하려고 하겠습니까?"라고 하였다. 박 군수는 "헌 집을 헐지 않으면 사람들이 힘써 일하려 하지 않을 것이다"라고 하면서 하루아침에 모두 철거해버리니 고을 사람들이 걱정을 하였다. 박 군수는 아전들의 재능을 헤아려 각자에게 직책을 주었다. 이에 가호家戶마다 인부를 동원하되 오직 노약자는 면제했다. 배를 타고 나아가 벌목을 해오는데 뱃길이 험하고 먼 것을 꺼리지 않았다. 한 해를 넘긴 뒤 준공이 되자 이곡李穀[37]이 그 기문을 지었다.

이치李穉[38]가 진위현령振威縣令으로 있을 때의 일이다. 객사를 신축하는데 노는 사람들을 모집, 자기 녹봉의 일부를 가지고 먹여주며 일을 벌였다. 하윤河崙이 이 일에 기문을 지었다. "수령이 공사를 잘하기로 이름을 얻는 경우 으레 민력을 동원하여 농민들의 농사철을 빼앗아 해를 끼치기도 한다. 이 사또의 이번 일은 노는 무리들만으로 역사를 해서, 농민들은 관아에 건축공사를 하는지 조차도 알지 못하였다. 이는 기록에 남길 일이다."

황영黃永[39]이 김화현감金化縣監으로 있을 때의 일이다. 고을의 부로와 여러 아전들을 모아놓고 의논하기를 "우리 고을은 동북으로 가는 길목이어서 빈객과 나그네가 빈번히 오가는 형편이다. 그럼에도 객사가 좁고 누추하여 실로 고을의 수치가 되고 있다. 나는 객사를 새로 짓고 싶으나 백성들의 노력을 번거롭게 할까 두렵다. 혹 나의 뜻을 받아들여 각자 힘

---

37 이곡 李穀, 1298~1351 : 고려 말기의 문인. 자는 중보仲父, 호는 가정稼亭, 본관은 한산이다. 저서에 『가정집稼亭集』이 있다. 이색李穡의 아버지.
38 이치 李穉 : 조선 초기의 문신. 자는 자담子聃, 본관은 한산이다. 우봉현령·수원판관을 지냈다.
39 황영黃永 : 미상.

을 보태 이 일을 이루어지게 한다면 나는 그대들의 자손을 요역에서 길이 면제해줄 것이다"라고 말하였다. 전 현령 장염張廉이 흔연히 나서서 "우리 가문은 대대로 이 고을에 살고 있거니와 우리 아버지 강릉부사江陵府使 장사준張思俊은 일찍이 노비를 관에 바쳐 지금까지 공가公家에서 일을 하고 있지요. 공가를 위한 우리 아버지의 마음은 지극합니다. 나는 밤낮으로 오로지 부친의 이런 뜻을 계승하지 못할까 두려워하였는데, 마침 사또의 말씀이 있거늘 어찌 감히 받들지 않겠습니까?"라고 했다. 이에 즉시 나무를 베고 기와를 굽고 대목大木을 모아 일을 진행하였는데 옛 객사의 북쪽에 새로 터를 잡고 1년 만에 역사를 끝냈다.

누각과 정자에서 한가롭게 즐기는 경관 또한
성읍城邑의 빼놓을 수 없는 것이다.

이첨李詹[40]이 강화江華의 이섭정利涉亭[41]에 부쳐 기문을 지었다. "읍치에는 들러보고 노는 장소가 있어야 한다는 것은 실로 논할 필요도 없다. 심기가 번잡하고 생각이 어지럽고 시야가 막히고 마음이 울적할 때에 군자는 반드시 한가히 쉬는 곳과 고상하게 즐기는 것이 있어서 둘러보고 배회하며 정신이 편안하게 된 뒤라야 번잡함이 정리되고 어지러움이 차분해지며 막히고 잠긴 것이 툭 트인다."

---

40 이첨李詹, 1345~1405 : 고려 말 조선 초의 문신. 자는 중숙中叔, 호는 쌍매당雙梅堂, 본관은 홍주洪州이다. 저서로 『쌍매당집雙梅堂集』이 있다.
41 이섭정利涉亭 : 『동국여지승람』에서는 이섭정이 강화의 갑곶진 언덕에 있다 하며 이첨의 기문이 수록되어 있다.

김질金礩[42]이 안동부사安東府使로 있을 때 송사의 판결에 밝았다. 무릇 토지와 노비의 송사는 한 도내의 사람들이 모두 감사에게 첩문을 내고 안동으로 가서 판결받기를 원하였다. 그의 판결에 승자와 패자가 모두 불만이 없었다. 이로 인해서 질전質錢·질포質布를 거둔 것이 창고에 가득 찼다. 이에 그 재물로 영호루映湖樓[43]를 개축하였는데 김종직金宗直이 그 기문을 지었다. "누각이 무너진 지 이제 100년이 되었는데, 그동안에 어찌 이 일을 한 수령이 없었을까? 기둥과 서까래, 마루판과 난간이 썩고 흔들리고 기와와 벽돌이 깨진 상태 그대로 방치되었던 것은 사람의 마음이 다 같지 않기 때문이다. 인사를 닦는 데에 곡진한 수령은 뇌물을 가지고 찾아다니는 데 급급하고, 한갓 규칙과 관례만 지키는 수령은 장부와 문서 등 사무에 메어 겨를이 없으니 누각이 날로 쓰러지고 무너지는 것이 괴이할 것이 없다. 김 목사의 공이 어찌 크다고 하지 않으랴!"〔案〕 질전·질포는 대개 송사를 판결하고 입안하는 데 들어가는 서류의 작지가作紙價로 받은 것이다.

최선문崔善門[44]이 옥천군수沃川郡守로 있을 때의 일이다. 적등루赤登樓[45]를 중수하는데 승려들로 하여금 널리 권선문勸善文을 보급하여 재물과

---

42 김질金礩, 1433~?: 자는 수옹壽翁, 본관은 청풍淸風이다. 세조 때 문과로 급제하여 집의, 어사중승御使中丞 등을 역임했다. 그가 안동부사가 되어 영호루를 중수한 것은 성종 때인 1488년이다.

43 영호루映湖樓: 경상도 안동부 남쪽 5리에 있는 누각. 공민왕이 홍건적의 난에 안동으로 몽진해왔을 때 배를 타고 노닐 던 일이 계기가 되어 이곳에 누각을 세운 것이다.

44 최선문崔善門, ?~1455: 자는 경부慶夫, 호는 동대東臺, 본관은 화순和順이다. 벼슬은 공조판서에 이르렀다.

45 적등루赤登樓: 『동국여지승람』에 의하면 적등루는 적등원院의 옆에 있으며, 거기에 있는 적등진津은 충청북도 옥천 읍치에서 동남으로 26리 지점에 있는 것으로 되어 있다. 그곳에 흐르는 적등강은 금강의 상류이다.

자재를 약간 얻고 군수 또한 사재를 내어 그 비용을 보조하였다. 무릇 온 갖 건물을 짓는 일 또한 중들 중에서 모집한 역군들에게 맡기고 농민에 게는 터럭만큼도 걱정을 끼치지 않고서 1년 이내에 끝냈다. 서거정이 이 를 위해 기문을 지었다. "적등강赤登江 위에 원院과 누각이 있으니 실로 사방으로 통하는 길의 요충지에 자리 잡고 있다. 한더위와 혹한 때나 비 바람이 몹시 치는 날이면 길을 가는 사람들이 와서 이곳에 머무르고 혹 은 물을 건너기 어려운 때라든지, 길을 가다 저물었을 때라든지 타고 갈 소나 말이 없을 때, 도적 떼의 근심이 있을 때에는 이곳에서 쉴 수 있으 며 누각에 올라 둘러볼 수도 있고 자고 갈 수도 있어 추위를 따뜻하게 하 고 더위를 식혀준다. 사람들에게 두루 끼치는 덕이 적다고 하겠는가."

금치담琴致湛[46]이 인동현감仁同縣監으로 있을 때의 일이다. 객사의 서쪽 에 망호헌望湖軒을 지었는데, 강혼姜渾[47]이 이를 위해 기문을 지었다. "수 령으로 무사안일한 자들은 관아의 건물이 좁고 기운 것을 보고도 '이는 내 일이 아니다. 응당 뒤의 사람을 기다려야 할 것이다'라고 한다. 이래서 되겠는가. 이런 까닭에 수령으로서 관아의 건물을 수리하는 데 있어 꼭 해야 할 것을 하지 않는 자와 해서는 안 될 것을 하는 자는 그 잘못이 같 다. 지금 금 현감은 망호헌을 지을 때, 일 없이 노는 무리들만을 동원하 고 송사를 판결하여 남은 재물로 하니, 백성을 번거롭게 하지 않고 일이 진행해서 백성을 괴롭게 하지 않고 공사를 마쳤다. 이 어찌 훌륭하지 않

---

46 금치담琴致湛: 세종 때 인물. 자는 가구可久, 본관은 봉화奉化이다. 사도시첨정司導寺僉正 을 지냈다.

47 강혼姜渾, 1464~1519: 자는 사호士浩, 호는 목계木溪·동고東皐이다. 중종반정에 참여하 여 진천군晉川君에 봉해졌다. 저서로 『목계일고木溪逸稿』가 있다.

은가!"

전성안全成安[48]이 수원부사로 있을 때의 일이다. 황폐한 옛 못[池]이 있었는데, 바닥을 파서 깊게 하여 가운데 섬을 만들고 새로 정자를 세웠다. 이색李穡이 이를 위해 기문을 지었다. "재물은 관에서 나오지 않고 부역은 백성에게 미치지 않았다. 정자가 준공되기에 이르러 고을 사람들이 보고 놀라 '어떻게 이처럼 쉽게 일이 이루어졌을까. 반드시 이상한 무엇이 와서 도와주었을 것이다. 어찌 우리들을 부리지 않고도 이렇게 될 수 있단 말인가?'라고 감탄하였다."

박거명朴居明[49]이 용인현령龍仁縣令으로 있을 때의 일이다. 객사의 동쪽에 새로 정자를 지을 때 민력을 동원하지 않았다. 김수령金壽寧[50]이 이를 위해 기문을 지었다. "요즈음 세상의 수령들을 보면 취한 듯 꿈꾸듯 세월을 보내면서 관아를 여관처럼 여기니, 공관이 기울어지고 나서야 받치고 빗물이 새고 나서야 막으며, 심한 경우 기와 한 장도 갈아 끼우지 않으면서 '나는 백성을 보살핀다'라고 하고, 풀 한 포기 뽑지 않고 '관정에 송사하러 오는 사람이 없다'라고 말한다. 관아의 건물이 무너지고 쓰러지는 것은 언제고 이런 무리들 때문이다. 박 현령과 같은 사람을 어찌 쉽게 얻을 수 있겠는가."

하연河演[51]이 안악군수安岳郡守로 있을 때 부지런히 농사를 독려하였다.

---

48 전성안全成安: 고려 말 조선 초 사람. 본 기록 외에 미상.
49 박거명朴居明: 조선 전기 사람. 자는 회부晦父, 본관은 밀양이다. 용인현령을 거쳐 군수를 지냈다.
50 김수령金壽寧, 1436~1473: 자는 이수頤叟, 호는 소양당素養堂이다. 성종을 보필한 공으로 좌리공신佐理功臣 4등에 책록되고 복창군福昌君에 봉해졌다. 『동국통감東國通鑑』의 편찬에 참여한 바 있다.
51 하연河演, 1376~1453: 자는 연량淵亮, 호는 경재敬齋, 시호는 문효文孝이다. 벼슬은 영의

영춘정 迎春亭·편월정 片月亭·대수정 大樹亭·어약정 魚躍亭·필봉정 筆峯亭을 축조하고 매양 들판을 돌아다니며 스스로 농구 農謳[52] 두어 곡을 지어서 권장하기도 했다.

> 아전·군교·관노 등은 마땅히 공역工役을 지게 해야
> 하며 중들을 불러 공사를 돕는 것 또한 한 가지
> 방도이다.

변인달 邊仁達[53]이 이천현감 利川縣監으로 있을 때의 일이다. 향교를 세우는데 그는 공무의 여가에 아전과 군졸에게 일을 시키고 백성들을 동원하지 않았다. 산에 가서 재목을 베어 올 때에는 향화회도 香火會徒를 불러 대오를 지어 운반케 하였다. 또한 중들을 모집하여 날마다 몸소 공사를 독려하니 한 달이 채 못 되어 준공되었다.[54]

민효열 閔孝悅[55]이 인천부사로 있을 때의 일이다. 향교를 세우려고 하여, 정사의 여가에 밤낮으로 계획하여 재목을 모으고 기와를 굽고 장인을 모집하고는 아전과 관노들을 돌아가며 부리되, 백성은 한 사람도 동원하지 않았다. 그렇게 해서 1년 만에 일을 마쳤다.

정에 이르렀다. 경상도 관찰사 재임 시에 『경상도지리지 慶尙道地理志』를 편찬하였다.

52 농구農謳: 권농을 내용으로 하는 노래. 한시로서 민요의 율조를 따라 짓는 것이 보통이다. 하연의 다음 세대에 강희맹 姜希孟이 지은 농구가 전한다.

53 변인달 邊仁達: 조선 초기의 인물. 그가 이천현감으로 향교를 세운 시점은 태종 3년인 1402년이다.

54 이천 향교가 세워지게 된 사적은 『동국여지승람·이천』에 나오는데 권근 權近이 지은 기문이 수록되어 있다. 본문의 내용은 권근의 기문에서 따온 것이다.

55 민효열 閔孝悅, 1405~1482: 조선 세종 때 사람. 자는 성보 誠甫이다. 세종 때 별시 문과에 병과로 급제하였다. 단종 때 병조정랑 兵曹正郞을 지냈다.

이영분李永蕡[56]이 창원부사昌原府使로 있을 때의 일이다. 연빈루燕賓樓[57]를 지음에 있어 일 없이 노는 이들을 부리고 입번入番한 아전과 군졸들이 돕게 했다. 백성은 한 사람도 부리지 않고서 3개월 내에 준공하였다. 홍귀달洪貴達[58]이 이를 위해 기문을 지었다.

손소孫昭[59]가 안동부사로 있을 때의 일이다. 관풍루觀風樓를 세우고자 하여 고을의 부로들을 불러 "백성 중에 산속으로 도피하여 중이 된 자가 많다. 그 가운데에는 틀림없이 기와를 잘 굽는 사람도 있을 것이며 나무를 잘 다듬는 자도 있을 것이며 먹줄과 먹통을 잡고 길이를 잴 줄 아는 자도 있을 것이다. 그 명단을 작성하여 가져오라"라고 하였더니 그 이튿날 수십 명을 적어 올렸다. 손소는 각기 기능에 따라 일을 나누어 맡겼다. 이에 여러 장인들이 모두 분발하고 각각 서로 경쟁하되 나무를 벌목해도 백성은 알지 못하였고 재목을 실어와도 백성은 알지 못하였으며 흙을 다지고 이겨서 가마를 축조하여 기와를 구워도 백성은 알지 못하였다. 그렇게 해서 몇 달 만에 공사가 완료되었다.

---

56 이영분李永蕡, 1448~1513: 조선 전기의 무신. 자는 자려子茘, 본관은 성주星州이다. 의주 목사, 창원도호부사, 경상수군병마사 등을 지냈다.

57 연빈루燕賓樓: 경상남도 창원부의 동헌에 있었던 누각. 본문에서 연빈루가 김해에 있는 것으로 나와 있으나 『동국여지승람·김해』에는 보이지 않고 창원에 소재한 것으로 되어 있다. 홍귀달의 기문 역시 창원조에 실려 있다.

58 홍귀달洪貴達, 1438~1504: 자는 겸선兼善, 호는 허백당虛白堂·함허정涵虛亭, 본관은 부계 缶溪, 시호는 문광文匡이다. 벼슬은 호조판서에 이르렀고 저서에 『허백당문집虛白堂文集』 이 있다.

59 손소孫昭, 1433~1484: 자는 일장日章, 호는 송재松齋, 본관은 경주이다. 이시애의 난에 공을 세워 공신으로 봉을 받았다. 경주의 유네스코 세계문화유산으로 등재된 양동마을은 그의 후손과 그의 외손인 여주 이씨로 이루어져 있다.

재목을 모으고 장인을 모집하는 일은 전체적으로
헤아려야 한다. 폐단이 생길 소지를 미리 막아야 하고
들어가는 노력과 비용의 절감을 생각하지 않을 수
없다.

『상산부의 정당政堂을 재건축하는 일정〔象山府政堂改建日曆〕』에서 말했다.
"정당을 짓는 데 중요한 일은, 1)합당한 사람을 얻어 일을 주관케 하는
것, 2)사람을 얻어서 분담을 시키는 것, 3)장인匠人 선발, 4)비용 염출, 5)
재목 모으기, 6)흙 취하기, 7)용수 확보, 8)석재 채취, 9)기와 굽기, 10)철
물 매득, 11)장정 선발, 12)장부 기록 등이다. 이 일들을 모두 올바르게
처리해야만 일을 잘했다는 말을 듣게 될 것이다."

사람 얻기, 분담

○ 마땅한 사람을 얻는다는 것은 어떻게 해야 하는가? 유능한 자는 속
이는 수가 많고, 속일 줄 모르는 자는 어리석은 자가 많으니, 일을 주관
하는 자를 얻기는 가장 어렵다. 촌사람은 양반이나 향청의 임원이라도
대체로 아전의 농간을 자세히 밝히기 어렵다. 필히 읍내의 퇴직 아전이
나 노련한 군교 가운데 우뚝 빼어난 자를 뽑아 도감都監으로 임명하여,
그와 함께 일을 의논한 연후에 성실한가 그렇지 못한가를 살피고 충성
과 근면을 권해야만 효과가 날 것이다. ○ 적임자 약간 명을 얻게 되면 철
물·목재·물·흙 등의 일을 나눠 맡기고 오로지 한 가지 일만 책임을 지워
다른 일과 뒤섞이지 않게 해야 할 것이다. 맡은 일을 잘하고 못한 데 대
해 상과 벌을 주어 경계하고 격려하여 저마다 분발해서 재능과 기술을

겨루도록 해야 효과를 볼 수 있을 것이다. ○ 좋은 재목 얻기는 어렵지 않으나 좋은 솜씨의 장인을 얻기는 참으로 어렵다. 적합한 장인을 얻으면 일을 요량하는 데 착오가 없고 재목을 사용하는 데 낭비가 없으며, 노력은 덜어지고 비용은 적게 든다. 적합한 장인을 얻지 못하면 자귀질하는 자와 톱질하는 자가 명령을 제대로 받지 못하여 곧은 나무와 굽은 나무가 알맞게 쓰이지 못하고, 일꾼들이 노는 수가 많고 기일이 지체되며, 일을 처리하는 데도 법도가 없고 경비가 손실된다. 필히 삼경三京에서 국수國手로 손꼽히는 자를 도편수로 삼아야 효과가 있을 것이다. 주변 사람이 사적으로 좋아하는 자를 천거해서 헛되이 추켜세우는 것을 그대로 믿어서는 안 된다.

재원 마련책

○ 재원을 마련하는 방법은 모두 감사와 상의해야 한다. 창곡倉穀을 농간질하면 죄를 범하는 일이고 백성의 원성을 사게 되니 크게 옳지 않은 짓이다. 혹은 각 창고의 재물을 아껴 쓰면 저절로 남는 것이 있는데 만약 자신이 취하지 않으면 이것을 재원으로 삼을 수 있을 것이다. 혹은 상급 관청에서 송사를 판결할 때 속전贖錢을 많이들 거두어들이는데 이것을 사용하라는 결재를 받으면 재원으로 삼을 수 있다. 혹은 태풍이 불어 나무들이 쓰러지는 경우 곧 상급 관청에 요청하여 제때에 베어 말라죽지 않게 하면 좀이 먹지 않을 것이다. 상급 관청의 결재를 받으면 이것도 재원으로 삼을 수 있다【모름지기 비변사의 허가가 있어야 쓸 수가 있다】. 혹은 본 고을에는 풍년이 들었는데 다른 지역은 흉년이면 곡식을 매입해서 저장해두었다가 봄을 기다려 팔아서 그 이익을 취하면 이 또한 재원이 될 것이

다. 고을이 아무리 빈약하다 해도 부유한 상인보다는 나을 터이니 실로 장사를 하려고 든다면 어찌 방도가 없겠는가. 거기서 얻는 이익을 공용에 충당한다면 수령으로서도 부끄러움이 없을 것이니 구애받을 필요가 없다.

재목 베어오기

○ 재목을 벌채하는 명령은 마땅히 가장 치밀하고 신중히 해야 할 것이다. 만약 소문이 먼저 나가면 개인 소유의 산에서 나무를 기르는 사람들이 아전·군교와 몰래 결탁하여 좋은 재목을 그 수를 줄이려고 도모하니 농간의 구멍이 이 때문에 뚫린다. 수령이 관아를 보수하려고 할 경우 먼저 간가도間架圖[60]를 작성하여 남몰래 서울에 있는 집안사람을 시켜 목수를 불러 문의해서 소요되는 재목의 수치를 조목조목 열거하게 한다. 대들보 몇 개, 들보 몇 개, 기둥 몇 개, 서까래 몇 개, 문지도리·문지방·빗장·문설주 등등 각각 그 수를 나열하는 것이다. 목수가 이렇게 헤아리면 대송大松 몇 그루, 중송中松 몇 그루, 잡송雜松 몇 그루, 소송小松 몇 그루가 필요한지 파악할 수 있다. 이제 그것을 가지고 은밀하게 고을 경내를 살펴보아 10리 안에서 큰 목재를 취하고, 20리 안에서 중간치 목재를 취하고, 30리 안에서 작은 재목을 취한다. 운반하는 데 노역의 차이가 있기 때문이다【혹 수로로 운반할 수 있는 경우는 100리 떨어진 곳에서라도 큰 재목을 취할 수 있다】. 장 모의 산에서 대송 몇 그루, 이 모의 산에서 중송 몇 그루를 취할 것인가를 속으로 나누어 정한다. 이 계산이 다 이루어지면 군교와 아

---

60 간가도間架圖: 건물을 지을 때의 구조도. 설계도에 해당하는 것임.

전을 불러서 관아를 보수하는 데 쓰일 것임을 설명한 다음, 이미 이루어진 계산을 아전들에게 나누어 맡기고 각기 즉시 출발시켜서 벌목을 하게한다. 각기 인첩印帖을 소지하게 하는데 벌목할 수치가 표시해둔다. 이인첩을 산주에게 제시하고 거기서 늘리거나 줄이지 못하도록 하면 농간을 부릴 수 없게 될 것이다. 또한 벌목하는 방법은 마땅히 『주례』를 따라서 반드시 한겨울에 벌목하도록 해야 할 것이다. 봄여름에 수액樹液이 넘칠 때 나무를 베어 재목을 만들면 몇 년이 못가서 좀이 먹어 못 쓰게 된다. 나무를 운반하는 일도 큰일이다. 마땅히 가을철에 먼저 도로를 닦고섣달에 이르러서 별도로 유형거 10여 량을 만들고 얼음이 얼어 미끄러운때를 타서 관가로 끌어들이면 백성의 노력이 크게 덜어질 것이다.

흙, 삼화토

○ 흙을 마련하는 법은 의당 공사하는 곳에서 굴토掘土를 해야 하는데표면이 지저분하더라도 몇 척을 파고 들어가면 황토로 찰지지 않은 곳이없다. 이에 파낸 구덩이에는 물을 끌어들여 못을 만들면 화재도 막을 수있고 조촐한 잔치도 할 수 있을 것이다. 이는 성에 해자가 있는 것처럼두 가지 편익을 얻는 방도이다. 터를 다지는 법은 우리나라 관습에 먼저기왓장과 자갈을 구덩이 속에 채워 넣고 달구질을 한 다음 주춧돌을 놓는데 이는 좋은 것이 아니다. 땅을 파낸 뒤에 삼화토三和土【석회·모래·황토로 시속에서 삼물三物을 섞는다고 한다】를 넣고서 달구질하여 다지면 몇 달 안가서 돌처럼 굳어진다. 이에 주춧돌을 놓으면 영구히 기울거나 주저앉는병폐가 없을 것이다【곡산부의 정당을 지을 때 삼화토를 썼는데 지금 20년이 되어도 조금도 금이 가거나 기우는 일이 없다 한다】.

물과 돌

○ 용수를 확보하는 법은 공사하는 곳에 우물이나 개천이 있어 물이 많은 경우에는 걱정할 필요가 없다. 만약 우물이나 개천이 멀리 떨어져 있어서 물의 조달이 극히 어려우면 모름지기 공사하는 곳에 웅덩이를 파서 못을 만들고 물을 끌어댄다. 소나무 통에 물을 받아서 대통을 연결하여 끌어오는 것이다〔혹 긴 소나무를 써서 홈통을 만들어도 좋다〕. 아이 하나를 시켜 우물가에 앉아서 물을 길어다 붓게 해도 족히 이어 댈 수 있을 것이니 비용의 절감이 클 것이다. ○ 석재를 채취하는 법은 모름지기 가장 가까운 산에서 산을 파 석재를 취해야 하는데 이미 돌을 깨고 잘라낸 다음 기중소가起重小架를 써서 들어 올리고 유형소거游衡小車를 써서 운반한다면 또한 비용을 절감할 것이다.

기와 굽기, 철물 다루기

○ 기와를 굽는 가마를 설치할 때에는 모름지기 위로 곧게 만들고 나지막이 퍼지게 하지 말아야 불꽃이 위로 올라가서 땔감을 적게 들이고도 많이 구울 수가 있다. 하지가 지난 뒤에는 무더워서 흙이 축축하고 기와가 이지러지고 비틀어지기 쉬우니 반드시 춘분에 가마를 설치하여 역사를 시작해야 하며 늦추어서는 안 된다. 기와를 굽는 곳은 반드시 가까운 곳이어야 한다. 기와가 다 만들어지면 미리 운반하지 말고 제자리에 두고 감시하여 지키다가 기와를 얹는 날에 아전·관노와 읍내의 아이들을 징발하여 기와 있는 곳에서부터 새 집의 지붕〔지붕에 오르는 데에는 반드시 사다리가 있어야 한다〕 위까지 늘어서게 한다. 대략 한 발 간격마다 한 사람씩

서게 한다. 이에 갑이 기와 한 장을 들어서 을에게 주면 을은 병에게 전하고 병은 정에게 전하여 자! 자! 소리를 내면서 오른쪽에서 받아 왼쪽으로 건넨다. 서로 이어져서 마치 구름이 흘러가는 모양으로 지붕 위에까지 올라가서 잠깐 사이에 일이 끝나는데 한 장도 파손되지 않는다. 절감되는 노력과 비용이 클 것이다. 이와 같이 하지 않으면 한 번에 지는 것이 20장을 넘지 못할 것이요, 여러 번 올렸다 내렸다 하는 사이에 깨지는 것이 셀 수 없이 많을 것이다. 또한 여러 사람이 왔다 갔다 하므로 놀고 쉬고 하는 자를 막기 어려우니, 따라서 노력과 비용도 10배나 들 것이다.
○ 철물의 비용은 농간을 막기가 가장 어렵다. 마땅히 청렴하고 정직한 자를 특별히 뽑아 이 일을 맡겨야 한다. 이미 철물을 사왔을 경우 임의로 한 덩어리를 취하여 몇 근이 되나 저울로 달아보아 그대로 면전에서 제련하여 못을 만들게 하고, 다시 그것을 달아보면 한 근마다 몇 냥쯤이 줄었는가를 알 수 있다. 이에 못·고리·국자·격쇠 등속을 각각 근량斤兩을 달아 원래 사들인 철물과 비교해보면 줄어드는 일정한 비율을 알 수 있을 터이므로 속일 수 없다.

인력 동원, 장부 작성

○ 일꾼을 동원하는 법은 마땅히 아전과 관노를 주로 할 것이고 민정民丁은 보조로 해야 한다. 공사를 시작하는 날 군교와 아전·관노 등을 모두 불러 모아 "이 집은 누구의 집인가? 수령은 나그네로 내년에는 또 어느 곳에 있을지 모른다. 어찌 수령의 집이겠느냐. 농민은 들에서 일하는 사람이다. 뙤약볕이 내리쬐고 심한 비가 와도 이 집의 덕을 전혀 보지 못한다. 어찌 농민의 집이겠느냐. 아버지가 전하고 자식이 이어받아 별을

가리고 비를 피하는 자가 너희들이 아니고 누구이겠는가. 너희들의 집을 짓는 일에 나만 홀로 수고롭게 하고 농민들로 하여금 치우치게 고통 받게 하니 이러한 이치가 어디에 있겠느냐"라고 타이른다. 늙은 군교와 아전은 재목을 붙들어줄 수가 있으며【도끼질과 톱질을 할 때에는 모름지기 나무를 붙들어주는 자가 있어야 한다】젊은 군교와 아전은 나무를 톱질할 수 있으며 관노들은 운반하고 다듬고 벨 수 있다. 몸이 약한 자들은 번을 쉬게 하며 건장한 자는 오래 번을 서게 하고 빈천한 자에게는 점심을 먹일 것이요, 노래로 일을 권장하며 채찍으로 일을 독려하면 일꾼의 동원에 걱정할 것이 없다. 관내의 백성을 모두 헤아려 부호에는 2일의 부역을, 편호編戶[61]에는 1일의 부역을 지우되, 아침에 와서 저녁에 돌아갈 수 있는 자는 직접 나와 일을 하게 하고 멀리 살아서 자고 가야 할 자는 돈 25푼으로 대납토록 하되 더 부가해서는 안 된다. 그 가운데 혹 멀더라도 몸으로 부역하려는 자는 거부해서는 안 된다. 술에 취하여 싸우는 자는 벌로 2일의 부역을 더 시키고, 남을 때려서 상해를 입힌 자는 벌로 3일의 부역을 더 시키며 위세를 부려 구타한 자는 벌로 10일의 부역을 더 시킨다. 무릇 죄과가 있어 벌을 받아야 할 자에게 부역을 지게 하면 또한 일꾼을 늘릴 수 있을 것이다.

○ 장부 기록은 무엇보다도 자세하고 신중히 해야 한다. 재물이 들어온 것과 경비를 지출한 것을 낱낱이 기록할 것이다. 도장을 찍고 서명하여 상급 관청에 보고하고 후일의 증거로 삼아 말썽거리가 생기지 않게 하는 것이 옳다. ○ 시속의 관행을 보면 낙성일에 널리 부로와 부민富民을 초

---

61 편호編戶: 호안戶案에 편성된 호. 즉 백성을 가리킴.

청하여 둘러앉혀 잔치를 벌인다. 그리고 잔치가 끝나면 종이를 꺼내놓고 적게 하여 부조전扶助錢을 낚아내는데, 이는 세상에 가장 품위 없는 짓이다. 뒤에 반드시 말들이 있을 것이니 절대로 따라서는 안 된다.

관아의 건물을 잘 개축하거나 수리하고 나서는
꽃을 가꾸고 나무를 심는 것도 맑은 선비의 자취이다.

진晉나라 반안인潘安仁[62]이 하양령河陽令으로 있을 때 그 고을 백성들에게 명하여 복숭아와 오얏을 많이 재배케 하니, 백성들이 "반 사또의 정사는 자랑스럽도다. 하양 고을이 꽃으로 가득찼네"라고 노래하였다.

---

62 반안인潘安仁, 247~300 : 중국 서진西晉 사람인 반악潘岳. 안인安仁은 그의 자이다. 문학적 재능이 뛰어나 시와 부賦의 걸작을 많이 남겼다.

修城

성을 수축하고 해자를 파서 국방을 튼튼히 하고
백성을 보호하는 일도 수령의 직분이다.

『예기·월령』에 "초가을에는 담장이 헐어진 곳을 수리하고 성곽을 보
수하며, 중추仲秋에는 성곽을 수축하고 창고를 수리하며, 초겨울에는 성
곽을 증축하고 마을 어귀에 경계를 강화한다"라고 하였다. 『춘추春秋』를
보면 성을 쌓는 역사가 해마다 끊이지 않고 기록되어 있다. 옛 법에 때
에 따라 수축하는 것이 성곽이라고 하였다. 지금 각 군현의 성은 한번 쌓
으면 여러 해가 지나도 돌 하나 올리지 않고 기와 한 조각 쌓지 않다가
100년이 흘러 성벽이 허물어지고 해자가 메워진 연후에야 비로소 개축
할 것을 의논한다. 실로 때를 놓치지 않고 수축하고 보완하였다면 어찌
이 지경이 되겠는가? 성을 수축하는 일은 수령의 급선무이다.

송나라 여정余靖이 광서廣西 지방으로 나가서 계주桂州에 새 성을 쌓았
다. 이때 농지고儂智高[1]가 반란을 일으켰는데 남방의 12주州에 주성州城

---

[1] 농지고儂智高, 1026~1055: 중국 송나라 때 남방의 소수민족. 송나라로부터 자립하여 남천
국南天國을 세우고 인혜황제仁惠皇帝를 자칭했다가 송나라 군사에 의해 멸망당했다. 지
금 베트남 북동 지방의 농족이 그 후예라고 한다.

을 수축하는 자가 하나도 없었다. 이때 여정이 성을 크게 쌓았으니 사방이 6리나 되었고 목재와 벽돌·기와·석재 등의 자재가 통산해서 400만 개가 들었으며 인력은 10여만 명이 동원되었다. 방어하는 기구 또한 하나도 부족한 것 없이 준비하였다. 지화至和 원년(1054) 8월에 공사를 시작하여 지화 2년 8월에 완성하였다. 증공이 기문을 지은 바 "문왕文王은 남중南仲으로 하여금 북방에 성을 쌓게 하였고 선왕宣王은 중산보仲山甫로 하여금 동방에 성을 쌓게 하였거니와² 지금 여공余公의 이 사적은 이들 두 신하와 같다"라고 하였다.

이숙지李肅之³가 영주瀛州를 맡아 다스릴 때의 일이다. 하북河北 지방에 큰 지진이 있어서 성곽과 가옥이 파괴되고 큰비가 와서 창고의 곡식이 드러나 비를 맞았다. 비가 그치자 그는 조정에 청하여 남는 병졸과 물자를 구하고 또 돈 1000만 전으로 진정眞定에서 목재를 구입하여 새 성을 쌓았는데, 사방이 15리나 되고 높고 넓고 견고하고 웅장하기가 옛 성보다 더 훌륭했다. 성 위에 망루望樓와 전옥戰屋을 설치했는데 4600칸이나 되었고, 허물어지고 무너진 가옥들도 수리하지 않은 것이 없었다. 또 남은 힘을 이용해서 남북으로 통하는 길을 만들었다. 이에 사람들이 진흙길을 버리고 평탄한 길로 다닐 수 있었다〖증남풍집』].

진릉晉陵 장공張公⁴이 신주信州를 맡아 다스릴 때의 일이다. 6월 을해일

---

2 남중南仲과 중산보仲山甫는 중국 주나라 초기의 인물이다. 남중이 북방에 성을 쌓은 사적은『시경·대아·증민』에서 노래하였고 중산보가 동방에 성을 쌓은 사적은 역시『시경·소아·출정』에서 노래하였다.
3 이숙지李肅之, 1000~1081 : 중국 송나라 때의 인물. 자는 공의公儀이다. 지방관으로서의 업적이 높았고 그 일문이 충효로 칭송을 받았다.
4 진릉晉陵 장공張公 : 중국 송나라 때의 인물이나 자세한 행적은 미상.

에 큰비가 내렸는데 병자일에 물이 줄어들자 그는 막료들을 데리고 순찰하여 부현符縣[5]의 실정을 가만히 살펴 부민에게서 돈을 거두고 사찰의 재물을 염출했다. 7월 갑오일에 인부를 모집, 물이 들어온 데에 성을 쌓고 여러 관아의 허물어진 곳에 담을 쌓고 감군監軍의 집을 짓고 옥사獄舍를 지었다. 교량을 놓은 것이 하나, 성과 담장을 쌓은 것이 9000척, 가옥을 지은 것이 8채로 기둥의 수로 셈하면 552개가 되었다. 7월 9일에 시작하여 9월 7일에 일을 마쳤으니 날짜로 52일이 걸렸고 인부는 11425명이 동원되었다. 중간층 이하의 백성들에게는 성곽과 가옥을 완성하는 일에 물자를 내도록 하지 않았으며, 인부들이 모이고 흩어지는 것을 보았지만 그네들에게 부역을 지게 하지 않았다. 당시 경비는 끝내 고을의 관고에서 나가지 않았다『증남풍집』].

황간黃幹이 안경부安慶府를 맡아 부임했을 때 금나라 군사에게 광산光山[6]이 함락되어서 변경이 위태로워졌다. 안경은 광산에서 멀지 않아 백성들이 두려워 떨었다. 이에 황간은 안경에 성을 쌓아 싸움에 대비할 것을 조정에 요청하고 회보도 기다리지 않고 그날로 공사를 일으켰다. 성을 12료料【12단段과 같다】로 나누고 군사 5000명을 사람마다 각기 90일간 부역시켰고, 민호民戶의 재산 정도를 따져 일꾼을 내게 하였더니【부호富戶는 일꾼을 많이 내게 하고 빈호貧戶는 적게 내게 한 것이다】, 통산 2만 명이 동원되었다. 한 사람이 10일간 일하면 다른 사람으로 차례를 바꾸었다. 여름철에는 한 달에 6일을 쉬게 하였고 하루에는 한 시각을 쉬게 하였으며, 가

---

5 부현符縣: 중국 사천성 합강현合江縣에 있는 지명. 신주信州는 파동巴東이라고 일컬어진 지역으로 부현은 그 관할 고을이었다.
6 광산光山: 중국 하남성 황천현潢川縣에 있는 지명.

을에는 쉬는 것을 반으로 줄였다【6일 쉬는 것을 3일 쉬게 하고 한 시각 쉬는 것을 반 시각 쉬게 한다】. 황간은 날마다 오경(五更, 오전 3~5시)에 정당政堂에 나가 앉아서 호채관濠砦官이 들어와 명령을 받을 때 하루의 작업량을 정해주되 어느 향鄕의 민병民兵 약간 명과 어느 향의 인부 약간 명을 모 인의 분담으로 배정하고【각기 서로 섞이지 않게 한다】 혹은 어느 곳의 흙과 목재를 운반하여 모 인의 분담에 조달하여【그 용처에 따라 조달하게 한다】 사용하게 하였다【번갈아서 사용하게 한다】. 민병과 인부가 교대하는 시기에 당해서 며칠 분의 돈과 쌀을 나누어주게 하였다【사람 수를 계산하여 정한다】. 명령을 모두 내린 후에야 부府의 정사를 취급했다. 축성할 때 쓰는 달구공이는 전감錢監에서 아직 이용하지 않은 쇠뭉치를 빌려서 쓰고 일이 끝나자 돌려주었다. 案 축성하는 법은 여기 내용보다 더 상세한 것이 없다. 무릇 축성하는 자는 이를 본받아야 할 것이다. 다만 이는 토성土城이기 때문에 쇠달구공이로 다져서 쌓은 것이다.

신라의 김인문金仁問이 무열왕武烈王 때 압독주押督州【지금의 경산慶山이다】의 총관摠管이 되어 장산성獐山城을 쌓아 방비를 갖추었는데 그 공을 책정하여 식읍食邑 300호를 내렸다.

고려 김을권金乙權[7]이 평해군수平海郡守로 있을 때의 일이다. 왜구 때문에 군민들이 흩어져 떠났는데 그가 남은 백성을 안집시켜서 토성을 쌓고 왜구에 대비했다. 고을 사람들이 이에 힘입어 생업을 다시 찾게 되었다. 지금까지 그의 어진 정사를 칭송하고 있다. ○어세린於世麟[8]이 울진현령으

---

7 김을권金乙權: 이 기사 이외에 태종 원년(1401)에 아버지가 상을 당했을 때 시신을 매장하지 않은 일로 동래진병마사東來鎭兵馬使에서 파직 당한 기사가 『태종실록』에 보인다.
8 어세린於世麟: 이 기사 이외에 강릉 어씨의 시조로 벼슬이 지의주사知義州事였다는 기사

로 있을 때의 일이다. 고려 말기에 여러 해 동안 계속 왜구가 침입하여 백성들이 유망하고 마을들이 황폐해졌다. 그가 성보城堡를 수축하고 남은 백성들을 돌보아 안집을 시키니 유망한 백성들이 사방에서 모여들었다.

김우金祐[9]가 성주목사로 있을 때의 일이다. 그곳에 예로부터 토성이 있었는데 치첩(雉堞, 성가퀴)이 허물어지고 들어선 건물이 100여 칸이나 되었다. 그것을 모두 촌민들의 힘으로 보수하게 하니 백성들이 매우 고통스럽게 여겼다. 김우는 감사에게 보고하고 10월에 역사를 시작하여 30일 만에 성을 복원하는 일을 마쳤다.

유공작이 간성군수杆城郡守로 있을 때 조정에서 연해 지방의 군에 명령하여 성을 쌓아 왜구를 방비하게 했다. 일은 거창한데 인정人丁이 적었으므로 그는 고을의 부로들과 의논하여 농지가 많고 적음을 따져 성을 쌓는 부역에 차등을 두었다. 지성으로 권하고 타이르며 술과 밥을 마련하여 백성들이 돌을 지고 오면 먹게 하니 젊은 남녀들이 기뻐하며 부역하여 몇 달이 지나지 않아 역사를 끝내게 되었고 성도 매우 튼튼했다『퇴계집退溪集』].

전란이 일어나 적병이 쳐들어오는 급박한 때를
당하여 성을 쌓을 경우에는 마땅히 지세를 헤아리고
민정에 따라야 한다.

가『증보문헌비고』에 보인다.
9 김우金祐: 이 기사 이외에 성종 22년(1491)에 홍천현감을 사임한 기사가『성종실록』에 보인다.

남제의 원숭조垣崇祖[10]가 예주자사로 있을 때 외성을 수축하고 비수肥水[11]에 제방을 쌓아 방비를 굳게 하고자 하였다. 문무 관리들이 모두 "옛날 불리佛貍[12]가 쳐들어왔을 때 성중의 사졸이 지금의 몇 배나 되었는데도 외성의 성곽이 너무 넓어 지키기가 어려워서 물러나 내성을 보전했다. 또 비수는 원래 예로부터 제방을 쌓은 일이 없다. 힘만 들이고 무익하지 않겠는가"라고 하였다. 원숭조는 "외성을 버린다면 적군이 필시 외성을 근거로 망루를 만들고 안으로 긴 벽을 쌓을 것이니 우리는 가만히 앉아서 포로가 될 것이다" 하고는, 비수의 서북편에 제언을 쌓고 제언의 북쪽에 작은 성을 쌓아 그 둘레에 깊은 참호를 팠다. 북위의 군사가 과연 성을 공격하였는데 원숭조는 백사모白紗帽를 쓰고 견여肩輿를 타고 성 위에 올라가 제언을 터서 물을 내려 보냈다. 북위의 군사와 말이 물에 휩쓸려 몰사했으니, 그 수가 1000명을 헤아렸다. 북위군은 퇴각했다.

고려의 이득진李得辰[13]이 선주(善州, 선산善山)를 맡아 다스릴 때의 일이다. 홍무洪武 계해년(1383) 5월에 왜구가 고을에 쳐들어와서 관아를 불태웠다. 이득진이 관심평觀心坪을 보전하고 있다가 왜구가 물러간 후 읍성을 쌓아 지키니 왜구가 다시 쳐들어오지 못하였다. 고을 사람들이 그 덕을 기려 영정을 모시고 제사를 지냈다.

고려 허재許載[14]가 길주吉州를 지켰는데 9성을 쌓는 역사 중에 여진이

---

10 원숭조垣崇祖, 440~483 : 중국 남제 때 사람. 자는 경원敬遠이다. 예주자사, 산기상시 등을 역임했으나 무제武帝 즉위 후 모반을 꾀한 죄로 사형에 처해졌다.
11 비수肥水 : 비수淝水. 중국 안휘성 성도인 합비시合肥市에 흐르는 강. 역사상에서 격전지로 이름이 있다.
12 불리佛貍 : 중국 후위後魏의 태무제太武帝.
13 이득진李得辰 : 고려 후기 지선주사知善州事를 역임한 인물.
14 허재許載, 1062~1144 : 자는 수강壽康, 본관은 공암孔巖이다. 9성 싸움에 공을 세웠다. 동

침공해왔다. 허재가 사졸들을 독려하여 하룻밤 사이에 다시 겹성을 쌓아 항거하니 적이 물러갔다. 뒷날 또 길주 관문 밖에서 여진을 공격하여 적 3000여 명을 베고 갑옷과 병기를 노획하였다. 그 공으로 그는 잡단雜端[15]으로 승직했다.

학봉鶴峯 김성일金誠一이 경상우도右道 감사로 진주에 있으면서 촉석성矗石城을 수축하고 포대를 많이 설치하였으므로 적이 성을 깨뜨리지 못하였다. 성은 본래 사면이 험준한 위치에 의거해 있었는데 임진년(1592)에 동쪽으로 이동하여 평지로 내려갔다. 그러자 적이 성 안을 살필 수 있는 비루飛樓를 8개 만들고 큰 대나무 발을 둘러쳐서 화살과 돌을 막고 그 안에서 성 안을 내려다보며 조총을 비 오듯 쏘아대니 성 안의 사람들은 감히 머리를 내밀지 못했다. 8일 만에 성이 함락되었다.

민여검閔汝儉이 곽산군수郭山郡守로 있을 때에 아침저녁으로 적침의 우려가 있었다. 그는 평소 "신하가 임금을 섬기는데 어찌 험난하고 평안함을 가리겠는가. 죽어야 한다면 죽을 뿐이다"라고 하였는데, 부임해서는 곧바로 능한산성凌漢山城을 쌓아 군치郡治로 삼았다. 성을 쌓을 때 그가 몸소 흙과 돌을 져서 나르니 아전과 백성들이 서로 다투어 부역하였고 한 달이 못 되어 완성하였다[적침의 우려란 청나라 군대가 장차 침입할 것을 말한다].

민성휘閔聖徽가 평안도 감사로 나갔을 때의 일이다. 새로 큰 전란[16]을 겪고 청천강 이북을 버리고 물러나서 지키자는 계획이 있어 조정의 의

북면과 서북면의 병마사를 지내고, 이자겸李資謙과 가까워 참지정사를 거쳐 동중서문하평장사에까지 올랐다가 이자겸의 실각으로 탄핵을 받았다.

15 잡단雜端: 중국 당나라 때 시어사의 잡무를 맡은 관직. 조선 초기 사헌부의 정5품직. 지평으로 고쳐졌다. 고려시대의 잡단雜端은 사헌부 감찰에 해당한다.

16 큰 전란: 여기서는 정묘호란을 가리키고 있다.

론도 이를 허락하려 했다. 민성휘가 상소하여 불가함을 극언하고 의주의 성지城池를 수축하여 관방關防을 튼튼히 할 것을 주장했다. 이에 물러나서 지키자는 의론은 결국 실행되지 않았다. 그는 또 조정에 청하여 백마白馬·검산劍山·자모慈母 세 산성을 쌓은 후에 산성 안에 가옥을 짓고 농기구를 갖추어 도망간 백성들을 데려다 살게 하였다.

> 때가 아닐 때 성을 쌓는 것은 성을 쌓지 않는 것만도 못하다. 반드시 농한기에 쌓는 것이 예부터의 도리이다.

『춘추』에 성을 쌓았다는 기록이 29곳 있는데 때가 아닐 때 쌓았다고 밝힌 것이 23곳이나 된다. 때가 아닐 때 성을 쌓는 것에 대해 성인이 경계한 것이 이와 같다. 어찌 그 시기를 생각하지 않으리오. 만약 일 없이 노는 사람을 동원한다면 봄에 쌓더라도 무방할 것이다.

방극근方克勤이 제령부濟寧府[17]를 맡아 다스릴 때의 일이다. 한여름에 수장守將이 백성들을 독촉하여 성을 쌓고 있었다. 방극근이 "백성들이 바야흐로 농사에 여념이 없는데 어찌하여 역사까지 겹쳐 고단하게 하는가"라 말하고는 중서성中書省에 청해 역사를 중단시켰다. 이때 마침 오래 가물다가 큰비가 왔다. 제령 사람들은 "누가 우리 부역을 중단시켰는가, 방 사또의 힘일세. 누가 우리 곡식을 살려놓았는가, 방 사또의 비일세. 방 사또여 떠나지 마옵소서, 우리 백성들의 부모로소이다"라고 노래하였다

---

17 제령부濟寧府: 중국 산동성에 있는 고을.

『명사』.

옛날의 이른바 성을 쌓았다는 것은 토성土城이다.
전란에 당해서 적을 방어하는 데는 토성만한 것이
없다.

흙을 다져 쌓는 것을 '축築', 돌로 첩첩이 쌓는 것을 '체砌', 벽돌로 층
층이 쌓는 것을 '추甃'라 하니 이처럼 글자의 뜻이 각각 다르다. 『시경』에
서 축성築城이라 했고 『춘추』에도 축성이라 했으며, 몽염蒙恬의 만리장성
에 이르기까지 모두 토성이었다. 『진어晉語』에 성이 잠기지 않은 것이 삼
판三版이었다고 일컬었는데 '삼판'이란 쌓아 올린 층판層板이다. 석두성
石頭城[18] 역시 본래는 토성이었는데 중간에 벽돌로 개축한 것이다. 의흥義
興 때에 따로 돌을 쌓아서 축성하였기 때문에 특별히 석두성이라 불렀으
니【중국말에 돌을 석두石頭라 한다】석성石城이 드물었음을 짐작할 수 있다. 연
주延州[19] 풍림현豐林縣의 성은 혁련성赫連城이라 부르는데 곧 혁련발발赫
連勃勃[20]이 쌓은 것이다. 역사 기록에 "그 성의 튼튼하고 단단하기가 돌과
같아서 쪼아 보면 불꽃이 난다"라고 하였으니 이 역시 토성이었음을 알
수 있다. 오늘날의 전성甎城은 벽돌로 그 안팎을 층층이 둘러쌓아서 흙으
로 쌓은 것보다 낫다. 그렇지만 우리나라 사람들은 벽돌 구울 줄을 모르

---

18 석두성石頭城: 중국의 남경에 있는 성. 돌로 쌓았다 해서 붙여진 이름으로, 지금 남경의
   청량산淸涼山 일대에서 그 유적을 볼 수 있다. 석두성은 남경의 별칭으로도 불렸다.
19 연주延州: 지금의 중국 섬서서의 연안延安의 옛 이름.
20 혁련발발赫連勃勃, 381~425: 중국 5호16국시대의 하夏 나라 왕. 부족들을 병탄, 통합하여
   나라를 세우고 대하천왕大夏天王으로 자처했다. 19년간 재위했다.

니 논의할 바가 못 된다. 석성을 두고 말하면 노력과 비용이 대단히 많이 들 뿐만 아니라 실제로 오래 견디지도 못하며 적을 방어하는 데에도 유리하지 못하다. 겉으로는 단단해 보이지만 안으로는 부실해서 쉽게 내려앉거나 구멍이 생기고 몇 년이 못 가 봄철에 얼었던 것이 녹고 여름철에는 비에 젖어 계속 무너지고 떨어지고 한다. 그리고 또 성을 공략하는 법을 아는 적군이라면 배외갑背嵬甲을 걸치고 철룡조鐵龍爪를 가지고[21] 접근하여 성 밑을 파고 여럿이 끌어당기면 성이 와르르 무너질 것이다. 장차 어디에 쓸 것인가? 그러니 외적의 침입으로 위기가 조석 간에 달려 있어 대비해야 할 경우에는 의당 급히 토성을 수축해야 한다. 만약 읍치邑治를 지킬 수 있다면 현재 있는 성을 수리할 것이요, 지세가 평탄한 곳이어서 방어하기 어려운 경우에는 산봉蒜峯【무릇 우뚝 솟아서 다른 곳에서 내려다볼 수 없는 곳을 류성룡은 산봉이라 일렀다】을 한 곳 택해서 보堡를 설치하거나 성을 쌓아야 한다. 지세가 낮고 평평한 곳이라면 높이 약 두어 길, 두께 한 길 가량을 쌓고 그 위에 총이나 활을 쏠 구멍을 만들고, 가파른 곳이라면 높이 한 길, 두께 반 길만 쌓고 그 위에 따로 여장女墻[22]을 설치하지 않아도 적을 막을 수 있을 것이다. ○ 지세가 험준하고 급한데 인력이 부족하여 성을 쌓을 수 없는 경우에는 바깥쪽을 깎아 성벽같이 만든다. 이를 단안성斷岸城이라 하는데 또한 족히 한때의 계책이 될 수 있을 것이다. 봄에 얼었던 땅이 녹고 여름에 비에 젖어서 표면이 물러 풀어지면 한 번 더 깎

---

21 배외갑背嵬甲·철룡조鐵龍爪: 배외갑은 키[箕]나 거북 껍질과 비슷한 모양의 방어 무기. 생가죽에 옻이나 기름을 칠해 만든다. 덮어쓰고 엎드려 포와 화살 공격을 막으면서 적에 접근할 수 있다. 철룡조는 쇠로 만든 갈퀴. 흙을 파는 도구이다.
22 여장女墻: 성 위의 얕은 담. 성가퀴.

아내도 안 될 것은 없다. ○ 지세가 허하고 내려앉아서 의거하기 곤란한 곳에는 먼저 나무를 빽빽이 박은 위에 흙으로 메우면 또한 한때의 계책이 될 것이다. 대개 외적의 침입은 모두 일시적인 일이므로 반드시 오랜 계책을 염려할 것은 없다.

보원 堡垣²³을 만드는 방법은 윤경 尹耕의 『보약 堡約』²⁴을 따라야 할 것이며 그 치첩 雉堞과 망루의 제도는 수정을 가해야 할 것이다.

윤경의 『보약』에 "보 堡의 제도는 크고 작음에 한정될 것이 없고 굽고 곧은 데 구애되지 않으며, 다만 그 안에 많은 군사를 수용하고 밖으로 멀리 감시할 수 있으면 된다"라고 하였다. 그러나 큰 것이 작은 것만 못하니 작으면 튼튼하며 곧은 것이 굽은 것만 못하니 굽으면 지키기 쉽다. 그러므로 송나라 예조 藝祖²⁵는 붓으로 조 趙나라 한왕 韓王의 성도 城圖를 지우고 곧은 보를 쓰지 못하게 하였으며 금나라의 점몰갈 粘沒喝²⁶은 변성 汴城²⁷을 보고 곧 공략하기 쉽겠다고 말했다. 案 보 堡의 제도는 다만 산

---

23 보원 堡垣: '보'는 적을 방어하기 위한 시설로 소규모의 성이며, '원'은 담장을 뜻하는 말이다. 이 강목에서 보와 원이 서로 어떻게 구별되는지 분명해보이지 않는데 원은 보를 구성하는 담장을 가리키는 것이 아닌가 한다.

24 윤경의 『보약 堡約』: 윤경(尹耕, 1515~?)은 중국 명나라 인물. 벼슬이 하남안찰사 병비첨사 河南按察司兵備僉事에 이르렀고 『보축제법 堡築製法』이란 저술을 남겼다. 『보약』은 이 『보축제법』에 들어 있는 것으로 추정된다.

25 예조 藝祖: 문덕 文德이 있는 조상. 각 왕조의 첫 임금을 가리킨다. 여기서는 송나라 태조이다.

26 점몰갈 粘沒喝, 1080~1137: 중국 금나라의 완안종한 完顔宗翰. 송나라를 쳐서 공을 세워 상서령이 되었으며 진왕 秦王에 추봉된 인물이다.

의 형세를 따라 굴곡이 있게 하면 된다. 그러나 1궁一弓[28]의 작은 성이라도 성가퀴가 없으면 성이 없는 것만 못하다. 우리나라의 성은 모두 제대로 된 성가퀴가 없고 비예埤堄[29]에 대략 총구만 만들어 놓았으니 장차 어디다 쓸 것인가. 적이 몰래 성의 밑바닥에 달라붙어서 돌덩이를 빼내면 돌을 내려 굴리거나 물을 끓여 붓더라도 적의 등 위에 떨어지지 않을 터인데 총알이나 화살인들 무엇 하겠는가. 성문의 좌우로는 모름지기 곡성曲城을 만들어서 옹성甕城을 대신할 것이요 문이 없는 성면城面에는 역시 굽은 치성을 설치하되 그 두 치성의 사이가 50~60보를 넘지 않게 하여 화살이나 총알이 서로 미치게 한 다음이라야 성벽에 접근한 적을 물리칠 수 있을 것이다. ○ 곡성 위에는 모름지기 포옥砲屋【적대敵臺라 하는 것이며, 사각으로 된 것은 각대角臺라 한다】을 설치할 것이며, 흙으로 발라두고 평소에는 이엉을 하지 말고 덮개를 예비해두었다가 비 올 때만 덮으면 화공을 받을 우려가 없을 것이다.

윤경의 『보약』에는 또 다음과 같이 나와 있다. "둘러서 원垣이 세워지면 마땅히 망대望臺 만들기를 강구해야 할 것이다. 대저 원을 지키느냐 못 지키느냐 하는 것은 오로지 망대에 달려 있다. 원이 사방으로 곧게 쳐졌더라도 망대가 있으면 지킬 수 있고 원이 구부러지게 쳐져 있어도 망대가 없으면 역시 지키지 못하게 된다. 또한 망대는 마땅히 많아야 하니 많으면 지키기 쉽고, 마땅히 높아야 하니 높으면 사방으로 반격해도 막힘이 없다. 선배인 숙민공肅敏公 여자준余子俊[30]이 원과 망대에 대해 논하

---

27 변성汴城: 중국 하남성 개봉開封의 옛 이름. 북송시대의 수도.
28 1궁一弓: 활을 쏘았을 때 날아가는 거리로 6척尺. 곧 활 한바탕 거리.
29 비예埤堄: 성위에 요철凹凸모양으로 만들어서 총이나 활을 쏠 수 있도록 한 것.

기를 매양 1리마다 망대 하나씩을 세우는데 이는 공격이 300보 이상 미친다고 생각하기 때문이다. 대저 화력이 아무리 300보에 미치더라도 어찌 그것을 일일이 다 맞힐 수 있겠는가. 망대와 망대 사이가 너무 넓으면 서로 협력하기가 어려울 것이다. 대저 망대를 많이 설치하고 적게 설치하는 것은 보의 크고 작음에 따라서 할 것이니 보가 크면 망대는 많아야 할 것이요 보가 작으면 적게 설치할 것이다. 대체로 망대 사이는 50보를 넘어서는 안 될 것이다. 또한 보에는 불쑥 튀어나온 부분도 있고 움푹 들어간 곳도 있으니 역시 지세를 헤아려 망대를 만들되 반드시 화력이 서로 미치게 해야 할 것이다. 만약 보의 한 면에 망대 하나만을 설치하여 그 멀고 가까움과 튀어나오고 들어간 곳을 고려하지 않으면 화살이나 돌이 미치더라도 약해서 무력하게 될 것이요, 또 순식간에 적이 틈을 탈 수 있을 것이다." ○"오늘날 민보民堡와 망대는 전혀 제도대로 되어 있지 않아서 폐단이 매우 많다. 각대는 원래 수직으로 되어야 마땅한데 지금은 모두 담장을 따라서 곧바로 세워져 있지 않으며 또 바깥으로 불쑥 튀어나와 있지도 않고 다만 두 담장 사이를 흙으로 쌓아 비스듬히 올려놓았다. 그 지대가 이미 잘못 놓여 있고 화살길이 모두 비스듬하게 되어 있어 망대에서 담장을 지키더라도 화살과 돌이 미치지 못하니 어떻게 지킬 수 있겠는가." 案 윤경이 논한 바는 정밀하다. 그러나 지세를 살펴서 변통하는 일은 말과 글로써 다할 수 없다. 또 지세의 경우 그 한 모서리는 평평하고 한 모서리는 험준할 수 있으니 이런 경우 한쪽은 짧게 하고 한쪽은

---

30 여자준余子俊, 1428~1489: 중국 명나라 사람. 자는 사영士英, 숙민肅敏은 시호이다. 변경에 축장건보築墻建堡를 세울 것을 주장하여 공을 세웠다. 벼슬은 병부상서를 거쳐 태자태보에 이르렀다.

길게 해야 할 것이다. 모두 『민보의民堡議』에 상세히 나와 있으니 여기서
는 생략한다.

평상시에 성곽을 수축하여 여행자의 구경거리가
되게 하는 경우는 의당 종래대로 따라 석재로 보수할
것이다.

『다산필담』에서 다음과 같이 말하였다. "남쪽 연해 지방 군현의 여러
성들은 수축할 것도 없고 수축할 만한 것도 없다. 다만 심히 붕괴되어서
보는 사람의 마음을 처량하게 만들면 이지러진 것을 보수하고 끊어진 것
을 이어 쌓아서 보기에 좋게 만들 것이다. 이런 경우에는 돌을 쌓아 담장
을 꾸밀 따름이요, 옹성甕城·포루砲樓·망대望臺·망루望樓·노대弩臺·포루鋪
樓·현안懸眼·누조漏槽 등 방어 시설은 굳이 다 갖출 것은 없다. 진주·울산
같은 병영兵營이 있는 곳과 영변·정주 같은 고을은 비록 석성이라도 마
땅히 적을 방비하는 규모를 갖추어야 할 것이다. 모원의茅元儀의 『무비지
武備志』 및 당순지唐順之[31]의 『무편武編』에 그 제도가 자못 상세하니 마땅
히 참고하여 시행할 것이다." 또 이렇게 말하였다. "우리나라에서 석재를
구하는 법은 으레 돌이 땅 위에 노출되어 있어야만 석재라고 생각한다.
그렇기 때문에 무릇 성을 쌓거나 대臺를 쌓을 경우 흔히 10리 밖의 먼 곳
에서 돌을 운반해온다. 돌이란 본디 산의 뼈대를 이루고 있는 것임을 알
지 못한다. 어느 산이라고 돌이 없을 것이며 어느 돌이라고 성을 쌓는 데

---

31 당순지唐順之, 1507~1560: 중국 명나라 중기의 석학. 자는 응덕應德 또는 의수義修이고,
호는 형천荊川이다. 문학가이자 학자로서 유명하다. 저서에 『형천집荊川集』이 있다.

쓰지 못할 것인가. 마땅히 현지에서 산을 깎아 석재를 채취할 것이요, 힘들여 멀리서 운반해올 것이 없다. 선왕先王께서 수원성을 쌓을 때 처음에는 다른 산의 돌을 구해오려 했으나 성상의 영감이 통하여 마침내 앵봉鸎峯[32]을 파보니 온 산이 돌이었다. 앵봉의 돌을 쓰자 쌓음에 여유가 있었다. 이것으로 징험을 삼을 수 있다. 부득이하여 먼 곳에서 구해올 경우에는 마땅히 기중소가를 만들어서 돌을 들어 올리면 편리할 것이요, 유형소거를 만들어서 돌을 운반하면 편리할 것이다." 이에 관한 설은 모두 『성화주략城華籌略』【선왕이 직접 지은 글로『홍재전서弘齋全書』에 나와 있다】에 상세하니 여기서는 생략한다.

---

32 앵봉鸎峯: 앵봉산. 경기도 수원시 화서동에 있었는데 도시화되어 옛 모습은 찾아볼 수 없게 됨.

道路

도로를 잘 정비해서 행인이 이 도로로 다니기를
원하게 만드는 것도 훌륭한 수령의 치적이다.

『주례·추관사구』에 "야려씨野廬氏[1]는 국도의 도로를 맡아 관리하여 나
라 사방의 기畿[2]에 이르게 하였다. 무릇 도로에 수레의 굴대가 서로 부딪
치는 정도로 좁은 도로에서는 순서대로 가게 한다. 무릇 나라에 큰일이
있을 때에는 사람들에게 일을 배정하여 도로를 닦게 한다"라고 나와 있
다. 또 「하관사마夏官司馬」에 "합방씨合方氏[3]는 천하의 도로를 관장하여 재
화를 유통하게 하였다"라고 나와 있다. 案「고공기」에서는 "장인匠人[4]이
국도를 경영함에 있어서는 경도經道는 길 너비를 9궤軌로 하고, 환도環道
는 7궤로 하며, 야도野道는 5궤로 한다. 제후국의 경우 경도를 7궤로 하고,
소도小都의 경우 경도를 5궤로 한다"라고 하였다. 정현의 주에는 1궤軌【궤
軌는 두 바퀴 사이의 폭이다】는 8척尺이라고 하였으니, 7궤는 7인仞이고, 5궤

---

1 야려씨野廬氏: 『주례』의 관직명. 도로·교통을 맡음.
2 기畿: 중국 주대에 왕성에서 사방 500리 이내의 지역을 기畿라고 하였다.
3 합방씨合方氏: 『주례』의 관직명. 사방의 일을 조절, 화합하는 일을 맡음.
4 장인匠人: 『주례·고공기』에 장인은 국도를 영건하는 일을 담당하는 사람으로 되어 있다.

는 5인이다. 군현의 도로는 마땅히 더 줄여야 할 것이다. 지금 우리나라로 생각해보면 읍성邑城 안의 정로正路는 너비를 3인으로 해야 하고〔공주·전주 등과 같이 감사가 있는 곳은 마땅히 소도小都와 같이 해야 한다〕, 읍성 밖의 길에서 이웃 고을로 통하는 도로는 그대로 너비를 3인으로 해야 하며, 큰 마을에 이르는 도로는 마땅히 너비를 2인으로 해야 하고, 논밭 사이의 작은 길은 너비를 1인으로 해야 하며, 1인에 미달한 것은 마땅히 모두 엄하게 경계하여 1인이 되도록 하되, 함부로 깎아먹지 못하도록 해야만 이에 사람이 통행할 수 있다. ○ 매양 보건대 아전과 군교가 나와서 감독하여 백성이 길을 닦는 때에, 등을 치고 볼기를 차서 왼쪽으로 엎어지고 오른쪽으로 넘어지며, 닭을 삶고 돼지를 잡느라 마을이 부산하다. 또한 부잣집에 대해서는 뇌물을 받아먹고 빼주고 가난한 전호佃戶만 억울한 부역으로 치우친 고생을 하게 된다. 수령은 마땅히 이 점을 알아서 이들을 내보내지 말아야 한다. 혹 파견할 수밖에 없는 때에는 의당 거듭거듭 타이르고 엄하게 경계해서 횡포를 부리지 못하게 단속해야 할 것이다.

송나라 장희안張希顔[5]이 평향萍鄕[6]현령으로 있을 때의 일이었다. 범연귀范延貴[7]가 예장豫章으로부터 도성으로 들어왔는데 장영張詠이 그를 보고 "오는 길에 중간에서 혹시 좋은 수령을 보지 못했소?"라고 물었다. 범연귀는 "평향현령 장희안은 내 비록 면식이 없으나 좋은 관원인 줄 알겠습니다. 어제 그 고을 경내를 지나왔는데 들에는 게으른 농부가 없고, 저

---

5 장희안張希顔: 중국 송나라 인물. 경덕景德 연간(1004~1007)에 평향萍鄕을 다스렸는데 선정을 베풀었다.
6 평향萍鄕: 중국 강서성에 있는 고을.
7 범연귀范延貴: 중국 송나라 사람. 전직殿直으로 있다가 장영에 의해 조정에 천거되었다.

자에는 놀고먹는 사람이 없으며, 다리는 잘 닦여 있고 역도 잘 관리되고 있었으며, 밤에 여관에서 자는데 시간을 알리는 북소리가 분명합니다. 필시 관장 노릇 잘 하는 사람일 것이요"라고 대답하였다. 장영은 웃으며 "장군張君도 본래 훌륭하지만 당신 역시 사람을 알아보네요" 하고, 즉시 장희안과 범연귀 두 사람을 조정에 천거하였다.

유자후柳子厚가 「홍주강운기興州江運記」에서 이렇게 기록하였다. "홍주興州[8]의 서쪽은 절벽과 계곡이 험준하고 좁아서 10리 길이 100번이나 구부러졌다. 무거운 짐을 지고 가는 사람들은 마치 칼날을 밟는 것 같아서 엎어지고 넘어지고 쓰러져서 잔도棧道[9]에 피가 낭자했는데, 이런 길이 300리에 이어져 있었다. 어사御史 엄공嚴公이 부임하자 큰 돌을 굴려 내리고 거목들을 베는가 하면 초목을 불로 태우고 바위를 식초로 녹였다. 이 공사가 이루어짐에 모든 것이 원래 그랬던 듯했다. 이에 서쪽 변방의 사람들이 산을 깎고 강물을 끌어들인 그의 업적을 바위에 새기고 공덕을 그리워하며 제사를 받들었다."

귀융歸融[10]이 양주梁州[11] 목사로 있을 때 역로를 새로 닦았다. 유우석이 이에 대한 기문을 지었다. "역마가 다니는 도로가 급경사로 위태롭고 협소했다. 때마침 농사가 풍년이 들고 관부에는 별일이 없어 군사들은 농한기를 안일하게 보내고 사람들은 과외 소득을 생각하였다. 이에 산골에

---

8 홍주興州: 중국 섬서성 약양현略陽縣의 옛 이름. 당나라 때 홍주로 일컬어진 곳이다. 섬서성에서 사천성으로 가는 요지로 험준하여 잔도가 놓인 곳이었다.
9 잔도棧道: 험한 지형에 도로를 개척하는데 바위를 깎아내고 사닥다리를 설치하는 등의 방법으로 만든 것.
10 귀융歸融: 중국 당나라 사람. 자는 장지章之이다. 병부상서를 지냈다.
11 양주梁州: 홍주의 별칭.『상서·우공禹貢』에서 "양주지성梁州之域"으로 표현했다.

길을 닦을 품삯을 내걸고 인력을 모집했다. 굴착하고 도끼질이나 톱질 등의 용도를 헤아려서 공구와 들것·손수레·삼태기·삽 등속을 두루 갖추어 쓰임에 대비하였다. 북을 쳐서 역사役事를 통제하고 밥과 술을 마련해서 호궤하였다. 일을 시작하라는 명이 떨어지자 힘찬 기세로 무리가 몰려들었다. 그의 담당 지역은 우부풍右扶風[12]에서부터 검각劍閣에 닿기까지 1100리가 되었다. 산관散關에서 포성褒城[13]에 이르기까지에 차사次舍[14]가 15곳인데 아문장牙門將[15] 가암賈黯[16]이 감독하고, 포성에서 남으로 이주利州를 넘어 검문劍門[17]에 이르기까지는 차사가 17곳인데 동절도부사同節度副使 석문영石文穎[18]이 감독했다. 두 장수가 명령을 받고 패를 나누어서 빨리 달려갔다. 산에 나란한 길에는 온갖 형상의 바위가 버티고 있었다. 우묵하고, 치솟고, 우뚝하고, 날카로운 바위들이 우람하고 비스듬하여 파도가 일렁거리고 짐승이 쭈그리고 있는 것 같았다. 숯불을 피워서 달구고, 독한 초를 부으니, 바위가 부서져서 빗자루로 쓸어버릴 수 있는 정도였다. 잔도는 공중에 놓여서 아래로 험한 골짝을 내려다보고, 층층의 단애가 깎아지른 곳에는 나무를 세우고 쇠줄을 연결했다. 이 방식으로 넓히고 갈고리로 난간을 둘러서 좁고 험한 길이 꼬리를 물고 이어지게 되었다. 이처럼 길을 열어 바야흐로 수레가 차분히 다니고 긴급을 알리는 말

---

12 우부풍右扶風 : 중국 섬서성 장안현長安縣에 있는 지명.

13 포성褒城 : 중국 섬서성에 있는 고을.

14 차사次舍 : 임시로 머무는 집. 군대의 막사.

15 아문장牙門將 : 대장의 군문軍門을 지키는 장수.

16 가암賈黯, 1022~1065 : 중국 송나라 사람. 자는 직유直孺이다. 벼슬은 한림시독학사翰林侍讀學士에 이르렀다.

17 검문劍門 : 검각劍閣은 서안에서 사천성으로 가는 중간에 있는 험한 산인데 검문은 그 입구이다.

18 석문영石文穎 : 중국 당나라 사람.

이 깊은 밤에도 놀라지 않게 되었으니, 끊기고 울퉁불퉁한 지세가 하루 아침에 평탄하게 된 것이다. 공사를 적기에 일으켰기로 국중의 사람들이 알지 못하였다. 이로부터 달리는 사람들은 수고로움을 잊었고, 좋은 일로 다니는 사람들은 말을 천천히 몰았으며, 처자를 데리고 나선 사람들은 가족이 편안하고, 짐을 가지고 다니는 사람들은 어깨가 멍들지 않고, 도보로 다니는 사람들은 발이 부르트지 않았고, 말을 타고 다니는 사람들은 말굽이 닳지 않았다. 공사 간에 칭송이 사람들의 귀에 넘쳐흘렀다."

案 혜(醯)라는 것은 초(醋)이다. 무릇 돌을 제거하는 방법은 먼저 숯불로 달구고 나서 초를 부으면 돌이 가루처럼 된다. 석회석에 초를 부으면 분해되는 것과 같은 이치이다.

진요좌가 하동전운사河東轉運使가 되어 택주澤州[19]의 도로를 뚫었다. 뒤에 하북河北으로 옮기고 나서는 회주懷州[20]의 도로를 뚫어 태항산太行山[21]의 험로를 통하게 하였다. 이에 통행하는 사람들이 그의 덕택이라며 이롭게 생각하였다. 그는 "태항산은 하동과 하북 양로兩路[22]의 경계에 있는 산이다. 진晉나라가 전대부터 험한 나라가 되어 항상 먼저 배반하고 나중에 굴복하였던 것은 태항산을 믿었기 때문이다. 내 어찌 오늘의 이로움만을 생각했겠는가"라고 하였다.

진강陳鋼이 검양현령黔陽縣令이었을 때의 일이다. 현의 남산 벼랑에 있

---

19 택주澤州: 중국 산서성에 있는 고을.
20 회주懷州: 중국 하남성에 있는 고을.
21 태항산太行山: 중국 산서성에 있는 산. 태항산맥이 산서성에서 하북성으로 뻗어 있다.
22 하동과 하북 양로兩路: 중국 황하를 기준으로 황하의 동쪽 지역과 북쪽 지역을 가리킨다. 송대에 하동로는 지금의 산서성 지역을 맡는 행정구역이며, 하북로는 지금의 하북성에 해당함.

는 관도官道 몇 리가 비탈길에다가 좁아서 밤에 다니는 사람들이 벼랑에서 떨어져 죽는 사고가 많았다. 그러나 바위가 견고하여 뚫어낼 도리가 없었다. 진강이 역의 군사를 독려하여 섶을 쌓고 불을 질러 돌을 달구고 술과 초를 부어서 그 길을 한 장 정도 넓히고 도로 옆으로 줄을 이어 막아 놓으니 다니는 사람들이 편하게 여겼다.

서구사徐九思가 구용현句容縣을 맡아 다스릴 때의 일이었다. 현의 동서로 통하는 큰 길 70리에 먼지흙이 3척이나 쌓여서 비가 오거나 눈이 내리면 무릎 위까지 진창에 빠졌다. 서구사가 공용 경비를 절약하여 그 길에 돌을 깔았더니 다니는 사람들이 다들 편하게 여겼다.

『유산필담』에서 이렇게 말하였다. "옛날의 역사를 쭉 훑어보니 귀융이 검각을 개통한 일과 진요좌가 태항산을 개통한 일 모두 험지를 파고 뚫어 그야말로 파천황의 노력으로 평탄하게 만든 것이었다. 우리나라는 서울 5부 안의 애오개[23]는 서강으로 나가는 길목이고, 약현藥峴[24]은 용산으로 나가는 길목인데, 양곡을 운반할 때 수레가 서로 부딪치고 사람의 어깨가 비벼지는 곳이지만 돌 하나 뽑아내지 않았고 물구덩이 한 곳 빠져나가게 하지 않아서 울퉁불퉁하여 발붙일 땅도 없고, 가뭄에도 항시 질척거려서 한번 이 두 고개를 넘고 나면 발이 온통 빠지고 옷이 다 더럽혀진다. 서울이 이 모양인데 지방의 도로야 더 말해 무엇하랴! 높은 고개와

---

23 애오개: 서울의 도성에서 마포 서강 쪽으로 나가는 고개. 한자로 대개 아현阿峴이라고 표기하는데 원문에는 "아오현牙鰲峴"으로 나와 있다.

24 약현藥峴: 원문에는 "약점현藥店峴"으로 나와 있다. 그리고 이 고개를 용산으로 나가는 길목이라고 하였는데 용산은 지금의 위치가 아니고 원효로와 마포 사이에 있었다. 지금 용산역이 있는 지역은 근대로 와서 신용산이라 했는데 곧 용산이 된 것이다. 약현의 위치는 본문의 서술로 미루어 지금의 만리동 고개로 일컬어지는 곳으로 추정된다.

가파른 벼랑이 본디 하늘이 만든 그대로이거늘, 매양 '우리나라의 지세는 험준해서 수레가 다닐 수 없다'라고 하니, 이 어찌 안타깝지 않은가? 또 혹자는 '관방關防 지대는 깎아서 평평하게 평탄하게 만들 수 없다'라고 하니, 이 또한 실정에 먼 말이다. 관방이란 성이나 보루를 쌓아서 요충지를 지키는 것이지, 도로를 험악한 상태로 놓아두어서 방어가 되도록 한다는 말은 들어본 적이 없다. 임진왜란 당시 왜적은 모두 조령鳥嶺을 넘었는데,[25] 그 험악함이 부족해서 그렇게 되었던 것이겠는가? 수레와 말이 통행하지 못하고 상인이 다니지 않아 물화가 정체되고 물건의 교역이 이루어지지 못하는 것은 모두 도로를 닦지 않은 까닭이다."

『대명률』에 나와 있다.[26] "무릇 거리와 도로를 침범하여 점유하고 집을 짓거나 채소밭을 일구는 자는 장 60대에 처하고 각기 복구하게 한다. 담을 뚫어서 길거리에 오물을 쏟아내는 자는 태 40대에 처한다."

『대명률』에 규정하였다.[27] "교량과 도로는 주현의 좌이관佐貳官[28]이 농한기에 항상 점검, 수리하여 견고하고 평탄하게 하도록 힘써야 한다. 만일 파손되거나 수리를 제대로 하지 않아 통행에 불편을 주는 경우에 제조관提調官[29]은 태 30대에 처한다. ○ 만일 진도(津渡, 나루)에 마땅히 교량을 설치해야 함에도 설치하지 않거나, 마땅히 나룻배를 배치해야 함에도 배

---

25 임진왜란 때 고니시 유키나가小西行長가 거느린 왜군 제1진과 가토 기요마사加藤淸正가 거느린 왜군 제2진 등 일본군의 주력은 모두 조령鳥嶺을 넘어 충주를 거쳐 한성으로 향하였다. 구로다 나가마사黑田長政가 거느린 제3진과 모리 요시나리毛利吉成가 거느린 제4진은 추풍령을 넘어 한성으로 향하였다.
26 『대명률·공률·하방·침점가도侵占街道』.
27 『대명률·공률·하방·수리교량도로修理橋梁道路』.
28 좌이관佐貳官:『대명률직해大明律直解』에서는 차관次官이라고 풀이하였다.
29 제조관提調官:『대명률직해』에서는 담당 관리라고 풀이하였다.

치하지 않은 경우에는 태 40대에 처한다."

교량은 사람을 건너다니게 하는 시설이다. 날씨가
추워지면 의당 즉시 설치해야 한다.

자산子産이 정나라의 정치를 맡았을 때, 자기의 수레로 사람들이 진수
溱水와 유수洧水³⁰를 건너게 하였다. 맹자는 이를 두고 "은혜롭기 하지만
정치는 알지 못하고 있다. 11월에 도보 다리가 이루어지고 12월에 수레
가 다닐 수 있는 다리가 이루어지면 백성들이 건너다니는 데 걱정할 것
이 없다"³¹라고 말하였다. 案 11월이란 지금의 9월이고 12월이란 지금의
10월이다.³² 하령夏令³³에 "초겨울에 교량을 이룩한다"라고 하였고, 「월령
月令」에는 "초겨울에 관문關門과 교량에 정성을 다한다"라고 하였는데, 요
컨대 상강霜降에는 마땅히 즉시 영을 발하여 도보 다리를 닦게 하고, 입
동立冬에는 또한 즉시 거듭 영을 내려 수레와 말이 다니는 교량을 닦게
하는 일은 그만둘 수 없는 것이다.

설선薛宣은 진류태수陳留太守로 있을 때 선정을 많이 베풀었다. 설선의
아들 설혜薛惠가 팽성彭城³⁴ 현령이 되었는데, 설선이 임회臨淮³⁵에서 옮겨

---

30 진수溱水·유수洧水: 중국 전국시대 정鄭나라 지역의 두 강 이름. 지금의 하남성 정주 지
   역이다.
31 『맹자孟子·이루 하離婁下』에 있다.
32 여기서의 11월, 12월은 주나라의 역曆을 의미하고, 지금의 9월, 10월이란 음력을 가리
   킨다.
33 하령夏令: 하왕조夏王朝의 월령을 말함.
34 팽성彭城: 중국 강소성에 있는 고을.
35 임회臨淮: 중국 안휘성에 있는 고을.

진류로 온 것이다. 팽성을 지나면서 보니, 교량과 우정郵亭이 정비되어 있지 않았다. 설선은 아들 설혜가 능력이 없음을 마음속으로 알게 되어 팽성에 머무는 동안 관사 안을 살피면서 다니고 채소밭까지도 관찰하였으나 설혜에게 정사에 대해 묻지 않았다. 설혜는 자신이 고을을 다스리는 것이 부친의 마음에 들지 않은 줄 짐작하고 밑의 아전을 보내 물어보았으나 역시 아무 대답이 없었다.

두예가 맹진孟津³⁶ 나루가 험하므로 부평진富平津에 교량을 놓을 것을 말하였는데, 중론이 안 된다며 반대하였다. 결국 다리가 완성되자 임금이 백관을 거느리고 모임에 임하여 두예에게 "그대가 아니면 다리를 놓지 못했을 것이다"라고 하며 술잔을 들어 권했다.

왕주王周³⁷는 네 곳의 진鎭을 맡아 선정을 베풀었다. 다리가 무너져 조세를 운반하는 수레가 전복되는 사고 일어나자 "교량이 정비되지 않은 것은 자사刺史의 과오이다"라 말하고는, 백성의 세곡을 보상해주고 그 다리를 수리했다. ○ 하손何遜³⁸이 양주성楊州城 남쪽에 만세루萬歲樓를 세워 종산鍾山을 바라보게 하였다. 누각 밑의 다리가 곧 만세교이다.

진희량陳希亮이 숙주宿州³⁹를 다스릴 때의 일이었다. 주州에서 변하汴河에 다리를 설치했는데, 물이 다리에 부딪쳐서 배가 파손되는 일이 잦았

---

36 맹진孟津: 중국 하남성 맹현孟縣의 남쪽에 있었던 나루터. 맹진盟津·부평률富平津이라고도 하였다.

37 왕주王周: 중국 오대五代 때 한漢나라 사람. 신도자사信都刺史, 패주절도사貝州節度使 등을 역임했다. 본문의 내용은 패주를 맡았을 때의 사적이다. 원문에는 "왕역주王易周"로 되어 있는 것은 『고금사문유취古今事文類聚』를 따라서인 듯하다.

38 하손河遜, 472~519: 중국 남조南朝의 양나라 인물. 자는 중언仲言이다. 유효작劉孝綽과 문장으로 견주어 하유何劉로 일컬어졌다.

39 숙주宿州: 중국 안휘성에 있는 고을.

다. 진희량은 처음으로 교각이 없는 비교飛橋를 만들었다. 이로부터 그 주변에는 모두 비교를 설치했다.

이정통李正通[40]이 귀계현貴溪縣[41]을 맡아 다스릴 때 상청교上淸橋를 놓자 주자가 이를 위해 기문을 지었다. "귀계의 물에는 배로 건너는 나루가 세 군데 있었는데 배는 조그마한 것이었다. 물이 줄어들면 너비가 100여 척에 지나지 않아 그곳 사람들이 부교浮橋를 만들고 싶어 했다. 이정통이 고을의 남은 돈 80만을 마련, 장차 공인工人에게 공사를 맡기려고 하자, 고을의 유력한 집안에서 알고 나서서 도왔다. 쇠고리를 이어 만든 큰 쇠줄을 바치는 자도 있었고, 대밭 10여 리를 기부하여 바치는 자도 있었고, 주州에서도 또 쌀 100곡斛을 보조하였다. 이정통은 귀계의 두 나루 사이의 물이 평탄하고 물살이 빠르지 않은 곳을 찾아 이곳이면 부교가 오래 갈 수 있겠다고 생각하였다. 드디어 소희紹熙 3년(1192) 6월에 공사를 시작하였는데, 백성들이 기꺼이 공사에 참여하여 100일 내에 준공이 되었다. 양쪽의 강 언덕으로 돌을 깔아 계단을 만들었는데, 높은 것은 500척尺이었고 낮은 것 또한 그 5분의 4 정도였다. 다리의 길이는 900척으로, 부교에 엮인 배가 70척이었다. 다리의 길이는 물이 불어나고 줄어드는 데 따라 늘리기도 하고 줄이기도 하였다."

양楊 아무개가 황암현黃巖縣[42]을 맡았을 때 부교를 놓고 이섭교利涉橋라고 이름하였다. 이에 섭정칙葉正則[43]이 기문을 지었다. "다리 길이가

---

40 이정통李正通: 중국 송나라 사람.

41 귀계현貴溪縣: 중국 강서성에 있는 고을.

42 황암현黃巖縣: 중국 절강성에 있었던 고을. 천태산天台山과 안탕산鴈蕩山도 절강성에 있으며 명승고적지이다.

43 섭정칙葉正則, 1150~1223: 중국 남송 때의 섭적葉適. 정칙正則은 그의 자, 호는 수심거사

1000척이나 되어 엮인 배가 40척이었다. 난간에 기둥을 세우고 닻줄로 양옆을 막고 입구에는 사자를 그려놓았다. 300일이 걸려 준공되었는데 쇠가 9000근斤, 나무와 돌이 2만 5000개, 인부 6만여 명이 투입되었다. 고을 동남쪽에서 짐을 실은 거마며 나그네가 지나는 길은 모두 이 다리에 이르고, 서북쪽에서 나물 캐고 나무 베어 이고 지고 가는 백성들의 시장길이 모두 이 다리로 향하였다. 천태산天台山을 넘고 안탕산鴈蕩山에 올랐다가 황암 고을을 지나는 길손들도 모두 기뻐하며 '여기에 다리가 새로 놓였구나'라고 하며 건넜다. 대개 나루로 달려와서 다투어 배를 타느라 넘어지고 짓밟히는 우환을 면하게 되었을 뿐 아니라, 번화한 민가에 풍성한 점포들이 다리와 마주보며 끊이지 않아 일대 장관을 이루었다.”

왕원王源이 조주潮州를 맡았을 때 성의 동쪽에 광제교廣濟橋가 있었는데 오래되어 거의 무너질 지경이었다. 왕원이 백성으로부터 만금을 거두어 다리를 중건하였다. 우연히 한 백성이 곤장을 맞아 죽게 되어 그 백성의 아들이 조정에 고소했다. 왕원이 다리를 중건한 일까지 죄가 되어 서울로 붙잡혀 가서 그 죄가 도형徒刑에 속죄贖罪를 받는데 해당되었다. 조주 사람들이 무리 지어 올라와서 대궐문을 두드리고 호소하여, 복관이 될 수 있었다. 오랜 뒤에 왕원이 조정에 은퇴를 청하자 조주 사람들은 그대로 유임시켜줄 것을 아뢰었으나 뜻대로 되지 못하였다. 조주 사람들은 사당祠堂을 세워 그를 제사 지냈다.

전탁田鐸이 좌천되어 봉주蓬州[44]를 맡아 다스릴 때의 일이었다. 지역의

水心居士이고, 사공事功을 중시한 학자로 평가받는다. 태학정太學正·대학박사太學博士를 지냈다.
44 봉주蓬州: 중국 사천성에 있는 옛 지명. 지금의 영산현營山縣 지역. 이곳에 가릉강嘉陵江

동남에 있는 삼각주의 82경頃이 호족의 차지가 되었다. 전탁은 그 땅을 모두 농민들에게 돌려주었다. 그리고 작은 다리 24교를 놓았으며, 또 삼계산三溪山을 뚫어서 오가는 사람들을 편하게 하였다. 案『일통지一統志』[45]에 "24교는 본래 양주楊州에 있다"라고 나와 있는데, 여기에 전탁이 본떠서 만든 것이었다.

김서구金敍九가 해남현감으로 있을 때의 일이다. 고을에 큰 냇물이 있어 해마다 백성들은 수해가 날까 걱정하였다. 그가 백성을 위해 돌을 쌓아 제방을 만들고 돌다리를 놓았는데 다리 밑 부분을 무지개 모양으로 만들었다. 견고하고 보기 좋아 고을 사람들이 즐거워하였다. 다리를 놓을 때 그가 평상복을 입고 종일 다리 주변에 앉아서 친히 공사를 독려하니, 백성들이 감히 조금도 게으름을 피우지 못하였다.

판서 정민시鄭民始[46]가 전라도 감사로 나갔을 때의 일이다. 전주부 남쪽의 제방이 해마다 터져 물이 범람하고 다리가 여러 번 무너져서 백성들이 심히 괴로워했다. 정 감사는 백성들을 위해 돌층계를 쌓아 다리를 놓고 그 밑으로 무지개 모양의 수문 3개를 만들었더니 행인들이 모두 편하게 여겼다. 案 함흥의 만세교萬歲橋 또한 마땅히 돌로 쌓아야 할 터인데, 옛날부터 비용이 많이 드는 것을 꺼려하여 긴 판자를 깔아놓아 물에 떠내려가는 일이 자주 생긴다. 해마다 다시 놓느라고 크게 민폐가 되고 있

이 흐르며, 삼계산三溪山은 이 지역에 있는 산 이름이다.

45 『일통지一統志』: 『대명일통지大明一統志』를 가리킨다. 전 90권. 중국 명나라의 이현李賢 등이 칙명을 받아 편찬하여 1461년에 완성하였다. 지리·건치연혁建置沿革·풍토·인물 등을 상세히 기술하였다.

46 정민시鄭民始, 1745~1800: 자는 회숙會叔, 본관은 온양溫陽이다. 호조, 이조, 공조, 형조 등의 판서를 두루 지내고 평안도, 함경도의 관찰사를 역임했다.

으니 실로 딱한 일이다. 옛날에는 승려들이 이 일을 하기 좋아하여 선배들의 문집에서 다리를 놓기 위한 재물을 모집하는 글[橋梁募緣文]을 많이 볼 수 있다. 지금은 승려들도 쇠잔해져서 이런 일을 할 수 없다.

나루에는 배가 없는 일이 없고 정亭[47]에는 이정표가 빠짐이 없는 것이 상인이나 행인이 좋아하는 것이다.

『유산필담』에서 말하였다. "원주의 개채진開砦津에 형편없는 자가 나루를 지키고 있었다. 자칭 양반이라 하는데 사람들을 잘 건네주지 않고 상인과 나그네가 지나가려면 다른 나루보다 뱃삯을 배나 더 받고서야 건네주었다. 만약 떠돌이나 행색이 초라하여 선가를 받아낼 수 없어 보이는 사람이면 배를 바위굴에 숨겨두고 종일토록 대지 않았다. 이와 같은 일 또한 책임이 수령에게 있다. 무릇 관할 구역 안에 나루나 도선장에는 의당 방문을 붙여 엄히 타이르되 선가를 배나 많이 받아내는 자와 불러도 배를 대지 않는 자에 대해서는 규찰, 금지해야 할 것이다. 또 꼭두각시패나 사당패 같은 잡스런 부류들은 아예 건너지 못해 경내에 들어오지 못하도록 하면, 칭송이 길에 자자하고 명성이 멀리까지 퍼질 것이다."

『유산필담』에서 또 말하였다. "5리에 1정亭을 두고 10리에 1후堠[48]를 두는 것은 사람들에게 길을 안내하기 위한 것이다. 5리에 푯말[桓楹]을 세우고 10리에 장승[堠人]을 세워 사방으로 난 길의 이수里數와 지명, 마

---

47 정亭: 도로에 설치한 시설로 이정里程·기찰譏察·휴식소의 기능을 가졌던 곳.
48 후堠: 앞을 정찰하는 망대 혹은 행객이 휴식하고 이정을 표시하는 시설. 이곳에 장승을 세우기도 해서 이를 후인堠人이라 일컫기도 한다.

을의 이름을 상세하게 기록해두면 또한 여행자가 좋아할 것이다. 그런데 우리나라 길의 이수는 아직도 불확실한 상태여서, 의주로 통하는 길 이외에는 대체로 거리가 측량되어 있지 않다. 이른바 10리란 것이 혹은 15리가 되고, 1사舍[49]란 것이 혹은 2사 가까이 되어 초행자는 낭패를 보아 헤매는 수가 허다하다. 의당 6척尺을 1보步, 10보를 1묘畝, 30묘를 1리里로 정한다. 다섯 곱이 되는 5리에 푯말 하나를 세우고, 5리의 배인 10리에 장승 하나를 세우면 좋을 것이다."

위효관韋孝寬[50]이 옹주자사로 있을 때의 일이다. 전부터 길가에 1리마다 토후土堠 하나가 세워져 있었는데, 비를 맞아 헐고 무너져 매양 수리를 필요로 하였다. 위효관은 옹주에 부임하자 경내의 토후가 세워진 자리에 대신 홰나무를 심었다. 그로부터 흙 장승을 다시 세워야하는 일이 없게 되었고 행객들은 나무 그늘에서 쉴 수 있었다. 주문후周文侯[51]가 보고서 괴이하게 여겨 물어보아 알고 나서는 "어찌 한 지역에 그칠 것인가. 마땅히 천하에서 같이 해야 할 일이다"라고 말했다. 이에 각 주의 도로에 분담시켜 1리에 나무 1그루, 10리에 2그루, 100리에 5그루를 심도록 하였다.

순암順菴 안정복安鼎福이 "나라의 법전에는 '길의 이수는 6척尺을 1보步【손가락 셋을 세 번 하고, 손가락 둘을 두 번하여 합치면 1척이 된다】, 360보를 1리里,

---

49 사舍: 30리의 거리. 군대가 하루에 걷는 거리(우리나라 이수로 50~60리)를 가리키는 경우도 있다.

50 위효관韋孝寬, 509~580: 중국 북주 인물인 위숙유韋叔裕. 효관孝寬은 자이다. 전략가로서 태사공太史公을 지냈다.

51 주문후周文侯, 507~556: 중국 남북조시대 서위西魏 사람인 우문태宇文泰. 자는 흑달黑獺이고 선비족이다. 북주 정권의 기초를 다졌기에 후에 주문제周文帝로 추증되었다.

30리를 1식息으로 삼는다. 10리마다 소후小堠를 세우고, 30리마다 대후大堠를 세운다'[52]라고 나와 있는데, 거기에는 느릅나무와 버드나무 등을 심어야 할 것이다"라고 하였다.

> 여점旅店에서 전임傳任을 하지 않고, 영嶺에서
> 가마[轎]를 메지 않아야만 백성들이 어깨를 쉴 수
> 있을 것이다. 여점에서 간사한 자들을 숨기지 않고
> 원院에서 음탕한 짓이 자행되지 않아야만 백성들이
> 마음을 맑게 가질 수 있을 것이다.

『다산필담』에서 말하였다. "전임傳任[53]은 여점의 큰 폐단이다. 감영 병영의 비장이나 각 고을의 책객들이 자기의 상관 영감을 속이고서 사적인 꾸러미를 챙겨서 관아의 문을 나섰다 하면 곧바로 채찍질을 해댄다. 갑 점店의 사람이 견디지 못해 그 꾸러미를 을 점으로 져 나르게 되고, 을 점에서 병 점으로 명령하지 않아도 이렇게 쭉 바람에 휩쓸리듯 운반된다. 이렇게 길이 한번 열리면 전하여 서로 본을 떠서 저리邸吏며 도장導掌에 토호土豪나 탕자蕩子들까지 다 머리에 전립氈笠[54]을 쓴 못된 종놈 하나를 거느리고서 점수店首를 불러내 등짝을 채찍으로 후려치고 엉덩이를 발로 걷어차며 길짐지기를 독촉하는 것이다. 대저 나라의 공부貢賦를 운

---

52 『속대전·공전·교로橋路』에 규정되어 있다.
53 전임傳任: 짐을 번갈아 운반한다는 뜻. 원주에 "우리말로 전임은 길짐(노복路卜)이라고 한다"라고 나와 있다.
54 전립氈笠: 군대에서 죄인을 다루는 병졸인 군뢰軍牢가 군장軍裝을 할 때 쓰던 갓. 일명 벙거지.

송하는 데에도 이와 같이 하지는 않는다. 짐 나르고 가마 메는 등의 일도 차역差役이다 면역免役하여 그 제도가 여러 번 변경되었거늘 어떻게 지금 에 와서 필부 천인까지 이런 짓을 한단 말인가. 대도를 행해야 하는 수령 으로서는 마땅히 상사에 보고하여 유시하는 글을 받아서 엄중히 단속해 야 할 것이다. 특별히 재간 있는 자를 뽑아서 점사店舍에 잠복시켜 기회 를 엿보아 범한 자 하나를 잡아오도록 하여, 보고해서 징계하고 추방시 키게 하면 이런 악습이 조금은 잡힐 것이다." ○ 영남 대로에는 가마를 메 는 백성에게 그 연요煙徭[55]를 면제해주어야 할 것이다. 이 역사를 맡게 한 것은, 본래 사신을 접대하고 이웃 고을의 수령을 예우하기 위한 일이었 다. 그런데 비장·책객·토호 및 서울의 간사한 자들이 저마다 사적인 위 엄으로 가마를 메고 짐을 지게 한다. 들에서 일하는 사람들을 붙잡아다 가 개나 닭처럼 몰아서 뺨을 치고 머리채를 끌고 하여 백성이 당하는 괴 로운 형상은 이루 말할 수 없다. 수령은 의당 이를 알아서 엄중히 금지하 고 나의 자제부터 이 고개를 걸어서 넘어가게 해야 한다. 혹 부득이 하여 이용할 경우에는 견가肩價【인부 1명 당 고개를 넘는 품값을 얼마씩 지급한다】를 작 정하되 완문完文을 찍어내 벽에 게시하게 한다. 사신·수령·비장 이외에 는 모두 견가를 지급한다. 나부터 솔선하여 어머니와 처의 행차라 할지 라도 가마를 메고 고개를 넘을 때는 다 견가를 지급하게 되면 쇄잔한 백 성이 조금은 숨을 돌리게 될 것이다.

『대명률』에 "무릇 각 아문의 관리와 사신으로 나가는 사람들이 인민을 부려서 가마를 메게 하는 경우에는 장 60대에 처한다"[56]라고 나와 있다.

---

55 연요煙徭: 연호잡역煙戶雜役. 농민들이 지는 요역을 가리킴.
56 『대명률·병률·우역郵驛·사역민부대교私役民夫擡轎』.

㉔ 중국의 법은 관원이나 사신으로 나가는 자에게도 가마를 메게 하지 않았다. 하물며 관인이 아닌 사람의 사사로운 행차에 있어서랴.

『다산필담』에서 말하였다. "나는 오랫동안 민간에 있으면서 백성들의 실정이며 허위를 더러 알게 되었다. 무릇 도둑이 숨는 곳은 모두 여점이다. 실로 조촐한 곳이나 한적한 마을에는 발을 붙이기 어렵다. 낯선 얼굴이 한번 나타나면 서로 이야기하고 손가락질하기 때문에 아침에 숨어도 저녁이면 드러나서 접근할 수 없다. 오직 여점은 사방의 사람들이 모이고 아무도 오래 머물지 않기 때문에 몸을 숨기기에 편리하다. 여점마다 간사한 자를 숨겨두어 천리千里가 고리로 이어져 있는 게 도둑 무리의 관행이다. 한 군데서 도둑이 잡히게 되면 누라嘍囉[57]와 졸개들이 밤중에 나는 듯이 달려가서 도피하도록 만든다. 더구나 여점의 점주와 여편네치고 와굴窩窟[58]이 아닌 자가 없고, 고을과 감영의 군교도 모두 연결되어 있어 핏줄이 통하듯 막힘이 없으니 어떻게 탐문하고 체포하리오. 수령은 마땅히 이를 알아서 각 여점마다 방문을 붙이고 타일러 감히 간사한 자를 숨기지 못하게 해야 한다. 나중에 어느 여점에서 도둑을 잡게 되면 점주는 도둑과 한패거리인 것이 명백하니 엄중하게 캐물어야 한다. 근원이 분명하지 못하고 행동거지가 바르지 못한 자는 절대 머물지 못하게 하면 도둑에 대한 우환이 조금은 줄어들 것이다." ○ 역참이나 원이 있는 마을에서는 간혹 부유한 자가 돼지 잡고 술을 빚어 음란하고 방탕한 짓을 자행하는데, 노름판을 벌이고 사당패·초란이패를 불러들여 노래하고 소리 질러 습속이 고약해진다. 수령은 마땅히 이 점을 알아서 엄중히 금하고, 어

---

57 누라嘍囉: 강성한 도적 집단을 추종하는 무리들을 가리키는 말.
58 와굴窩窟: 도적을 숨겨주고 장물을 취급하는 곳. 와주窩主.

기는 자는 용서하지 말아야 할 것이다.

길에 황토를 깔지 않고 치거植炬하지 않으면 예를 안다고 할 수 있다.

『다산필담』에서 말하였다. "어로御路에 황토를 까는 일이 언제부터 시작되었는지 알 수 없다. 혹자는 '태양의 황도黃道[59]를 상징한 것이다'라고 말하지만 과연 그런지는 알지 못하겠다. 봉명사신이 고을에 들어올 때에 특별히 황토 한 삼태기를 길 양쪽 가에 붓는 것도 오리정五里亭에서 관아까지만 할 것이다【무당이 마마귀신을 보낼 때에도 또한 이와 같이 하는데 그 이름이 별성別星[60]이기 때문이다】. 그런데 지금은 감사가 순력할 때에도 임금이 다니는 길 복판에 황토를 까는 법식을 그대로 쓴다. 또 무릇 횃불을 세우는 것은 오직 임금의 거둥에만 하는 것이다. 그런데 지금은 감사가 순력할 때에도 모두 치거【횃불을 길가에 세워 두고 사람에게 잡고 있게 하지 않는 것을 치거라고 한다】를 쓰는데 이는 임금의 의전儀典이다. 치거를 하는 자는 아첨이 되고 치거를 받는 자는 참람이 되니 그대로 해서는 안 된다."

---

59 황도黃道: 태양이 운행하는 궤도. 혹은 천자가 거둥하는 길.
60 별성別星: 원래 봉명사신을 가리킨다. 집집마다 다니며 천연두를 앓게 한다는 역신을 호구별성戶口別星 또는 별성마마別星媽媽 또는 별성別星이라고 일컫기도 했다.

제 6 조 기 물 제 작

匠作

기물 제작을 번거롭게 하면서 기교를 집중하게 하는
처사는 탐욕이 두드러지는 짓이다. 온갖 장인이 다
있어도 단 하나도 제작하는 것이 없는 곳이야말로
청렴한 관부官府이다.

위중부魏中孚[1]가 영천永川[2] 판관으로 있었는데 그는 청렴결백을 스스로
좋아하는 사람이었다. 같이 벼슬하는 사람이 기물을 제작하는 일을 벌이
면 중부도 마음이 없을 수는 없었다. 매양 욕심이 일어나면 먼저 장인에
게 공비가 얼마나 들지 뽑아보도록 했다. 각기 공사 간에 소요되는 비용
을 정리해서 올리면, 그는 곧 "그만두어라, 그만두어[且休且休]"라고 결제
를 하였다. 임기를 마치고 돌아올 적에 자기에게 지공支供된 경비를 뽑
아보니 "그만두어라, 그만두어" 해서 절약된 돈이 몇천 몇백 민緡인지 알
수 없었다. 案 이는 어진 수령이라면 마땅히 본받을 일이다. 그래서 나는
'큰 탐욕은 필시 청렴에 있다'라고 한다.

---

1 위중부魏中孚: 중국 송나라 때 사람. 자는 성로誠老이다. 청렴함으로 이름이 있었다.
2 영천永川: 중국 사천성에 있는 지명.

상칙商則[3]이 늠구廩丘[4]의 현위縣尉[5]로 있을 때의 일이었다. 그는 청렴한 성격이었는데 현령과 현승縣丞은 탐욕이 많았다. 잔치가 열려 모여서 춤을 추자 현령과 현승은 손을 움직였지만, 상칙은 몸을 돌리고 말았다. 현령이 왜 그러느냐고 물음에 상칙은 "장관이 손을 움직이고 찬부贊府[6]도 손을 움직이는데, 현위 한 사람까지 손을 움직이면 백성들이 어떻게 살아갈 수 있겠소"라고 대답하였다. ○ 이는 물건을 제작하거나 백성들의 재물을 강제로 빼앗는 일을 이른 것이다. 현령이 손을 한번 움직이면 아래 있는 사람들도 일시에 같이 손을 움직이게 된다. 백성의 윗사람 된 자는 마땅히 이러한 사리를 알아서 손가락 하나도 움직이지 말아야 할 것이다.

동래東萊 여조겸呂祖謙이 양주楊州의 조관漕官[7]이 되었는데, 거처하는 곳에 책상이 없어서 대나무로 시렁을 매달고 그 위에 책을 놓았다. 그릇 등속도 모두 갖추지 못하였으나 매우 편안하게 지냈다. 案 여동래呂東萊는 천성이 검소를 좋아하였기 때문에 이와 같았다. 그러나 공해公廨를 정돈하고 꾸미는 것이 반드시 청렴을 해치는 것은 아니다.

최윤덕이 태안군수泰安郡守로 있을 때의 일이다. 차고 있던 시복矢箙[8]의 쇠장식이 떨어져나가 장인이 관용官用의 쇠로 수리하였는데, 그는 즉시 붙인 쇠를 도로 뜯어내라고 명령하였다. 그의 청렴하고 강직함이 이와

---

3 상칙商則: 중국 당나라 때 인물.
4 늠구廩丘: 중국 산동성에 있는 지명.
5 위尉: 지방행정 관리로 영令·승丞 밑에 있던 벼슬.
6 찬부贊府: 중국 당나라 때 현승縣丞의 다른 이름. 찬공贊公이라고도 하였다.
7 조관漕官: 세곡稅穀의 운반을 담당하였던 관리.
8 시복矢箙: 화살을 넣는 통. 전통箭筒·전용箭筩이라고도 하였다.

같았다.

민여검이 곽산군수로 있을 때의 일이었다. 말안장이 낡고 해져서 수하 사람이 수리하기를 청하면서 "말안장은 전구戰具입니다"라고 말했다. 그가 "지난날 임진왜란 때에 왜적에 패주했던 것이 어찌 말안장이 온전치 못한 때문이었겠느냐"라고 대답했다. 그는 항상 갑옷을 입고 투구를 쓰고 종일 지내며, 밤에도 베개 삼아 베고 누웠다. 이마에 부스럼이 났으나 끝내 벗지 않았다.

이수일李守一이 통제사統制使로 있을 때의 일이다. 그의 전후로 이 직을 맡은 사람들이 날마다 관아의 장인들을 부려 신기한 물건을 제작해 권력 자들을 섬기니 그 비용이 매달 1000냥을 헤아렸다. 이수일은 그 일체를 폐하였으며, 명목만 있고 실제가 없는 군향미軍餉米 전부를 역마를 보내 급히 조정에 보고하여 면제케 하자 여러 고을이 편하게 여겼다. 또한 그 는 빚을 지고 내려온 무관들이 뇌물 바치는 것이 습속을 이루고 있는 것 을 일찍이 혐오하여 끝내 돈 1전錢, 비단 한 자도 권력자들에게 선물로 바치는 법이 없었다. 案 야사에 이런 이야기가 있다. "충무공 이순신李舜 臣은 통제사로 있을 때 날마다 장인을 시켜 인두며 가위, 장도 따위를 제 조하게 해서 권력자들에게 선물로 보냈다 한다. 대개 본뜻이 자리를 유 지해서 왜적을 평정하는 업무를 완수하려는 데 있었고 아첨하는 데 있지 않았다." 그런데 후세에는 이를 관례로 삼아 지금까지도 그렇게 하고 있 다. 충무공의 본뜻을 알아보면 한 차원 높으니 일상으로 따를 수는 없는 것이다.

김효성은 고을살이가 청백하였다. 그의 부인 이씨李氏 또한 언제고 고 을살이에서 물러나 돌아올 적에는 비복들을 주의시켜 관부에서 가져다

가 쓴 기물들을 모두 돌려주게 하였다. 자기 집에 돌아와서, 아전이 행주
行廚[9]에서 쓰다 남은 것들을 바치자 물리치며 "이는 사또의 뜻이 아니다"
라고 말하며 받지 않았다. 그 남편이 돌아가신 뒤에 아들이 여러 고을의
관장으로 부임했는데 아들을 따라가기도 했다. 이때에도 늘 낡은 농 두
짝만 휴대했는데, 농을 그만 바꾸자고 청했다. "나는 남편을 따라 여러
고을을 30년이나 다녔으나 몸에 딸린 것은 농짝 두개뿐이었다. 지금은
이 물건과 함께 사람도 늙었거늘 어찌 버리겠는가?"라고 대답했다.

간재艮齋 최규서崔奎瑞가 전라감사로 있을 때의 일이다. 명곡明谷 최석
정崔錫鼎[10]이 호남 사람에게 최규서의 정사에 대해 물어보았더니, "별다른
일은 없고 온 도내 사람들이 다만 삼한三閒이라고 일컫습다"라고 대답
하였다. 문서가 한가하고 공방工房의 일이 한가하고 기생과 악공들이 한
가한 것을 이르는 말이었다.

『청비속록淸脾續錄』[11]에 이렇게 나와 있다. "어떤 손님이 관부에 들어가
보니 뜰 가에 바야흐로 나무틀 서너 벌을 설치해서 큰 소가죽 한 장씩을
큰 북의 면처럼 붙이고 햇볕에 말리면서 관노를 시켜 기름칠을 하며 갈
고 있었다. 들어가서 책방冊房을 보니 바야흐로 형사荊笥 대여섯 짝을 만
드는데, 중을 시켜 깎고 바르고 하였으며, 한쪽에는 솜씨 좋은 장인 몇
명이 앉아서 남자용 가마, 여자용 가마, 황칠 농, 반상 등속을 제작하여
톱질하고 새기고 하여 구름 형상이 만들어지고 있었다. 또 한쪽에서는

---

9 행주行廚: 여행 시의 임시 주방.
10 최석정崔錫鼎, 1646~1715: 자는 여화汝和, 호는 명곡明谷·존와存窩, 본관은 전주이다. 학
   자로서 명망이 있었고 벼슬은 영의정에 이르렀다. 저술에 『명곡집』이 있다.
11 『청비속록淸脾續錄』: 이덕무李德懋가 지은 『청비록淸脾錄』의 속편. 필기적인 성격의 기록.

무두장이 둘이 앉아서 채혜綵鞋, 운혜雲鞋며, 물 표범 주머니를 만들고 있었다. 그 방으로 들어가니 은장銀匠 하나가 앉아서 비녀, 팔찌, 반지, 패물佩物, 대모 장도粧刀, 여도女刀 등등을 만들고 있었다. 손님은 즉시 주인 사또가 탐욕스러운 창자에 검은 뱃속을 지니고 있고 여자에 푹 빠져서 공수와 황패의 훌륭한 정사를 더불어 이야기할 수 없는 위인임을 알고 바로 몸을 돌려서 나왔다. 그곳에서 저녁밥을 먹어 그 죄과를 나누어 가져서는 안 된다고 판단한 것이다."

『한암쇄화』에서 이렇게 말하였다. "형사荊筍【우리말로는 싸리농〔杻籠〕이라 일컫는다】, 황칠 농, 가죽 상자, 옻칠 반상 등속은 모두 속된 수령들이 즐겨 만드는 물건이라, 지혜로운 자들이 속으로 비웃는 바이다. 무릇 관부에서 제조하는 물건은 비용만 많이 들고 품질은 열악하다. 싸리 농 하나만 들어 말해보자면, 농이 커도 한 바리이고 작아도 한 바리인데 그 농 속에 담기는 분량은 반 바리에도 못 미쳐도 농이기 때문에 한 바리로 친다. 천리 길을 운반하지만 태가(馱價, 짐을 나르는 삯)가 20냥을 내려가지 않는다. 그렇다면 이 농 한 바리는 그 공비 이외에 태가가 10냥이 든다. 가령 이 돈으로 서울의 시전에서 구입한다면 네 바리를 마련할 수 있으니, 한갓 탐욕하고 비루하다는 말만 얻어들을 뿐 실상은 심히 어리석은 짓이다. 거친 베를 구입하여 큰 보자기를 만들어 돌아가는 짐을 싼다면 짐 싣는 말의 수가 반감되어 맑은 선비라는 이름을 잃지 않을 것이니 이 또한 좋지 않겠는가." ○ 옻칠 반상 한 가지를 더 들어 말해보자면, 그 제작 비용은 서울 시전에서 구입하는 것의 배나 되고, 새끼로 상다리를 감아 말 등에 싣는데 여점의 문이 낮고 작아서 부딪치면 으레 부서져서 마부는 부르짖고 인솔하는 자는 소리소리 지른다. 사방에서 사람들이 몰려들어 이 일을 구경하면서 다들 "아무 고을 원님은 탐관이로군. 옻칠 반상만 팔아도 족히 한 재산 되겠는걸"이라고 한다. 천하에서 부끄럽고 욕되는 일이 이보다 심한 것이 있겠는가. 다른 물건들도 모두 마찬가지이니 무릇 기물을 만드는 것은 모두 좋은 계책이 아니다.

『다산필담』에서 말하였다. "나주에는 이른바 목물차인木物差人이라는 것이 있는데 해마다 군교에게 맡게 하였다. 목물차인은 으레 관하의 12개 섬[島]의 주인主人을 겸하여 해마다 벼와 보리 6000여 석을 거두고【15두斗가 1석이다】, 생선·전복·미역·솜 등을 한없이 억지로 빼앗고, 돈으로 방납하기도 한다. 여러 지방을 두루 알아보아도 무릇 군교들이 먹는 것이 여기보다 많은 예가 없다. 그런데 관부에서의 공작에 소요되는 진기하고 무늬가 좋은 재목과 조각하는 비용은 모두 이 목물차인이 대기 때문에 별로 남는 것이 없다. 슬프다. 백성의 고혈을 짜내어 군교 하나를 살찌워 그로 하여금 공작의 비용을 충당케 하니, 어진 수령이면 그대로 계속할 일이 아니다."

제조하는 일을 시키더라도 욕심과 더러운 속셈이 기물에까지 미치게 되어서는 안 된다.

『다산필담』에서 말하였다. "내가 예전의 놋그릇[12]을 보니 쇠가 아주 얇았고, 예전의 책을 보니 종이가 무척 얇았다. 요즘에는 탐욕의 풍조가 날로 심해져서 놋그릇의 무게가 옛날보다 세 배나 되고【놋쇠 숟가락의 두께가

---

12 원문은 "동銅"으로 나와 있는데 실제로 동의 합금인 놋쇠가 쓰였기 때문에 놋그릇[鍮]으로 바꾸었다. 뒤에는 "유鍮"로 표기된 곳도 있다.

노인 머리만 하여 입이 작은 자는 입에 넣을 수 없는 지경이다), 책 종이의 두께는 예전보다 두 배나 되었다(그 종이의 위아래 여백이 모두 여러 촌寸이 되고 크기가 호적대장만 하였다). 이렇게 된 까닭을 물어보았더니, '뒷날 곤궁해질 때 내다 팔면 무겁고 두꺼워 값이 필시 많이 나갈 것이다'라고 하였다. 아, 심보가 이러고서야 어떻게 길이 복을 받겠는가. 이 두 가지 일은 내가 심히 부끄럽게 여기는 바이다." ○ 또 말하였다. "접부채와 간지簡紙(종이를 접어서 편지 용지로 쓰는 것을 '간지'라고 한다)가 옛날보다 엄청나게 커진 것이 또 하나의 폐단이다. 내가 옛날 서첩書帖을 보니 부채의 그림을 옮겨 붙인 것이, 접은 주름이 10겹에 불과하여 길이와 너비가 작은 서첩에도 들어갈 수 있었다. 지금 중국식 부채와 같다. 옛날의 서첩을 보니 편지 용지의 길이가 1주척周尺 정도에 불과하고 그 너비는 배의 비율이었지만, 그 사연이 간략하면서도 돈후하고 충실한 느낌이 글에 넘쳐흘렀다. 요즘의 부채는 길이가 팔 길이만 하고 부챗살이 50개나 된다. 간지는 길이가 전보다 배나 되고 두께도 소가죽 같으며 계란빛이 났다. 거기에 써진 글씨를 보면 붓이 미끄러져 넘어지고 먹물이 흘러 획이 제대로 되지 않아 칡덩굴이 엉킨 듯해도, 호기를 멋대로 부려서 온후한 기색이라고는 도무지 찾아볼 수 없다. 이 모두 비루한 습속이므로 마땅히 고쳐야 할 일이다." ○ 부채는 마땅히 옛날로 돌아가야 하고 간지는 마땅히 깨끗하고 질기고 얇은 종이로 길이는 1주척에 불과해서 한 번 접는 너비가 4촌 정도로 해야만 단아하고 조촐하게 된다. 이 또한 청렴을 권장하는 데 도움이 되므로 관련하여 말한 것이다.

이종섭李宗燮이 능주綾州[13]목사로 있을 때에 응지상소에 대한 임금의 비답이 이러했다. "선정扇政[14]은 듣기에 매우 통탄스럽구나. 능주는 그야말로 아주 조그만 고을인데, 백성들로부터 대(竹)를 거두는 것이 매년 1000냥을 넘는다 하니, 네가 말한 대로 다른 고을은 묻지 않고도 알만하구나. 영남 또한 그렇다니 정말 그런가? '선정'이 무슨 큰일이겠느냐만은 연전에 관문關文을 내려 신칙했음에도 그 효과가 전무하다니, 어찌 이러고도 기강이 서겠느냐? 가렴加斂한 돈에 대해 이미 받은 것은 돌려주고 다시 범하는 자는 무겁게 벌을 내릴 것이다. 청대죽靑大竹 한 간斡¹⁵의 비용이 거의 수천에 가깝다니, 어찌 즉시에 면제해주고 싶지 않겠느냐? 허나, 죽력竹瀝을 약에 타서 먹으면 실제로 체한 것이 내리는 효험이 있다 하여 저절로 널리 파급되었다는구나. 비록 완전히 다 탕감하긴 어렵더라도 충분히 논의하고 품의해서 처리하도록 하라."

무릇 기물을 제조하는 데에는 의당 인첩印帖이 있어야
할 것이다.

놋쇠 기물을 제작하는 공방이 있는 고을에서, 관에서 정한 값이 너무 헐하다거나, 공방의 아전과 관노가 관의 명령을 빙자하여 사사로이 제조하거나, 내사內舍와 책방이 수리首吏에게 사적으로 위촉하여 마구 만들게 하는 것은 모두 원망을 사는 길이다. ○ 도임한 초기에 의당 장인들을 관정에 불러들여 약속하되 "지금부터 관에서 놋그릇을 만들 경우 반

---

13 능주綾州: 전라도에 있던 고을. 지금은 전라남도 화순군에 통합되었다.
14 선정扇政: 지방의 고을에서 부채의 제작 및 중앙에 공납, 선사하는 등의 일을 가리킴.
15 청대죽靑大竹·간斡: '청대죽'은 아직 마르지 않은 대를 가리키는 말로, 죽력竹瀝을 만드는 데 쓰이기 때문에 진상하도록 했다. '간'은 글자 뜻이 화살 용도의 작은 대인데 여기서는 대를 헤아리는 단위로 추정됨.

드시 인첩을 발부한다. 인첩을 확인한 다음에 만들도록 하라. 그리고 받아야 할 값은 너희들이 직접 기록하여 증빙이 되도록 하라'라고 할 것이다. ○ 인첩의 서식은 다음과 같이 한다. 첫 줄에 '갑자甲子 2월 초 9일 관조첩官造帖', 둘째 줄에 '놋주발〔鍮鉢〕 한 개 무게 10냥兩 5전錢[16]', 셋째 줄에 '놋대접〔鍮大楪〕 한 개 무게 8냥', 넷째 줄에 '놋접시〔鍮小楪〕 다섯 개 무게 각 2냥', 다섯째 줄에 '수노首奴 득손得孫'이라 한 다음, 한가운데에 도장을 찍는다. 이미 제조가 끝나면 장인 김익철金益喆이 자기 성명을 직접 적고 줄마다에 값을 기록한다. ○ 다른 기물들, 예컨대 가마솥·괭이·가래·자기 그릇·질 그릇·가죽신·가죽 언치·버들고리 따위도 모두 이와 같이 작성한다.

농기구를 만들어 백성들의 농사를 권장하고,
직기(織器, 베틀)를 만들어 부녀자의 길쌈을 권장하는
것은 수령의 직무이다.

옛날 한나라의 조과趙過는 누거耬車[17]와 누두耬斗[18]를 만들어 파종법을 가르쳐서【황보융皇甫隆은 또 누리耬犂를 만들어 돈황燉煌 지방의 백성을 가르쳤다】 백성의 노력이 크게 줄었다〔'농사 권장'(제6부 제6조)에 나온다〕. 명나라의 진유학은 확산현을 맡아 다스릴 때 방거紡車 800여 량輛을 제조하여 가난한

---

16 냥兩·전錢: 원래 무게의 단위인데 돈의 단위로도 통용이 됨. 10전錢이 1냥兩이고 16냥이 1근斤이며 100냥이 1관貫이다. 1관貫은 6.25근이 된다.
17 누거耬車: 씨 뿌리는 기구. 『농정전서農政全書』에서는 "누거는 씨 뿌리는 기구이다〔耬車下種器也〕"라고 하였다. 누리耬犂라고도 하였다.
18 누두耬斗: 씨 뿌리는 데 쓰는 그릇인 듯하다.

부녀자들에게 나누어주었다【『명사』에 보인다】. 이런 일은 옛사람들의 꽃다운 업적이다. 더구나 지금은 각종 기구가 뒤에 나온 것일수록 더 정교한데, 유독 우리나라의 백성들은 막연히 알지 못하고 있다. 수령은 정사하는 여가에 이치를 궁구하고 생각을 짜내서 농기구나 직기 등을 만들어 보급해서 백성의 노동력을 줄여주는 것이 또한 좋지 않겠는가. 이용후생利用厚生은 정덕正德의 다음에 놓은 것으로 천지간의 세 가지 큰일[19]이어서 성인은 그 요체를 알았던 것이다. 용미龍尾·옥형玉衡·홍흡虹吸·학음鶴飮[20]의 법이 시행되면 가뭄에 물을 퍼 올리느라 종일 팔목이 아픈 고생이 덜어질 것이다. 맷돌을 굴리고 물방아를 돌리는 법이 시행되면 밀을 갈고 쌀을 찧느라 온 집안이 숨을 헐떡이는 노고가 사라질 것이다. 바람으로 돌리고 바퀴가 물려 들어가게 하는 방법이 강구되면 물을 나르고 퍼 올리는 일이 어렵지 않을 것이요, 풍구와 교거(攪車, 씨아)의 제도가 강구되면 티끌을 제거하고 목화씨를 제거하는 일이 어렵지 않을 것이다. 줄을 끌어서 쟁기질을 대신하는 방법이 강구되면 소가 역병으로 죽는 일도 크게 두려워할 것이 못 된다. 이 모두 수령의 직책이므로 소홀히 해서는 안 된다. 『의상지儀象志』[21] 『무비지』 『기기도설』 등의 서적에 이 여러 제도가 자세히 나와 있으니 여기서는 생략한다.

---

19 '세 가지 큰일'이란 이용과 후생과 정덕이다. 원 출전은 『서경·대우모大禹謨』이다("正德利用厚生惟和"). 정덕은 도덕을 바로 세운다는 뜻, 이용은 생산도구의 효율성을 높인다는 뜻, 후생은 인간의 삶을 여유롭게 한다는 뜻이다.

20 용미龍尾·옥형玉衡·홍흡紅吸·학음鶴飮: 아래 있는 물을 위로 끌어올리는 여러 종류의 도구.

21 『의상지儀象志』: 한문 천문학서 『신제영대의상지新制靈臺儀象志』. 중국 청나라 강희제康熙帝 때 벨기에의 선교사 페르비스트(Ferdinand Verbiest, 南懷仁)가 쓰고 유성덕劉聖德이 기록한 것이다. 조선 숙종 때 역관 허원許遠이 들여온 뒤 관상감에서 모사模寫하여 간행하였다.

이기양李基讓이 봉명사신으로 청나라에 들어갔다가 면화씨를 발겨내는 교거 1량을 구입하여 조정에 바쳤는데, 선대왕이 오영문五營門에 명령하여 각기 본떠 만들어서 전국에 보내도록 하였다. 만들기는 했으나 아직 보내지는 않았는데 임금이 승하하여 그 일이 중지되었다. 내가 그 교거를 보니 축이 두 개 있는데, 하나는 나무고 하나는 쇠이다. 쇠에는 가느다란 홈이 있고【납의納衣와 같다】, 축 머리에는 나사가 없다. 굴리는 데에는 열십자 모양의 바람개비【風輪】가 있어 사람이 의자 위에 앉아 손으로는 축의 자루를 돌리고 발로는 가로쐐기【橫楔】를 밟으면 열십자 모양의 바람개비가 대단히 세차게 돈다. 대략 한 사람의 힘으로 하루에 200근斤의 면화를 씨아질할 수 있으니 힘이 크게 절약된다【그 쇠축 한 개가 아직도 내 집에 있다】.

박지원朴趾源의 『열하일기熱河日記』에서 말하였다. "소거(繅車, 고치에서 실을 뽑는 물레)의 구조는 커다란 아륜(牙輪, 톱니바퀴)으로 되어 있어 맷돌을 돌리는 법과 비슷하다. 소거의 양 머리 또한 톱니바퀴로 되어 있어 엇걸리면서 서로 물려 쉬지 않고 돌아간다. 소거에는 여러 아름이나 되는 큰 얼레가 있고, 수십 보 밖에서 고치를 삶는데, 중간에 수십 층의 시렁을 설치하되 점차로 높고 낮은 형세로 배치하며 시렁 머리마다에 쇳조각을 세우고, 바늘귀만 한 작은 구멍을 뚫어 그 구멍으로 실을 꿰어 넣고 고동이 움직이면 바퀴가 돌고 바퀴가 돌면 얼레가 돌아 톱니바퀴들이 서로 물리면서 빠르지도 느리지도 않게 천천히 실을 뽑아 당겨, 얽히지도 않고 부딪치지도 않아 저절로 되도록 놓아두기 때문에 고운 실과 굵은 실이 함께 나올 염려가 없다. 켜는 실이 가마솥에서 나와 얼레로 들어갈 때에는 쇠구멍을 두루 지나면서 털은 깎이고 가시는 떨어져, 얼레에 들어가기

전에 실이 벌써 마르고 볕에 쬐어 깨끗하고 밝은 윤기가 흘러 잿물로 담그는 수고를 하지 않고 바로 베틀의 북에 들어가게 된다. 우리나라에서 명주실을 켜는 법은 손으로 당기는 것만 알고 물레를 쓰는 법을 알지 못한다. 사람의 손놀림이란 천지의 조화와 자연의 흐름을 잃어서 느리고 빠른 것이 알맞지 않고 부딪치고 얽힐 때도 있어, 실과 고치가 성난 듯 놀라 튀어오르기도 하고 나란히 몰리기도 하며, 소판繅板에 쌓아 섞이지 않게 하는 것도 두서가 없다. 그래서 엉기고 붙고 덩어리가 져서 이미 광택을 잃은 데다가 모래가 누르고 속이 뒤엉켜서 끊어졌다 이어졌다 하기 때문에, 거친 것을 제거하고 다듬느라 입과 손가락이 다 애를 먹어야 한다. 양쪽의 효용성을 비교해보면 빠르고 둔한 것이 서로 어떠한가. 고치가 여름을 지나도 벌레가 생기지 않게 하는 방법을 물었더니, 열을 가해 약간 볶아두면 나방이 생기지 않게 되는데, 따끈한 구들에 쬐어 말리면 나방으로 바뀌지 않고 벌레도 생기지 않아서, 비록 겨울에 실을 켜도 괜찮다는 것이다."

전거田車를 만들어 농사를 권장하고 병선兵船을
만들어 전쟁에 대비하는 것 또한 수령의 직무이다.

전거는 간소한 것이어서 만들기 어렵지 않은데, 백성들이 아직 그것을 본 적이 없다. 전거를 써서 풀을 운반하고, 거름을 운반하고, 볏단이나 나락을 운반할 수 있다. 전거 한 대에 싣는 양이 소 네 마리의 힘을 대적할 수 있으니 이 어찌 노동력을 크게 절감하는 것이 아니겠는가. 수레를 만들기 어려운 것은 바큇살과 바퀴통 때문이다. 횡판橫板 하나와 나뭇가지 둘을 세워 스물입[卄] 자 모양을 만들고, 그 가운데에 축을 꿰고 둘레를 보완하여 바퀴를 만들면, 돈을 반 전半錢도 들이지 않고 수레 한 대를 만들 수 있다. 여기에 끌채를 대고 차체를 붙여 전거를 만들면 또한 좋지 않겠는가.

○ 바다를 끼고 있는 군현에서 전선戰船·병선兵船이 있는 경우 혹 수리·개조하는 해가 되면 마땅히 몸소 그 일을 감독하여 편리하고 빠르고 견고한 배가 되도록 힘을 써서 실용에 대비해야 할 것이다. 혹시 상황이 긴급하여 눈앞에서 당장 써야 할 때에는 의당 새로운 제도를 널리 고찰하여 필히 적병을 격파하기로 기약해야 할 것이다. 또 배에 반드시 유회油灰를 칠하고 손질을 하여 뚫어지거나 새지 않도록 한다.

이민수李民秀[22]가 해남수군사海南水軍使[23]로 있을 때, 차륜선車輪船을 만들어 비변사에 보내고 이 제조법을 각 도에 반포할 것을 청하였으나 아무런 답이 없었다. 그의 조상 충무공 이순신은 거북선을 제작하여 왜적을 방어하였는데 그는 조상을 훌륭하게 계승한 후손이라 할 만하다. 案 왕명학王鳴鶴의 『등단필구登壇必究』[24]에 "송나라의 양요楊么[25]와 유예劉豫[26]는 험준한 지형을 등에 지고 적에게 대항하면서 호수 가운데에 배를 띄워, 바퀴로 물을 거슬러나가는 것이 나는 듯하였다"라고 나와 있다. 경

---

22 이민수李民秀: 순조 15년 2월에 전라우도 수군절도사가 되었고 순조純祖 20년 11월에는 경상좌도 병마절도사가 되었다.

23 해남수군사海南水軍使: 전라우수영이 해남 땅에 있었기 때문에 전라우도 수군절도사를 해남수군사라고 부른 것이다.

24 『등단필구登壇必究』: 왕명학이 지은 중국 명나라 말기의 중요한 군사 저작으로『무경총요武經總要』『무비지』와 함께 송·명대의 3대 병서로 평가되고 있다.

25 양요楊么, 1108~1135: 중국 송나라 고종高宗 때 동정호洞庭湖의 해적이었다. 악비岳飛에게 토벌당하여 잡혀 죽었다.

26 유예劉豫, 1073~1146: 중국 송나라 사람. 자는 언유彦游이다. 금나라가 남침하자 항복하

산경산山瓊山 구준丘濬은 "양요의 배가 바퀴로 물을 치고 바람 없이도 갈 수 있다고 한 것은 이를 두고 말함이다"라고 하였다. 모원의의 「군자지편軍資之篇」[27]에서는 이른바 차륜가車輪舸라는 것이 있다면서 그 방식을 자세히 기록해놓았다. 구준경仇俊卿[28] 또한 "차선車船의 제도는 군사로 하여금 앞뒤에서 바퀴를 밟게 하면 배가 저절로 앞으로 나아가고 뒤로 물러나고, 중류에서 오르내리며 나는 듯이 회전한다"라고 하였다. 또 『원사元史·아출열전阿朮列傳[29]』에도 "송나라의 비장裨將 장순張順과 장귀張貴[30]가 군장을 한 인원을 실은 배 100척으로 양양襄陽에 들어왔는데, 아출이 공격하여 장순은 전사하고 장귀는 윤선輪船을 타고서 물길을 따라 동으로 도주하였다"라고 하였다. 이로써 보건대 중국의 용병가들이 이 윤선법을 강구하여 실행한 유래가 이미 오래되었다.

허원이 처음 발운판관發運判官으로 있을 때의 일이다. 그는 관에서 만드는 배에 들어가는 못의 수량이 지나치게 많은 것이 걱정스러웠다. 대개 못은 나무속에 박혀 들어가서 수량을 헤아릴 수가 없기 때문에 농간이 가능했던 것이다. 하루는 허원이 조선장造船場으로 가서 새로 만든 배를 끌어다가 불을 놓아 태우도록 명했다. 그리고 불이 꺼진 뒤에 못을 전부 수거해서 달아보았더니, 원래 사용했다던 수량에 비해 겨우 10분의 1뿐

고 황제에 책봉되었지만 악비와 한세충의 군대에 번번이 패해 결국 폐위되었다.

27 「군자지편軍資之篇」: 모원의의 『무비지』의 한 부문인 「군자승軍資乘」을 가리킨 듯하다.

28 구준경仇俊卿: 중국 명나라 때 학자. 벼슬은 국자감 박사에 이르렀다. 저서로 『해당록海塘錄』『해염지海鹽志』 등이 있다.

29 아출열전阿朮列傳: 『원사』에 있는 아출阿朮의 열전. 아출은 성이 올량씨兀良氏이다. 헌종憲宗 때에 서남西南의 이이夷族을 정벌하였고 세조世祖 때에는 남송을 평정하여 죽은 뒤 하남왕河南王에 봉해졌다.

30 장순張順·장귀張貴: 모두 중국 남송시대 사람. 장순은 민병부장을 지냈다.

이었다. 이로부터 그 수치를 못의 정액으로 삼았다.

벽돌 굽는 법을 강구하고 이어서 기와도 구워서 읍성
안을 모두 기와집으로 만드는 것 또한 선정이라 할
것이다.

당나라 위단이 홍주자사로 있을 때에 처음 사람들에게 기와집을 짓
도록 했다. 도공陶工을 불러 백성들에게 기와를 굽도록 하고, 만든 기와
를 한 장소에 모아놓고 비용을 따져서 판매하되 이익을 남기지 않게 하
고, 아울러 그들의 부역을 반으로 줄여주었다. 그리고 도망을 가서 아직
돌아오지 않은 자에게는 관에서 더불어 짓게 하고, 가난하여 할 수 없는
자에게도 물자를 대주었다. 한편으로 먹을 것, 마실 것을 싣고 직접 가서
권하였다. 그렇게 하여 기와집 3700호가 들어찼고, 이층으로 만든 것이
4700채였다. 백성들은 화재 걱정이 없게 되었고 덥거나 습하면 위층으로
올라갔다.

주朱 아무개가 협주峽州[31]를 다스릴 때의 일이었다. 주치州治에는 외성
이 없고 사방으로 통하는 길이란 것이 수레와 말이 다닐 수 없고, 저자에
는 갖가지 물건들을 벌여놓을 전이 없었고, 어물 가게도 들어설 자리가
없었다. 백성들이 사는 곳에는 부엌과 창고, 뒷간과 우물이 구별이 없었
고, 한 집안에 위쪽에는 부자가 거처하고 아래쪽에는 가축을 두었다. 지
붕은 모두 띠와 대나무로 덮어 해마다 화재가 일어났다. 습속이 귀신을

---

31 협주峽州: 중국 호북성 선창시宜昌市의 옛 이름. 이곳이 삼협三峽의 입구라 해서 붙여진
　지명이다. 이릉은 협주의 중심부이다.

숭상하여, 전해 내려오는 말에 기와집을 지으면 해롭다고들 하였다. 그가 이 지역을 다스리게 되자 나무를 벌채하여 성책城柵을 정비하고 남북의 거리에는 벽돌을 깔고, 시문市門과 시구市區를 만들었다. 또한 백성들에게 기와집을 짓도록 하되 부엌과 창고를 구분하고 사람과 짐승이 따로 살게 하여 생활 습속을 고쳤다. 그리고 이릉령吏陵令 유광예劉光裔에게 명하여 그곳 읍내를 정비하게 하고, 칙서루敕書樓를 짓고 관아를 보수하고 이사(吏舍, 아전의 집무소)를 신축하였다. 이에 구양수가 그 기문을 지었다.

국중의 도량형이 집집마다 다른 것은 어쩔 수 없더라도, 여러 창倉, 여러 장시에서는 하나로 쓰도록 해야 할 것이다.

『주례·고공기』에서 "율栗씨는 도량 기구를 만드는데 금석金錫을 재차 제련한다"[32]라고 하였다. 양과 무게를 계측하는 등의 문제는 동관冬官의 직책이었다. 이를 신중하게 하고 법도를 살피는 것은 무왕武王이 그렇게 하였고, 도량을 통일하고 저울을 균평하게 하는 것은 『예기·월령』에서도 중시하였다. 도량형은 왕정을 시행하는 데 있어 대단히 중대한 일이었다. 지금 나라 안의 도량형기가 집집마다 다른데 한 고을의 관장된 사람으로서 어떻게 능히 바로잡을 수 있으리오. 오직 자기 고을의 경내에서만이라도 상인의 자를 모두 거두어들이고, 군리軍吏가 군포를 받아들

---

32 신조본新朝本은 이 대목이 "율씨가량栗氏嘉量, 개전금석改煎金錫"으로 되어 있다. 그런데 『주례·고공기 상』의 원문은 "율씨위량栗氏爲量, 개전금석改煎金錫"으로 나와 있어서 이를 따라 바꾸었다. '율씨'는 『주례』에서 도량형기의 제작을 담당한 직명이다.

일 때 쓰는 자를 모두 거두어들여 『국조오례의國朝五禮儀』에 실린 바 포백척布帛尺을 상고하여 그것을 표준으로 새 자를 제작한다【만일 길고 짧음이 크게 다른 경우에는 거두어들인 자 중에서 중간치를 잡아서 쓴다】. 상인의 되를 모두 거두어들이고, 창리倉吏가 양곡을 받아들일 때 쓰는 말을 모두 거두어들여 그 중간치를 잡아서 그것을 표준으로 새 양기量器를 제작한다【크게 변경해서는 안 된다】. 그리고 상인의 저울을 모두 거두어들이고, 아전이 목화를 받아들일 때 쓰는 저울을 모두 거두어들여 그 중간치를 잡아서 표준으로 삼아 새 저울을 제작해서 이것으로 교역하고 이것으로 출납하도록 하면 또한 타당할 것이다. 그렇지만 수령 자신의 교화가 필히 백성들에게 충분히 젖어든 뒤라야 이와 같이 시행할 수 있다. 만약 새로 부임하여 아직 어지러운 가운데 실시하려고 들었다가는 분란만 일으켜서 백성들의 의혹을 사게 될 것이다. 하지만 오직 창倉에서 쓰는 말은 바로잡지 않으면 안 되고, 흉년에 장터에서 쓰는 말이나 되는 엄히 살피지 않으면 안 된다.

『북사』를 보니 조경은 기주자사로 있으면서 위엄과 은혜를 엄히 베풀었으나 저자에는 간사한 자들이 많았다고 한다. 이에 조경이 동두銅斗와 철척鐵尺을 제조해서 쓰도록 하자 백성들이 편리하게 여겼다.

『대명률』에 이렇게 나와 있다.[33] "무릇 사적으로 만든 곡斛·말〔斗〕·저울·자가 균평하지 않은 것을 장시에서 사용하거나 또는 관에서 만들어 지급한 도량형구를 중간에서 늘리거나 줄인 자는 장 60대에 처하고, 그것을 조작한 장인도 같은 죄로 처벌한다." ○ "맡은 관사가 도량형구를 법대로 만들어 지급하지 않으면 장 70대에 처하고, 담당 관리가 조사하여 바로

---

33 『대명률·호율戶律·시전市廛·칭사조곡두칭척秤私造斛斗秤尺』.

잡지 못한 경우에는 감일등하며, 실정을 알고도 범한 경우에는 같은 죄로 처벌한다." ○ "저자에서 사용하는 도량형구가 비록 표준에 맞더라도 관사에서 조사하여 낙인이 찍힌 것이 아니면 태 40대에 처한다." ○ "만일 창의 관리가 관에서 만들어 지급한 도량형구를 사적으로 늘리거나 줄여서 관물官物을 출납할 때에 바르게 하지 않은 자는 장 100대에 처한다."

정약용丁若鏞

조선 정조 때 실학자로 호는 다산茶山이다. 1762년 경기도 광주부에서 출생하여 28세에 문과에 급제했다. 곡산 부사·동부승지·형조참의 등의 벼슬을 지냈다. 경학經學과 시문학에 뛰어났으며 천문·지리·의술 등 자연과학에 도 밝았는데, 수기치인修己治人의 실학은 그의 학문 자세와 방향을 상징하는 말이 됐다. 18년간의 강진 유배생 활 동안『목민심서』『경세유표』『흠흠신서』등 방대한 분량의 초고를 저술했으며, 경학 연구서 232권을 비롯해 2500여 수의 시와 다수의 산문 등 빼어난 저술들을 남겼다. 1818년 귀양이 풀려 고향으로 돌아와 1836년 별세 하기까지 방대한 저술의 완성에 힘을 쏟았다.

다산연구회

1975년 고故 벽사 이우성 선생을 필두로 실학에 관심을 가진 학자들이 함께 원전을 읽고 토론해보자는 취지로 모임이 시작되어『목민심서』독회와『역주 목민심서』출간에 이르렀다. 10년간 치밀하게 조사하고 치열하게 토 론하며 역주에 힘을 쏟은 결과, 1978년『역주 목민심서』(창작과비평사) 제1권을 간행한 이래 1985년 전6권이 완 간되었다. 회원은 작고한 분으로 이우성李佑成·김경태金敬泰·김진균金晉均·박찬일朴贊一·성대경成大慶·정윤형 鄭允炯·정창렬鄭昌烈, 현재 활동하는 분으로 강만길姜萬吉·김시업金時鄴·김태영金泰永·송재소宋載邵·안병직安秉 直·이동환李東歡·이만열李萬烈·이지형李篪衡·임형택林熒澤 등 16인이다.『목민심서』200주년을 기념한『역주 목 민심서』전면개정판 작업의 교열은 임형택이 맡았다.

역주 목민심서 5

초판 발행/1985년 10월 25일
전면개정판 1쇄 발행/2018년 11월 7일

지은이/정약용
역주/다산연구회
교열/임형택
펴낸이/강일우
책임편집/윤동희 홍지연
펴낸곳/(주)창비
등록/1986년 8월 5일 제85호
주소/10881 경기도 파주시 회동길 184
전화/031-955-3333
팩시밀리/영업 031-955-3399 편집 031-955-3400
홈페이지/www.changbi.com
전자우편/human@changbi.com

ⓒ 다산연구회 2018

ISBN 978-89-364-6051-8 94300
    978-89-364-6985-6 (세트)

＊ 이 책 내용의 전부 또는 일부를 재사용하려면 반드시 저작권자와 창비 양측의 동의를 받아야 합니다.
＊ 책값은 뒤표지에 표시되어 있습니다.